मैं हनुमान

मैं हनुमान

पवन कुमार

Sarvatra
An imprint of Manjul Publishing House

Sarvatra
An imprint of Manjul Publishing House

◆ द्वितीय तल, उषा प्रीत कॉम्प्लेक्स,
42 मालवीय नगर, भोपाल-462 003
◆ सी-16, सेक्टर 3, नोएडा, उत्तर प्रदेश, 201301
वेबसाइट : www.manjulindia.com

यह संस्करण 2021 में पहली बार प्रकाशित
द्वितीय आवृत्ति 2024

मैं हनुमान

ISBN 978-93-91242-04-6

मुद्रण व जिल्दसाज़ी : रेप्रो इंडिया लिमिटेड

पवन कुमार इस पुस्तक के
लेखक होने की नैतिक ज़िम्मेदारी वहन करते हैं

समर्पण

यह उपन्यास सादर समर्पित है
स्वर्गीय मातामह
गृहस्थ संत
श्री राम चरण जी को

भूमिका

बुद्धिर्बलं यशो धैर्यं निर्भयत्वमरोगता।
अजाड्यं वाक्पटुत्वं च हनूमत्स्मरणाद्भवेत्।।

श्री राम भक्त, हनुमान को अलग-अलग समय पर अलग-अलग विशेषणों और उपमाओं से अलंकृत किया गया है। वे रामकथा के अद्‌भुत पात्र हैं। जब श्री राम अपनी अर्द्धांगिनी सीता की खोज में अपने अनुज लक्ष्मण जी के साथ भटक रहे होते हैं तो उनका आगमन किष्किंधा पर्वत पर होता है, यहीं पर श्री राम का हनुमान से मिलन होता है। यद्यपि राम कथा में हनुमान का पदार्पण तनिक विलम्ब से होता है तथापि यह मिलन, कथा के दो पात्रों का मिलन मात्र नहीं कहा जा सकता। यह मिलन प्रमाण बनता है, दो भिन्न भिन्न क्षेत्रीय संस्कृतियों, व्यवस्थाओं, तन्त्रों, परम्पराओं, सभ्यताओं, मान्यताओं के संयोग और सहयोग का। श्री राम और हनुमान का यह मिलन संस्कृति के कई द्वार खोलता है।

एक बार श्री राम की शरण में आने के पश्चात् हनुमान का चरित्र और व्यक्तित्व निखरता ही चला जाता है। स्वामी और सेवक का यह सम्बन्ध विशुद्ध प्रेम पर आधारित है। हनुमान को 'ज्ञानीनाम अग्रगण्यम' और 'बुद्धिमताम् वरिष्ठम्' अर्थात् बुद्धिमानों में भी श्रेष्ठतम घोषित किया गया है। 'न बलौ न गतौ' भी हनुमान को कहा जाता है, जिसका अर्थ है बल और गति में वे अतुलनीय हैं। स्वयं श्री राम ने महर्षि अगस्त्य से कहा था कि बाली और रावण दोनों ही अतुलित बलशाली थे किन्तु उन दोनों का बल, विवेक रहित था जबकि हनुमान में बल और विवेक का अद्‌भुत संयोग है।

यह आश्चर्य ही है कि रावण जैसा अभिमानी जो बल में अपने समान किसी को नहीं मानता था, वह भी हनुमान के पराक्रम का लोहा मान गया।

हनुमान को 'वामहस्तम् गदायुक्तम्' कहा जाता है। सामान्य छवि में भी उनका यही रूप प्रचलित है। वे संकट मोचक हैं। यह धारणा है कि अपने याचक की एक पुकार पर वे दौड़े चले आते हैं। हर्ष और आश्चर्य की बात यह है कि संकट मोचक की छवि में वे अपने स्वामी श्री राम पर आए संकट के भी तारणहार बन जाते हैं। वे न केवल सीता जी का पता लगाते हैं अपितु रामसेतु निर्माण करने एवं लक्ष्मण जी के लिए संजीवनी औषधि लाने का भी कार्य करते हैं। हनुमान को अष्ट सिद्धि और नौ निधियों का ज्ञाता भी कहा गया है। वे 'प्रत्यभिज्ञा शक्ति' के प्रतीक माने जाते हैं। 'प्रत्यभिज्ञा शक्ति' से तात्पर्य है, पहचानने की सूक्ष्म क्षमता। इस शक्ति को हनुमान में अपरिमित रूप में देखा जा सकता है। किष्किंधा में प्रभु श्री राम के साथ मिलन से लेकर लंका युद्ध आरम्भ होने से पूर्व शरणागत विभीषण के चरित्र विश्लेषण करने तक इस शक्ति को हनुमान में सहजता से देखा जा सकता है। ऐसा माना जाता है कि हनुमान चिरंजीवी हैं। तुलसीदास ने हनुमान को विमल गुण बुद्धि, वारिधि विधाता कहा है। तुलसीदास ने उन्हें 'अघट-घटना-सुघट' और 'सुघट-विघटन-विकट' कहकर उनकी अपरिमित शक्ति का वर्णन किया है।

ब्रह्मचर्य, तितिक्षा, प्रज्ञा में हनुमान सर्वोच्च हैं। सांसारिक जीवन में प्रत्येक प्राणी को एक समर्थ मित्र, एक पथ प्रदर्शक और एक सेवक की आवश्यकता होती है। ये तीनों आवश्यकताएं हनुमत चरित्र में एक साथ प्रकट होती हैं। तभी तो वे 'कपीन्द्र सचिवोत्तम' भी हैं। वे अच्छे सलाहकार व सहयोगी भी हैं। सुग्रीव के सहायक के रूप में वह अपनी स्वामिभक्ति बनाये रखते हुए भी अंगद सहज स्नेह हमेशा बनाये रखते हैं। प्रभु श्री राम के प्रति उनकी भक्ति तो सदैव उल्लेखनीय है ही।

सीता अन्वेषण के लिए प्रस्थान करते समय श्री राम का हनुमान को जयन्त कौए वाली घटना सुनाना और चूणामणि देना यह प्रदर्शित करने के लिए पर्याप्त है कि गोपनीय व नितान्त वैयक्तिक बातों को बताने में भी हनुमान किस प्रकार विश्वसनीय हैं। अट्ठासी दिवस के लंका युद्ध के पश्चात् जब रावण मारा जाता है तो यह शुभ समाचार सीता जी को सुनाने के लिए हनुमान को ही भेजा जाता है। यही विश्वसनीयता ही हनुमान के चरित्र को

और दृढ़ बनाती है। यही नहीं श्री राम लंका से वापसी करते समय भी भरत को यह शुभ समाचार सुनाने के लिए उन्हीं को अयोध्या भेजते हैं।

ऐसा नहीं है कि हनुमान अपने स्वामी की किसी बात की अवहेलना करते हों किन्तु कतिपय अवसरों पर उनका मन तार्किक होता है। सीता की अग्नि परीक्षा के समय उनका मन उद्विग्न होता है किन्तु वे अपनी भावनाएं दबाकर रह जाते हैं। हालांकि भावार्थ रामायण में यह प्रसंग है कि वे अग्निपरीक्षा की बात सुनकर रूष्ट हो जाते हैं और श्री राम को खरी-खोटी सुनाते हैं। अपने लक्ष्य के प्रति हनुमान का समर्पण प्रत्येक प्राणी के लिए प्रेरणाप्रद है। 'रामकाज कीन्हें बिना मोहि कहाँ विश्राम' का उद्घोष उनके जीवन का उद्देश्य है। उनके समग्र जीवन में स्वार्थ लोभ, अभिमान, पाखंड, स्वेच्छाचरिता का दर्शन नहीं होता। हनुमान का प्रत्येक कार्य मानवता को पुष्पित-पल्लवित करता है। बहुजन हिताय उनके प्रत्येक कार्य का मूल मंत्र है।

विद्वानों ने हनुमान के कतिपय अन्य रूपों का भी वर्णन किया है। महाराज प्रवर सेन ने अपने 'सेतुबंध काव्य' में हनुमान के वैद्यरूप की चर्चा की है। वे अजानबाहु, नखयुद्ध विशारद, भुज विशाल, भुजादंड चंद्र, कला मर्मज्ञ के रूप में भी जाने जाते हैं। हनुमान अत्यंत विलक्षण एवं बहुआयामी चरित्र हैं। हनुमान संगीत के कोविद भी हैं। राम भजन में सतत् तल्लीन हैं। योग सिद्धियों से सम्बद्ध होने के कारण विभिन्न पंथों, नाथों और सम्प्रदायों में भी हनुमान का प्रभाव देखा जा सकता है। हनुमान, निगमागम पौराणिक एवं तान्त्रिक देवता भी हैं। तन्त्र वांड्मय में भी हनुमान का सादर स्मरण किया गया है। लोक देवता तो वे हैं ही।

भारतीय दर्शन शास्त्रों में भी हनुमान का तर्कसंगत वर्णन किया गया है। संस्कृत भाषा के विभिन्न ग्रन्थों में उनका वर्णन है। अपभ्रंश रामायण से लेकर जैन ग्रन्थों में हनुमान का वर्णन मिल ही जाता है। कम्बन रामायण (तमिल), भास्कर रामायण और आदिवासी कथाओं में हनुमान की कई कथाएं प्रचलन में हैं।

भारतवर्ष में हनुमान की पूजा प्राचीन काल से चली आ रही है। प्राचीन साहित्य एवं मूर्तिकला में हनुमान का चित्रण सहजता से देखा जा सकता है। गुप्तकालीन हनुमान प्रतिमाएं अब तक की प्राचीनतम प्राप्य हनुमान प्रतिमाएं मानी जा सकती हैं। इक्ष्वाकु और गुप्तकालीन स्थलों से हनुमान की मूर्तियां

मिलना यह प्रमाणित करता है कि इस लोक देवता के पूजा स्थल बहुत पहले से ही विद्यमान हैं। हनुमान का उल्लेख चहमान राजा पृथ्वीराज द्वितीय के अभिलेख में मिलता है। पड़ोसी राष्ट्र नेपाल, इण्डोनेशिया, कम्बोडिया, थाईलैण्ड आदि देशों में हनुमान की प्रतिमाएं बड़ी संख्या में मिली हैं।

हनुमान का व्यक्तित्व सदैव से साधकों और मनीषियों को आकर्षित करता रहा है। रामकथा किसी भी भाषा में लिखी गई हो, प्रत्येक कृति में हनुमान का चरित्र और व्यक्तित्व का वर्णन कमोबेश एक जैसा ही है। हनुमान का वर्णन मात्र वेदों तक ही नहीं, उपनिषदों पुराणों, वांग्मय से लेकर लोक कथाओं तक विस्तृत है। ऐसी मान्यता है कि ऋग्वेद का प्रथम मंत्र ही हनुमत चरित्र को प्रकट करता है। 'अग्निदूतं' से प्रारंभ होने वाले इस सूक्त में 'अग्निम्' से तात्पर्य अग्रणी वायुपुत्र का वर्णन किया गया है जिसे कतिपय विद्वानों ने हनुमान से जोड़ने का प्रयास किया है।

अब मैं इस उपन्यास के विषय में कुछ निवेदन करना चाहता हूँ। यह उपन्यास आत्मकथात्मक शैली में लिखा गया है। हनुमान इस उपन्यास के सूत्रधार और वाचक हैं। जैसा कि हम सभी जानते हैं कि हनुमान, रामकथा की प्रत्येक घटना के साक्षी हैं। एक साक्षी के रूप में हनुमान का प्रत्येक घटना पर अपना विश्लेषण और दर्शन क्या हो सकता है, यह इस उपन्यास का मूल है। वे श्री राम भक्त हैं, अपने स्वामी के आदेश का पालन करना ही उनका धर्म है किंतु कतिपय स्थानों पर उनका अपने स्वामी से मतान्तर भी होता है। स्वामी से मतान्तर होने के पश्चात भी अपने स्वामी के प्रति श्रद्धा भाव बनाए रखते हुए सेवा का आदर्श प्रस्तुत करना, हनुमान की ही सामर्थ्य है। यह संतुलन किसी अन्य पात्र में देखने को नहीं मिलता। जब मैं यह उपन्यास लिख रहा था तो यह प्रश्न मुझे बारम्बार परेशान करता रहा कि हनुमान को किस रूप में लिया जाए? उन्हें वानर माना जाए अथवा मानवीय रूप में स्वीकार किया जाए? मैं इस निष्कर्ष पर पहुंचा कि यदि हनुमान को वानर प्रजाति का कोई जानवर सदृश मान लिया जाए तो यह उनके व्यक्तित्व के साथ न्याय न होगा। हनुमान के वानर होने से यह अर्थ नहीं निकालना चाहिए कि वे बंदर प्रजाति के थे। मुझे लगता है कि वानर शब्द वनवासी होने का द्योतक है। वे ऐसे वनवासी थे, जो वनवासी सभ्यता में पले-बढ़े अवश्य थे, लेकिन बौद्धिकता और शारीरिक क्षमता में सामान्य मानव से भी कहीं अधिक विकसित प्रकृति के थे। जिस प्रकार नागवंश के लोग प्रकृति और

आकृति में नाग के सदृश नहीं थे उसी प्रकार हनुमान की प्रजाति भी वानर होते हुए भी पूरी तरह शाखाजीवी कपि की भांति न थी। यह संभव है कि वानर वंश के लोग आदत पद्धति में जनजातीय हों, रंग रूप की दृष्टि से पूर्ण रूप से विकसित न हों, बोलचाल का ढंग भी अपेक्षाकृत अविकसित हो, पूंछ की उपस्थिति भी हो... इत्यादि इत्यादि। मेरा मत है कि श्री राम और हनुमान का मिलना एक नगरीय सभ्यता और आदिम सभ्यता का मिलाप था, जिसने भारत के भविष्य की पटकथा लिखी। ऐसे श्री राम भक्त हनुमान के जीवन चरित्र को मैंने समझने का प्रयास किया है। इस उपन्यास में हनुमान को केन्द्र में रखते हुए मैंने अपनी अकिंचन बुद्धि से आत्मकथा शैली में उनकी महिमा का वर्णन करने का प्रयास किया है।

यह उपन्यास वाल्मीकि रामायण और तुलसीदास कृत रामचरितमानस को केंद्र में रखकर लिखा गया है। हालांकि वर्तमान सूचना प्रौद्योगिकी में इण्टरनेट पर उपलब्ध सामग्री के अतिरिक्त पुरातन ग्रंथों से लेकर विभिन्न भाषाओं में समय-समय पर प्रकाशित अद्यतन कृतियों के माध्यम से इस उपन्यास को रोचक बनाने का प्रयास किया गया है। रामकृष्ण परमहंस, स्वामी विवेकानंद, महात्मा गांधी, विनोबा भावे ने तो नवयुवकों को हनुमान की तरह होने का आह्वान किया है। विदेशी साहित्यकारों के बीच भी हनुमान का व्यक्तित्व आकर्षण का केंद्र रहा है। उदाहरण के रूप में अमेरिकी संस्कृत विद्वान तथा इतिहासकार शेल्डन पोलक ने रामायण एण्ड पॉलिटिकल इमेजिनेशन इन इण्डिया में हनुमान का उल्लेख किया है। कैथरीन लुडविक और आक्टोवियो पॉज के लेखों में हनुमान का उल्लेख मिलता है। नोबेल पुरस्कार विजेता आक्टोवियो पॉज ने तो 1972 में हनुमान पर फ्रेंच भाषा में एक पुस्तक लिखी जिसका अंग्रेजी अनुवाद 'मंकी द ग्रामेरियन' के शीर्षक से प्रकाशित हुआ। इसका हिंदी अनुवाद हो सकता है 'वैयाकरण हनुमान'। पॉज के लिए हनुमान एक वैयाकरण विशेषज्ञ भी थे। इस प्रकार पॉज, हनुमान को समझने के लिए एक नवीन दिशा उद्घाटित करते हैं, क्योंकि हम भारतीय उन्हें बंदर से आगे समझने के लिए तैयार नहीं होते। इस श्रेणी में फॉदर कामिल बुल्के, पॉल रिचमैन के लेखों को भी समझने की आवश्यकता है।

इस उपन्यास को आपको समर्पित करने से पूर्व मैं आभारी हूं अपने पूर्वजों का, विशेषकर अपने नाना स्व. श्री रामचरण जी का जो स्वभावतः एक संत थे। निरक्षर होने के बाद भी उनकी भगवत आस्था अनुकरणीय थी।

आश्चर्य ही है कि एक गृहस्थ होते हुए भी वे स्वभाव से पूरी तरह बैरागी थे, साधु संत महात्माओं के साथ उठना बैठना था। वे हनुमान भक्त थे। नाना के माध्यम से ही हनुमत चरित्र का उद्घोष माँ-पिताजी तक पहुंचा, जिनके माध्यम से यह प्रसार मुझमें, मेरे अनुजों और परिजनों तक हुआ। आभारी हूं अपने परिजनों का जिन्होंने मुझे इस उपन्यास को लिखने के लिए प्रेरित किया। आभारी हूं अपने सहयोगी विवेक श्रीवास्तव का जिन्होंने इस उपन्यास के टंकण और प्रूफिंग का श्रम साध्य कार्य किया। आभारी हूं मंजुल पब्लिकेशन के श्री कपिल सिंह का जिन्होंने इस उपन्यास को आप तक पहुंचाने का उत्तरदायित्व उठाया। कोटिशः आभार आप सभी पाठकों का जिनके स्नेह के बिना यह उपन्यास सफल न हो पाता। इस उपन्यास को लिखने में मेरे परिवार को भी साधुवाद जिन्होंने मेरा उत्साहवर्धन करने में कोई कमी नहीं छोड़ी। धन्यवाद अंजू, इशिका, अवंतिका और हर्ष।

यह उपन्यास आपके हाथों में सौंपते हुए मेरे मस्तिष्क में हनुमान स्तोत्र का श्लोक गुंजायमान हो रहा है -

मनोजवं मारुततुल्यवेगं जितेन्द्रियं बुद्धिमतां वरिष्ठम्।
वातात्मजं वानरयूथमुख्यं श्रीरामदूतम् शरणं प्रपद्ये।।

—पवन कुमार

मैं हनुमान

1.

आत्मकथा लिखना कदापि सहज कार्य नहीं होता। वैसे भी आत्मकथा लिखना भक्तों को शोभा नहीं देता। तिस पर मैं ठहरा राम भक्त... अनादि काल से अनन्त काल तक। मेरी आत्मकथा होगी भी तो क्या होगी, श्रीराम महिमा ही होगी। उस महिमा वर्णन में जहाँ कहीं भी मुझ अकिंचन की भूमिका होगी, उसी का वर्णन ही मेरी आत्मकथा होगी। सम्भव है कि वर्णन में कुछ आत्म प्रशंसा हो जाए, यदि आपको ऐसा प्रतीत हो तो इस श्रीराम भक्त को सदाशयता के साथ क्षमा कर दीजिएगा। मैं यह आत्मकथा अपने जन्म से ही आरम्भ करूँगा किन्तु इस कथा से पूर्व कतिपय बिन्दुओं पर आपका ध्यान आकृष्ट करना चाहूँगा। मेरे आराध्य प्रभु श्रीराम ने मुझे अमरत्व प्रदान किया है। जिस प्राणी को अमरत्व प्राप्त हो गया हो, उसका जन्म होना भी अपने आप में विरोधाभासी है, किन्तु किया भी क्या जा सकता है? आत्मकथा का प्रारम्भ कहीं से तो करना ही होगा। इसी कारण मैं यह आत्मकथा अपने जन्म से प्रस्तुत करूँगा जिससे कि घटनाओं की क्रमबद्धता बनी रहे।

कहने को तो यह आत्मकथा है किन्तु वास्तविकता यह है कि यह कथा मेरे आराध्य श्रीराम और वन्दनीया माता सीता के साथ घटित प्रसंगों का पुनर्पाठ है, जिसमें मुझ अकिंचन का यत्र-तत्र उल्लेख हो गया है। इस आत्मकथा को पढ़कर आपके मन में संशय उत्पन्न हो सकता है कि मैं नर हूँ या वानर? स्पष्ट कर दूँ कि मैं नर नहीं हूँ किन्तु यह भी सत्य है कि मैं शाखाजीवी वानर भी नहीं हूँ। आकृति के आधार पर मैं निश्चित रूप से वानर सदृश हूँ किन्तु मनसा, वाचा, कर्मणा, मैं वानर नहीं हूँ। हाँ, यदा-कदा मेरे कृत्य वानर सुलभ लगते अवश्य हैं। थोड़ा और स्पष्ट करता हूँ। आप यूँ समझ सकते हैं कि मैं गुणों में उपदेवता श्रेणी का हूँ, अर्थात देवताओं से किंचित निम्न कोटि का। आकृति-प्रकृति में पशुवत, खान-पान में वन्य श्रेणी की तरह होने के बाद भी वस्त्र धारण, अध्ययन, अध्यापन, नित्यकर्म, स्नान,

चिन्तन, वन्दन इत्यादि करने में मैं समर्थ हूँ। मैं अकेला ही इस कोटि का नहीं हूँ, मेरे कई साथी इसी कोटि के थे। जैसे मेरी आकृति-प्रकृति वानर स्वभाव की है ऐसे ही कतिपय उपदेवता अन्यान्य प्रकृति-आकृति के रहे हैं। ये आकृतिजन्य विशेषताएँ हैं। यह भी शंका आपके मन में उत्पन्न हो सकती है कि इन प्राणियों की मादाओं का आचार व्यवहार कैसा होगा? मैं यह उल्लेख करना चाहूँगा कि उपदेवता वर्गों की स्त्रियों का व्यवहार अपने पुरुष समुदाय से नितान्त भिन्न होता है। उपदेवताओं की स्त्रियाँ आकृति-प्रकृति में मानव नारियों की तरह व्यवहार करती हैं। इसी क्रम में मैं अपनी कथा को निरन्तरता प्रदान करते हुए यही कह सकता हूँ कि मैं भवनों में रहा, मानव आहार भी मैंने ग्रहण किया, वेद-वेदांग का अध्ययन भी किया, सामान्य भाषा भी मैं बोल सका, उस भाषा को समझ भी सका किन्तु प्रकृतिवश मुझे वृक्षों की शाखाओं पर निवास करना, फल, फूल, मधु का स्वाद लेना, गिरि खण्डों और तरु शाखाओं को अस्त्र के रूप में प्रयोग करना ही अधिक रुचिकर लगा। ये गुण मेरे उपदेवता होने के प्रतीक हैं। जाम्बवान, सुग्रीव, अंगद आदि की आकृति-प्रकृति इसी सन्दर्भ में समझा जाना उचित होगा, अर्थात् पुच्छ युक्त किन्तु बल, बुद्धि, विद्या सम्पन्न, कामरूप और इच्छाधारी जीव...। परिस्थिति के अनुरूप स्वरूप धारण करने में भी सक्षम उपदेवता।

आइए आरम्भ करता हूँ इस आत्मकथा को!

उन दिनों कृष्णा एवं कावेरी नदियों के मध्य दुर्गम सहयाद्रि पहाड़ी क्षेत्र में स्थित कंचनगिरि क्षेत्र अत्यन्त रमणीक स्थल था। यह क्षेत्र अत्यन्त मनोरम, हरीतिमा युक्त, स्वर्ग सदृश दर्शनीय तपोवन क्षेत्र था। मेरे पिता और वानर साम्राज्य के स्वामी महावीर केसरी का यह निवास स्थान था। उन दिनों मतंग और भारद्वाज ऋषियों के आश्रम भी यहीं थे। समीप में ही मण्डकर्णि मुनि का विख्यात पंचाप्सर तीर्थ था। महाराज केसरी का साम्राज्य धन-धान्य से परिपूर्ण था, चहुँ ओर कुशलता व्याप्त थी। परन्तु इसके उपरान्त भी एक ही संताप महाराज केसरी को हमेशा घेरे रहता था। वह संताप था उनके कोई सन्तान न होना। अंजना से विवाह हुए दीर्घ अवधि व्यतीत हो चुकी थी किन्तु घर अभी भी किलकारियों से नहीं भरा था। वानर राज केसरी और उनकी पत्नी अंजना सन्तान की अभिलाषा में निरन्तर व्यथित रहते थे। संतान प्राप्ति हेतु पति-पत्नी अपने आराध्य शिव की पूजा-अर्चना में दिन-रात डूबे रहते थे। एक ही मनोरथ था उन दोनों का, सन्तान प्राप्ति।

'ऊँ नमः शिवाय, ऊँ नमः त्रयम्बकाय, विश्वनाथाय, महेश्वराय' की ध्वनि से केसरी और अंजना का धाम गुंजायमान रहता था। मेरे माता-पिता ने सन्तान प्राप्ति हेतु कितने ही महर्षियों से निवेदन किया था। महर्षि भारद्वाज, महर्षि मतंग जैसे तपस्वियों ने मेरी माता अंजना को सेवा से अति प्रसन्न होकर यह परामर्श दिया कि वह शिव की आराधना करें। उनकी मनोकामना अवश्य पूर्ण होगी।

महर्षि मतंग ने तो माता अंजना को यह भी सुझाव दिया कि वह पम्पा सरोवर से पूर्व दिशा में पचास योजन की दूरी पर स्थित नरसिंह आश्रम के निकट आकाशगंगा तीर्थ पर यदि तपस्या करें, तो उन्हें निश्चित ही सन्तान सुख प्राप्त होगा। मेरे पिता से आज्ञा लेकर माता अंजना नरसिंह आश्रम के निकट आकाशगंगा तीर्थ पर तपस्या में लीन हो गयी थीं। इस तपस्या का एक ही ध्येय था - सन्तान प्राप्ति।

माता की दीर्घकालिक एकनिष्ठ आराधना के पश्चात महादेव प्रकट हुए।

"वरं ब्रूहि, वरं ब्रूहि।" महादेव माता अंजना की आराधना से प्रसन्न होकर बोले।

"प्रणाम आशुतोष, क्या माँगू आपसे? सब कुछ तो आप जानते ही हैं। कोई कमी नहीं है मेरे जीवन में। एक सन्तान के अतिरिक्त मुझे अब कुछ नहीं चाहिए।" माता अंजना ने अपनी आँखें खोलते हुए महादेव से निवेदन किया था।

"मैं तुम्हारी आराधना से अत्यन्त प्रसन्न हूँ अंजना। मैं तुम्हें आशीर्वाद देता हूँ कि तुम्हें शीघ्र ही एक अत्यन्त पराक्रमी पुत्र होगा। तुम्हारा पुत्र असाधारण गुणों वाला होगा। वह अत्यन्त विलक्षण होगा। तुम्हारे इस पुत्र का व्यक्तित्व अद्वितीय होगा। तुम्हारा पुत्र पृथ्वी, पाताल, आकाश, अंतरिक्ष का संधान कर सकने में सक्षम होगा। उसके समान योद्धा, गुणज्ञ, सेवक, भगवद्भक्त तीनों लोकों में न होगा। वह मेरे ही अंश से उत्पन्न होगा। उसे इसलिए शंकर सुवन के नाम से भी जाना जायेगा। वह वेद, वेदांग, शास्त्रों का ज्ञाता होगा। वह मेरे एकादश रूपों में से ही एक होगा अर्थात 'एकादश रुद्र'।" कहकर महादेव मुस्कराते हुए अंतर्ध्यान हो गए।

"ऊँ नमः शिवाय" कहते हुए माता अंजना पुनः तपार्थ बैठ गयीं। महादेव के प्राकट्य से माता अंजना को अत्यन्त प्रसन्नता प्राप्त हुई थी।

माता अंजना की आँखों में कुछ गर्म सी बूँदें ठहर गयी थीं। ये आँसू संतुष्टि के पश्चात् मिले प्रसन्नता के आँसू तो थे ही, साथ ही थे कुछ अपेक्षित की अभिलाषा में हर्ष की मौन अभिव्यक्ति।

समय तो समान गति से चलता रहता है। समय की गति से कौन कितना प्रभावित होता है यह सापेक्षिकता पर निर्भर करता है। इधर माता अंजना तपस्यारत थीं और उधर सुदूर सरयू के तट पर स्थित अयोध्या में कौशल नरेश दशरथ के यहाँ भी पुत्रेष्टि यज्ञ चल रहा था। इधर माता अंजना और पिता केसरी पुत्र प्राप्ति के लिए प्रयासरत थे और उधर राजा दशरथ और उनकी तीन रानियाँ। राजा दशरथ के यहाँ यज्ञ समाप्त हुआ, प्रसाद स्वरूप खीर वितरण हुआ।

"कोसलाधीश, इस यज्ञ के समापन के उपरान्त प्रसाद के रूप में खीर को ग्रहण कीजिए और अपनी तीनों रानियों में वितरित कीजिए। इस प्रसाद को ग्रहण करने के उपरान्त ही तीनों रानियों को पुत्र उत्पन्न होंगे," राजा दशरथ के गुरू वशिष्ठ ने कहा।

राजा दशरथ राजगुरू वशिष्ठ की आज्ञा का पालन कर ही रहे थे कि मंझली रानी सुमित्रा को खीर का द्रोण देते समय अचानक एक चील लपकी उस द्रोण पर। पलक झपकते ही उस द्रोण को अपने चोंच में दबाकर उड़ गयी थी आकाश में। सब देखते रह गए थे उस चील को। चील उड़ते-उड़ते आँखों से ओझल हो गयी। चील के इस कृत्य पर भला क्या कर सकते थे राजा दशरथ और उनकी प्रतापी सेना?

चील सीधे उड़कर पहुँची कंचनगिरि पर। यहीं माता अंजना तपस्यारत थीं। चील ने अपनी चोंच खोली तो द्रोण आ गिरा उनकी अंजलि में। इस खीर को प्रसाद स्वरूप ग्रहण कर लिया मेरी माता ने। यही खीर उनके गर्भाधान का भी कारण बनी थी। क्या अद्भुत संयोग था यह!

पुनः वापस आता हूँ अपने जन्म की कहानी पर।

मेरे जन्म होने का एक कारण यह भी था कि जब माता अंजना तपस्यारत थीं तभी वायु के एक तेज झोंके से उनके वस्त्र उड़ने लगे। अव्यक्त रूप से वायुदेव ने मेरी माता की देह को स्पर्श कर लिया था।

"कौन मेरे पतिव्रत को भंग करना चाहता है? किस दुष्टात्मा ने मुझे स्पर्श किया है?" इस संस्पर्श से रूष्ट होते हुए माता अंजना ने क्रोध के साथ प्रश्न किया।

"भयमुक्त रहो अंजना। मैं पवन देव हूँ। समूचे जगत को प्राण वायु प्रदान करने वाला। मैंने तुम्हारा पतिव्रत्य नष्ट नहीं किया है, मात्र मानसिक संस्पर्श किया है तुम्हारा। इस संस्पर्श से तुम शीघ्र ही एक महातेजस्वी और महाबली पुत्र की माता बनोगी। यह संतान जो तुमसे उत्पन्न होगी उसे 'पवनसुत' का नाम मिलेगा। यह पुत्र मेरे समान ही बुद्धिसम्पन्न, महासत्व, महातेजस्वी, महाबली, महापराक्रमी और महावेगशाली होगा।" वायुदेव ने सहज भाव से कहा था।

इस प्रकार इन संयोगों से वानर जाति में मेरा जन्म हुआ। वैसे एक बात कहूँ, ये सब अपने भक्तों को प्रसन्न करने के लिए कह रहा हूँ वरना तो मैं अमर हूँ, जन्म और मृत्यु काल रहित।

माता अंजना और पिता केसरी ने मेरे जन्म के उपलक्ष्य में महोत्सव का आयोजन किया। इस आयोजन में सहस्रों ऋषियों और मुनियों को आमन्त्रित किया गया। इन सिद्ध पुरुषों ने मुझे अनन्त आशीर्वाद प्रदान किए। मेरा नामकरण भी हुआ। कई नाम मुझे मिले। माता के नाम पर मेरा नाम आंजनेय रखा गया अर्थात् अंजना का पुत्र। पिता केसरी के नाम पर मुझे केसरीनन्दन कहा गया। केसरीपुत्र होने के कारण मुझे केसरीसुत, केसरीप्रिय जैसे नामों से भी अलंकृत किया गया। मुझे वायुदेव का पुत्र भी माना जाता है। अतएव मुझे वायुपुत्र, पवनपुत्र, मारुति इत्यादि नामों से भी पुकारा गया। शंकर सुवन तो मैं था ही। इस प्रकार भिन्न-भिन्न नामों से मुझे पुकारा गया।

तो यह थी मेरे जन्म की कहानी। यह अलग बात है कि मेरे जन्म से जुड़ी कई कथाएँ कालान्तर में विद्वानों द्वारा व्याख्यायित की गईं, लेकिन किसी संतान के जन्म की प्रामाणिक कथा तो उसकी माँ ही सर्वश्रेष्ठ रूप में बता सकती है। मेरी माँ ने मेरे जन्म की जो कथा मुझे सुनाई थी उसी को मैंने सर्वथा सत्य माना और वह कथा मैंने भी आपको अति संक्षिप्त रूप में सुना दी। यद्यपि माँ हँसते-हँसते मुझसे कई बार कहती थीं कि "आंजनेय, मैं तो पूर्वजन्म में देवाधिपति इन्द्र के दरबार की अप्सरा थी और मेरा नाम पुंचिकस्थला था... वह तो तुझे जन्म देने के लिए मुझे वानरी बनना पड़ा।"

यह कहते-कहते वे ठहाका मार कर हँस पड़ती थीं। वह ठिठोली थी या सत्य, मैं नहीं जानता।

मुझे स्मरण आता है कि जब प्रभु श्रीराम की आज्ञा के अनुसार हमारा दल माता सीता की खोज में समुद्र के तट पर किंकर्तव्यविमूढ़ खड़ा हुआ था और समुद्र लंघन का कोई उपाय नहीं सूझ रहा था तो ऐसे में इस दुर्गम कार्य को करने के लिए मुझे ही चुना गया था। रीछ प्रवर जाम्बवान जी ने मुझे प्रोत्साहित करते हुए मेरी शक्तियों को जाग्रत करने के उद्‌देश्य से मेरे जन्म के विषय में बताया था।

"हनुमान, देवराज इन्द्र के दरबार में एक अत्यन्त रूपसी अप्सरा थी, पुंचिकस्थला। किसी कारण इन्द्र ने रूष्ट होकर उस अप्सरा को वानरी के रूप में जन्म लेने का शाप दे दिया था। वह अप्सरा अन्जना नाम से वानरराज कुंजर की पुत्री के रूप में जन्मी थी। वह अत्यन्त सुन्दरी थी और इच्छाधारी रूप धारण कर सकती थी। अपने सौन्दर्य के कारण वह सर्वत्र विख्यात थी। कालान्तर में उसका विवाह वानरराज केसरी के साथ हुआ। एक दिन उस वानरी अप्सरा अन्जना पर वायुदेवता मुग्ध हो गए और उस अनिंद्य सुन्दरी को संस्पर्श कर लिया। अंजना महान पतिव्रता थीं। क्रोधित अन्जना ने वायुदेव को ऐसा करने से रोका। अन्जना की बात सुनकर वायुदेव ने उन्हें यह आश्वासन दिया कि यह अलिंगन अव्यक्त रूप से किया गया है अतएव पतिव्रत भंग होने का प्रश्न ही नहीं उठता। वायुदेव ने इसे मानसिक संस्पर्श बताते हुए कहा कि इस संस्पर्श से तुम्हें वीर्यवान, महासात्विक, वेगशाली महाबली, पराक्रमी, बुद्धिमान पुत्र प्राप्त होगा... तुम अंजना के वही प्रतापी पुत्र हो हनुमान।" रीछ प्रवर जाम्बवान ने मुझे मेरे जन्म की कथा सुनाते हुए कहा था।

यह कथा मैंने ही नहीं, वहाँ उपस्थित मेरे कपि मित्रों ने भी सुनी थी।

"हनुमान, तुम्हें ज्ञात ही है कि पुंजिकस्थला का शाब्दिक अर्थ होता है - दिशा या अग्नि की सेना। दिशाएँ अनन्तता का प्रतीक हैं। पुंजिकस्थला और वायु के संस्पर्श का अर्थ है अग्नि और वायु का मिलन। इस मिलन का श्रेष्ठतर उदाहरण ही तो तुम हो हनुमान। तुममें अग्नि का तेज और संहारक शक्ति के साथ वायु का प्रबल वेग तथा पराक्रम निर्विवाद रूप से मिश्रित है।" जाम्बवान ने यह कहकर जब अपनी बात समाप्त की तो मैं उनके समक्ष अत्यन्त विनीत भाव से झुक गया था।

माँ बताती थीं कि मेरा जन्म सूर्योदय के समय हुआ था। जब मैं इस संसार में आया तो मैं नग्न नहीं था। मेरी देह पर सुनहरे रोम थे। मेरी अंग कान्ति पिंगल वर्ण की थी। देह पर दर्शनीय आभूषण सुसज्जित थे। मैंने कसे हुए लाल लंगोट, मूँज के जनेऊ और कुण्डल के साथ जन्म लिया था। मेरा मुख लाल था। मेरे नेत्र भूरे थे। मुख में श्वेत दन्त पंक्ति थी और दाढ़ें तीखी थीं। जब मैं हँसता था तो दन्त पंक्ति बाहर आ जाती थी। मेरे शरीर का मध्य भाग और कटि प्रदेश पतला था और कौपीन युक्त था। मेरे होंठ बिम्बफल के समान उद्दीप्त लाल रंग के थे और आकार में छोटे थे। मेरी पूँछ लाल रंग की थी। माँ मुझे मणिग्रीवा भी कहती थीं, क्योंकि मेरी ग्रीवा छोटी और मोटी थी। जब मैं विश्राम करता था तो बाँह के मूल भाग को तकिया बनाकर उस पर अपनी ग्रीवा रख लेता था। मैं आजानुबाहु था। माँ ने बताया था कि गरुड़ के दोनों पंखों में जितना बल था, उतना ही मेरी भुजाओं में था। माँ मुझे पवनपुत्र कहकर पुकारती थीं। कभी-कभी वे मुझे प्यार से वातात्मज, केसरीनन्दन, मारुति, वायुनन्दन भी कहकर पुकारती थीं। मुझे माता की गोद में बैठकर लड्डू खाने में अत्यन्त आनन्द आता था।

मुझे संकर सुवन के नाम से भी कतिपय स्थानों पर पुकारा गया। संकर सुवन के विषय में भी मुझे कालान्तर में कतिपय वरिष्ठ कपियों से सुनने को मिला। मुझे बताया गया कि एक बार भगवान विष्णु के मोहिनी स्वरूप को देखकर भगवान शिव कामासक्त हो गए। इसी प्रक्रिया में वे स्खलित हो गए। ऋषियों ने उनके वीर्य को एक पत्ते पर रख लिया और माता अन्जना के गर्भ में उस वीर्य का आधान कर दिया और इस प्रकार भगवान शिव और माता अन्जना के संयोग से मेरा जन्म हुआ। यद्यपि मैं प्रामाणिकता के साथ नहीं कह सकता कि इसमें कितनी सत्यता है किन्तु अपने नामकरण से जुड़े विभिन्न प्रसंगों के मध्य इस प्रसंग का भी उल्लेख कर दिया है।

तो ये थीं मेरे जन्म से जुड़ी हुईं विभिन्न कथाएँ, मेरे नामकरण से जुड़ी हुईं धारणाएँ।

2.

घटनाएँ तो जीवन का अभिन्न हिस्सा होती हैं। घटनाओं का एकीकरण ही तो जीवन है। इसी क्रम में एक घटना का वर्णन मैं यहाँ करना चाहूँगा। यह घटना मेरे बाल्यकाल की है।

प्रातः काल का समय था। वातावरण में हल्की-हल्की हवा चल रही थी। माता अंजना घर में नहीं थीं। पिता स्नान-ध्यान के लिए सरोवर के समीप गये हुए थे। अपने बड़े से घर में मैं अकेला यत्र-तत्र विचरण कर रहा था। सतत् विचरण के उपरान्त मुझे क्षुधा का अनुभव हुआ। मुझे ऐसा लगा कि यदि शीघ्र ही कुछ खाने को न मिला तो क्षुधा मेरे प्राण हर लेगी। तभी मेरी नजर खिड़की के पार गई। खिड़की के बाहर लाल रंग का चमकता हुआ कोई सुन्दर-सा मंडलाकार फल मुझे अपनी ओर आकृष्ट कर रहा था। मैं क्षुधा से व्याकुल था। उस सुन्दर से फल को खाने के लिए मैं जैसे ही उस फल पर झपटा, मुझे अनुभव हुआ कि उस फल को मैं जितना समीप समझ रहा था वह वास्तव में उतना समीप था नहीं। होता भी कैसे... वह फल था भी तो नहीं। वह तो सूर्य देवता थे जो आसमान में चमक रहे थे। प्रातः कालीन आभा के चलते उनका स्वरूप किसी बड़े-से लाल रंग के फल की तरह लग रहा था। जैसे ही मैं उस लाल इकाई की तरफ बढ़ा तो मुझे लगा कि इस फल को पकड़ पाना आसान नहीं है। मैं जैसे-जैसे उस फल की ओर बढ़ रहा था, मुझे अनुभव हो रहा था कि वह लाल फल मेरे अनुमान से बहुत दूर है। मैंने उसे पकड़ कर खाने का निश्चय किया और पूरे मनोयोग से उस फल की तरफ बढ़ चला। मैं जैसे-जैसे उस फल की ओर बढ़ता जा रहा था, वह फल भी समानुपातिक ढंग से बढ़ता जा रहा था। मैं उस फल को पकड़ने के लिए जैसे-जैसे अपने आकार में वृद्धि कर रहा था, वह पिण्ड भी उतना ही विशालकाय होता जा रहा था। उस फल को पकड़ने के प्रयास में मैं पृथ्वी की गुरुत्वाकर्षण शक्ति से बाहर आ गया था। अब मैं भार शून्यता का अनुभव कर रहा था। मेरी क्षुधा बढ़ती जा रही थी। मैं जैसे-जैसे उस पिण्ड की तरफ बढ़ रहा था, मुझे उष्णता का अनुभव हो रहा था। मैं येन केन प्रकारेण उस लाल पिण्ड को खा जाना चाहता था। अचानक मैंने हाथ बढ़ाया और उस लाल पिण्ड को पकड़कर तत्काल अपने मुँह में भर लिया। जैसे ही मैंने इस पिण्ड को मुँह में रखा, पृथ्वी पर गहन अंधकार छा गया।

पहले तो प्राणियों को लगा कि यह खग्रास सूर्यग्रहण है। उस दिन अमावस्या तिथि भी थी और सूर्य को ग्रहण भी लगना था। लोगों ने थोड़ी देर तो प्रतीक्षा की किन्तु जब अन्धकार की समय सीमा बढ़ने लगी तो पृथ्वी पर हाहाकार मच गया। प्राणियों को लगा कि इस बार राहु सर्वदा के लिए सूर्य को खा गया। अनन्त से प्रतीत हो रहे इस अन्धकार को समाप्त करने के लिए धरा के प्राणियों ने देवाधिपति इन्द्र का आह्वान किया। देवराज इन्द्र तक जब यह करुण पुकार पहुँची तो उन्होंने अपना वज्र, ग्रहण को लक्षित करके चला दिया। वह शक्तिशाली वज्र सीधा मेरी हनु (ठुड्डी) पर आकर लगा। यह प्रहार इतना भयंकर था कि मेरी हनु टूट गई और मैं संज्ञा शून्य होकर गिर पड़ा। मुँह से लाल पिण्ड बाहर आ गया और मैं सीधे अन्तरिक्ष से पृथ्वी पर आकर गिरा। मेरी हनु से अविरल और अविराम रक्त बह रहा था।

वायुदेव ने जब मुझे वज्राघात से संज्ञा शून्य देखा तो वे इन्द्र पर अत्यन्त कुपित हुए। अपने पुत्र पर हुए वज्राघात से क्षुब्ध होकर वायुदेव ने क्रोधवश अपनी गति रोक दी। लोक-परलोक में सर्वत्र हाहाकार मच गया। प्राणियों की साँस अवरुद्ध होने लगी। विद्यमान संकट से भयभीत होकर इन्द्र सीधे ब्रह्मा जी के पास भागे, सारा वृतान्त कह सुनाया। इसके पश्चात ब्रह्मा जी अन्य देवताओं सहित वहाँ पहुँचे जहाँ मैं मूर्छित पड़ा हुआ था। ब्रह्मा जी ने मुझको प्यार से दुलराते हुए कमल स्पर्श दिया। कमल के स्पर्श से मेरे शरीर के रोम-रोम झंकृत हो उठे और मैं चेतना में लौट आया। मुझे जीवित देखने के उपरान्त ही वायुदेव ने पुनः बहना आरम्भ किया।

माता बताती थीं कि वायुदेव के अनुरोध पर ब्रह्मा जी ने स्वयं तो वरदान दिए ही, अपितु पधारे हुए अन्य देवताओं से भी मुझे आशीर्वचन देने के लिए अनुरोध किया।

"इस बालक को कभी ब्रह्मशाप नहीं लगेगा। ब्रह्मास्त्र से इसका कोई भी अंग कभी छिद्रित नहीं किया जा सकेगा। यह बालक ब्रह्मदण्डों से अवध्य होगा।" ब्रह्मा जी ने मुझे वरदान दिया।

ब्रह्मा जी का अनुसरण करते हुए उपस्थित अन्य देवताओं ने भी मुझे वरदान दिये।

देवराज इंद्र ने प्रसन्नतापूर्वक मेरे कंठ में कमलों की माला पहनाकर कहा, "मेरे हाथ से छूटे हुए वज्र द्वारा इस बालक की हनु टूट गई है, इसलिए

इस कपिश्रेष्ठ का नाम हनुमान होगा। इसके अतिरिक्त भविष्य में इस बालक पर मेरे वज्र का कोई प्रभाव नहीं पड़ेगा और इसका शरीर मेरे वज्र से भी अधिक कठोर होगा। इसे वज्रांग नाम से भी जाना जाएगा।"

उपस्थित सूर्यदेव ने कहा, "मैं इसे अपने तेज का शतांश प्रदान करता हूँ। साथ ही उचित समय आने पर इसे शिक्षा देकर शास्त्रमर्मज्ञ भी बना दूँगा। यह अद्वितीय विद्वान और श्रेष्ठ वक्ता होगा।"

वरुण देव ने कहा, "मेरे पाश और जल से यह बालक सदा सुरक्षित रहेगा। यह बालक अमरत्व को प्राप्त करेगा।"

यम देव बोले, "यह निरोग और मेरे दण्ड से सदा अवध्य रहेगा।"

यक्षराज कुबेर ने कहा, "युद्ध में इसे कभी विषाद नहीं होगा। मेरी गदा से यह सुरक्षित तो रहेगा ही और यक्ष, राक्षसों से भी यह बालक कदापि पराजित नहीं हो सकेगा।"

भगवान शंकर ने वर प्रदान किया, "यह बालक मुझसे और मेरे आयुधों यथा शूल और पाशुपत आदि से सदा अवध्य रहेगा।"

विश्वकर्मा बोले, "यह बालक मेरे द्वारा निर्मित समस्त दिव्य अस्त्रों से सदा सुरक्षित रहकर चिरायु होगा।"

"मारुत, तुम्हारा यह पुत्र शत्रुओं का नाश करने वाला और मित्रों का सर्वथा सहयोग करने वाला होगा। इसे युद्ध में कोई पराजित नहीं कर सकेगा। यह बालक ब्रह्मास्त्र, नागपाश, पाशुपतास्त्र आदि से अभेद्य रहेगा। यह इच्छानुसार रूप धारण कर जहाँ चाहेगा, जा सकेगा। यह अत्यन्त यशस्वी होगा और अत्यन्त अद्भुत एवं रोमांचकारी कार्य करेगा," ब्रह्माजी ने प्रस्थान करते समय वहाँ उपस्थित वायुदेव से कहा।

माँ अंजना ने कुछ दिनों तक मेरी सेवा की। कुछ समय पश्चात मैं सामान्य हो गया। वज्र द्वारा हनु के किंचित टेढ़ा हो जाने के कारण अब मेरा नया नाम हनुमान हो गया था। मुझे अधिकांश साथी और परिजन हनुमान कहकर ही पुकारते थे। अब मैं पुनः अपनी मूल प्रकृति से जुड़ने लगा था।

अरण्यवासी होने के कारण मेरे आचार-व्यवहार में शैशवावस्था से ही खिलंदडपन था। बाल सुलभ क्रीड़ाओं में भी बल का प्रयोग मेरे लिए सामान्य बात थी। निडरता तो मेरे चरित्र में थी ही। बड़े-बड़े जानवरों के

साथ मनोरंजक क्रीड़ाएँ करना मुझे अत्यन्त प्रिय था। हाथी की पूँछ पकड़कर विपरीत दिशा में खींच लेना, शेर-बाघ को गुर्राते हुए उन्हें दौड़ा लेना, भालू और कपियों की पीठ पर धौल जमा देना, एक पर्वत से दूसरे पर्वत पर कूदकर पहुँच जाना इत्यादि मेरी प्रिय क्रीड़ाएँ थीं। इस अरण्य में पशु और वनस्पतियाँ तो प्रचुर मात्रा में थीं ही, बड़ी संख्या में आश्रम भी थे जिनमें ऋषि, मुनि, साधक आदि रहते थे। यद्यपि मेरे संस्कार किसी को परेशान करने की आज्ञा नहीं देते थे किन्तु वानरीय प्रवृत्तियों के कारण कभी-कभी ऐसी त्रुटियाँ हो ही जाती थीं जिनसे दूसरों को परेशानी उत्पन्न हो जाती थी। अपने साथियों को यदि खेलते-खेलते मैं उनको धीरे से भी धक्का देता था तो वे मीलों दूर जा गिरते। कभी-कभी वृक्षों की शाखों को पकड़कर मैं इस तरह झकझोर देता कि वे जड़ से उखड़ जाते। मैं भारी-भरकम शिलाओं को अपने हाथों में उठाकर घुमाकर फेंकता तो जिस दिशा में वह पत्थर जाता उधर से थोड़ी देर में बचाओ-बचाओ की ध्वनियाँ सुनाई पड़तीं।

मैं तपस्वियों के आश्रम में बिना अनुमति लिए प्रवेश कर जाता। इस अरण्य में बड़ी संख्या में तपस्वी एवं साधक रहते थे। इनमें अधिकांश ऋषिगण भृगु एवं अंगिरा वंश के थे। इन साधकों को देखकर मुझे भी यज्ञ, हवन करने की इच्छा प्रबल हो जाती। मैं उनके यज्ञ पात्रों और पूजन सामग्री आदि को उठाकर पेड़ पर चढ़ जाता। मेरे इस कृत्य से बहुधा यज्ञ पात्र टूट जाते और पूजन सामग्री इत्यादि बिखर जाती। अन्य पदार्थों की क्षति भी हो जाती थी। मेरी उच्छृंखलता बढ़ती जा रही थी। माता अंजना को मेरे कृत्यों के कारण उलाहने दिए जाते। मुझे बहुत से देवी, देवताओं, ऋषियों, मुनियों ने वरदान दे रखे थे, अतएव किसी प्रकार की क्षति मुझे नहीं पहुँचती। मेरी अठखेलियों पर अंकुश लगाये जाने के उद्देश्य से अरण्यवास कर रहे कुछ तपस्वियों ने यह प्रस्ताव किया कि क्यों न अंजनीपुत्र से सारे वरदान वापस ले लिए जाएँ? कुछ तपस्वी इस प्रस्ताव से सहमत थे तो कुछ असहमत। कतिपय भविष्य दृष्टा साधक यह देख पा रहे थे कि मैं भविष्य में कुछ अद्भुत कार्य करने वाला हूँ, अतएव वे मेरे बाल सुलभ कृत्यों के लिए इस वृहद दण्ड को देने के लिए सहमत नहीं थे। अंततः विचार-विमर्श के बाद मुझे इतना ही शाप दिया गया कि अब अंजनी पुत्र अपनी शक्ति और सामर्थ्य को भूल जाएँगे। जब कोई उन्हें उनकी शक्ति और सामर्थ्य का स्मरण दिलाएगा तभी उन्हें अपनी शक्ति का स्मरण होगा।

उन तपस्वी एवं साधकों द्वारा दिये गये शाप के प्रभाव से मेरा जीवन पूर्णतया सामान्य हो गया। वैसे माँ इसे शाप नहीं, बल्कि ऋषि एवं मुनियों द्वारा दिया गया ज्ञान दान मानती थीं। उनका मानना था कि इस ज्ञान दान के कारण मेरी सगुणता और सबलता सही दिशा में बढ़ चली थी। मेरा तेज एवं ओज अब सामान्य हो रहा था। मेरे अन्दर की बाल उच्छृंखलताएँ पूर्णतया समाप्त हो गई थीं। अब मैं काफी शान्त स्वभाव वाला हो गया था। अब मुझे क्रीड़ाओं के स्थान पर घर में बैठकर शान्त भाव से चिन्तन एवं मनन करना ज्यादा सुहाता। माता के प्यार और उनकी सेवा में मेरा जीवन व्यतीत हो रहा था। अब मैं अन्य कपि किशोरों की भाँति ही आश्रमों में अत्यन्त शान्त भाव से विचरण करता। मेरे इस परिवर्तित मृदुल व्यवहार से ऋषि, मुनि, तपस्वी एवं साधक सभी प्रसन्न थे।

मैं धीरे-धीरे बड़ा हो रहा था। मेरी आयु अब विद्याध्ययन हेतु हो रही थी। मैं विद्याध्ययन योग्य हुआ तो माता अंजना ने कहा, "वत्स अब तुम्हारी आयु विद्याध्ययन हेतु उपयुक्त है। मेरी इच्छा है कि भगवान सूर्य तुम्हें विद्यादान दें। वे तुम्हें विद्यादान करने का आश्वासन तो पूर्व में ही दे चुके हैं। तुम उन्हीं के पास जाकर उनका शिष्यत्व ग्रहण करो।"

"लेकिन माँ मैं उन तक पहुँचूंगा कैसे?" मैंने बाल सुलभ प्रश्न किया।

"तुम्हारे लिए सूर्यदेव कितनी दूर हैं। अब तो तुम बड़े हो गए हो, जब तुम छोटे थे, तुम तो तभी सूर्यदेव के पास जा चुके हो। केसरीनन्दन, संसार में ऐसा कोई कार्य नहीं जो तुम न कर सको।" मेरी माता ने मुझे अपना बल स्मरण कराया।

फिर क्या था... अगले ही पल मैंने अपना स्वरूप विस्तार किया, आकाश में उछाल मारी, और वायु पुत्र होने का लाभ उठाते हुए सीधे सूर्यदेव की ओर उड़ चला। मैं सीधे सूर्यदेव के निकट पहुँचा। शिष्टाचार स्वरूप मैं सूर्यदेव के सारथी अरुण से मिला। मैंने उन्हें अपना परिचय दिया और अपने आने का प्रयोजन बताया। उन्होंने मुझे भगवान सूर्यदेव से मिलवा दिया। मैंने विनम्रपूर्वक भगवान भाष्कर के चरणों में प्रणाम किया।

"वत्स हनुमान, यहाँ कैसे?" सूर्यदेव ने मेरी ओर देखते हुए पूछा।

"प्रभु, शैशव काल में आपने मुझे विद्यादान का आश्वासन दिया था। मेरी आयु विद्याध्ययन हेतु उपयुक्त हो जाने पर मेरी माता ने मुझे आपके

चरणों में विद्याध्ययन करने के लिए भेजा है। आप कृपापूर्वक मुझे ज्ञान प्रदान करें।" मैंने अत्यन्त नम्र वाणी से उत्तर दिया।

"वत्स, यह तो उचित कहा तुमने, किन्तु मेरी स्थिति बड़ी विचित्र है। मुझे अपने रथ पर बैठकर निरन्तर दौड़ते रहना पड़ता है। रथ से उतरना भी मेरे लिए सम्भव नहीं। ऐसी दशा में मैं तुम्हें शास्त्रों का ज्ञान कैसे कराऊँगा? तुम्हीं सोचकर बताओ, कि क्या किया जाए? तुम्हारे जैसे आदर्श शिष्य को स्वीकार करने में तो मुझे प्रसन्नता ही होगी।" भगवान आदित्य बोले।

भगवान दिवाकर का तर्क सर्वथा उचित था, किन्तु मुझे तो उनका शिष्यत्व ग्रहण करना ही था।

"प्रभु, आपके वेगपूर्वक रथ के चलने से मेरे अध्ययन में कोई बाधा नहीं पड़ेगी। मैं आपके पार्श्व में बैठ जाऊँगा और रथ के वेग के साथ ही आगे बढ़ता रहूँगा। हाँ, आपको किसी प्रकार की असुविधा नहीं होनी चाहिए।" मैंने विनम्रता से कहा।

भगवान आदित्य ने मेरी प्रार्थना को स्वीकार कर लिया था। शिक्षा प्रारम्भ हो गयी। अविराम अध्ययन आरम्भ हो चुका था। दिन और रात्रि का बोध समाप्त हो चुका था। सूर्यदेव वेदादि, शास्त्रों, समस्त विद्याओं के अंगोंपांग एवं उनके रहस्य जितनी शीघ्रता से बोल सकते थे, बोलते चले जाते थे। श्रुति आधारित ज्ञान दान की प्रक्रिया गतिमान थी। मैं शांत भाव से उन्हें श्रवण करता जा रहा था। प्रश्न, उत्तर, शंका व समाधान की आवश्यकता ही नहीं थी। भगवान सूर्य ने मुझे अल्पावधि में ही समस्त वेदादि, शास्त्र, उपशास्त्र एवं विद्याएँ सुना दीं। सूर्यदेव ने मुझे शास्त्रों, व्याकरण, कला, संगीत, युद्ध कौशल, वाक्पटुता का भी ज्ञान दिया। चारों वेद, छः दर्शन, वेदांग, आठों सिद्धियों, नवनिधियों इत्यादि में उन्होंने मुझे पारंगत किया। उनके साथ रहते हुए मैंने सूत्र, वृत्ति, महाभाष्य के साथ अन्यान्य शास्त्रों का भी अध्ययन किया। इस प्रकार विद्याध्ययन सम्पन्न हुआ। मैं यह तो नहीं कह सकता कि मैं इन विद्याओं में पारंगत हो गया किन्तु अपनी सामर्थ्य के अनुसार मैंने सीखने का प्रयास अवश्य किया।

सूर्यदेव ने विद्यादान करने के पश्चात् मुझे वापस प्रस्थान करने का आदेश दिया।

"प्रभु, मैं अल्पज्ञानी, अल्प शक्ति वाला कपि हूँ। मैं आपको क्या दे सकता हूँ? मैं तो आपकी सेवा करने में भी समर्थ नहीं हूँ किन्तु मैं ग्लानि से बचने के लिए आपसे गुरू दक्षिणा लेने हेतु निवेदन करना चाहता हूँ। प्रभु, गुरू दक्षिणा के रूप में आप अपना अभीष्ट व्यक्त करें।" विदाई के क्षणों में मैं सूर्यदेव को प्रणाम करके बोला।

"हनुमान, मैं तुम्हारे श्रद्धा भाव और विनम्रता से अत्यन्त सन्तुष्ट हूँ। मुझे तो कुछ नहीं चाहिए, किन्तु यदि मुझे गुरू दक्षिणा के रूप में कुछ देना ही चाहते हो तो तुम मेरे अंश से उत्पन्न कपिराज बालि के छोटे भाई सुग्रीव की रक्षा का वचन दो।" सर्वथा निष्काम सूर्यदेव ने अपनी अपेक्षा व्यक्त की।

"आज्ञा शिरोधार्य है। मेरे रहते सुग्रीव का बाल भी बांका नहीं हो सकेगा, मैं प्रतिज्ञा करता हूँ।" मैंने अपने गुरू के समक्ष प्रतिज्ञान किया।

"तुम्हारा सर्वविधि मंगल हो। प्रस्थान करो हनुमान, मेरा आशीर्वाद तुम्हारे साथ है।" भगवान सूर्यदेव ने आशीर्वाद दिया। मैंने गुरूदेव के चरणों में साष्टांग प्रणाम निवेदित किया। इसके उपरान्त मैं वापस अपने घर की ओर चल पड़ा।

मैं कंचनगिरि लौटकर अति प्रसन्न था। वापस आने के पश्चात् मैंने अपने माता-पिता के चरणों में मस्तक रखा। माता-पिता के हर्ष की सीमा न थी। विद्या ज्ञान प्राप्त करने के उपलक्ष्य में मेरे माता-पिता ने अद्भुत उत्सव मनाया। कंचनगिरि पर हर्ष और उल्लास के समारोह का इतना सुन्दर और विशाल आयोजन इसके पूर्व कभी किसी ने नहीं देखा था। सम्पूर्ण कपि समुदाय आनन्द-विभोर था। सबने मुझे अपने अंतःहृदय से आशीर्वाद दिया।

माता अंजना और पिता केसरी मुझे बहुत प्यार करते थे। मैं अपने माता-पिता के पास कुछ समय रुका। मैं अनुभव कर रहा था कि मेरे मन में एक व्यग्रता जन्म ले रही थी। मैं अपने माता-पिता के पास रहते हुए भी अन्दर से सन्तुष्ट अनुभव नहीं कर रहा था। अब मेरा मन कंचनगिरि में नहीं लग रहा था। सम्भवतः इसका कारण यह था कि मैंने सूर्यदेव को सुग्रीव की रक्षार्थ वचन दे रखा था। कुछ दिनों बाद अपनी इच्छा से मैंने पिताजी को अवगत कराया कि मैं सुग्रीव के पास जाना चाहता हूँ। यद्यपि माता-पिता चाहते थे कि मैं उनके पास ही रहूँ किन्तु भगवान सूर्य की इच्छा का पालन करना जहाँ मेरे लिए आदेश था वहीं उनके लिए प्रतिबद्धता। भगवान सूर्य

को दिए गए वचन का पालन करने के लिए मैंने सुग्रीव के पास जाने का निर्णय लिया। सुग्रीव किष्किन्धा में अपने भाई बालि के साथ रहते थे। भारी मन से मेरे माता-पिता मुझे सुग्रीव के पास छोड़ने के लिए तैयार हो गए।

3.

मेरे पिता मेरी प्रतिबद्धता का आदर रखते हुए मुझे किष्किन्धा ले गये। किष्किन्धा नरेश बालि ने हमारा स्वागत किया। बालि वानर और रीछ जातियों के राजा थे। मेरे पिता केसरी से उनका पुराना स्नेह सम्बन्ध था। मेरे पिता ने मुझे किष्किन्धा नरेश बालि को सौंप दिया। बालि ने मुझे अपनी राजसभा का सचिव बना लिया। मैं बालि की सभा में कार्यरत अवश्य था किन्तु मुझे किष्किन्धा नरेश के अनुज सुग्रीव से अधिक स्नेह था। वे मेरे मित्र बन गये थे।

किष्किन्धा राज्य आने के पश्चात् अब मेरी प्रतिबद्धता सुग्रीव के साथ थी। गुरू दक्षिणा में दिये गये वचनों के अनुसार मैं सुग्रीव के साथ ही रहता था। उन्होंने मुझे अपना सचिव बना लिया था। मेरा कार्य उन्हें मंत्रणा देना तथा सचिवीय सहायता प्रदान करना था।

माता-पिता से अलग हो जाने की पीड़ा मुझे कभी-कभी परेशान करती। मैं विचार करता कि मेरा दायित्व क्या था? क्या मुझे अपने माता-पिता के पास उनकी सेवा के लिए नहीं रहना चाहिए था? कई प्रश्न मेरे मस्तिष्क में उभरते थे। मेरे पिता, महाराज केसरी मुझे अपना उत्तराधिकारी नियुक्त करना चाहते थे, क्या मुझे उनकी इच्छा का पालन नहीं करना चाहिए? मेरी माँ ने दीर्घावधि तक आराध्यों की पूजा-अनुष्ठान करने के बाद मुझे प्राप्त किया था, क्या मुझे उनकी सेवा के लिए कंचनगिरि पर ही नहीं रुक जाना चाहिए था? ऐसे कई प्रश्न मुझे घेरते लेकिन अगले ही पल मैं स्वयं ही इन प्रश्नों का निराकरण कर लेता। मुझे अन्दर से कोई कहता..."आंजनेय तुम्हारा जन्म तो अपने आराध्य की सेवार्थ हुआ है। ये राज-पाट, ये भौतिक सम्बन्ध... इन सबसे तुम बहुत ऊपर उठे हुए हो।"

वस्तुतः मुझे सेवा करने में जो आनन्द प्राप्त होता था, वह अवर्णनीय है। सुग्रीव के साथ रहकर मैं उनकी सेवा करता। सुग्रीव की सेवा करते हुए भी मुझे यह अनुभव होता रहता कि मेरा अभीष्ट कुछ और है, मेरा

आराध्य तो कोई और है। बालि अपने अनुज सुग्रीव को पुत्रवत स्नेह करते थे। इसलिए मैं जब सुग्रीव के समीप उनका सहयोगी बनकर रहने लगा तो बालि ने इस पर कोई आपत्ति नहीं की, बल्कि ऐसा करने के लिए उन्होंने मुझे प्रोत्साहित ही किया।

बालि और सुग्रीव में बड़ी आत्मीयता थी। दोनों एक-दूसरे के बिना रह नहीं सकते थे। बालि सुग्रीव को प्राणों से अधिक चाहते थे। सुग्रीव भी बालि को पितातुल्य मानते थे। दोनों भाई भोजन, शयन, क्रीड़ा, आखेट आदि एक साथ करते थे। वे दोनों प्रायः साथ ही रहते थे। पिता ऋक्षरजा के दिवंगत होने पर ज्येष्ठ पुत्र होने के कारण बालि को वानर समुदाय के राजा पद पर अभिषिक्त किया गया था। बालि राजा हुए जबकि सुग्रीव उनके सचिव। सुग्रीव उनकी संपूर्ण सेवा और सहायता करते थे। दोनों भाइयों की प्रीति कथा सर्वत्र विख्यात थी।

बालि अद्भुत पराक्रमी था। उसके बल की चर्चा चहुँ ओर थी। बालि को यह वरदान प्राप्त था कि जब भी वह अपने किसी शत्रु से युद्ध करेगा तो शत्रु का आधा बल उसको प्राप्त हो जाएगा। इस प्रकार किसी के लिए भी बालि से युद्ध में विजय प्राप्त करना असंभव था, क्योंकि शत्रु का आधा बल तो बालि के पास आ ही जाता था। शत्रु तो आधे बल के साथ ही बालि के समक्ष लड़ पाता था और फिर बालि का अपना बल तो था ही।

मैं यह नहीं जानता कि इसमें कितनी सत्यता थी लेकिन किष्किन्धा के वयोवृद्ध बताते थे कि एक बार लंकापति रावण ने बालि को युद्ध के लिए ललकारा। बालि उस समय तीर्थयात्रा के लिए जाना चाहता था। उसने रावण को बहुत समझाया कि मैं अपना तीर्थाटन पूरा कर लूँ, तब तुम्हारी बात सुनूँगा, किन्तु रावण कहाँ मानने वाला था। अंत में तंग आकर बालि ने रावण को अपनी काँख में दबा लिया और उसको उसी अवस्था में लिए हुए ही सारी तीर्थयात्राएँ सम्पन्न की। समस्त कार्य निबटाकर ही बालि ने उसे अपनी काँख से मुक्त किया।

किष्किन्धा की भौगोलिक स्थिति ऐसी थी कि उसके उत्तर में आर्यों का राज्य था और दक्षिण में राक्षसों का। दक्षिण की ओर से राक्षस गण किष्किन्धा में अनाधिकृत रूप से आते रहते थे। आये दिन राक्षस एवं वन्य जातियों के शासकों में युद्ध होते रहते थे। दोनों तरफ के योद्धा युद्ध के लिए एक दूसरे

को चुनौती देते रहते थे। अकारण होने वाले ये युद्ध श्रेष्ठता का मापदण्ड बने हुए थे। इसी क्रम में एक बार महिष वेश में रहनेवाले दुंदभि नामक एक राक्षस ने बालि को युद्ध के लिए ललकारा। वह मंदोदरी का भ्राता था। बालि से उसका युद्ध हुआ। दुंदुभि मारा गया। उसके मर जाने पर बालि ने क्रुद्ध होकर उसके शव को एक योजन दूर फेंक दिया। वह शव ऋष्यमूक पर्वत पर मतंग ऋषि के आश्रम में आकर गिरा। मतंग ऋषि उस समय यज्ञ अनुष्ठान कर रहे थे। इस शव को फेंके जाने के कारण उनकी काया पर रक्त के कुछ छींटे पड़ गए। क्रोध में उन्होने दुंदुभि के शव को देखा। उन्हें योगबल से यह जानते देर न लगी कि यह किसकी धृष्टता है। बस मुनिवर ने वहीं से शाप दे दिया कि यदि बालि ऋष्यमूक पर्वत पर आएगा तो उसके मस्तक के सैकड़ों टुकड़े हो जाएँगे। बालि ने इस शाप के चलते इसके पश्चात्‌ ऋष्यमूक पर्वत पर आना छोड़ दिया।

जैसा कि मैंने बताया कि किष्किन्धा अत्यन्त रमणीक और शान्त स्थल था। कई ऋषि-मुनि यहाँ तपस्यारत थे। इस स्थल पर यज्ञ, हवन, मंत्रोच्चार चलते ही रहते थे। लंकापति रावण के संरक्षण में रहने वाले खर, दूषण, त्रिषिरा जैसे राक्षस किष्किन्धा में तपस्यारत ऋषियों की यज्ञशाला में उत्पात मचाते रहते थे, परन्तु वे बालि के पराक्रम के सामने ठहर नहीं पाते थे।

एक दिन मायावी नामक राक्षस ने बालि को युद्ध के लिए ललकारा। वह मय का पुत्र था। मंदोदरी और दुंदुभि का भाई था। बालि उस समय सो रहा था, पर शत्रु की पुकार सुनकर तुरन्त उठकर उसका सामना करने के लिए आ गया। पीछे-पीछे सुग्रीव भी उसके साथ आ गए। बालि और सुग्रीव को एक साथ आते देखकर राक्षस भाग निकला और दूर जाकर एक कन्दरा में घुस गया।

"मैं इस दुष्ट से युद्ध करने के लिए इस कन्दरा में जाता हूँ। तुम बाहर रहकर मेरी प्रतीक्षा करो। तुम यह ध्यान रखना कि कहीं इस राक्षस का कोई अन्य साथी मुझे मार डालने के लिए इस कन्दरा के दरवाजे को बन्द न कर दे। तुम पन्द्रह दिनों तक मेरी प्रतीक्षा करना। यदि मैं तब तक न लौट आऊँ तो समझ लेना मैं मारा गया।" बालि ने सुग्रीव से कहा।

सुग्रीव ने एक मास तक उस कन्दरा के प्रवेश द्वार पर पहरा देते हुए बालि की प्रतीक्षा की। एक दिन अचानक कन्दरा के अन्दर से फेन सहित

रक्त की धारा बहती हुई निकली। सुग्रीव को ऐसा प्रतीत हुआ कि बालि मारा गया। उन्होंने भय के चलते एक विशाल शिला से उस कन्दरा का मुख बन्द कर दिया, ताकि वह राक्षस निकलकर उन्हें भी न मार डाले। इसके पश्चात् वे किष्किन्धा लौट आए। यह घटना इस बात को प्रमाणित करने के लिए पर्याप्त थी कि बालि का स्वर्गवास हो गया है। बालि को स्वर्गवासी मानते हुए स्थानीय परम्परा के अनुसार सुग्रीव को राजा बना दिया गया। बालि पुत्र अंगद अभी अल्पायु था। तारा, जो बालि की पत्नी थी, परम्परा और अधिकार के अनुसार अब सुग्रीव की पत्नी बन गई।

बालि तो अजेय था। उसने अंततः उस राक्षस को मार डाला। जब वह कन्दरा के द्वार के पास आया तो उसने देखा कि कन्दरा एक विशाल शिला के द्वारा बाहर से बन्द थी। बालि उस शिला को हटाकर जब किष्किन्धा लौटा तो उसने पाया कि सुग्रीव राजा बना बैठा है। उसके क्रोध का ठिकाना न रहा। सुग्रीव के प्रति वह घृणा और क्रोध से भर उठा। बालि की दृष्टि में उसके अनुज ने उसके साथ घोर विश्वासघात किया था। वह अब सुग्रीव के प्राण हर लेना चाहता था। बालि के साथियों ने उसे समझाने और वस्तुस्थिति बताने का प्रयास किया किन्तु बालि कुछ भी सुनने और समझने को तैयार न था। मैंने भी बालि को वास्तविकता से अवगत कराने की चेष्टा की लेकिन अविश्वास का घना अन्धकार उसके मनोमस्तिष्क पर छाया हुआ था। बालि ने किसी की भी न सुनी। उसने सुग्रीव पर हमला बोल दिया। बालि की ताकत के समक्ष सुग्रीव असहाय थे। वह मैदान छोड़कर भाग गए। सुग्रीव के साथ मैं, नल, नील, जाम्बवान, तारा का भाई तार आदि भी चले आए। हम सबने सुग्रीव के साथ ऋष्यमूक पर्वत पर शरण ली। जैसा कि मैं पहले ही बता चुका हूँ कि मतंग ऋषि के शाप के कारण इस पर्वत पर बालि का आना निषिद्ध था। उधर बालि ने सुग्रीव की पत्नी रूमा को अपने अधिकार में कर लिया। इस प्रकार सुग्रीव अपना राज्य और अपनी पत्नी दोनों गँवा बैठे।

सुग्रीव अब किष्किन्धा पर्वत पर निर्वासित जीवन व्यतीत कर रहे थे। उनका आत्मविश्वास इस सीमा तक डगमगा चुका था कि उन्हें ऋष्यमूक पर्वत पर रहते हुए भी बालि का भय लगा रहता था। सुग्रीव को यह आशंका बनी रहती थी कि बालि ऋष्यमूक पर्वत पर भले ही न आ सकता हो किन्तु उसका वध करवाने के लिए अपने साथियों को तो भेज ही सकता है। सुग्रीव जब भी किसी अपरिचित व्यक्ति को किष्किन्धा के आस-पास देखते तो उन्हें

यही लगता कि हो न हो बालि ने उन्हें मेरा वध कर डालने के लिए ही भेजा है। कितने आश्चर्य का विषय है कि मुझे देवताओं के माध्यम से अतुलित बल और पराक्रम प्राप्त था किन्तु इसके होते हुए भी सुग्रीव इतने कष्ट में और भयभीत रहते थे।

सुग्रीव ने एकाध-बार मुझे उलाहना भी दिया, "पवनपुत्र आपने मेरी कोई सहायता नहीं की उस युद्ध में, जबकि बालि मुझे मार डालने के लिए उद्यत था।" मैंने सुग्रीव से बस यही कहा, "मेरा आप दोनों भाइयों के झगड़े में पड़ना किसी भी दृष्टि से उचित नहीं था।" इसलिए मैंने बालि से युद्ध नहीं किया। मैं सुग्रीव को इतना आश्वासन अवश्य देता था कि वह ऋष्यमूक पर्वत पर सुखपूर्वक निर्भय होकर रहें और अच्छे समय की प्रतीक्षा करें।

मैं एक दास और सहयोगी की भाँति अपने स्वामी सखा सुग्रीव के प्रति निष्ठावान था। समय-समय पर उन्हें उचित मंत्रणा देता था। मेरा और सुग्रीव का सम्बन्ध निर्वासित राजा और सचिव के अतिरिक्त सखा वाला भी था। समय व्यतीत हो रहा था, सुग्रीव सदैव अपने राज्य व परिवार की क्षति को लेकर दुःखमग्न रहते थे। मैं उन्हें धीरज बंधाता था, "चिन्ता मत करो मित्र सुग्रीव। धैर्य रखो। अच्छा समय निश्चित आएगा। सत्य की विजय सुनिश्चित है। ईश्वर का ध्यान रखो, अपने भाई के प्रति मन में द्वेष की भावना मत रखो। समय आने पर सब कुछ ठीक हो जाएगा।"

सुग्रीव के साथ हम सब वानर ऋष्यमूक पर निर्बाध विचरण करते और आनन्दित रहने का प्रयास करते।

एक बार हम वानरगण, सुग्रीव के साथ शिला पर बैठे हुए थे तो हमने एक विमान रथ को दक्षिण दिशा में तीव्र गति से जाते हुए देखा। रथ में एक सुकोमल नारी और एक विशालकाय पुरुष था। स्त्री दयनीय भाव से रो रही थी। स्त्री का संम्भवतः अपहरण हो गया था। उस स्त्री ने जब हमें शिला पर बैठे हुए देखा तो अपने वस्त्रों से एक टुकड़ा फाड़कर उसमें अपने आभूषण लपेट कर नीचे फेंक दिए थे। वानरों ने यह वस्त्र और आभूषण उठा लिए थे जिन्हें संभालकर सुग्रीव ने अपनी गुफा में रख लिया।

4.

किष्किन्धा पर्वत पर सूर्योदय हुए पहला पहर व्यतीत हो चुका था। ऐसी घड़ी में ऋष्यमूक पर्वत पर सर-सर करती हरी लताएँ और वृक्षों की छाया अद्‌भुत आनन्द प्रदान करती थीं। सामान्यतया इस समय तक आते-आते वानर समुदाय अपनी क्षुधा समाप्त करके सामान्य चर्चा अथवा विश्राम हेतु चले जाते थे। एक वृक्ष के नीचे सुग्रीव पर्वत की एक शिला पर बैठे हुए थे। मैं भी उनके समीप बैठा ज्ञान तथा धर्म पर चर्चा कर रहा था। अचानक सुग्रीव का मुख भयाक्रांत सा दिखने लगा। उनका रंग पीला पड़ने लगा। ऐसा लगा कि कहीं उन्हें पक्षाघात न हो जाए। वे अचानक उठ खड़े हुए। उनका व्यवहार देखते-देखते असहज और असामान्य सा प्रतीत होने लगा।

"क्या हुआ... कुछ विशेष?" मैंने उत्सुकतावश सुग्रीव से पूछा।

"हनुमान, वो देखो...।" सुग्रीव ने अपनी तर्जनी से पर्वत के निचले सिरे की ओर संकेत करते हुए कहा।

"वे तो दो नवयुवक हैं...।" मैंने सुग्रीव के द्वारा इंगित दिशा में देखने के पश्चात् अपनी प्रतिक्रिया व्यक्त की।

"वे नवयुवक ही हैं ये आप कैसे कह सकते हैं...? वे कोई भेदिए भी तो हो सकते हैं। कौन जानता है कि किसी नर, राक्षस, गन्धर्व, दुष्टात्मा ने अपना रूप इस तरह परिवर्तन कर लिया हो? वे कोई मायावी प्राणी भी तो हो सकते हैं जिन्हें मेरे भाई बालि ने मुझे मारने के लिए भेजा हो...।" सुग्रीव ने तनिक हकलाते हुए घबराहट भरे स्वर में कहा।

सुग्रीव ने शिखर से ही आजानुबाहु, धनुर्धर, विशाल नेत्रों वाले, तेजयुक्त दो राजकुमारों को इस पर्वत पर चढ़ते हुए देखा था। उन्हें देखकर सुग्रीव के माथे पर बल पड़ गए थे। सुग्रीव की मनःस्थिति और उसके आचार-व्यवहार को देखकर मुझे हँसी आ गई। कितनी घबराहट है इनके अन्तर्मन में? फिर भी मैंने अपनी हँसी पर नियंत्रण रखते हुए सुग्रीव को समझाने की चेष्टा की कि ये युवक तो पथिक भी हो सकते हैं जो किसी गन्तव्य पर पहुँचने से पहले ही इस घने अरण्य में भटक गए हों।

"अंजनिपुत्र, आप नहीं समझ रहे हैं...। मेरा मत है कि आप जाएँ और पता लगाकर आएँ कि ये दोनों युवक कौन हैं? वे किस प्रयोजन से इस

अरण्य में विचरण कर रहे हैं?” सुग्रीव अभी भी भयाक्रांत थे।

मैंने अपने हाथों को अपनी आँखों पर छतरी सदृश बनाते हुए दूर तक देखने का प्रयास किया। मैंने उन दोनों नवयुवकों को निहारा। दोनों नवयुवक बहुत आत्मविश्वास के साथ मध्यम गति के साथ पर्वत की ओर चले आ रहे थे। दोनों युवक सौम्यता और तेज की प्रतिमूर्ति लग रहे थे। कंधों पर धनुष था। मुझे तो वो दोनों युवक किसी भी दृष्टि से मायावी नहीं लग रहे थे किन्तु सुग्रीव की बात का मान रखने के लिए मैंने एक-दो लम्बी छलांगे लगाईं और पर्वत के मूल पर शीघ्र ही पहुँच गया। मुझे लगा कि मैं अपने वानर रूप में उन युवकों से कैसे बात कर सकूँगा, ये सोचकर मैंने रूप परिवर्तित कर लिया। मैं तापस वेश धारण कर उन दोनों नवयुवकों की ओर बढ़ा। जैसे ही मैं उन नवयुवकों के समक्ष पहुँचा, मैं उनके स्वरूप को देखकर पहली दृष्टि में उन पर मोहित हो गया। दोनों नवयुवकों के वक्षस्थल विशाल थे, आजानुबाहु थे, वे कुलीन अभिजात्य परिवार से सम्बन्धित होने का परिचय दे रहे थे। कन्धे पर धनुष था, पीठ पर तूणीर कसा हुआ था, सिर पर जटाएँ थीं लेकिन वे बहुत ही सुन्दरता से बंधी हुई थीं। वल्कल अव्यवस्थित थे लेकिन उन पर काफी जँच रहे थे। मैं क्षण भर की देरी किए बिना उन दोनों युवकों के सामने आ गया।

“नारायण-नारायण।” मैंने उच्चारण किया।

“नारायण-नारायण।” उन दोनों युवकों ने प्रत्युत्तर में एक साथ कहा।

“आप दोनों को प्रणाम करता हूँ।” मैंने औपचारिकतापूर्वक कहा।

“प्रणाम।” उन दोनों युवकों में से अग्रज प्रतीत हो रहे युवक ने मेरे प्रणाम का विनम्रता के साथ उत्तर दिया।

“महामने! आप कौन हैं? कहाँ से आए हैं...? आप दोनों सिंह के समान बल एवं पराक्रम से युक्त, स्वर्ण कान्तियुक्त, राज लक्षणों से सुशोभित, तपस्वी वेशधारी हैं। कौन हैं आप लोग?” मैंने अत्यन्त विनम्रतापूर्वक उन नवयुवकों से उनका परिचय पूछा।

“पहले आप बताएँ कि आप कौन हैं?” दोनों युवकों में अनुज प्रतीत हो रहे युवक ने तनिक रोष के साथ मेरा परिचय जानना चाहा।

“आपको ज्ञात ही होगा यह ऋष्यमूक पर्वत है। आस-पास घना अरण्य है। इस पर्वत पर सुग्रीव नामक एक वानर श्रेष्ठ रहते हैं। वे किष्किन्धा नरेश

बालि के अनुज हैं, सुग्रीव का राज्य उनके ज्येष्ठ भ्राता बालि ने छीन लिया है। वे सम्प्रति इसी पर्वत पर निर्वासित जीवन व्यतीत कर रहे हैं। मैं उनका सचिव और सहयोगी हूँ। आप नवागन्तुकों का मनोभाव जानने के लिए मैं यहाँ आया हूँ।" मैंने अपना प्रयोजन स्पष्ट किया।

"आपका नाम क्या है?" पुनः अनुज तपस्वी ने पूछा।

"पवनात्मज जोहं हनुमान नाम कपिः।" मैंने कहा।

मुझे विश्वास हो चला था कि ये दोनों तपस्वी, राक्षस अथवा मायावी तो कदापि नहीं हो सकते हैं। अपना मूल रूप छिपाने का कोई लाभ मुझे समझ नहीं आ रहा था सो अब मैं अपने वास्तविक वानर रूप में आ गया।

"आपका आभारी हूँ, हनुमान जी। इस अरण्य में आपका साथ मुझे प्रसन्नता देगा।" अग्रज लग रहे नवयुवक ने मुस्कान बिखेरते हुए कहा।

"ये अयोध्या के राजा दशरथ के ज्येष्ठ पुत्र श्रीराम हैं और मैं इनका अनुज लक्ष्मण। हम चौदह वर्ष के वनगमन हेतु आदेशित किए गए हैं।" अनुज ने औपचारिक परिचय कराते हुए कहा।

"पम्पा सरोवर के परिसर में फैला ये वन अत्यन्त भयंकर है। इस अरण्य में भ्रमण का कोई विशेष प्रयोजन...।" मैंने विनीत होकर पूछा।

"हाँ हनुमान,... हमें चौदह वर्ष के वनगमन का आदेश हुआ है। यहाँ पहुँचकर हम विपदा में फँस गए हैं। मेरी पत्नी सीता का किसी दुष्टात्मा ने अपहरण कर लिया है। हम उन्हीं को अरण्य और पर्वतों में खोज रहे हैं।" अग्रज श्रीराम ने कहा।

"सुग्रीव भी वर्तमान में यही संकट सहन कर रहे हैं। सुग्रीव के भाई ने उनसे उनका राज्य और पत्नी दोनों छीन लिए हैं। सुग्रीव को राज्य से निष्कासित कर दिया गया है और वे भी निर्वासित अवस्था में ऋष्यमूक पर्वत पर शरण लिए हुए हैं। वे निश्चित ही आपकी अपहृता पत्नी को खोजने में आपका सहयोग करेंगे।" मैंने उन नवयुवकों से सुग्रीव की स्थिति स्पष्ट की। मैं अब तक उन दोनों वनवासियों की वास्तविकता को समझ चुका था। मुझे उनके व्यक्तित्व में देवत्व का बोध हो रहा था।

"हनुमान को देखकर यह प्रतीत होता है कि सुनहरा रंग, मूँज की करधनी, रत्न कुण्डल से विलासित कर्ण, श्रेष्ठ हार, यज्ञोपवीत, कौपीन तथा

हाथ में कंकण धारण किये, किसी मनुष्य ने तो कहीं कपि का रूप नहीं अपनाया है? इस रूप को धारण करने के लिए क्या स्वयं भगवान रूद्र ने तो जन्म नहीं लिया है? कपि मुख को ऐसी प्रभा प्राप्त होना चमत्कार है। ये निश्चित ही अलौकिक कपि है।" मेरी बात को ध्यानपूर्वक सुनने के पश्चात श्रीराम ने अपने अनुज से कहा था।

श्रीराम की बातों को सुनकर मुझे माता अन्जना का स्मरण हो आया। उन्होंने एक बार मुझसे कहा था कि जो तुम्हारे अप्रकट स्वर्ण वर्ण के कौपीन और कछोटे को जान लेंगे, उन्हीं को तुम अपना प्रभु और स्वामी मानकर सेवा करना। मुझे सुनिश्चित हो गया कि श्रीराम ही मेरे प्रभु हैं, मेरे स्वामी हैं। मुझे अपने स्वामी का प्रत्येक शब्द अभिधा, लक्षणा और व्यंजना की शक्तित्रयी से सम्पन्न और सुवासित प्रतीत हो रहा था। सच... कितने स्मितभाषी, मितभाषी और हितभाषी हैं श्रीराम। सुग्रीव के साथ रहते हुए भी एक अदृश्य कमी जो मुझे सदैव उद्विग्न किये रहती थी वो आज नहीं लग रही थी। ऐसा लग रहा था कि मैंने दीर्घ प्रतीक्षा के पश्चात अपना अभीष्ट प्राप्त कर लिया हो।

मैंने दोनों भाइयों से ऋष्यमूक पर्वत पर चलने का आग्रह किया। मेरे आग्रह को उन दोनों राजकुमारों ने सहर्ष स्वीकार कर लिया। पर्वत की ऊँचाई अधिक थी। शिखर पर पहुँचने में समय लगता। मैंने दोनों कुमारों से अपने कन्धे पर विराजमान होने का आग्रह किया। तनिक संकोच के साथ श्रीराम ने मेरा आग्रह स्वीकार कर लिया। तदोपरान्त मैं प्रभु श्रीराम तथा भ्राता लक्ष्मण को अपने कन्धों पर बैठाकर सुग्रीव के पास चल पड़ा। मैंने इसी क्षण, मनसा, वाचा, कर्मणा से स्वयं को प्रभु श्रीराम के चरणों में अर्पित कर दिया। मैंने अनुभव किया कि मेरे इस निवेदन को प्रभु श्रीराम ने भी सहर्ष स्वीकार कर लिया था।

अपने स्वामी प्रभु श्रीराम और लक्ष्मण जी को कन्धों पर बैठाकर ले जाते हुए जो आनंद मुझे प्राप्त हो रहा था, वह वर्णनातीत है। मेरी आँखों से निरन्तर आँसू बह रहे थे। मुझे मेरे आराध्य मिल गए थे। अपने प्रभु की शारीरिक सेवा का यह मेरा पहला अवसर था।

मेरे कन्धे पर बैठे प्रभु श्रीराम अपने अनुज लक्ष्मण को समझा रहे थे। "लक्ष्मण, यह हनुमान कपि अवश्य प्रतीत होते हैं, किन्तु इनकी प्रत्यभिज्ञा शक्ति अद्‌भुत प्रतीत होती है।"

यह शब्द मैंने प्रथम बार ही सुना था। यह मुझे बाद में ज्ञात हुआ कि इसका अर्थ है कि पूर्व परिचित अथवा पूर्व दृष्ट, श्रुत स्थान और व्यक्तियों को एवं उनकी विशेषताओं को पहचान लेना।

"लक्ष्मण मुझे प्रतीत होता है कि हनुमान ने समस्त व्याकरण शास्त्र का पूर्ण रूप से स्वाध्याय किया है, तभी तो इस लम्बी परिचयात्मक वार्तालाप के मध्य भी इन्होंने एक भी निरर्थक शब्द नहीं कहा।" कन्धे पर विराजमान प्रभु अपने अनुज से कह रहे थे।

बातों-बातों में हम सुग्रीव के पास पहुँच गए। सुग्रीव के पास पहुँचकर मैंने दोनों राजकुमारों से उनका परिचय कराया और दोनों की मित्रता का सुझाव रखा। सुग्रीव तो वैसे भी मेरी हर बात मानते थे। मित्रता के सुझाव को उन्होंने सहर्ष स्वीकार कर लिया। मैंने अग्नि प्रज्वलित करके श्रीराम और सुग्रीव की मित्रता को दिव्य रूप दे दिया। सुग्रीव और श्रीराम ने अग्नि की प्रदक्षिणा की और वे एक-दूसरे के अभिन्न मित्र बन गए।

सुग्रीव ने आँखों में आँसू भरकर कहा, "आज से हम दोनों मित्र हुए। आज से हम दोनों का सुख-दुःख एक ही है।"

औपचारिक मित्रता की उद्घोषणा के पश्चात् सुग्रीव ने साल वृक्ष के पत्तों और पुष्पों से युक्त एक शाखा तोड़ी और उसे आसन के रूप में बिछा दिया जिस पर श्रीराम बैठ गए। जब मैंने देखा कि भ्राता लक्ष्मण के बैठने के लिए सुग्रीव ने कोई प्रबन्ध नहीं किया है तो मैंने तत्काल साल के वृक्ष की एक शाखा तोड़ी और भ्राता लक्ष्मण के बैठने का प्रबन्ध कर दिया। यह सुग्रीव द्वारा हड़बड़ाहट में की गयी एक त्रुटि थी। मैंने शीघ्रता से सुग्रीव की त्रुटि का निवारण कर दिया जिससे कि भ्राता लक्ष्मण को बुरा न लगे।

अब प्रभु श्रीराम और लक्ष्मण इस पर्वत शिखर पर ही कुटिया बनाकर आवासित हो गए थे। मैं प्रभु श्रीराम की सेवा करता। कभी-कभी विचार करता कि प्रभु श्रीराम का हृदय कितना विराट है। मैं यह भी सोचता रहता कि मर्यादा पुरुषोत्तम, गुणनिधि, ज्ञान के भंडार, बल और पौरुष में अद्वितीय स्वामी की वानरों से मित्रता का क्या अर्थ है? सर्वशक्तिमान की वन्य जीवों के साथ मित्रता का क्या आधार हो सकता है? मुझे ऐसा प्रतीत होता था कि जैसे अपार सिंधु ने एक बूँद पानी के साथ मित्रता कर ली हो। आध्यात्मिक दृष्टि से जहाँ एक ओर यह सर्वभूतात्मभूतात्मा की विश्व मैत्री और प्रेम

का उदाहरण था वहीं दूसरी ओर भक्ति के दृष्टिकोण से यह दीनबन्धु की भक्तवत्सलता थी। मैं प्रभु श्रीराम के विषय में सोचता और गद्गद् हो जाता। मैं सोचता कि प्रभु श्रीराम और सुग्रीव की मित्रता दो भिन्न प्रजातियों का सामंजस्य है। यह सामंजस्य कल्याणकारी कार्यों के लिए फलीभूत हो, यही मेरी कामना थी। मेरे मस्तिष्क में आया कि दक्षिण सागर से किष्किन्धा तक कई मायावी राक्षसों का, आक्रान्ताओं का विगत समय से निरन्तर प्रवाह बना हुआ है और ये राक्षस इस क्षेत्र में अतिक्रमण करके बड़ी मात्रा में जन, वन, धन हानि कर वापस चले जाते हैं। मुझे लगा कि बहुत सम्भव है कि यह मित्रता भविष्य में इस भू-क्षेत्र से राक्षसों का विनाश करते हुए यहाँ शान्ति प्रदान करने का संयोग उत्पन्न करें।

प्रभु के साथ अब हर घड़ी का उठना-बैठना हो गया था। मैं उनकी सेवा करते हुए अत्यन्त प्रसन्न रहता। प्रभु श्रीराम से मैंने एक दिन आग्रह किया कि प्रभु, सुग्रीव के साथ अन्याय हुआ है। बालि ने सुग्रीव को समग्रता में प्रताड़ित किया है, अतएव आप न्यायोचित उपाय करें।

मैंने सुग्रीव से भी कहा कि वे अपने प्रति हुए अन्याय का वर्णन प्रभु से करें, निश्चित ही उसका सुपरिणाम निकलेगा। सुग्रीव ने मेरे सुझाव को मानते हुए प्रभु श्रीराम से अपने साथ हुए अन्याय और अनैतिकता का वर्णन किया। श्रीराम ने समस्त बातों को ध्यान से सुनकर सुग्रीव को आश्वासन दिया कि मैं बालि को मारकर तुम्हारा राज्य और तुम्हारी पत्नी तुम्हें अवश्य वापस दिला दूँगा।

इसी वार्तालाप के मध्य सुग्रीव ने श्रीराम से कहा कि प्रभु मुझे आपके ऊपर आई हुई विपत्तियों की कहानी ज्ञात हो चुकी है। सुग्रीव ने उनसे यह भी कहा कि प्रभु आप चिंता न कीजिए, किष्किन्धा के वानर माता सीता को तीनों लोकों में कहीं से भी खोज लाएँगे। सुग्रीव ने प्रभु श्रीराम को यह भी बताया कि एक दिन कोई राक्षस एक परम सुन्दरी स्त्री को बलपूर्वक आकाश मार्ग से ले जा रहा था। उस स्त्री ने रोते-रोते अपने शरीर के आभूषण नीचे गिरा दिए थे। वे आभूषण हम सबने सँभालकर रख लिये हैं। मैं आपको दिखाता हूँ। आप उनकी पहचान कर लीजिए, हो सकता है वे आभूषण माता सीता के ही हों। सुग्रीव के दिखाए हुए आभूषणों को देखकर भगवान राम के आँखों में आँसू आ गए। वे सीता माता के ही आभूषण थे।

श्रीराम ने उन आभूषणों को देखने के पश्चात् सुग्रीव से पूछा, “मित्र, क्या तुम बता सकते हो कि वह राक्षस मेरी प्राणप्रिया सीता को लेकर कहाँ गया है? वह राक्षस कहाँ रहता है? मैं उसके अपराध के कारण मात्र उसका ही नहीं अपितु उसके समूचे कुल का विनाश कर डालूँगा।”

“प्रभु, मैंने उस राक्षस को माता सीता को आकाश मार्ग से ले जाते देखा था। वह राक्षस कौन है, कहाँ रहता है और उसमें कितनी शक्ति है, यह सब मैं कुछ नहीं जानता। मैं आपके समक्ष यह प्रतिज्ञा अवश्य करता हूँ कि मैं ऐसा प्रत्येक प्रयत्न करूँगा, जिससे माता सीता आपको शीघ्रातिशीघ्र प्राप्त हो जाएँ।” सुग्रीव ने कहा।

मित्रता का प्रभाव अब धीरे-धीरे दिखने लगा था। सुग्रीव को श्रीराम पर अब पूर्ण विश्वास हो चला था किन्तु उसके मन में बालि के पराक्रम को लेकर अभी भी अगाध विश्वास था। यद्यपि प्रभु श्रीराम ने सुग्रीव को आश्वासन दिया था कि वे शीघ्र ही बालि का वध करके किष्किन्धा की राजसत्ता सुग्रीव को सौंप देंगे, तो भी सुग्रीव बालि के बल को लेकर अत्यन्त भयग्रस्त था। प्रभु पर अगाध विश्वास होने के पश्चात भी वो प्रभु की प्रतिज्ञा पूर्ण होने को लेकर बहुत आश्वस्त नहीं हो पाता था।

शंकाग्रस्त सुग्रीव ने एक दिन श्रीराम से कहा, “प्रभु, आप अद्भुत पराक्रमी हैं। आपके बल पौरुष का मैं आदर करता हूँ किन्तु मैं आपको बालि के बल के बारे में भी अवगत कराना चाहता हूँ। अब तक बालि किसी भी युद्ध में पराजित नहीं हुआ है। उसमें इतनी शक्ति है कि वह समुद्र के पश्चिमी तट से दक्षिणी तट और पूर्वी तट तक भ्रमण करके उसी दिन शाम तक लौट आ सकता है। ऐसा करने से उसे तनिक भी थकावट का अनुभव नहीं होता। दुंदुभि जैसे भीमकाय राक्षस को युद्ध में परास्त करके बालि ने उसे मारकर उसके मृत शरीर को एक योजन दूर फेंक दिया था। वह मृत शरीर यहाँ मतंग ऋषि के आश्रम में आकर गिरा था।” सुग्रीव ने प्रभु को दुंदुभि का विशाल अस्थि समूह दिखाते हुए अपनी शंका व्यक्त की थी।

दुंदुभि का अस्थि समूह अब भी मतंग ऋषि के आश्रम में पड़ा हुआ था। प्रभु ने दुंदुभि के अस्थि समूह को देखा और अपने चरण के अँगूठे से उसे देखते ही देखते दस योजन दूर फेंक दिया। प्रभु ने सम्भवतः प्रतीकात्मक तौर पर अपनी शक्ति को प्रदर्शित करने का प्रयास किया था।

सुग्रीव यह चमत्कार देखकर विस्मित हो गए।

“प्रभु, आपका पराक्रम प्रशंसनीय है। मुझे आप पर अगाध विश्वास है किन्तु एक तथ्य से आपको अवगत कराना चाहता हूँ कि बालि ने दुंदुभि के मृत शरीर को जब एक योजन दूर फेंका था तो वह मांस और रुधिर से परिपूर्ण होने के कारण बहुत भारी था। अब वह सूखकर बहुत हल्का हो गया है। इसलिए आपके इसको दस योजन दूर फेंक देने पर भी आपके और बालि के बल की तुलना करने में मुझे संदेह हैं।” सुग्रीव अभी भी सशंकित थे।

सुग्रीव ने राम की शक्ति एवं सामर्थ्य को लेकर जो शंका प्रकट की, उसका तुरन्त ही प्रभु ने समाधान कर दिया। सुग्रीव के सामने ही प्रभु श्रीराम ने एक पंक्ति में खड़े हुए साल के सात वृक्षों को एक ही बाण से ऐसे संधान किया कि वह बाण सातों वृक्षों को पार करता हुआ अदृश्य हो गया। सातों वृक्ष देखते ही देखते धराशायी हो गए। सुग्रीव प्रभु के इस कौशल को देखते ही रह गए। सुग्रीव को यह विश्वास हो गया कि प्रभु श्रीराम ही वह व्यक्ति हैं जो तीनों लोकों में किसी को भी परास्त कर सकते हैं। सुग्रीव को अब प्रभु श्रीराम पर पूर्ण विश्वास हो चुका था।

“मित्र, तुम्हारा उद्धार अवश्य होगा। शीघ्र ही तुम राजगद्दी पर विराजमान होगे।” श्रीराम ने मिठास भरे स्वर में सुग्रीव से कहा।

“अहो भाग्य...।” सुग्रीव ने गहरी श्वाँस छोड़ते हुए कहा।

“जाओ और बालि को ललकारो। युद्ध के लिए उद्यत करो। मैं उसका वध अवश्य करूँगा।” श्रीराम ने अपनी बात को बढ़ाते हुए कहा।

सुग्रीव उसी पल आत्मविश्वास से परिपूर्ण होकर ऋष्यमूक पर्वत से बालि धाम की ओर चल दिये। सकारात्मकता और विश्वास से परिपूर्ण सुग्रीव की चाल में आज एक अपिरिचत-सी ऊर्जा थी। दर्प था उनके चेहरे पर। सुग्रीव ने किष्किन्धा पहुँच कर बालि को ललकारा। बालि ने जब सुग्रीव की हुंकार सुनी तो वह अपने महल से बाहर निकला। बालि को सम्भवतः इसी क्षण की प्रतीक्षा थी। सुग्रीव के प्रति उसका मन पहले से ही ईर्ष्यालु था। उसने सुग्रीव को पकड़ लिया। युद्ध आरंभ हो गया। जैसी कि आशा थी, वैसा ही हुआ। शक्तिशाली बालि ने सुग्रीव को पटक-पटक कर मारना शुरू किया। कभी वह सुग्रीव को अपने हाथों से उठाकर जमीन पर पटकता कभी मुष्ठि से सुग्रीव पर जबरदस्त प्रहार करता। बालि के प्रहार से सुग्रीव बिलबिला उठते।

सुग्रीव का कोई भी वार बालि पर सफल नहीं हो पा रहा था।

इधर श्रीराम पेड़ के नीचे छिप कर खड़े हुए इस घमासान युद्ध को देख रहे थे। सुग्रीव को यह विश्वास था कि प्रभु श्रीराम बालि पर बाण छोड़ेंगे। काफी समय व्यतीत हो जाने के बाद भी जब श्रीराम की तरफ से कोई भी प्रतिक्रिया नहीं हुई तो सुग्रीव अपने प्राण बचा कर ऋष्यमूक पर्वत की ओर भागे। सुग्रीव जानते थे कि बालि ऋष्यमूक पर्वत पर नहीं आएगा। सुग्रीव ने जान बचाने के उपक्रम में सीधे ऋष्यमूक पर्वत पर जाकर ही साँस ली। उनकी आँखों के सामने अँधेरा छा गया था। उन्हें बस संतोष यही था कि किसी तरह उनकी साँसें चल रही थीं और जान बच गई थी। उन्होंने मन ही मन मतंग ऋषि का स्मरण किया और धन्यवाद दिया जिनके कारण आज वह अपने प्राण बचा पाने में सफल हो सके थे। वे साँस ले ही रहे थे कि श्रीराम वहाँ आ गए।

भगवान श्रीराम को देखते ही सुग्रीव दहाड़ें मारकर रो उठे।

"प्रभु, मैंने तो आपको पहले ही बता दिया था कि मैं बालि के सामने युद्ध में ठहर नहीं पाऊँगा। क्या आपने मेरा वध कराने के लिए युद्ध में भेजा था? यदि आपको बालि का वध करना ही नहीं था तो आपने उसको मारने की प्रतिज्ञा क्यों की थी? मुझसे साफ-साफ बता देते। मैं व्यर्थ ही बालि को युद्ध के लिए आमंत्रित कर अपनी दुर्गति नहीं कराना चाहता था।" सुग्रीव ने किसी अल्पायु बालक की भाँति रोते हुए कहा।

"सुग्रीव, मेरा ऐसा मन्तव्य नहीं था। सच तो यह है कि तुम दोनों रूप, आकृति, रंग, वेशभूषा में इतने मिलते-जुलते हो कि मैं यह पहचान ही नहीं पाया कि तुम दोनों में से कौन बालि है और कौन सुग्रीव? सोचो मैं किस पर बाण संधान करता? तुम दोनों की गर्जना भी इतनी समान है कि तुम्हारी पहचान करना आसान नहीं। अब तुम यह गजपुष्पी माला पहनकर जाओ। इस माला को देखकर मैं तुम्हें पहचान सकूँगा। जाओ, और फिर से बालि को युद्ध के लिए ललकारो। इस बार मैं बालि का वध अवश्य कर दूँगा।" प्रभु ने स्थिति स्पष्ट की।

सुग्रीव को भगवान राम के कहे वचनों पर फिर से विश्वास हो चला था। इसी विश्वास के चलते वह पुनः बालि के दरवाजे पर पहुँचे और युद्ध के लिए ललकारा। सुग्रीव के आह्वान पर जैसे ही बालि अपने महल से

बाहर निकलने के लिए तैयार हुआ, उसकी पत्नी तारा उसके सामने आ गई।

"हे स्वामी, मैं जानती हूँ कि आप अतुलित बलशाली हैं और आज तक युद्ध में किसी से नहीं हारे हैं। मैं यह भी जानती हूँ कि युद्ध की ललकार सुनकर कोई भी वीर उस चुनौती को अस्वीकार नहीं कर सकता। किन्तु इस बार आपका युद्ध के लिए जाना मुझको अच्छा नहीं लग रहा है। इस बार सुग्रीव की गर्जना में कुछ विशेष आत्मविश्वास है। तनिक विचार कीजिए, जो सुग्रीव अभी-अभी आपसे बुरी तरह हारकर गया है वह तुरन्त आपको युद्ध की चुनौती दे रहा है। इस बार यह निश्चित ही किसी शक्तिशाली सहायक को लेकर आया है। मैंने तो अंगद से यह भी सुना है कि अयोध्या कुमार राम और लक्ष्मण किष्किन्धा पर्वत पर आए हैं। सुग्रीव ने उनसे मित्रता कर ली है। हो न हो, इस बार सुग्रीव उन्हीं को साथ लेकर आया हो। मेरी बात मानिए, इस बार युद्ध मत कीजिए। उससे समझौता कर लीजिए। उसका धन और पत्नी उसे लौटा दीजिए।" तारा ने बिलखते हुए निवेदन किया।

बालि ने तारा के निवेदन को ठुकरा दिया। उसने कहा, "सुग्रीव मेरा भाई था, अब वह मेरा शत्रु है। मैं उसकी ललकार नहीं सह सकता। यदि राम और लक्ष्मण धर्मात्मा हैं तो वे अकारण मुझसे युद्ध क्यों करेंगे? मेरी उनसे कोई शत्रुता नहीं है।"

थोड़ी देर में ही बालि और सुग्रीव आमने-सामने थे। बालि और सुग्रीव का युद्ध पुनः शुरू हुआ। वही हुआ जो प्रत्याशित था। सुग्रीव फिर हारने लगे। बालि से पिटने लगे। शीघ्र ही वे आशा भरी दृष्टि से श्रीराम की ओर देखने लगे और बुदबुदाए, "प्रभु, देर क्यों कर रहे हैं। क्या इस बार भी मुझको पिटवाना है?"

प्रभु श्रीराम की रणनीति अत्यन्त विलक्षण है। रण में सुग्रीव हैं, किन्तु प्रहरण श्रीराम के हाथ में है। वे चाहते तो पहली बार में ही बालि का वध कर सकते थे, किन्तु ऐसा होता तो उन्हें सुग्रीव की शक्ति व सामर्थ्य का अनुमान कैसे हो पाता। श्रीराम यह नहीं चाहते थे कि बालि और सुग्रीव की शक्तियों पर कोई कलंक लगे। वे यह बिल्कुल नहीं चाहते थे कि दोनों योद्धाओं को यह लगे कि वे किसी कृत्रिम युद्ध में रत हैं। स्वाभाविक रूप से युद्ध होने के बाद कुछ विलम्ब के साथ श्रीराम ने बालि पर बाण चलाया। श्रीराम ने सम्भवतः यह विचार किया होगा कि जीव पर कृपा करनी चाहिए,

परन्तु उसको अपना प्रयत्न भी अवश्य करना चाहिए, चाहे उसका विफल होना अवश्यंभावी ही क्यों न हो।

प्रभु श्रीराम के एक ही बाण से बालि भूमि पर गिर पड़ा। श्रीराम और लक्ष्मण धरती पर मरणासन्न पड़े बालि के पास आए।

उनको देखकर बालि ने प्रभु श्रीराम को धिक्कार भरी दृष्टि से देखा। वह इस प्रकार के युद्ध से अत्यधिक क्षुब्ध था।

"अयोध्या कुमार राम, आप तो इक्ष्वाकु वंशज हैं। मर्यादा पुरुषोत्तम भी कहे जाते हैं। मैंने आपकी धर्मपरायणता और सद्‌गुणों के बारे में बहुत सुना हुआ है। मैं समझ नहीं पा रहा हूँ कि जब आपसे मेरी कोई शत्रुता न थी तो मेरे किस अपराध के कारण आपने मुझे मारा? मैं तो आपसे युद्ध नहीं कर रहा था। मैंने आपका क्या बिगाड़ा था? मुझे प्रसन्नता होती कि यदि आप एक शूरवीर की भाँति सामने आकर मुझसे युद्ध करते। आपने मुझ पर छिपकर बाण चलाया है, जो युद्ध के नियमों के विरुद्ध है। मुझे न अपने पराभव का दुःख है और न अपने प्राण जाने का कष्ट। मुझे न तारा के वियोग से दुःख हो रहा है और न अंगद को अनाथ छोड़ने का कष्ट हो रहा है। मुझे आपकी अधर्मता देखकर दुःख हो रहा है। मैंने सुना है कि आपने सुग्रीव से इसलिए मित्रता की है कि वह आपकी अपहृता पत्नी को खोजने में आपकी मदद करेगा। यदि ऐसी ही बात थी तो आपने मेरी मदद क्यों नहीं माँगी? यदि आप मुझसे कहते तो मैं पल भर में आपकी अपहृता पत्नी को लाकर आपको सौंप देता। क्या आप बताएँगे कि आपने ऐसा छल मेरे साथ क्यों किया? मेरा क्या अपराध था?" बालि अभी भी रुष्ट था।

"बालि, तुमने क्या अपराध किया है, यदि सुनना ही चाहते हो तो सुनो। तुमने धर्म का परित्याग करके अपने छोटे भाई की पत्नी के साथ सहवास किया है, जो तुम्हारी पुत्रवधू के तुल्य है। इसी कारण मैंने तुमको प्राण-दण्ड दिया है। हम इक्ष्वाकु वंशज हैं, हम लोग धर्म से च्युत लोगों को दण्ड देने के लिए विवश हैं। सुग्रीव के साथ मेरी मित्रता हो चुकी है। वे मेरे लिए लक्ष्मण के समान अनुज हैं। मैंने उनको राज्य और पत्नी दिलाने के लिए प्रतिज्ञा कर ली है। उस प्रतिज्ञा से मैं विमुख कैसे हो सकता हूँ?" श्रीराम ने गम्भीरतापूर्वक अपना पक्ष रखा।

"किन्तु...।"

"सुग्रीव बल में तुमसे अल्प हो सकते हैं लेकिन वे सद्‌गुणी हैं। सुग्रीव तुम्हारे अनुज की भाँति था। अनुज तो पुत्रवत होता है तुम्हें उसके साथ सौम्य व्यवहार करना चाहिए था। तुमने उसे न केवल राजच्युत किया बल्कि उसे ऋष्यमूक पर्वत पर भगाकर उसकी पत्नी को भी कुटिलता से हड़प लिया।" श्रीराम ने अन्तिम श्वाँसों को गिन रहे बालि को समझाते हुए कहा।

बालि ने राम के शब्दों पर विचार किया तो उसे लगा कि प्रभु श्रीराम सत्य ही कह रहे थे। उसे अपने छोटे भाई के साथ, जो उसके पुत्र के समान था, किए दुर्व्यवहार पर बहुत ग्लानि हो रही थी। वह यह भी समझ रहा था कि सुग्रीव की पत्नी को बलपूर्वक ग्रहण करने का अत्यन्त घृणित कार्य उसे नहीं करना चाहिए था।

"आपने सत्य कहा श्रीराम। मुझे अपने किये पर पश्चाताप हो रहा है। मृत्यु तो अवश्यंभावी है। मुझे अब अपने अबोध पुत्र अंगद की चिन्ता हो रही है। आप उसे अपने पुत्र के समान समझें तथा उसकी देखभाल की उचित व्यवस्था कर दें। आप यह भी सुनिश्चित करें कि सुग्रीव के हाथों मेरी पत्नी तारा का अपमान न होने पाए। तारा बहुत ज्ञानवान और समझदार स्त्री है। मुझे अनुभव हो रहा है कि मेरी मृत्यु आपके हाथों लिखी थीं, संभवतः इसीलिए मैंने उसकी बात नहीं मानी जबकि उसने मुझे लड़ने से रोका था।" बालि ने रूँधे हुए गले से प्रभु श्रीराम से निवेदन किया।

इसके पश्चात बालि ने गले से अद्‌भुत शक्तियों से युक्त अपनी स्वर्णिम माला उतारी और सुग्रीव के गले में डाल दी। उसने अपने कर्मों के लिए सुग्रीव से क्षमा माँगी। मरणासन्न बालि ने सुग्रीव से तारा और अंगद की देखभाल करने की प्रार्थना की। अंगद का हाथ पकड़कर सुग्रीव के हाथों में सौंपकर उससे सुग्रीव के अधीन रहने का वचन लिया। सुग्रीव अपराध बोध से ग्रस्त हो गए।

इसके पश्चात् बालि ने प्राण त्याग दिए। बालि के निधन से सुग्रीव बहुत दुःखी हुए। तारा ने भी बहुत विलाप किया। मैंने देखा कि तारा के विलाप से प्रभु श्रीराम अत्यन्त दुःखी हुए। प्रभु ने तारा को बुलाकर समझाया।

"तारा, जीवन अपने किए हुए कर्मों के शुभ और अशुभ का परिणाम भोगता है। तुम तो प्रज्ञावान हो। तुम दूसरे जीव के लिए क्यों शोक करती हो? अब तुम भविष्य की ओर देखो। इस विलाप से कोई लाभ नहीं है। तुम्हारे पति

इस पृथ्वी पर अपने कर्मों को सम्पन्न करके और राज्य भोगकर गोलोकवासी हो गए हैं। इसलिए शोक करने का कोई कारण नहीं है। अब तुम्हारी दृष्टि अंगद की ओर ही होनी चाहिए।" प्रभु ने बिलखती हुई तारा को समझाया।

प्रभु के समझाने से तारा को तत्व-ज्ञान हो गया। उसने शोक, मोह और माया से मुक्त होकर प्रभु श्रीराम के चरण पकड़ लिये। कृपानिधान ने उस पर भी महती कृपा की।

सुग्रीव को भी दुःख और पश्चाताप हुआ। उनको लगा कि भाई की हत्या करवाकर उन्होंने जो जघन्य पाप किया है, उसका कलंक सदा उनके जीवन पर रहेगा। उनको बालि के प्रेम का स्मरण हो आया। उन्हें पश्चाताप हुआ कि ऐसा प्रेमी और सर्वगुण सम्पन्न भाई अब संसार में नहीं रहा। उन्होंने प्रभु श्रीराम से कहा कि मुझे अब राज्य भी नहीं चाहिए, मैं भी प्राण त्यागना चाहता हूँ। प्रभु ने सुग्रीव को शोक से बाहर निकाल कर राजा का उत्तरदायित्व निभाने का आदेश दिया। उन्होंने सुग्रीव को यह समझाया कि वह पाश्विक प्रवृत्तियों को छोड़कर अपनी प्रजा के साथ कल्याणकारी ढंग से तथा परिजनों के साथ सौहार्दपूर्ण व्यवहार करना सीखे। प्रभु ने सुग्रीव से यह भी कहा कि वह तारा को पूर्ण सम्मान देते हुए पत्नी की मान्यता प्रदान करे और साथ ही अंगद को अपना पुत्र मानते हुए उत्तराधिकारी घोषित करे। प्रभु पारिवारिक सम्बन्धों की जटिलता को भली-भाँति समझते थे। वे स्वयं भी तो इसी जटिलता का शिकार हुए थे। प्रभु ने सुग्रीव को स्पष्ट शब्दों में समझाया कि अंगद के प्रति सुग्रीव का व्यवहार सहिष्णु रहना चाहिए। अंगद सदाचार सम्पन्न तथा पराक्रमी है अतएव युवराज के रूप में उन्हें स्वीकार किया जाना चाहिए। प्रभु ने यह भी कहा कि रूमा का सम्मान यथावत रखा जाए। रूमा को यह अनुभव नहीं होना चाहिए कि उनका अपमान हुआ है। सुग्रीव ने प्रभु के वचनों को अक्षरशः स्वीकार कर लिया।

मैं पूरी घटना का साक्षी था। मैं अनुभव कर रहा था कि प्रभु ने कितनी आसानी से पाश्विक समाज की कुरीतियों को एक ओर धकेल कर एक नए सौहार्दपूर्ण व्यवस्था का सृजन कर दिया था।

सुग्रीव ने शोक त्यागकर विधिपूर्वक दिवंगत बालि का अन्तिम संस्कार किया। प्रभु श्रीराम ने सुग्रीव को किष्किन्धा का राज्य सँभालने की आज्ञा दी। श्रीराम तो चौदह वर्ष के लिए वनवास से वचनबद्ध थे, इसलिए उन्होंने

किष्किन्धापुरी में प्रवेश नहीं किया। लक्ष्मण भैया सुग्रीव के राज्याभिषेक में सम्मिलित हुए। सुग्रीव ने रूमा के अतिरिक्त तारा को भी अपनी पत्नी के रूप में स्वीकार कर लिया। बड़े भाई के निधन के बाद उसकी पत्नी को अपनी पत्नी के रूप में स्वीकार कर लेना वानर परम्परा के प्रतिकूल था भी नहीं।

वर्षाकाल प्रारम्भ हो चुका था। इस बार की वर्षा भी मूसलाधार थी। ऐसा लग रहा था कि यह वर्षा नहीं बल्कि इन्द्र का प्रकोप है, जो प्रकट हो रहा है। कौन जाने यह वर्षा इन्द्र के उस क्रोध का प्रतीक हो जो वे बालि के वध के उपरान्त अप्रत्यक्ष रूप से प्रकट करना चाहते हों? जो भी हो, प्रभु श्रीराम ने मूसलाधार वर्षा को दृष्टिगत रखते हुए वर्षाकाल में माता सीता का अन्वेषण स्थगित करने का निर्णय लिया। प्रभु ने निर्धारित किया कि वर्षा ऋतु के समाप्त होने पर सीता माता के अन्वेषण का कार्य पुनः आरम्भ किया जाएगा।

माता सीता के अन्वेषण का कार्य चातुर्मास काल के लिए लम्बित कर दिया गया।

प्रभु श्रीराम के चौदह वर्षों के वनवास की अवधि में अब तक बारह वर्ष की अवधि निकल चुकी थी।

5.

प्रभु श्रीराम व लक्ष्मण ने वर्षाकाल के चातुर्मास को इस पर्वत की गुफा में व्यतीत किया। यहाँ का वातावरण अत्यन्त मनोरम था। शुद्ध वायु, सरोवर समूह और उनमें खिलते हुए कमल के पुष्प इनकी मोहक उपस्थिति, पशु-पक्षियों का कलरव इस स्थान की छटा को दुगुना करते थे। मैं भी प्रस्रवण पर उनके साथ रहना चाहता था, किन्तु मेरे लिए प्रभु का यह आदेश था कि मैं सुग्रीव के साथ किष्किन्धा में ही रहूँ। राज्य का नव दायित्व सुग्रीव को मिला था। सुशासन के लिए यह आवश्यक होता है कि राजा के निकटस्थ जन उसे सही सलाह देते रहें। युवराज अंगद अभी अपरिपक्व थे। संभवतः प्रभु ने मुझे इस योग्य समझा था कि मैं दैनन्दिन कार्यों में सुग्रीव को परामर्श देता रहूँ। किष्किन्धा के विशाल वानर साम्राज्य के संचालन हेतु सुग्रीव से यह अपेक्षित था कि वे कुशलता से राज दायित्वों का पालन करें। मेरा प्रयास

रहता था कि मैं सुग्रीव को यथासमय यथोचित परामर्श देता रहूँ। मैं सुग्रीव के साथ ही रहता लेकिन जैसे ही मुझे अवसर मिलता कुलाँचे मारते हुए प्रभु श्रीराम के चरणों में जा बैठता। जो आनन्द मुझे उनके सानिध्य में मिलता वह अन्यत्र सम्भव न था।

प्रभु श्रीराम के पास बैठकर मैं उनके सम्मोहन में बँधा रहता। ज्ञान की गंगा उनके मुखारबिन्दु से सतत् प्रवाहित होती रहती। विभिन्न विषयों पर प्रभु श्रीराम और लक्ष्मण का वार्तालाप होता, मैं भी इस ज्ञान गंगा से सिंचित होता रहता। इस रमणीक स्थल पर निवास करते हुए श्रीराम एवं लक्ष्मण में विविध विषयों पर वार्ता हुआ करती थी। राजनीति, धर्म, प्रकृति, पर्यावरण, आस्था, दर्शन सम्बन्धी आदि विषयों के अतिरिक्त अयोध्या के वैभव, बाल्यकाल की स्मृतियाँ, परिवार, भरत-शत्रुघ्न, माताएँ व सरयू के प्रवाह भी उन्हें याद आते थे। माता सीता को याद करके प्रभु श्रीराम भाव-विह्वल हो जाते थे। इस स्थान पर रहते हुए वे माता सीता को प्रतिपल स्मरण करते।

इस पर्वत पर वर्षा ऋतु अत्यन्त सुहावनी लगती थी। वर्षाजल में श्रीराम और लक्ष्मण कभी-कभी भीगते भी थे। मुझे भी जब अवसर मिलता तो मैं भी उनके साथ भीगता। उनके साथ वर्षा जल में भीगते हुए मुझे लगता कि मैं स्नेह वर्षा के चलते आन्तरिक और बाह्य दोनों ओर से द्रवित हो रहा हूँ।

इधर, किष्किन्धा का राज्य पाकर सुग्रीव अत्यधिक निश्चिन्त हो गए थे। मैंने कई अवसरों पर सुग्रीव को समझाने की चेष्टा की कि प्रभु श्रीराम को दिए गए वचनों पर कार्यवाही किया जाना अपरिहार्य है। वे मेरी बात सुनकर भी अनसुनी कर देते और आगत को भविष्य पर टालकर राजसुख को भोगने में लिप्त हो जाते। ऐश्वर्य और प्रमाद उनके ऊपर हावी होता जा रहा था। सच कहूँ तो मुझे भय सता रहा था कि सुग्रीव यदि इसी प्रकार का आचरण करते रहे तो यह उनके भविष्य के लिए कोई विशेष सुखद नहीं रहेगा।

प्रभु ने प्रस्रवण गुफा में वह पूरी पावस ऋतु काट दी। वर्षा ऋतु व्यतीत होने के पश्चात कार्तिक मास के साथ शरद ऋतु का आगमन हो चुका था। वातावरण में तापमान घटने लगा था। शरद ऋतु आ चुकी थी। ऐसे ही किसी दिन मैं प्रभु श्रीराम के चरणों में बैठा हुआ था। प्रभु भ्राता लक्ष्मण के सम्मुख अपनी भावनाएँ प्रकट कर रहे थे।

"लक्ष्मण, वर्षाकाल समाप्त होकर शरद ऋतु आ चुकी है। वर्षाकाल के चार मास मेरे लिये चार वर्षों के समान व्यतीत हुए हैं। शरद ऋतु आए हुए भी समय हो रहा है। अब कुछ करने की आवश्यकता है। मुझे ऐसा प्रतीत होता है कि सुग्रीव को हमारी कोई चिन्ता नहीं है। वह अपनी प्रतिज्ञा और हमारे महत्वपूर्ण कार्य को भूल बैठे हैं। ऐसा प्रतीत होता है कि हमने उन पर विश्वास करके कहीं कोई भूल तो नहीं की। राजभोग में वे कहीं मित्रता का दायित्व विस्मृत तो नहीं कर बैठे हैं? तुम एक बार किष्किन्धा जाओ। उन्हें सन्मार्ग पर लाने का प्रयास करो। उन्हें उनकी प्रतिज्ञा का स्मरण कराओ। यदि इसके बाद भी वह अपनी उदासीनता नहीं छोड़ते हैं तो उन्हें दण्डित करने पर विचार करना पड़ेगा।" प्रभु ने तनिक कठोर शब्दों में यह बात कही।

प्रभु का आदेश पाते ही सौमित्र किष्किन्धापुरी की ओर चल पड़े। मैं यह सब सुन चुका था। इससे पूर्व कि सौमित्र किष्किन्धापुरी पहुँचे, मैं सुग्रीव के पास भागा। अपनी प्रकृति के अनुरूप छलांगे लगाता हुआ मैं कुछ ही पलों में सुग्रीव के निवास स्थल पहुँच गया। सुग्रीव अंतःपुर में पड़े हुए थे। रासरंग ने सुग्रीव को पूर्णरूपेण कर्तव्यों और उत्तरदायित्वों से विरत कर दिया था। मैं किसी तरह उनसे साक्षात्कार की अनुमति प्राप्त कर सका।

"वानरराज, आप प्रभु श्रीराम को दिए गए वचनों को भूल गए हैं। आपके कृत्यों के कारण प्रभु श्रीराम आपसे अप्रसन्न हो गए हैं। उनका कोप किष्किन्धा पर काल बन कर बरसने वाला है। अब न आपका भविष्य सुरक्षित है न नगरवासियों का। आप प्रभु को दिये गये वचनों को भूल गए। माता सीता की खोज करने के लिए जो समय निर्धारित किया गया था उसे आप विस्मृत कर चुके हैं। आपने स्वयं ही कार्ययोजना पर सहमति दी थी और स्वयं ही उसे भूल भी गए। शरद ऋतु का आगमन हुए भी समय हो चुका है किन्तु आपको अपनी प्रतिबद्धता का तनिक भी भान नहीं है। आपको स्मरण कराने के उद्देश्य से सौमित्र प्रस्रवण पर्वत से प्रस्थित हो चुके हैं।" मैंने सुग्रीव को कठोर शब्दों में समझाया।

"हनुमान, तुम सत्य कह रहे हो। मुझे वास्तव में प्रमाद हो गया था। राजसुख में मैं सब कुछ भूल गया। अब क्या होगा? हनुमान, तुम तो बुद्धिमान हो। कोई युक्ति निकालो।" सुग्रीव सचमुच भयग्रस्त हो आये थे।

"वानरराज, सौमित्र चल चुके हैं। वे किसी भी क्षण यहाँ उपस्थित हो सकते हैं।" मैंने उन्हें सूचित किया।

"यह तो मेरे लिए अत्यन्त दुर्भाग्यपूर्ण सूचना है। लक्ष्मण जी मुझे श्रीराम की तरह कभी भी सरल प्रतीत नहीं हुए। पता नहीं, वे क्या कर बैठें? मैं भाग चलूँ यहाँ से। हनुमान, तुम ही सँभालना उन्हें।" मेरी बात को अधूरी काटते हुए सुग्रीव बोले।

"वानरराज, आप सदैव स्थितियों से पलायन करने की ही क्यों सोचते हैं? आप भाग जायेंगे तो नगरवासियों का क्या होगा? आपके परिजन, पत्नी कहाँ जायेंगे? स्वयं सोचिए और तनिक विचार कीजिए कि ऐसी स्थिति में सौमित्र का क्रोध उन पर निकलेगा या नहीं? अगर उनकी क्रोधाग्नि ने पूरी किष्किन्धा को भस्म कर दिया तब?" मैंने तनिक रोष के साथ कहा।

"तब मैं क्या करूँ? मैं सौमित्र का सामना करने में सक्षम नहीं हूँ।" सुग्रीव ने अपनी असमर्थता प्रकट की।

"आप स्वयं सामना करें अथवा न करें किन्तु नगर को इस दशा में असहाय छोड़कर भागें नहीं। पलायन किसी समस्या का समाधान नहीं है और वैसे भी सौमित्र की धारणा पहले से ही आपके प्रति अच्छी नहीं है।" मैंने विनम्रतापूर्वक समझाया।

"तो कौन सहन करेगा सौमित्र के क्रोध को?" वे भयभीत से बोले।

"तारा।" मैंने कहा।

"तारा?"

"हाँ तारा और अंगद। यदि वे दोनों याचना करेंगे तो सौमित्र की क्रोधाग्नि शांत हो जाएगी।" मैंने सुग्रीव को समझाया।

"यह ठीक है।" कहकर सुग्रीव महल के अन्दर चले गए।

उधर किष्किन्धा में लक्ष्मण जी के प्रवेश करते ही नगर भर में भगदड़ मच गई थी। लक्ष्मण जी अत्यधिक रोष में थे। उनके क्रोध को देखकर जो जिधर मार्ग पाता उधर ही भाग निकलता। सबको अपने-अपने प्राणों की पड़ी थी। सबको लग रहा था कि किष्किन्धा नगरी अब जलकर रहेगी। वे अपने धनुष की टंकार करते नगर को भस्म कर देने की उद्घोषणा करते हुए चले आ रहे थे।

नगर द्वार पर आते ही मैं उनके साथ अनुचर की भाँति चल पड़ा। मेरा भी साहस नहीं हो रहा था कि मैं उनसे कुछ कहूँ।

"पहले राजमहल को ही राख करता हूँ। कृतघ्न सुग्रीव को सपरिवार लपटों के हवाले करने के पश्चात् ही आगे की बात सोची जाएगी।" क्रोधित लक्ष्मण ने गर्जना की।

क्रोध से जलते हुए सौमित्र जैसे ही महल के द्वार पर पहुँचे कि सेवकों से घिरी तारा आ पहुँची। उसने एक हाथ से अंगद का हाथ पकड़ रखा था। क्रोधित लक्ष्मण भैया के समक्ष वह नत मस्तक हो गयी।

तारा को देखते ही धनुष पर लक्ष्मण की पकड़ ढीली पड़ गई। प्रत्यंचा की टंकार बन्द हो गई। चढ़ी भृकुटियाँ सहसा सामान्य हो आईं। चेहरे की मांसपेशियाँ ढीली पड़ गईं। उनका क्रोध अब मन्द पड़ चुका था। तारा और अंगद सौमित्र के पैरों पर गिर पड़े।

"क्षमा प्रार्थी हैं हम। शरणागतों की रक्षा करें।" तारा ने रोते हुए कहा।

"तारा, मेरा आपसे कोई बैर-भाव नहीं है। मैं आपका कुछ नहीं बिगाड़ूँगा किन्तु उस कृतघ्न और प्रमादी सुग्रीव के तो प्राण लेकर ही रहूँगा।" लक्ष्मण का क्रोध फिर उभरने लगा था।

"वे नहीं रहे तो हम बिना मृत्यु के मर जाएँगे।" तारा ने विनय किया।

सौमित्र को सहसा स्थिति का बोध हुआ और वे पुनः सामान्य हो आए, "कहाँ हैं सुग्रीव? सामने क्यों नहीं आते?"

"भयवश वे आपका सामना करने में डर रहे हैं। महल में प्रवेश कर पहले आप आतिथ्य ग्रहण करें, तनिक शान्त हो जाएँ, तत्पश्चात् हम उन्हें आपके समक्ष अवश्य ही प्रस्तुत करेंगे।" तारा ने स्थिति को सामान्य करते हुए कहा।

"ऐसे भीरू से क्या काम बनेगा? मेरे भ्राता गलत व्यक्ति पर भरोसा कर बैठे हैं।" सौमित्र बड़बड़ाए और महल की ओर बढ़े। मैं हाथ बांधे तारा और अंगद के साथ हो लिया।

तारा के बारम्बार अनुरोध किए जाने पर क्रोधित लक्ष्मण एक आसन पर बैठ गए। सामान्य आतिथ्य स्वीकार करने के उपरान्त जब लक्ष्मण जी शान्त हो गए तो तारा सुग्रीव को सामने ले आई। सुग्रीव ने अपने हाथों को एक दूसरे से बाँध रखा था और वे दृष्टि नीची किए भूमि की ओर देख रहे थे। सुग्रीव के इस प्रकार की मुखाकृति व उनके रुआँसे चेहरे को देखकर

लक्ष्मण जी के अधरों पर एक मुस्कान तैर गई। वे भी सुग्रीव को कब हानि पहुँचाना चाहते थे, सुग्रीव को समझाना ही उनका उद्देश्य था जिसमें वे सफल हुए थे।

"सुग्रीव, मैंने आपको क्षमा किया। एक बात भली-भाँति समझ लो कि यदि अब आपने अपनी प्रतिज्ञा को निभाने में थोड़ा भी विलम्ब किया तो जिस शर से श्रीराम ने बालि का...।" सौमित्र ने वाक्य पूरा भी नहीं किया था कि सुग्रीव काँप गए।

"मै अधम हूँ। विवेकहीन और कृतघ्न हूँ। मेरे अपराध पर ध्यान न दें। मैं इसी क्षण से श्रीराम के कार्य में लग जाता हूँ। मेरे दूत चारों दिशाओं में जाकर वानर वीरों को आमंत्रित कर आते हैं। दस दिवसों के पश्चात् समस्त वानर समुदाय ऋष्यमूक पर्वत पर एकत्रित हो जायेंगे तत्पश्चात् एक रणनीति बनाकर उन्हें वैदेही अन्वेषण में समूहबद्ध करके अलग-अलग दिशाओं में भेजा जाना उचित होगा।" भूमि की तरफ देखते हुए सुग्रीव कातर स्वर में बोले।

"ठीक है।" लक्ष्मण जी ने सन्तुष्ट होकर अति संक्षिप्त टिप्पणी की।

सुग्रीव ने इसके पश्चात् मुझे आदेशित किया कि महेन्द्र, हिमवान, विन्ध्य, कैलास तथा श्वेत शिखर वाले प्रकाशवान पर्वतों पर जिन वानरों का निवास है, वहाँ तत्काल दूत भेजकर समस्त वानर वीरों को ऋष्यमूक पर्वत पर यथाशीघ्र आमंत्रित किया जाये।

"सुग्रीव, श्रीराम का यही आदेश था। आप उनके मित्र हैं। मैं उनकी आज्ञा के विरुद्ध आपको प्रताड़ित नहीं कर सकता। आप शीघ्र अपने दूतों को इस कार्य हेतु आदेशित करें और फिर मेरे साथ प्रस्रवण पर्वत चलें।"

"आप साथ हैं तो कोई चिन्ता नहीं। मैं अपने अपराध बोध से ग्रस्त हो भयभीत हो गया था।" सुग्रीव ने कहा।

"आप श्रीराम को नहीं जानते। वे विशाल हृदय के हैं। वे आपके अपराध की चर्चा भी नहीं करेंगे। अभ्यागतों को कष्ट दें तो श्रीराम क्या?" लक्ष्मण ने बात को समाप्त किया।

सौमित्र के शब्दों को सुनकर सुग्रीव आश्वस्त हो गए। उनके पैरों में गति आ गई। हम सब शीघ्र ही प्रस्रवण पर्वत के शिखर पर जा पहुँचे। जैसा कि हम आश्वस्त थे, वैसा ही हुआ। सौम्यता के साथ प्रभु श्रीराम ने हम

सबका स्वागत किया। सुग्रीव को अत्यन्त आत्मग्लानि का आभास हो रहा था। प्रभु ने उनकी मनःस्थिति को समझ लिया था।

"मित्र, यदि तुम्हारा साथ है तो हम निश्चित ही सीता को खोज निकालेंगे। आवश्यकता पड़ी तो शत्रुओं का दमन भी कर लेंगे।" प्रभु ने सुग्रीव को एक झटके में आत्मग्लानि से बाहर निकाल लिया था।

"प्रभु, शीघ्र ही वानरों और रीछों का विशाल दल एकत्रित हो जाएगा। राज्य के समस्त योद्धा कपि तो आ ही रहे हैं, समीपवर्ती राज्यों से भी तेजस्वी योद्धा कपि भी आमंत्रित किये गये हैं। ऐसे समस्त कपियों को विशेष रूप से आमंत्रित किया गया है जो तेजस्वी हैं, पराक्रमी हैं, बुद्धि और विवेक वाले हैं तथा बलशाली हैं। ये सब माता सीता को खोज निकालेंगे और आपके मनोरथ को सिद्ध करेंगे।" सुग्रीव ने प्रभु को संक्षेप में बताया।

प्रभु श्रीराम ने इतना जानकर सुग्रीव को अलिंगनबद्ध कर लिया और शीघ्र ही अभियान को मूर्तरूप प्रदान करने के लिए स्वीकृति दे दी।

6.

"मैं आप समस्त लोगों को एक मास का समय देता हूँ। इस अवधि में आपको माता सीता का पता-ठिकाना ढूँढ़ना होगा। इस प्रयोजन के लिए मैं चारों दिशाओं के लिए अलग-अलग अन्वेषण दल गठित करता हूँ। ये दल स्वयं निर्णय लेंगे कि उन्हें किसी परिस्थिति विशेष से कैसे निपटना है, परन्तु स्मरण रहे कि माता सीता का पता प्रत्येक परिस्थिति में लगाना है। अब तक जो सूचनाएँ विभिन्न स्रोतों से प्राप्त हुई हैं उनके आधार पर दक्षिण दिशा में माता सीता के होने की सर्वाधिक संभावनाएँ हैं, अस्तु मैं दक्षिण दिशा में जाने वाले दल में सर्वाधिक कुशल वानर दल भेजना चाहता हूँ। इस दल का नेतृत्व युवराज अंगद करेंगे। पवनपुत्र हनुमान, जाम्बवान, अग्निपुत्र नील, मैंद, द्विविद, तार इस दल के महत्वपूर्ण सदस्य होंगे। इनकी सहायतार्थ एक वानर दल भी इनके साथ रहेगा।" सुग्रीव ने उपस्थित वानर और रीछ समुदाय को सम्बोधित करते हुए कहा।

सुग्रीव अपनी मोह निद्रा से जागकर एक समर्थ शासक और प्रभावशाली नायक की भाँति दृष्टिगोचर हो रहे थे। वहीं पास में ही प्रभु श्रीराम व

लक्ष्मणजी बैठे हुए थे। वे भी सुग्रीव की प्रशासनिक दक्षता, उनके भौगोलिक ज्ञान और उनकी कर्तव्यनिष्ठा को अनुभव कर रहे थे। मैंने मन ही मन सुग्रीव की प्रतिबद्धता को प्रणाम किया। वानर समुदाय भी अपने नेतृत्व को लेकर पहली बार इतना उत्साहित लग रहा था। प्रभु श्रीराम को भी अत्यन्त प्रसन्नता का अनुभव हो रहा था। सुग्रीव की इस योजना को वे अपनी मूक सहमति प्रदान कर रहे थे। किसी भी सम्बन्ध को और विशेषतया मित्रता को अक्षुण्ण बनाए रखने के लिए उसमें विश्वास का उर्वरक डालना आवश्यक होता है। वह सम्भवतः अब डाला जा चुका था।

समस्त दल अपनी-अपनी दिशा में प्रस्थान के लिए तैयार हो रहे थे। वरिष्ठ वानरों के दिशा-निर्देश में ये दल गठित किए गए थे। पूर्व, पश्चिम, उत्तर और दक्षिण दिशा की ओर जाने वाले दल एक-एक करके प्रस्थान कर रहे थे। विनत को पूर्व दिशा में, सुषेण को पश्चिम दिशा में, श्वेत बालों वाले शतबली को उत्तर दिशा में तथा अंगद को दक्षिण दिशा में जाने वाले दल का नेतृत्व सौंपा गया। जटायु के वर्णन से यह सुनिश्चित हो चुका था कि माता सीता का हरण लंकाधिपति रावण ने किया है। वह माता सीता को दक्षिण दिशा में लंका की ओर ले गया है किन्तु यह मानते हुए कि रावण अपहृत माता सीता को अन्यत्र भी छिपा सकता है, सुग्रीव ने चारों दिशाओं में खोजी दल भेजने का निर्णय लिया जो कदाचित् उचित ही था। सुग्रीव के व्यक्तित्व की एक महत्वपूर्ण विशेषता उनका भौगोलिक ज्ञान था। जब सुग्रीव ने चारों दिशाओं में जाने वाले यूथपतियों को लक्ष्य संधान हेतु नियुक्त किया तो उन्होंने प्रत्येक दिशा में जाने वाले नायकों को उस दिशा में पड़ने वाले नदी, पर्वत, वनस्पति इत्यादि की विस्तृत और प्रामाणिक जानकारी प्रदान की।

आज वानरों में उच्चकोटि का अनुशासन, कर्तव्यपरायणता और दृढ़ता परिलक्षित हो रही थी। युवराज अंगद के नेतृत्व में दक्षिण की ओर प्रस्थान करने वाले वानर दल में मैं भी अपने लक्ष्य की ओर जाने के लिए उद्यत था। प्रस्थान करने से पूर्व अपने आराध्य प्रभु श्रीराम से आशीर्वाद लेने के लिए मैं जैसे ही उनके चरणों में झुका उन्होंने मुझे अपनी लम्बी सी भुजाओं में भर लिया। उनका सानिध्य मुझे सर्वदा स्नेहिल लगता था, आज पुनः उनके गले लगने का सौभाग्य मुझे मिला।

"पवनपुत्र, मुझे तुम्हारी शक्ति और सामर्थ्य का ज्ञान है। मैं इक्ष्वाकु वंश की एक मुद्रिका जिस पर मेरा नाम अंकित है, तुम्हें प्रदान करता हूँ,

इसे संभाल कर रखना, आवश्यकता पड़ने पर इसका प्रयोग करना।" प्रभु श्रीराम ने ऐसा कह कर मुझे अश्रुपूरित आलिंगन दिया।

प्रभु श्रीराम से आशीर्वाद प्राप्त करने के उपरान्त मैंने उनके समीप बैठे सौमित्र को भी प्रणाम कर अपने समूह के साथ लक्षित दिशा की ओर प्रस्थान किया।

दक्षिण दिशा की ओर संधान करने वाला हमारा दल हर्षान्वित होकर कार्य सिद्धि के लिए चल दिया। हमारा दल दक्षिण की ओर चलता ही जा रहा था। हम कभी घनघोर अरण्य में माता सीता का पता लगाते तो कभी ऐसे दुर्गम क्षेत्रों में पहुँचते जहाँ दूर-दूर तक जल की उपलब्धता भी नहीं होती। ऐसे ही विचरण करते-करते एक बार हम विंध्याचल के शिखर पर पहुँचे। वहाँ पशु-पक्षी नहीं थे। वृक्षों में फल, फूल, कंद, मूल आदि यहाँ तक कि पत्तियाँ भी नहीं थीं। नदियों में पानी नहीं था। स्थानीय लोगों से ज्ञात हुआ कि इस स्थान की यह दुर्दशा महर्षि कंडु के शाप के कारण हुई थी।

इस शिखर से आगे बढ़ने पर हमें ऋक्षबिल नामक पर्वत पर एक दुर्गम गुफा दिखाई पड़ी। एक लम्बी अवधि के पश्चात् इस तरह की कोई गुफा हमें दिखाई पड़ी जहाँ पानी, वृक्ष इत्यादि के संकेत दिखाई पड़ रहे थे। इस गुफा के आसपास क्रौंच, हंस, सारस, चकवाक आदि पक्षी भी दिखायी पड़े जिनके पंख भीगे हुए थे। इन संकेतों के आधार पर हमने यह अनुमान कर लिया कि इस गुफा के भीतर अवश्य कोई सरोवर है।

हमारा दल भूख और प्यास से व्याकुल था। व्याकुलता में हमने किसी से अनुमति लेने की भी आवश्यकता नहीं समझी। हमारे समस्त साथी उस गुफा में प्रवेश कर गये। वह गुफा अत्यन्त भयंकर थी। गुफा कुछ दूर तक अंधकारमय थी। उसके अन्दर प्रविष्ट होना सर्वथा कठिन, श्रम साध्य और कष्टकर था। इसके बाद भी हमने उस गुफा के अन्दर प्रवेश किया। हम लोग अँधेरे में कुछ दूर ही चल पाये थे कि अचानक वहाँ चारों ओर प्रकाश ही प्रकाश फैल गया। हमने चारों ओर दृष्टि दौड़ाई वहाँ फल-फूलों से लदे हुए साल, ताड़, अशोक, चम्पा आदि असंख्य वृक्ष थे। रत्नों से विभूषित भवन थे। नाना प्रकार के सुन्दर और स्वच्छ सरोवर भी थे। अपरिचित से इस स्थान पर यह छटा देखकर कपिजन आश्चर्यचकित रह गए। हमने यह भी उचित नहीं समझा कि किसी से अनुमति लिए बिना अपनी भूख-प्यास मिटाई

जाए। किन्तु फिर भी प्रचन्ड भूख-प्यास से व्याकुल होने के कारण किसी की अनुमति लिए बिना ही हम लोगों ने अपनी भूख-प्यास मिटाई। भूख और प्यास मिटाने के उपरान्त हम सब उस गुफा से बाहर निकलने का मार्ग ढूँढ़ रहे थे। इस प्रयास में हम इधर से उधर घूम रहे थे किन्तु बाहर निकलने का कोई मार्ग सूझ नहीं रहा था। घूमते-घूमते सहसा हमें एक आभामय स्त्री दिखाई पड़ी, जो मृगचर्म पहने उस गुफा में तपस्यालीन थी।

"देवि, आप कौन हैं? क्या यह गुफा आपकी है? आप इस गुफा में तपस्यालीन क्यों हैं? ये भवन और ये रत्न किसके हैं? यहाँ के निर्मल जल में स्वर्ण कमल कैसे उत्पन्न हुए?" मैंने उत्सुकतावश उस स्त्री से पूछा।

मेरी जिज्ञासा को शान्त करने के प्रयास में उस तपस्विनी ने बताया, "दानवों के विश्वकर्मा मयासुर ने इस स्वर्णमयी गुफा का निर्माण किया था। मयासुर ने कई वर्षों तक तपस्या करके ब्रह्मा जी के वरदान से शुक्राचार्य का सारा शिल्प कलाकौशल प्राप्त कर लिया था। मयासुर इसी गुफा में रहता था। कालांतर में उसका हेमा नामक अप्सरा के साथ सम्पर्क हो गया। देवराज इन्द्र को जब इस सम्पर्क का पता चला तो उन्होंने मय को यहाँ से मार भगाया और सुवर्ण वन हेमा को सौंप दिया। मैं हेमा की सखी हूँ। मेरा नाम स्वयंप्रभा है, मैं मेरुसावर्णि की कन्या हूँ। अब मैं हेमा के साथ इस सुवर्ण वन और गुफा की रक्षा करती हूँ। तुम लोग निश्चिन्त होकर अपनी थकावट और भूख-प्यास मिटा लो और मुझे बताओ कि तुम लोग यहाँ किस प्रयोजन से आए हो।"

मैंने स्वयंप्रभा को वन में विचरण करने का प्रयोजन बता दिया। मैंने यह भी कहा कि, "आपकी सहायता के बिना हम सभी भूख और प्यास से मर जाते। इसलिए हम भी आपकी सहायता करना चाहते हैं। आपकी जो भी सहायता हमसे हो सकती है, वह हम करने को तैयार हैं।"

"मैं तो निरन्तर धर्मानुष्ठान में लगी रहती हूँ। मेरा किसी से कोई प्रयोजन नहीं है।" उस तपस्विनी ने अत्यन्त निरपेक्ष भाव से कहा।

"देवि, हम लोग अपने कार्य में अभी तक सफल नहीं हो सके हैं। अपने महाराज द्वारा निश्चित की हुई समय सीमा को भी हम लाँघ चुके हैं। हमारा अब इस गुफा से बाहर निकलना अति आवश्यक है। इस कार्य में हमें आपकी सहायता की आवश्यकता है, क्योंकि गुफा से बाहर निकलने

का मार्ग हमें दिखाई नहीं दे रहा है।" मैंने उस तपस्विनी से निवेदन किया।

"यह संभव नहीं वानरराज। जो एक बार इस गुफा में अन्दर आ जाता है, उसका इससे बाहर निकलना संभव नहीं। किन्तु तुम लोग जिस लक्ष्य हेतु निकले हो वह निश्चित ही प्रशंसनीय है, अतएव मैं अपनी तपस्या के प्रभाव से तुम लोगों को इस गुफा से बाहर निकाल दूँगी। अब मैं जैसा कहती हूँ तुम सब वैसा ही करो। तुम सब अपनी आँखें बंद करो।" स्वयंप्रभा ने कहा।

हम लोगों ने ऐसा ही किया और आँखें खोलते ही हम लोगों ने अपने आप को गुफा से बाहर पाया। उस तपस्विनी ने हम लोगों से कहा, "यह रहा दक्षिणी सागर तट पर स्थित विंध्याचल पर्वत। यह महासागर लहरा रहा है। अब मैं जाती हूँ। तुम सबका कल्याण हो।" इतना कहने के उपरान्त स्वयंप्रभा उसी गुफा में वापस चली गयी।

यह घटना वानर सेना के लिए सुखद अनुभव की तरह थी। यद्यपि यह सुख अत्यन्त अल्पकालिक था। समय बहुत तीव्र गति के साथ हमारा साथ छोड़ रहा था। प्रत्येक दिन हमारी असफलता की कहानी लिख रहा था। मंजरियों से लदे आम के वृक्ष, वसन्त के आगमन की सूचना दे रहे थे। इसी बीच जाम्बवान ने हमारे दल को बताया कि महाराज सुग्रीव द्वारा प्रदत्त एक मास की समयावधि अब बीत चुकी है। हम अपने लक्ष्य को अभी तक प्राप्त नहीं कर सके हैं। यह हमारी असफलता का परिचायक है। जाम्बवान की बातों को सुनकर वानर दल में हताशा व्याप्त हो गई। जाम्बवान की बातों का प्रभाव पूरे दल पर हुआ किन्तु अंगद पर कुछ अधिक ही इसका प्रभाव देखने को मिला। अंगद का मन कुछ ज्यादा ही अवसादग्रस्त हो गया।

"मित्रों, आप लोग जानते हैं कि महाराज सुग्रीव द्वारा निर्धारित एक माह की अवधि समाप्त हो चुकी है। माता सीता का पता लगाने में हम अब तक असफल रहे। वापस लौटकर महाराजा सुग्रीव द्वारा हम सबको मृत्युदण्ड दिया जाना निश्चित है। यदि मरना ही है तो हम वापस जा कर क्यों प्राणाहुति दें? क्यों न इसी स्थल पर उपवास करते हुए प्राण त्याग दें?" जाम्बवान की बात सुनकर हताश लग रहे अंगद ने अत्यन्त भावुकता से वानर समुदाय से निराशाजनक आह्वान किया।

मैं अनुभव कर रहा था कि स्वयंप्रभा के आश्रम से निकलने के पश्चात् से अंगद नैराश्य और नैष्कर्म्य की ओर प्रवृत्त हो रहे थे। अंगद के वचनों

से हताश वानर दल में और भी हताशा फैल गयी। मैं अंगद की बातों को लेकर विस्मित था। मुझे ऐसा लगा कि युवराज अंगद मन ही मन महाराजा सुग्रीव के प्रति अच्छी धारणा नहीं रखते हैं। वे यदा-कदा ऐसी बातें बोलते हैं जो उन जैसे वीर और बुद्धिमान पर बिल्कुल बेमेल लगती हैं। मुझे यह भी लगता था कि तार उनका साथ देना चाहता है।

समस्त परिस्थितियों पर विचार करने के बाद मुझे ऐसा लगा कि कहीं ऐसा न हो कि वानर परिवार की यह आपसी वैमनस्यता एक बड़े लाभ से हमें भटका दे। अंगद की मनःस्थिति को समझते हुए मैंने उनको समझाने का प्रयास किया।

"अंगद, इसमें संदेह नहीं कि तुम अपने पिता के समान ही प्रतापवान और बुद्धिमान हो। तुममें एक योग्य राजा बनने के समस्त लक्षण विद्यमान हैं। प्रभु ने तुम्हारी योग्यताओं को देखते हुए ही तुम्हें युवराज पद पर नियुक्त करने की अनुशंसा की थी। आज तुम्हारा वह पौरुष दिखाई नहीं पड़ रहा। तुम सुग्रीव को लेकर व्यर्थ में आशंकित हो। यदि तुम्हें ऐसा लगता है कि तुम सुग्रीव के विरुद्ध समानान्तर वानर समुदाय एकत्र कर लोगे तो तुम्हारा सोचना बाल हठ से अधिक कुछ नहीं। अत्यन्त शक्तिशाली वानर जैसे जाम्बवान, अग्निपुत्र नील, सुहोत्र इत्यादि सुग्रीव के विरोध में तुम्हारा साथ कभी नहीं देंगे। मैं तुमको यह भी बता दूँ कि स्वयं मैं भी सुग्रीव का ही साथ दूँगा। यह समझ लो सुग्रीव तुम्हारी अपेक्षा कहीं अधिक शक्तिशाली हैं। एक शक्तिशाली राजा के सम्मुख निर्बल राजा कभी निश्चिन्त होकर राज्य नहीं कर सकता। दूसरी बात यह है कि यदि तुम यह समझते हो कि तुम प्रभु श्रीराम और सुग्रीव से सुरक्षित रह सकोगे, तो इस भ्रम को दूर कर दो। श्रीराम की शक्ति तो एक तरफ, भ्राता लक्ष्मण के बाण ही कुछ भी कर सकने में समर्थ हैं। सदैव स्मरण रखना कि वानर सदा चंचल स्वभाव के होते हैं। वे अधिक समय तक अपने परिवारों से अलग नहीं रह सकेंगे। कुछ समय बाद वे सुग्रीव के पास लौट जाएँगे। सुग्रीव तुम्हारे चाचा हैं। वे तुम्हारे सुहृद और हितैषी हैं। उनके कोई पुत्र नहीं है, इसलिए वे तुम्हें पुत्रवत ही समझते हैं। वे धर्मराज और सत्यप्रतिज्ञ हैं। वे तुम्हारा अहित कभी नहीं करेंगे। इसलिए तुम्हें ही क्या, हम सबको सुग्रीव के अनुशासन में रहकर उनका और प्रभु श्रीराम का प्रिय कार्य करना चाहिए। इसी में हम सबका कल्याण है।" मैंने अंगद को समझाते हुए कहा।

मेरे इन वचनों का अंगद पर कोई प्रभाव नहीं पड़ा अपितु कुण्ठा के साथ उन्होंने अपनी भावनाएँ व्यक्त कीं।

"हे कपिश्रेष्ठ हनुमान जी, आप उनके सचिव हैं इसलिए आप ऐसा कह रहे हैं। यह कहना मिथ्या है कि सुग्रीव में स्थिरता, मन की पवित्रता, क्रूरता का अभाव, पराक्रम और धैर्य है। सत्य यह है कि जिसने अपने बड़े भाई के जीवित रहते उनकी मातातुल्य भार्या को पत्नी रूप में ग्रहण करने का निंदित कर्म किया, वह धर्मनिष्ठ कैसे हो सकता है? जिस दुरात्मा ने युद्ध के लिए गए हुए भाई की रक्षा करने के स्थान पर उसको गुफा के अंदर बंद कर दिया, वह धर्मज्ञ कैसे माना जा सकता है? जिसने अपने मित्र के किए हुए उपकार को भुला दिया, वह किसी और के किए हुए उपकार का स्मरण क्या करेगा? जिसने अधर्म के भय से नहीं, अपितु लक्ष्मण जी के भय से हम लोगों को सीता की खोज में भेजा है, वह धर्म का पालनकर्ता कैसे हो सकता है? सुग्रीव तो मुझको अपना पुत्र भी नहीं मानते। मुझे तो वह शत्रु पुत्र ही मानते हैं। मुझे पूर्ण विश्वास है कि भविष्य में किसी न किसी मिथ्या आरोप में वह मुझे अवश्य दण्ड देंगे या बन्दीगृह में डाल देंगे। वैसे भी सुग्रीव ने स्वेच्छा से कब मुझे युवराज बनाया है? युवराज पद पर तो मेरा अभिषेक श्रीराम ने किया है। मैंने निश्चय कर लिया है कि इन परिस्थितियों में अब किष्किन्धा वापस नहीं जाऊँगा। यहीं उपवास करके प्राण त्याग दूँगा।" अंगद का रोष अभी भी कम नहीं हुआ था।

अंगद की कारुणिक बातें सुनकर जाम्बवान, नील आदि को छोड़कर अधिकतर वानर समुद्र तट पर आमरण उपवास की इच्छा से कुश बिछाकर बैठ गए। उन समस्त वानरों ने अंगद के चारों ओर एक घेरा सा बना लिया और आमरण उपवास करने का निश्चय किया। आमरण उपवास आरम्भ हो गया। वरिष्ठ वानरवीरों को यह प्रतीत हो रहा था कि अंगद का यह आमरण उपवास एक-दो दिवसों में समाप्त हो जाएगा, किन्तु यह अनुमान सही नहीं हुआ। अंगद और उनके साथी आमरण अनशन समाप्त करने पर सहमत नहीं थे। यह उपवास अनिश्चितकालीन चलता जा रहा था। जाम्बवान, नील और मैं इस स्थिति से किसी प्रकार निकलना चाहते थे किन्तु अंगद स्थितियों को नहीं समझ रहे थे।

एक दिन आमरण उपवास पर बैठे हुए वानर हताशा में जोर-जोर से चीखने लगे। वानरों की आवाज इतनी प्रबल थी कि समीपस्थ कंदरा

में निवासरत एक विशालकाय गिद्ध इसे सुनकर बाहर निकल आया। उस विशालकाय गिद्ध के पंख नहीं थे। वह विशालकाय गिद्ध उछलते हुए अनशनाधीन वानरों की ओर कुपित होकर बढ़ चला। विशालकाय गिद्धराज को देखकर आमरण अनशन पर बैठे वानरों में भय व्याप्त हो गया। वानरों ने जब उस विशालकाय पक्षी को उछलते हुए अपनी ओर आते देखा तो वे अपने भाग्य को कोसने लगे। वानरों को लगा कि यह विशालकाय गिद्धराज निश्चित रूप से हम वानरों को अपना आहार बना लेगा। वही वानर, जो भूखे रहकर अपनी जान देने की बात कर रहे थे, अब जीवित निगले जाने के भय से घबरा गए।

"आज भाग्य सचमुच मेरे साथ है। मैंने कई दिनों से भोजन नहीं किया है। बहुत से स्वादिष्ट वानर यहाँ पंक्ति बनाकर लेटे हुए मेरी प्रतीक्षा कर रहे हैं कि मैं आऊँ और उन्हें खा जाऊँ।" ऐसा कहकर संपाति उछल-उछलकर आमरण पर बैठे वानर समूह की ओर बढ़ चला।

विशालकाय गिद्ध को समीप आता हुआ देखकर अंगद ने प्रसंगवश जटायु का नाम लिया। अंगद बोले, "एक यह गिद्ध है जो हमारी जान लेने पर तुला हुआ है, एक गिद्ध जटायु था जिसने स्त्री रक्षा के लिए प्राण गँवा दिये थे।"

यद्यपि जटायु का स्मरण अंगद ने संयोगवश किया था। परन्तु जटायु का नाम सुनकर वह विशालकाय गिद्ध चौंक गया।

"जटायु... ये नाम तुमने क्यों लिया। क्या तुम जटायु को जानते हो? मैं उनका अग्रज हूँ, मेरा नाम संपाति है। क्या हुआ मेरे अनुज को?" उस विशालकाय गिद्ध ने अंगद से पूछा।

अंगद ने तब संपाति को सारी कथा सुनाई कि कैसे जटायु को रावण ने मार दिया। अपने अनुज जटायु की मृत्यु का समाचार सुनकर संपाति की आँखों में आँसू आ गए।

संपाति ने कहा, "क्या आप लोग मुझे जल के पास ले चल सकते हैं, जिससे मैं अपने अनुज को श्रद्धांजलि स्वरूप जल अर्पित कर सकूँ।"

मैं स्वयं संपाति को उठाकर समुद्र तट पर ले गया। वहाँ संपाति ने स्नान कर जटायु को जलांजलि दी। संपाति के आचरण को देखने के पश्चात् अंगद की सद्बुद्धि वापस आ गयी। उन्होंने स्वयं ही संपाति से आगे के लिए

मार्ग दिखाने का अनुरोध किया। अंगद ने संपाति से अपने पूर्व के जीवन पर प्रकाश डालने का आग्रह किया।

"मैं और जटायु महाबलशाली गिद्ध भाई थे। जटायु मेरा अनुज था। एक बार हम दोनों में प्रतिस्पर्धा हुई कि हममें से कौन अधिक दूर तक उड़ान भर सकता है। हम दोनों ने पंख फैलाए और उड़ना आरम्भ किया। उड़ते-उड़ते हम दोनों सूर्य के समीप पहुँच गए और जलने लगे। मैंने स्नेहवश अपने पंखों से अपने अनुज जटायु को ढक लिया। जटायु तो जलने से बच गया और उड़कर नीचे सुरक्षित स्थान पर पहुँच गया। लेकिन मेरे पंख इतने जल गए कि मैं विंध्य पर्वत पर दयनीय अवस्था में गिर पड़ा। मेरे पंख जल गए और आँखों की ज्योति भी चली गई। अब तो मैं चलने-फिरने में भी असहाय हो गया हूँ। बहुधा मुझे आत्महत्या करने का विचार आया। सद्भाग्य से मुझे एक बार निशाकर नामक एक मुनि के दर्शन हुए। उन्होंने भविष्यवाणी की कि आज से बहुत समय बाद अयोध्या के राजा दशरथ के राम, लक्ष्मण, भरत, शत्रुघ्न नामक प्रतापी पुत्र होंगे। राम, लक्ष्मण और सीता के साथ पिता की आज्ञा का पालन करने हेतु में वन में आएँगे। वहाँ रावण द्वारा सीता का हरण होगा। तब श्रीराम के आदेश से वानर सीता की खोज करने निकलेंगे। सीता का पता बताकर तुम्हें उनका मार्गदर्शन करना होगा। उस समय तुम्हारे नए पंख निकल आएँगे। तब तक तुम यहीं रहकर समय की प्रतीक्षा करो। मुझे लग रहा है कि वह समय आ चुका है।" संपाति ने अंगद का अनुरोध स्वीकार करते हुए अपने गत जीवन के विषय में बताया।

मेरे लिए संपाति की बातें बहुत आश्चर्यचकित कर देने वाली थीं। सम्भवतः अब संयोग बन रहे थे कि हम जिस उद्देश्य से सुग्रीव की आज्ञा लेकर दक्षिण दिशा में निकले थे उन्हें पूर्ण कर लिया जाए। यह भी आश्चर्य था कि कोई महाबलशाली गिद्ध दीर्घ अवधि से हमारी प्रतीक्षा कर रहा था। निशाकर मुनि की बात को मानकर संपाति वहीं रहकर अपना जीवन निर्वाह कर रहे थे। उनके पुत्र उनके लिए शिकार करके भोजन लाकर देते थे, क्योंकि वे स्वयं तो शिकार करने में असमर्थ थे। संपाति ने हम वानरों को यह भी बताया कि एक बार शिकार करते समय उनके पुत्र सुपार्श्व ने एक काले वर्ण के विशालकाय राक्षस को आकाशमार्ग में एक सुंदर तरुणी को ले जाते हुए देखा था। सुपार्श्व ने उन दोनों को अपने पिता के आहार के लिए मारना चाहा, तो उस राक्षस ने उन्हें छोड़ देने की प्रार्थना की। राक्षस की याचना

पर सुपार्श्व ने उसे छोड़ दिया था। इसी कारण उसको पिता संपाति के लिए आहार ले जाने में विलम्ब हो गया था। संपाति के विलम्ब का कारण पूछने पर उसने यह सारा वृत्तांत बताया था। संपाति समझ गए कि वह राक्षस रावण और वह तरुणी सीता थीं। उन्होंने सुपार्श्व को रावण के चंगुल से सीता को न छुड़ाने के लिए बहुत डाँटा, पर अब क्या हो सकता था?

यह कथा सुनाकर संपाति ने कहा, "श्रीराम के कार्य में मेरा सहयोग देने का समय आ गया है। मैं जानता हूँ कि रावण का महल कहाँ है और माता सीता कहाँ हैं। मैं लंकापुरी को यहाँ से देख सकता हूँ, क्योंकि गिद्धों की दृष्टि बहुत तेज होती है। समुद्र के उस पार लंका है, वहाँ पहुँचने का प्रयास करो। मैं ज्ञान दृष्टि से देखकर बता रहा हूँ कि तुम इस प्रयास में अवश्यमेव सफल होगे। मैं वृद्ध हो गया हूँ, नहीं तो तुम्हारी सहायता अवश्य करता। अब मैं जा रहा हूँ। तुम लोगों का कल्याण हो।" इतना कहते-कहते संपाति के पंख निकल आए और वे उड़ गये।

अपना पुरुषार्थ प्राप्त करके और सीता माता का पता पाकर हम सब हर्षित होकर दक्षिण दिशा की ओर बढ़े। स्वयंप्रभा और संपाति के सहयोग से वानर वाहिनी समुद्र के उत्तरी तट पर पहुँच गयी थी। हम सभी अत्यन्त हर्षित थे। जब हम समुद्र तट पर पहुँचे तो समुद्र का रौद्र एवं रोमांचकारी स्वरूप देखकर हम सब सहम गए। भयानक गर्जना करते हुए समुद्र को पार करना प्रथम दृष्टया असम्भव प्रतीत हो रहा था। समुद्र के आकार को देखकर समस्त वानर समुदाय और वरिष्ठ साथियों के मुख पर उदासी एवं विषाद का भाव छा गया। अनन्त जलराशि वाले इस समुद्र की लम्बाई के विषय में जाम्बवान ने बताया कि यह समुद्र सौ योजन लम्बा है। अब समस्या यह थी कि सौ योजन के समुद्र को पार कैसे किया जाए। माता सीता का पता लगाने के लिए यह समुद्र तो पार करना ही था। कोई और विकल्प था ही नहीं।

अंगद ने हम सबसे अपनी-अपनी शक्ति और सामर्थ्य का वर्णन करने को कहा। गज नामक हमारे साथी कपि ने स्वयं को दस योजन की छलाँग लगा सकने में समर्थ बताया। इसी प्रकार गवाक्ष ने बीस, शरभ ने तीस, ऋषभ ने चालीस, गंधमादन ने पचास, मैन्द ने साठ, द्विविद ने सत्तर और सुषेण ने अस्सी योजन की छलाँग लगा सकने बात कही। गज, गवाक्ष, शरभ, ऋषभ, गंधमादन, मैन्द, द्विविद, सुषेण आदि की अधिकतम सीमा अस्सी योजन छलांग तक सीमित होकर रह गयी। ऋक्षराज जाम्बवान ने कहा कि

वे नब्बे योजन की छलाँग लगा सकते हैं, किन्तु समुद्र तो सौ योजन का था। अंगद ने कहा कि वे सौ योजन के समुद्र को एक ही छलाँग में पार तो कर सकते हैं परन्तु वापस लौट सकेंगे कि नहीं, इसमें संशय है।

इस प्रकार जब इस समस्या का समाधान नहीं हो सका कि कौन समुद्र पार करके माता सीता का अन्वेषण करके कुशलतापूर्वक वापस लौट सकता है, तो वानरों में फिर निराशा छाने लगी।

मैंने इस वार्तालाप में अब तक कोई भाग नहीं लिया था। मैं तो उस समय एक कोने में चुपचाप बैठा प्रभु श्रीराम के चिन्तन में लीन था।

मुझे निहारते हुए जाम्बवान ने वानरों से कहा, "अब मैं एक ऐसे महावीर को प्रेरित कर रहा हूँ, जो इस कार्य को सिद्ध करेगा।"

यह कहकर जाम्बवान मेरे पास आए और बोले, "महावीर आप शांत क्यों बैठे हैं। यह समय शांत बैठने का नहीं है।"

"किन्तु मैं कर भी क्या सकता हूँ?" मैंने जाम्बवान से पूछा।

"हनुमान, तुम तो वानरराज सुग्रीव के समान पराक्रमी हो। तुम गरुड़ के समान शक्तिशाली और तीव्रगामी हो। तुम्हारा बल, बुद्धि, तेज और धैर्य सभी प्राणियों से बढ़कर है। तुम इस समुद्र को लाँघकर भगवान राम का प्रिय कार्य क्यों नहीं करते? उठो और आकाश में उड़कर समुद्र के पार लंका जाकर माता सीता का पता लगाओ क्योंकि यह कार्य मात्र तुम ही कर सकते हो।" जाम्बवान ने मेरी शक्तियों को स्मरण कराते हुए मुझमें उत्साह, शक्ति और बल का संचार किया था।

इसके बाद जाम्बवान ने मुझे मेरे जन्म और बाल्यकाल की कथा सुनाई कि कैसे मैंने बाल्यकाल में ही सूर्य का भक्षण करने का कार्य किया था। उन्होंने मुझे अपनी दिव्य शक्तियों के बारे में भी स्मरण कराया।

"हे वानरश्रेष्ठ हनुमान, तुम अपने असीम बल का विस्तार करो। इस महासागर को लाँघो। तुम्हारी गति की कहीं भी समानता नहीं है। तुम बल और बुद्धि में अतुलनीय हो।" जाम्बवान मुझे अभी भी उत्साहित कर रहे थे। मैं उस समय मौन था, राम नाम जप रहा था।

"वानरश्रेष्ठ, आप बल, बुद्धि, तेज तथा सत्व में सर्वश्रेष्ठ हैं। आप अपना स्वरूप पहचानिए।" ऋक्षराज ने ऐसा कहकर मुझे मेरी शक्ति और सामर्थ्य का स्मरण कराने का उपक्रम किया।

"वानरश्रेष्ठ, मैं देख रहा हूँ कि जल, थल, नभ, अन्तरिक्ष में आपकी गति का अवरोधक कोई नहीं है। सुर, असुर, गन्धर्व, नर, पशु, सागर, पर्वत और वनस्पति को आप जानने वाले हैं। गति और तेज में आप अपने पिता के समान हैं। आपके समान इस पृथ्वी पर दूसरा कोई तेजस्वी नहीं है। अतएव हे हनुमान, ऐसा प्रयत्न करो जिससे माता सीता का शीघ्र पता चल सके।" जाम्बवान ने आगे कहा।

जाम्बवान के वचनों को सुनकर मुझे वह सब स्मरण होने लगा जो उस समय स्मरण करने योग्य था।

मैंने अपनी काया को विस्तार देते हुए वानरों को अपने विराट रूप का दर्शन कराया। मैंने समस्त वरिष्ठ एवं कनिष्ठ वानर वीरों को सविनय प्रणाम किया।

"मैं पवनपुत्र हूँ। मैं वेग में उन्हीं के समान हूँ। सहस्रों योजन के विस्तार वाले मेरुगिरि की मैं बिना विश्राम किए सहस्रों बार परिक्रमा कर सकता हूँ। मैं अपनी भुजाओं के वेग से समुद्र को क्षुब्ध करके पर्वत, नदी युक्त इस समस्त पृथ्वी को डुबो सकता हूँ। उड़ते हुए गरुड़ की भी मैं सहस्रों बार परिक्रमा कर सकता हूँ। मैं समस्त ग्रह-नक्षत्रों को भी लाँघकर आगे बढ़ जाने का उत्साह रखता हूँ, समुद्र को पी सकता हूँ। पर्वतों को चूर-चूर कर सकता हूँ, पृथ्वी को विदीर्ण कर सकता हूँ। मैं समूची लंका को उखाड़कर, उसे हाथ पर रखकर उड़ भी सकता हूँ। मैं इस महासागर को अवश्य ही पार कर जाऊँगा। हे कपियों, मैं बुद्धि से जैसा सोचता हूँ, मेरे मन की चेष्टा भी वैसी ही होती है। मुझे यह निश्चित रूप से दिखाई दे रहा है कि मैं माता सीता के दर्शन करूँगा। अब आप लोग यहाँ ठहरकर आनन्दपूर्वक मेरी प्रतीक्षा करें। मैं छलांग लगाकर लंका की ओर प्रस्थित हो रहा हूँ, लंका जाकर माता सीता का पता लगाकर ही वापस आऊँगा। संसार में मेरा वेग कोई रोक नहीं पाएगा।" मेरे अन्दर से अनायास ही ये स्वर दैवीय रूप से प्रस्फुटित हो रहे थे। यह मैं नहीं मेरे अन्दर से कोई अदृश्य शक्ति बोल रही थी, मैं तो माध्यम मात्र था।

7.

मैंने उपस्थित वरिष्ठ एवं कनिष्ठ वानर वीरों के चरणों में सिर झुकाकर प्रणाम किया। मैंने उनसे कहा कि आप निश्चिंत रहें। जब तक मैं वापस आता हूँ तब तक आप सब कंद, मूल, फल खाकर और कष्ट उठाकर मेरी प्रतीक्षा करें। मैं शीघ्र ही लौट आऊँगा। मैंने प्रभु श्रीराम का स्मरण किया। गुरुदेव सूर्य, देवराज इन्द्र, पितामह ब्रह्मा, पिता पवनदेव और समस्त पूर्वजों को भी प्रणाम किया। अब मैं महेंद्र पर्वत पर चढ़ गया। अपने आराध्य प्रभु श्रीराम का हृदय में स्मरण करके मैंने अपने हाथ जोड़े, अपने अंग खोले, थोड़ा सा झुक कर अपने दोनों हाथों को धरती पर टेक दिया। पाँवों को किसी धावक की तरह पीछे की तरफ खोलते हुए मैंने अपना चित्त एकाग्र करते हुए तेजी से श्वांस भरी। एक झटके में मैंने आँखें बन्द कर आकाश की ओर एकटक निहारा और छलांग लगा दी।

मैं प्रभु श्रीराम के अमोघ बाण की तरह तीव्र गति से लंका की ओर चल पड़ा। रास्ते में मेघ इत्यादि टकराए किन्तु मेरी गति के सामने वे एक ओर होते चले गए। मैंने दृढ़ निश्चय कर लिया था कि मुझे अब माता सीता के पास पहुँचना ही है। मुझे विचार आया कि यदि माता सीता लंका में नहीं मिलीं तो मैं सीधा स्वर्गलोक चला जाऊँगा। यदि स्वर्गलोक में भी मुझे माता सीता के दर्शन नहीं हुए तो मैं राक्षसराज रावण को बाँधकर ले आऊँगा। आवश्यकता पड़ी तो लंकापुरी को भी उखाड़कर ले आऊँगा।

मुझे भली-भाँति अनुमान था कि मेरी यात्रा में विघ्न भी आएँगे। मुझे अपने आराध्य पर पूर्ण विश्वास था कि उनकी कृपा के चलते मुझे कोई भी विघ्न रोक नहीं पायेगा। असीम आत्मविश्वास था मेरे अन्दर। मुझमें प्रभु श्रीराम की इच्छाशक्ति काम कर रही थी। इस यात्रा में पहला विघ्न शारीरिक था। प्रकृति का शाश्वत नियम है कि शरीर विश्राम चाहता है, परिश्रम नहीं करना चाहता। मैं यह नहीं कहता कि आराम या विश्राम शारीरिक स्वास्थ्य के लिए आवश्यक नहीं, परन्तु इसका निर्णय करना आसान नहीं होता कि शरीर को किस समय कितने विश्राम की आवश्यकता है। जब शरीर आवश्यकता से अधिक विश्राम में आसक्त हो जाता है, तब वह विघ्न बन जाता है। मैंने निश्चय किया कि जब तक माता सीता का अन्वेषण नहीं कर लेता हूँ तब तक विश्राम नहीं करूँगा।

परिस्थितियाँ अनुकूल हो चली थीं, जिस समय मैं समुद्र के ऊपर से गतिशील था तो उस समय समुद्र ने सोचा कि मैं रामदूत हूँ, राम कार्य से जा रहा हूँ, परिश्रम से थक गया होऊँगा। थकान के कारण मुझे विश्राम की आवश्यकता होगी। समुद्र ने मुझे विश्राम प्रदान करने के क्रम में मैनाक पर्वत को आज्ञा दी कि वह अपने जल स्तर से तनिक ऊपर उठ जाए और मुझे विश्राम हेतु स्थान उपलब्ध कराये। मैनाक पर्वत सामान्यतः समुद्र के अंदर ही रहता था। मैनाक पर्वत ने ऐसा ही किया। मैं मैनाक पर्वत की भावना को समझ नहीं सका। मुझे ऐसा प्रतीत हुआ कि वह परम मनोहर दिव्य सुवर्णमय शिखर मेरे रास्ते को रोके हुए है। अपने रास्ते का विघ्न समझकर मैंने उसको अपनी छाती से उस पर्वत के उच्चतम शिखर के टुकड़े-टुकड़े कर डाले। कहीं मैं उस पर्वत को पूरी तरह विदीर्ण न कर दूँ इस भय से मैनाक पर्वत मेरे समक्ष प्रकट हुए।

"पवनपुत्र! मैं तुम्हारे पिता वायुदेव का मित्र हूँ। पहले पर्वत पंखधारी हुआ करते थे और इच्छानुसार इधर-उधर उड़ते रहते थे। एक बार इंद्र ने कुपित होकर मेरे पंख काट डाले थे। तुम्हारे पिता वायुदेव ने मुझे उस स्थिति में आश्रय दिया था। उन्होंने मुझे उड़ाकर इस समुद्र में स्थापित कर दिया था। इस प्रकार तुम्हारे पिता ने मेरी रक्षा की थी। उनके कारण ही मेरे पंख बच गए और मैं सुरक्षित हो गया था। मैं प्रभु श्रीराम की सहायता करना चाहता हूँ, तुम उन्हीं का कार्य करने जा रहे हो, इसलिए मैं तुम्हारे सत्कार के लिए उत्सुक हूँ। तुम तनिक देर यहाँ विश्राम करके फिर लंका चले जाना।" तब उस महागिरि ने मुझको मधुर वाणी से संबोधित करते हुए कहा।

मेरे लिए विश्राम का अब कोई अर्थ नहीं रह गया था किन्तु मैंने मैनाक के आतिथ्य की अवहेलना नहीं की। मैंने मैनाक को स्पर्श किया और उससे कहा कि मेरा आतिथ्य सम्पन्न हुआ। अब आप अपने मन से यह विचार निकाल दीजिए कि मैंने आपका सत्कार ग्रहण नहीं किया।

"राम कार्य किए बिना मैं विश्राम के विषय में सोच भी नहीं सकता।" मैंने विनम्रता के साथ मैनाक पर्वत से कहा और पुनः गतिमान हुआ।

मैं मैनाक को स्पर्श करके कुछ आगे बढ़ा ही था कि मेरे सामने सुरसा के रूप में एक महान विघ्न उपस्थित हुआ। सुरसा नागमाता थी। सुरसा एक विशालकाय रूप में मेरे सामने आई। विशालकाय सुरसा ने मुझे देखते हुए

कहा, "आज तो मेरे लिए भोजन का प्रबंध हो गया है।" यह कहते-कहते सुरसा ने विकराल रूप धारण कर लिया। सुरसा को यह वरदान प्राप्त था कि उसका अतिक्रमण करके कोई समुद्र पार नहीं कर सकता था। यदि वह मार्ग रोक ले तो, उसकी उपेक्षा करना संभव नहीं था। अब मैं क्या करता? मैंने सुरसा को अपने कर्तव्यों का विवरण देते हुए रास्ता छोड़ने हेतु निवेदन किया।

"हे माता, मैं राम कार्य करके लौट आऊँ, माता सीता की सुधि प्रभु को सुना दूँ तब मैं आकर स्वयं आपके मुख में प्रवेश करूँगा। मुझे इस समय जाने दें। यदि मुझे विलम्ब हुआ तो राम कार्य में विघ्न होगा।" मैंने सुरसा को अपने कर्तव्यों का विवरण देते हुए रास्ता छोड़ने हेतु निवेदन किया।

सुरसा ने मेरे निवेदन को अस्वीकार कर दिया। अपना मुख फैलाकर वह सामने खड़ी हो गई।

"कपि, तुझे मेरे मुख में आना ही पड़ेगा। तुझे मेरा भोजन बनना ही पड़ेगा।" सुरसा बोली।

"अच्छा तो मुख खोलो। मैं तुम्हारे मुख में प्रवेश करता हूँ।" मैंने कहा।

मेरी बात सुनकर उसने एक योजन का मुख खोल दिया। तब प्रभु शक्ति से मैंने अपना आकार दो योजन का कर लिया। सुरसा ने उससे भी दुगुना मुख खोला। मैंने भी उससे दुगुना आकार कर लिया। स्थिति यह थी कि सुरसा जितना बड़ा मुख खोलती, मैं उससे दुगुना आकार बना लेता था।

अंततः सुरसा ने सौ योजन के आकार का मुख खोला। तब मैंने झटपट बहुत छोटा आकार धारण किया और क्षण भर में उसके मुख में जाकर तुरन्त बाहर निकल आया। इस प्रकार मैंने उसकी बात भी रख ली। राम कार्य को करने के लिए मैंने उससे सिर नवाकर विदा माँगी।

सुरसा प्रसन्न हो गई। मैं उसकी परीक्षा में उत्तीर्ण हो चुका था।

"तुम धन्य हो हनुमान, मुझे तो देवताओं ने तुम्हारी बल-बुद्धि की परीक्षा लेने के लिए भेजा था। तुम तो बल और बुद्धि के भण्डार हो। तुम्हारी शक्ति और प्रतिभा अतुलनीय है। तुम श्रीराम के कार्य को सम्पन्न करने में सहज समर्थ हो। तुम्हारा मार्ग मंगलमय हो।" वह प्रसन्न होकर बोली। उसने मेरा मार्ग प्रशस्त कर दिया।

मुझे तो बाद में मुनियों के माध्यम से ज्ञात हुआ कि देवताओं ने सुरसा को मेरी बल-बुद्धि की परीक्षा लेने के लिए भेजा था। मैं उस समय इस सत्य से भिज्ञ नहीं था।

सुरसा से आशीर्वाद प्राप्त करने के बाद मैं उसी वेग से लंका की ओर उड़ चला। अभी कुछ ही दूर चला था कि अगला विघ्न सिंहिका नामक राक्षसी के रूप में सामने आया। इस राक्षसी को अंगारतारा के नाम से भी जाना जाता था। इस राक्षसी में ऐसी शक्ति थी कि वह आकाश में उड़ने वाले प्राणियों की छाया जल में देखकर उसको पकड़ लेती थी। इससे उनकी गति अवरुद्ध हो जाती थी, वे गिरकर उसके चंगुल में फँस जाते थे और वह उन्हें खा जाती थी। मेरे साथ भी उसने ऐसा ही किया। मेरी छाया देखकर उसने मुझे पकड़ लिया था। मेरी गति अवरुद्ध हो गई थी। मुझे बहुत आश्चर्य हुआ। सम्पूर्ण शक्ति लगाकर भी मैं स्वयं को तनिक भी आगे बढ़ाने में असमर्थ पा रहा था। मैंने नीचे समुद्र की ओर देखा कि समुद्र में एक विशालकाय राक्षसी थी। उस राक्षसी ने जल में पड़ती मेरी छाया को हाथों से पकड़ रखा था। जिससे मेरी गति अवरुद्ध हो गयी थी। वह राक्षसी मुझे अपना भोजन बनाना चाहती थी। मैंने उससे बचने के लिए अपने शरीर को बढ़ाना प्रारम्भ किया। सिंहिका ने भी अपने मुँह को विशालकाय कर दिया और मुझे ग्रसने के लिए अपना विशालकाय मुँह खोला। मैं तुरन्त बहुत छोटा रूप बनाकर उसके मुँह के अन्दर प्रवेश कर गया। मैंने लघु रूप धारण किया और उसके शरीर से हृदय निकाल लिया। सिंहिका तत्काल निष्प्राण होकर गिर पड़ी। अब मैं पुनः आकाश में गतिमान हो गया था।

इन विघ्नों के कारण यात्रा में विलम्ब होता देख मैंने अपना वेग और बढ़ा लिया था।

अलंघनीय विशालकाय समुद्र को अब मैं पार कर चुका था। अब मेरे समक्ष लंका में प्रवेश करने की चुनौती थी। कोई मुझे देख न ले अथवा मेरी पहचान न हो जाए, यह सोचकर मैंने अपने स्वरूप को लघुतम कर लिया था। अपने लघु स्वरूप में मैं लंका के बाहरी किनारे पर स्थित त्रिकूट पर्वत पर चढ़ गया। इस पर्वत से मैंने लंका नगरी को देखा। चारों ओर निरीक्षण किया।

अहा... क्या वैभवशाली नगरी है। चारों ओर स्वर्णप्रभा बिखरी हुई है। भव्य भवन, राजमार्ग, स्वर्ण-द्वार, कोट, परकोटे, चबूतरे, वन, उपवन, सेना, रथ, विमान प्रहरी इत्यादि को देखकर प्रतीत हुआ कि वास्तव में लंकानगरी

वैभव का द्वितीय नाम है। किन्तु मुझे इस वैभव से क्या लेना-देना? मैं तो इस नगरी को इस दृष्टिकोण से देख रहा था कि माता सीता को कहाँ छिपाया गया होगा अथवा आवश्यकता पड़ी तो आक्रमण किस ओर से किया जाएगा।

सूर्यास्त होने को था। सूर्य का मद्धिम सिन्दूरी प्रकाश इस नगरी की शोभा को और भी दुगुना कर रहा था। मात्र सुन्दरता के कारण से ही नहीं सुरक्षात्मक मानकों के आधार पर भी लंका अभेद्य थी। इस नगरी को चारों ओर मजबूत दीवारों से बाँधा गया था। बाह्य आक्रमण की किसी भी संभावना का कोई स्थान न था। लंका नगरी चारों ओर चौड़ी खाई से घिरी हुई थी। सामरिक दृष्टि से महत्वपूर्ण स्थानों पर पहरेदार पहरा देते थे। दिन में तो इस नगरी में प्रवेश करना असंभव था। मैंने निर्णय किया कि रात्रि में लघु रूप धारण कर नगर में प्रवेश करूँगा।

रात हो जाने पर अणिमा सिद्धि के अनुप्रयोग से मैंने लघु रूप धारण कर लिया। मुझे अनुमान था कि इस लघुतम रूप में मुझे कोई नहीं पहचान पायेगा, किन्तु मेरा अनुमान अतिशीघ्र गलत सिद्ध हुआ। जैसे ही मैं नगर के द्वार में प्रवेश करने लगा, वहाँ पहरा देनेवाली लंकिनी नामक राक्षसी ने मुझे पहचान लिया। मेरे लघुतम रूप को देखकर वह बोली, "हे वानर! तू कौन है और यहाँ किस प्रयोजन से आया है? रावण की सेना से सुरक्षित लंकापुरी में तू प्रवेश नहीं कर सकता।"

"भद्रे आप कौन हैं? आपका रूप बड़ा विकराल है।" मैंने उस राक्षसी से पूछा।

"मैं लंकानगरी का मानवीकृत रूप हूँ। मैं लंकाधिपति रावण की सेविका हूँ और उन्हीं की आज्ञा से इस नगरी की रक्षा करती हूँ। मेरी अवहेलना करके कोई इस नगरी में प्रवेश नहीं कर सकता।" उसने कहा।

"मैं इस लंका नगरी को देखने के कौतूहल से आया हूँ। इसको देखकर मैं वापस चला जाऊँगा।" मैंने सोचा, मुझे यदि अपना परिचय दिए बिना ही युक्तिपूर्वक लंका नगरी में प्रवेश मिल जाए तो अच्छा है।

"हे वानर, मुझे परास्त किए बिना तू इस नगरी को नहीं देख सकता।" लंकिनी ने स्पष्ट और कठोर शब्दों में कहा।

मुझे तो लंका में प्रवेश करना ही था। मैं यह कहकर आगे बढ़ा कि मैं लंकापुरी को देखने आया हूँ, सो इसको देखकर ही जाऊँगा। उस पहरेदार

राक्षसी ने मेरी बात सुनकर मुझे पकड़ लिया और मुझ पर वार कर दिया। मैं स्त्री पर हाथ उठाना नहीं चाहता था, पर जब उसने मुझे एक मुक्का मारा तो मैंने भी प्रभु श्रीराम का स्मरण करते हुए उस पर मुष्टि प्रहार किया। मेरे एक ही मुष्टि प्रहार से वह रक्त वमन करती हुई भूमि पर गिर पड़ी। मैंने उस पर दया करते हुए उसका प्राणांत नहीं किया, उसको उतना ही प्रताड़ित किया जितना आवश्यक था। एक कर्तव्यनिष्ठ स्त्री, भले ही वह राक्षसी क्यों न हो, को प्रताड़ित करते हुए मुझे संकोच हुआ। मुष्टि प्रहार से उसका स्वरूप ही बदल गया था। वह तुरन्त अभिमानशून्य होकर गिर पड़ी।

"हे कपि! मेरी रक्षा कीजिए। स्त्री अवध्य होती है। आपने अपने पराक्रम से मुझे परास्त कर दिया है। मुझे स्मरण हो रहा है कि जब ब्रह्मा जी ने रावण को अजेय होने का वरदान दिया था तो उसी समय उन्होंने मुझसे यह कहा था कि लंकिनी जब तू किसी वानर से पराजित हो जाए, तब समझ लेना कि अब लंका और राक्षसों के विनाश का समय आ पहुँचा है। मुझे ऐसा प्रतीत हो रहा है कि वह समय आ चुका है। आपके दर्शन से मैं धन्य हो गई। अब आप लंकापुरी में प्रवेश कीजिए और माता सीता से भेंट करके श्रीराम का कार्य कीजिए।" उसने अत्यन्त विनयपूर्वक मुझसे कहा।

लंकिनी मुझ रामदूत के समक्ष श्रद्धावनत खड़ी थी। उसकी आँखें अश्रुपूर्ण थीं। मैंने मन ही मन उसे अपना प्रणाम निवेदित किया और हृदयस्थ प्रभु श्रीराम का ध्यान कर आगे बढ़ गया।

मैंने अपना स्वरूप पुनः लघुतम कर लिया था। अब मैं किसी भी निशाचर की दृष्टि में आ नहीं सकता था। मेरा मार्ग निष्कंटक और प्रशस्त था। मैंने मन ही मन उस लंकिनी को धन्यवाद ज्ञापित किया, कितना उपकार किया था उसने। रात्रि हो चुकी थी। मैने अनुभव किया कि लुक-छिप कर लंका प्रवेश के चक्कर में, राक्षसों की दृष्टि से बच निकलने की व्यग्रता में मेरा ध्यान प्रभु श्रीराम से हट गया था। मैंने अपने आराध्य का स्मरण किया।

माता सीता की खोज में मैं लंका तो आ गया था, परन्तु यह अभी तक अबूझ था कि माँ सीता को रखा कहाँ गया है? मैंने लंका की ऊँची प्राचीर को देखा। अब मैं उस प्राचीर पर चढ़ गया। प्राचीर पर चढ़ने के उपरान्त मैं लंका नगरी का ध्यानपूर्वक अवलोकन किया। रात्रि में भी लंका में उत्सव जैसा वातावरण था। लंकावासी प्रमाद में लिप्त थे। इसी प्राचीर

से मैंने लंकानगरी के वास्तु का अवलोकन किया। नगर का निर्माण अत्यन्त सावधानीपूर्वक किया गया था। उसके मार्ग बहुत साफ थे। चारों ओर शानदार भवन बने हुए थे। रात्रि के समय भी इन भवनों के अन्दर से नर-नारियों के युगुलों की खिलखिलाती हँसी और विभिन्न वाद्य यंत्रों के संगीत सुनाई पड़ रहे थे। लंका में रात्रि का समय पूर्णतया मनोरंजन, आमोद-प्रमोद मनाने, मदिरा-पान करने आदि विलासितापूर्ण जीवन का था। विलासी जीवन का चहुँ ओर प्रभाव था। तेज ध्वनि के मादक संगीत बज रहे थे।

मैंने आपानशाला, अश्वशाला, गजशाला, पुष्पगृह, चित्रशाला, क्रीड़ागृह, गृहोद्यान, अस्त्रागार, मन्त्रणा-कक्ष, छावनी, पुष्पक विमान आदि में तो माता सीता का पता लगाने का प्रयास किया किन्तु अभी तक असफलता ही हाथ लगी थी। अब मैंने लंका के प्रभुत्व वर्ग के निवास स्थलों की अट्टालिकाएँ, विहार, शयन कक्ष, मनोरंजन कक्ष जैसे अन्य स्थानों पर माता सीता की खोज प्रारभ की। इस प्रयास में मैं कुम्भकर्ण के भवन में पहुँचा। इसके पश्चात् मैंने महोदर, विरुपाक्ष, विद्युज्जिह, विद्युन्माली, वज्रदृष्ट्र, शुक, सारण, इन्द्रजित, जम्बुमाली, सुमाली, धूम्राक्ष, विद्युद्ररूप, भीम, घन, विघन, चक्र, शट, कपट, दृष्ट्र लोमरा, ध्वजग्रीव, हस्तिमुख, वराल, शोणिताक्ष आदि राक्षसवीरों के घरों में जाकर सावधानीपूर्वक निरीक्षण किया। अपने लघुतम स्वरूप में मैंने रावण के अंतःपुर का कोना-कोना, चप्पा-चप्पा छान मारा, पर सीता माता का कहीं पता नहीं चल पा रहा था। अब मैं क्या करूँ, यही सोच रहा था।

रावण के महल में जाकर कई स्त्रियों को भी देखा। इन स्त्रियों को देखने के पश्चात् मुझे अपने मन में शंका हुई। मुझे लगा कि मैं तो ठहरा ब्रह्मचारी, क्या मुझे इन स्त्रियों को देखना चाहिए था? फिर मुझे आभास हुआ कि समस्त इन्द्रियों की अच्छी-बुरी परिस्थितियों का कारण मन ही है। मेरा मन सर्वथा शुद्ध एवं निर्विकार है। मैंने इन स्त्रियों को कामबुद्धि से नहीं देखा है। इन स्त्रियों को देखने से मेरे मन में तनिक भी विकार नहीं हुआ है, अतएव मैंने कुछ भी त्रुटिपूर्ण नहीं किया है। माता सीता को इसके अतिरिक्त किसी दूसरे ढंग से मैं खोज भी नहीं सकता। ऐसा सोचकर मैंने स्वयं को सन्तुष्ट किया। माता सीता अभी भी अगम थीं।

लंका के उत्तरी भाग में स्थित इन महत्वपूर्ण निवास स्थलों को छानने के बाद माता सीता की खोज में मैं लंका की दक्षिणी दिशा की ओर बढ़

रहा था। दक्षिणी छोर पर पहुँचकर मैं लंका की सीमाओं का निरीक्षण कर ही रहा था कि कराहने का स्वर मुझे सुनाई पड़ा। जिस ओर से यह ध्वनि आई थी मैं उसी तरफ बढ़ा। कुछ ही दूर चलने पर मैंने देखा कि चट्टान के पास एक कुरूप और काले रंग की आकृति बेड़ियों में जकड़ी पड़ी थी।

"कौन हैं आप?" मैंने पूछा।

"मैं मृत्यु का राजा 'काल' हूँ और रावण ने मुझे बंधक बना रखा है।" उस बेड़ीबद्ध आकृति ने कहा।

"क्या चाहते हैं आप?" मैंने पूछा।

"मुझ पर दया करें, मुझे दासत्व से मुक्त कराएँ।" उस आकृति ने कहा।

मैंने उस आकृति को लोहे की मोटी बेड़ी से मुक्त किया। 'काल' अब बंधनमुक्त हो चुका था। काल ने प्रसन्न होकर मुझे वरदान दिया कि जो व्यक्ति हनुमान का स्मरण करेगा, उसे काल का भय नहीं रहेगा।

जब मैं दक्षिणी छोर से वापस लौट रहा था तो एक और करुण पुकार मुझे सुनाई दी। मैंने पुनः पीछे मुड़कर देखा। एक और बन्दी वहाँ पड़ा था, मैंने उसका परिचय पूछा। वह शनि थे। रावण ने उनको भी अपना बन्दी बना रखा था। मैंने उनको भी रावण के दासत्व से मुक्त किया। मैं पुनः लंका नगरी के केन्द्र की ओर चल पड़ा। रास्ते भर मैंने लंका के वैभव का अनुभव किया।

माता सीता के विषय में अब तक कोई सूत्र हाथ नहीं आ रहा था। मैं कोई कार्य योजना नहीं बना पा रहा था। माँ सीता के स्वरूप के विषय में भी मुझे कोई अनुभव न था। ये सारी कठिनाइयाँ सामने थीं फिर भी मुझे प्रभु श्रीराम की कृपा पर विश्वास था कि सब कुछ सुखद और प्रत्याशित होगा।

लंका की गलियों में विचरण करते हुए रात्रि का चतुर्थ प्रहर व्यतीत हो रहा था। पूर्वी क्षितिज पर धुँधली सी लाली दिखने लगी थी। मैं अभी भी लंका की गलियों में हताश भटक रहा था। अकस्मात मेरे कानों में श्रीराम नाम की ध्वनि सुनाई पड़ी। मुझे आश्चर्य हुआ, यहाँ कौन राम नाम जपता है? यह तो मैं भी जानता हूँ कि श्रीराम मात्र अयोध्या नरेश दशरथ के पुत्र का ही नाम नहीं, वह ब्रह्म का भी सम्बोधन है। किन्तु राक्षस संस्कृति से पूर्णतया प्रभावित लंका में कोई राम नाम ले, वह मेरे लिए अप्रत्याशित था। मैंने कान लगाकर उस दिशा को पकड़ने का प्रयास किया, जहाँ से यह ध्वनि आ रही थी। थोड़ी सी एकाग्रता के पश्चात ज्ञात हो गया कि जहाँ मैं खड़ा

था उसके समीप वाले घर से ही राम नाम की ध्वनि आ रही थी। मैं उस घर की ओर बढ़ा तो दंग रह गया। जिस घर के अन्दर से राम नाम का स्वर फूट रहा था उसका बाहरी स्वरूप बड़ा आकर्षक था। आस-पास के स्वर्ण महलों से ठीक विपरीत वह भवन अत्यन्त साधारण पर्णकुटी की तरह बना हुआ था। उसकी बाहरी दीवारों पर शंख, चक्र आदि के चिन्ह अंकित थे। उस भवन की दीवार पर सर्वत्र अनेक देवताओं तथा दैवीय लीलाओं से जुड़ी हुई चित्रकारी की गयी थी। छोटी-छोटी क्यारियों में केसर और तुलसी के पौधे लगे हुए थे। मुझे यह सब देखकर आश्चर्य हुआ। ब्रह्ममुहूर्त का समय था। उस घर के अन्दर से किसी पुरुष के मुख से 'राम' नाम का स्वर अभी भी गूँज रहा था। मुझे यह विश्वास हो गया कि इस घर में अवश्य ही कोई सत्पुरुष निवास करता है। मेरा अब तक का अवसादग्रस्त मन प्रफुल्लित हो आया था। मैंने बिना किसी संकोच अथवा भय के द्वार खटखटा दिया।

मुझे लगा कि कपि रूप में इस सत्पुरुष के समक्ष जाना उचित नहीं होगा, अतएव योगसिद्धि के द्वारा तापस रूप धारण किया और अविलम्ब उस घर का द्वार खटखटा दिया। मुझे द्वार खटखटाते देर नहीं हुई कि भव्य व्यक्तित्व के धनी एक पुरुष ने किवाड़ खोले। हाव-भाव और वेश-भूषा से वह व्यक्ति साधु जैसा दिखाई पड़ रहा था। लंका में साधु पुरुष? मुझे घोर आश्चर्य हुआ।

मेरे तपस्वी स्वरूप को देखकर उस साधु पुरुष ने 'राम-राम' कहते हुए हाथ जोड़े।

"विभीषण के निवास पर आपका स्वागत है, तपस्वी।" उस साधु पुरुष ने मेरा स्वागत किया।

"राम-राम।" मैंने भी प्रत्युत्तर में कहा।

"विप्र आप कौन हैं? आप इस नगरी में क्या कर रहे हैं?" विभीषण ने अपना परिचय देने के बाद मुझसे पूछा।

"विभीषण जी, मैं अयोध्या के राजा दशरथजी के ज्येष्ठ कुमार श्रीरामचन्द्र जी का दूत, केसरी पुत्र हनुमान हूँ।" मैंने बिना किसी संकोच के अपना परिचय दिया।

विभीषण मुझे अन्दर ले गए थे। अन्दर का वातावरण दिव्य था। पूरा घर एक मन्दिर अथवा एक पूजा स्थान जैसा लग रहा था। विभीषण ने मुझे

एक आसन पर बैठाया। घर में चारों ओर देवी-देवताओं के चित्र बने हुए थे। मुझे आश्चर्य हुआ कि लंका में भी कोई इतना साधु पुरुष हो सकता है। मेरे मन मस्तिष्क में कई बातें चल रही थीं किन्तु अभी अन्य बातों के लिए समय कहाँ था। मैं सीधे मूल बात पर आ गया।

"आप जानते हैं, मैं क्यों यहाँ तक आया हूँ?" मैंने विभीषण की आँखों में आँखें डालकर पूछा।

"वैदेही अन्वेषण में। ज्ञात ही है, लंकाधिपति रावण माता सीता को हर लाया है।" विभीषण ने अत्यन्त विश्वास के साथ कहा।

"क्या आप बता पायेंगे कि दुष्ट रावण ने माता सीता को कहाँ छिपा रखा है?" मैंने अधीर होते हुए विभीषण से पूछा।

"आप अपना मन खिन्न न करें, रामदूत। मैं आपको पूरी जानकारी दूँगा। माता सीता तक आपको अवश्य पहुँचा दूँगा, लंकाधिराज के राजसदन के सन्निकट अशोक वाटिका में। यह अशोक वाटिका लंकाधिराज को अत्यन्त प्रिय है। इस उपवन में कई सरोवर हैं। मध्य वाला सरोवर तनिक वृहद है। उसमें कई रंगों के कमल खिले हुए हैं। इसी मध्य सरोवर के पास ही शिशुंपा का एक सघन वृक्ष है। यह वृक्ष अत्यन्त विशाल है। इसी वृक्ष के नीचे माता वैदेही को छिपाकर रखा गया है। माता वैदेही की रक्षा में कई सशस्त्र राक्षस दासियाँ नियुक्त की गयी हैं। उपवन में जाने का मुख्य मार्ग राजसदन से होकर जाता है।" विभीषण ने मुझे अशोक वाटिका की भौगोलिक स्थिति तथा सुरक्षापायों से अवगत कराते हुए बताया।

"किन्तु यह सब आपको कैसे ज्ञात है?" मैंने शंकालु होकर पूछा।

"मेरी पत्नी और पुत्री यदा-कदा माता वैदेही के दर्शन करने जाती रहती हैं। उन्हीं से मुझे माता वैदेही के विषय में इतना ज्ञात हो सका।" विभीषण ने बताया।

इसके बाद मेरे और विभीषण के मध्य कई विषयों पर वार्तालाप चली। औपचारिकताओं को अनौपचारिकताओं में परिवर्तित होने में अधिक समय नहीं लगा। विभीषण ने मुझे अंधकार में प्रकाश दिखाने का कार्य किया था। लक्ष्य संधान का समय आ चुका था। मैं उठ खड़ा हुआ। भक्तराज विभीषण को मन ही मन प्रणाम किया।

विभीषण द्वारा निर्देशित मार्ग का अनुसरण करते हुए मैंने अशोक वाटिका में प्रवेश किया। सामान्य रूप में तो इस वाटिका में प्रवेश करना सम्भव ही नहीं था। चारों ओर कड़ी पहरेदारी थी। मैं अभी भी अपने लघुतम रूप में ही था। इस रूप का लाभ उठाकर मैंने वाटिका में प्रवेश किया। यह नाम की ही वाटिका थी, वास्तव में यह एक विशाल, रमणीक, अगणित वृक्ष-युक्त, हरीतिमा वाला वन था। इस सुनहरी नगरी में जहाँ सब कुछ स्वर्ण आच्छादित था, वहाँ हरियाली से सराबोर यह स्थल अलग ही छटा बिखेर रहा था।

अशोक वाटिका में अनगिनत प्रजातियों के असंख्य वृक्ष थे। ये वृक्ष फल-फूलों से लदे हुए थे। इस वाटिका में जहाँ-तहाँ प्रासाद और सरोवर थे। मैं माता सीता के दर्शन की लालसा में एक शाखा से दूसरी शाखा और एक वृक्ष से दूसरे वृक्ष पर से कूदता फिर रहा था। मैंने एक सरोवर के पास एक ऊँचे अशोक वृक्ष पर बैठकर सीता माता का अन्वेषण करने का निश्चय किया। वहाँ बैठकर मैंने इधर-उधर दृष्टि दौड़ाई। मध्य सरोवर के पास एक शिशुंपा वृक्ष के नीचे मैंने एक तपस्वी स्त्री को साधारण वस्त्रों में उदास बैठे हुए देखा। उस तपस्वी स्त्री की सुरक्षा के लिए राक्षसियाँ तैनात थीं, जो उन पर सतत् पहरेदारी कर रही थीं।

मुझे माता सीता को पहचानते देर न लगी। मैंने उनको मन ही मन प्रणाम किया। उनके चरण कमलों का दर्शन करते ही मैं धन्य हो गया। मुझे लगा कि अब मेरी कार्यसिद्धि हो गई है। मैंने प्रभु श्रीराम को स्मरण कर प्रणाम किया और उन्हें धन्यवाद दिया। मुझे माता सीता की यह दीन दशा देखकर अत्यन्त दुःख हुआ। साक्षात योगमाया का अवतार, विदेह राज जनक की यशस्विनी पुत्री, महाराज दशरथ की पुत्रवधू और त्रिलोकीनाथ प्रभु श्रीराम की प्रिय पत्नी कदापि इस दुर्दशा के योग्य नहीं थीं। यह विधि का कैसा विधान है? माता सीता को देखकर मुझे ऐसा लगा कि जैसे कोई चमकता हुआ तारा पृथ्वी पर टूटकर आ गिरा हो। वे कान्तिहीन दिखायी पड़ रही थीं। वे प्रथमदृष्टया मुझे शोक की प्रतिमूर्ति और दुःख की ठहरी हुई नदी सी प्रतीत हुईं। वे एक ऐसी नदी के सदृश लगी, जिसका जल निकाल लिया गया हो। माता सीता के इस रूप को देखने पर मुझे बहुत दुःख हुआ। यद्यपि इस बात पर प्रसन्नता भी हुई कि अन्ततः माता सीता के श्रीदर्शन तो हुए। मुझे प्रतीत हुआ कि इस साध्वी का सौन्दर्य अतुलनीय है क्योंकि सतीत्व का

प्रकाश इसमें समाहित है। वे आत्मिक सौन्दर्य की प्रतिमूर्ति लगीं। राजभवन के समस्त भोग, भाग्य ठुकराकर पति सुश्रुषा के लिए अरण्यगमन का विकल्प चुनने वाली इस साध्वी को क्या-क्या नहीं सहना पड़ रहा है, यह सोचकर मैं व्याकुल हो उठा। मैं अपना मानसिक नमन माता सीता को अर्पित करने के पश्चात् अपनी आन्तरिक प्रसन्नता को समेट कर भाव-विभोर हो ही रहा था कि तब तक कुछ लोगों के आगमन की आहट सुनाई दी। भोर का समय हो रहा था। नेपथ्य से संगीत की ध्वनियाँ सुनाई पड़ रही थीं। मैं स्थितियों का अनुमान करने के लिए एक पेड़ की ओट लेकर छिप गया।

संगीत की जो ध्वनियाँ मेरे कानों में गूँज रही थीं, वे अब समीप आती जा रही थीं। मैंने देखा कि तुरही व करताल बजाते हुए महिला वादकों की एक टोली चली आ रही है। इस टोली के पीछे लंकाधिपति रावण भी अपनी पटरानी मंदोदरी के साथ एक उत्कृष्ट रथ में सवार होकर चला आ रहा था। यद्यपि मैंने इससे पूर्व रावण को कभी नहीं देखा था किन्तु अपने अनुभव के आधार पर मैं यह समझ गया था कि यह रावण ही है। मुझे आश्चर्य हुआ कि इस समय भी रावण ने श्रेष्ठतम श्वेत वस्त्रों के साथ बहुत से बहुमूल्य आभूषण धारण कर रखे थे। लंकाधिपति ने अशोक वाटिका में प्रवेश करने के उपरान्त अपने सेवकों को वहीं ठहरने का संकेत दिया। समस्त अनुचर और वादक वहीं ठहर गए। रावण अपने रथ से उतरा और चलते हुए कुछ ही देर में सीता माता के पास पहुँच गया। उसकी चाल में दर्प और ठसक थी। उसके मुख पर गर्व और हठधर्मिता के भाव प्रकट हो रहे थे। रावण आत्ममुग्ध प्रतीत हो रहा था। रावण को अपनी ओर आता देखकर सीता माता किंचित भयभीत सी दिखीं किन्तु उनका मनोबल असीम था।

रावण को अपनी ओर आता देखकर माता सीता ने स्वयं को ओट में करने का प्रयास किया। माता सीता के इन प्रयासों को देखकर रावण खींझता हुआ दिखाई दिया।

"सीता, मिथिला की राजकुमारी। तुम अपने सौन्दर्य को मेरी दृष्टि से छिपाने का प्रयास क्यों कर रही हो? मुझे विश्वास है कि तीनों लोकों में तुमसे अधिक सुन्दर और कोई नहीं है। तुम मुझसे मुँह क्यों फेरती हो? मैं तुम्हारे प्रेम की कामना रखता हूँ। तुम इस संसार के सर्वश्रेष्ठ वस्त्र और मूल्यवान आभूषण पहनने की अधिकारिणी हो, फिर भी तुम इस वाटिका में

इस वृक्ष के नीचे बैठती हो। मैले और जीर्ण-शीर्ण वस्त्र पहनती हो। मैं जब सामने आता हूँ तो अपने हाथों को मोड़कर मुझसे अपना सौन्दर्य छिपाती हो। यद्यपि इस दीन-हीन अवस्था में भी तुम्हारे इस स्वरूप के आगे मेरे महल की समस्त्र स्त्रियाँ लज्जित हो जाती हैं। सीता, मैं तुम्हारी एक मुस्कान के लिए इन सबको छोड़ सकता हूँ। मैंने तुम्हारा हरण इसलिए किया था क्योंकि मैं तुम्हारी अविश्वसनीय सुन्दरता पर मोहित हो गया था। मैं तुमसे निवेदन करता हूँ कि तुम मुझे स्वीकार कर लो। तुम्हें लंका में इस प्रकार रहते हुए पर्याप्त समय हो चुका है। मुझे आश्चर्य है कि तुम अभी भी अपने पति की प्रतीक्षा कर रही हो। मैं तुम्हें यह कैसे समझाऊँ, विश्वास दिलाऊँ कि तुम्हारा पति कायर है। यदि ऐसा न होता तो सोचो वह तुम्हें यहाँ से छुड़ाने के लिए बहुत पहले आ गया होता। उसकी प्रतीक्षा में अपना यौवन और सौन्दर्य नष्ट मत करो। मुझे स्वीकार कर लो। मैं तुम्हें अपनी महारानी घोषित करूँगा। अपना स्वरूप तो देखो। तुम्हारे रेशम जैसे केश कड़े हो गए हैं। तुम्हारे वस्त्र मैले और फटे हुए हैं। अच्छा भोजन ग्रहण न करने के कारण तुम दिन-प्रतिदिन दुर्बल होती जा रही हो। मैं तुम पर अपने पूरे समर्पण के साथ आकर्षित हूँ। मुझे रात-दिन तुम्हारा चेहरा दिखता है। क्या तुम्हें पता नहीं चल रहा है कि मैं तुम्हारे प्रेम में कितना डूबा हुआ हूँ? मैं तुम्हें कैसे बताऊँ कि तुम्हें देखने के पश्चात मुझे अन्य रानियों को देखने की भी इच्छा नहीं होती। यौवन और सौंदर्य बहुत कम समय के लिए मिलते हैं। इन्हें व्यर्थ दुखी होकर नष्ट मत करो। सीता, मेरे प्रेम को स्वीकार करो। तुमने मुझे और मेरे वैभव को देखा है। इसकी तुलना में राम के पास क्या है? वह सिर्फ एक भिक्षुक है, जो वल्कल पहनता है और जिसके पास कहने के लिए अपना राज्य तक नहीं है। मुझे तो अब यह भी सन्देह है कि तुम उसे अब कभी देख भी पाओगी अथवा नहीं। तुम स्वयं को इस तरह क्यों कष्ट दे रही हो? मैं बड़ी सरलता से अपनी इच्छा पूरी कर सकता हूँ, किन्तु मैंने धैर्य रखा हुआ है क्योंकि मैं चाहता हूँ कि तुम स्वेच्छा से मेरे पास आओ। मैं सिर्फ तुम्हारी देह नहीं, बल्कि तुम्हारा प्रेम पाना चाहता हूँ। मैंने ये सब पहले किसी अन्य स्त्री से नहीं कहा, परन्तु अब मेरा धैर्य समाप्त हो रहा है। मैंने तुम्हें सोचने के लिए एक वर्ष का समय दिया था और यह अवधि अब समाप्त होने वाली है।" रावण ने यह लम्बा उद्बोधन माता सीता के समक्ष अत्यन्त लज्जाहीन होकर दिया।

रावण के इस प्रलाप में अहंकार, धमकी, वासना, लालसा, चाटुकारिता और दिखावटी प्रेम स्पष्ट झलक रहा था। माता सीता स्वयं को रावण की कुदृष्टि से बचाने का प्रयास कर रही थीं। रावण के इस उग्र भाषण के दौरान माता सीता ने एक बार भी उसकी ओर नहीं देखा। यद्यपि वे उससे डरती थीं और उसकी कामुक बातों से परेशान भी होती थीं किन्तु उल्लेखनीय बात यह थी कि उन्होंने अपने फटे-पुराने वस्त्रों के साथ अपने स्वाभिमान को जीर्ण-शीर्ण नहीं होने दिया था। जब रावण यह अनर्गल प्रलाप कर रहा था तो माता सीता ने उसकी ओर देखे बिना, भूमि से एक तिनका उठाया और उसे अपनी आँखों के सामने ओट लेकर इस तरह बात की कि मानो वे लंकेश से बात कर रही हों। उन्होंने अपने व्यवहार से यह दिखाने की कोशिश की कि रावण की किसी बात को वे गम्भीरता से नहीं लेती हैं।

"लंकेश, मुझे हँसी आती है तुम्हारी बातों पर। दया उत्पन्न होती है तुम पर। कितने अहंकारी और मूर्ख हो तुम। एक विवश नारी के साथ किस प्रकार का संवाद करते हो तुम? क्या इसकी पुनरावृत्ति करना आवश्यक है कि मैं रघुकुल के राजकुमार राम की पत्नी हूँ। मेरे विषय में मत सोचो। निवर्तय मनो मत्तः स्वजने प्रीयतां मनः। अपनी पत्नियों और अपने कुल पर ध्यान दो। कहीं ऐसा न हो कि तुम्हारा दूषित हृदय तुम्हारे कुल और साम्राज्य को भस्म करने के लिए मेरे पति को विवश कर दे। मेरे पति राम तो दया और सद्गुणों के भण्डार हैं। मैं उनकी पत्नी होने के कारण किसी अन्य पुरुष की ओर कैसे देख सकती हूँ? यदि तुम अपनी और अपने कुल की रक्षा करना चाहते हो तो मुझे मेरे पति को वापस कर दो। तुम मेरे पति को नहीं जानते, उनके सामने जो समर्पण कर देता है, वे उसके प्रति उदारता और करुणा का भाव रखते हैं। यह ध्यान रखना कि यदि तुम समर्पण नहीं करोगे तो वे जितने उदार हैं, उतने ही कठोर भी हैं। उनके बाण तुम्हें नष्ट कर देंगे। मैं अभी भी तुम्हें समझाना चाहती हूँ कि तुम अपने कुल का नाश कराने पर क्यों तुले हुए हो? यदि तुमने मेरी बात नहीं मानी तो लंका का विनाश निश्चित है। तुम कितने मूर्ख हो, जो मुझे धन और आभूषण का लालच दे रहे हो? मेरे लिए राम क्या हैं, यह मैं तुम्हें क्या बताऊँ? तुम मेरा प्रेम पाने की आशा मत करो क्योंकि वह पूरी तरह राम के लिए है। तुम स्वयं को साहसी कहते हो, परन्तु तुमने कायरों की भाँति वेश बदलकर आश्रम में प्रवेश किया। छल से मेरा हरण किया। क्या कोई साहसी व्यक्ति ऐसा करता

है? तुमने छलपूर्वक जिसकी पत्नी का हरण किया है, वे तुम्हारा वध क्यों नहीं करेंगे? मुझे विश्वास है कि शीघ्र ही मेरे स्वामी यहाँ पहुँचकर मुझे मुक्त करवाएँगे। इसलिए सावधान रहो।" सीता माता ने तृण की ओट से घृणा के गहन भाव में डूबकर रावण को दुत्कारते हुए उत्तर दिया था।

तिरस्कृत होने के पश्चात् रावण विचलित हो उठा। इस प्रकार के उत्तर सुनने की प्रवृत्ति उसकी नहीं थी। उसने क्रोध में अपने नेत्र लाल करते हुए माता सीता के वध के लिए तलवार निकाल ली। सहसा ऐसी परिस्थिति में रावण की पट्टमहिषी मंदोदरी आगे आ गयी उसने अपने पति को रोकते हुए कहा, "स्वामी आप राक्षसराज हैं, एक बंधक पतिव्रता पर इस प्रकार वार करना उचित नहीं।"

रावण ने मंदोदरी के वचन सुनकर तलवार तो म्यान में वापस रख ली किन्तु क्रोध में वह माता सीता को यह धमकी दे कर चला गया कि यदि दो मास में सीता ने उसकी महारानी बनने का निर्णय नहीं लिया तो वह राक्षसियों को आज्ञा देगा कि वे उनके टुकड़े-टुकड़े कर दें।

अशोक वाटिका से वापस जाते हुए वह प्रहरी राक्षसियों को आदेशित कर गया कि वे सीता को भाँति-भाँति से समझाएँ तथा लंका की महारानी बनने के लिए उनकी मनोस्थिति परिवर्तित करें।

रावण के जाने के बाद प्रहरी राक्षसियों ने माता सीता को समझाने का प्रयास किया। उन्होंने माता सीता को भाँति-भाँति के प्रलोभन दिए और मार डालने की धमकी भी दी।

एकजटा नामक एक राक्षसी ने माता सीता को समझाया कि प्रशस्त्र वंश के प्रतापी राजा लंकेश की प्रिय पत्नी बनने में संकोच करना मूर्खता है। हरिजटा नामक एक अन्य राक्षसी ने इस बात पर आश्चर्य किया कि लंकेश रावण की पत्नी बनने का यह स्वर्णिम अवसर गँवाना किस प्रकार की बुद्धिमता है। विकटा नामक राक्षसी ने उन्हें यह समझाया कि देव, दानव, गंधर्व आदि को पराजित करने में समर्थ लंकेश के वाम भाग में खड़े होने का सौभाग्य मिलने के बाद भी ठुकराना, मूढ़ता नहीं तो क्या है। विनता नामक राक्षसी ने चपलता के साथ समझाने का प्रयास किया कि अब तक तुमने अपने पतिदेव के प्रति जिस निष्ठा और पतिव्रत होने का प्रदर्शन किया है वह पर्याप्त है। अब तुम्हें लंकेश की सहभागिनी होने का प्रस्ताव स्वीकार कर ही लेना चाहिए।

बेचारी राक्षसियों को क्या पता था कि धन, ऐश्वर्य से परे भी कुछ होता है। उनकी तो समझ में नहीं आ रहा था कि इतना वैभव, पराक्रम और सुख देखकर भी कोई स्त्री कैसे लंकेश रावण का तिरस्कार कर सकती है। वे पहरेदारियाँ सम्भवतः इस प्रकार के वैभव को त्यागने का अर्थ समझने में असमर्थ थीं। उन पहरेदारियों के लिए यह भी समझना दुष्कर था कि कोई स्त्री मात्र इस आधार पर रावण की पटरानी बनना कैसे अस्वीकार कर सकती है कि वह पहले से ही एक पुरुष की पत्नी है। इस प्रकार वैभव को त्यागने का अर्थ समझने में वे असमर्थ थीं।

"तुम चाहो तो मेरे टुकड़े-टुकड़े कर डालो, परन्तु मैं अपने धर्म से च्युत कभी नहीं हो सकती।" सीता माता ने राक्षसियों के समझाने के बाद कठोर शब्दों में उनसे कहा। मैं अभी सोच में ही था कि माता सीता के स्वर को सुनकर मेरी विचार श्रंखला टूट गयी।

पहरेदार राक्षसियों को अब विश्वास हो चला था कि साध्वी सीता को समझा पाना सम्भव नहीं। जब ये पहरेदारियाँ माता सीता को कटु वचनों के साथ समझाने का प्रयास कर रही थीं तभी एक राक्षसी माता सीता के पास आयी। उसका नाम त्रिजटा था। उसने इन कातर क्षणों में माता सीता को ढाँढ़स बँधाया। मैंने देखा कि माता सीता की सुरक्षा में नियुक्त उस प्रमुख राक्षसी त्रिजटा ने उन्हें स्नेहपूर्वक समझाया और धीरज बँधाया।

रावण के निर्लज्ज व्यवहार को देखकर मुझे लग रहा था कि मैं उसी समय इस अशोक वृक्ष की ओट से निकलकर कूद पड़ूँ और अधमी रावण को एक ही आघात में समाप्त कर दूँ। परन्तु मैंने विचार किया कि इस समय इतनी व्याकुलता उचित नहीं। रावण जैसे आया था, लौट भी गया था उसी तरह। रावण के निर्लज्ज प्रलापन को सुनने के पश्चात् माता जानकी के उत्तरों को मैंने सुना था। मैं माता सीता के आत्मबल को लेकर आश्चर्यचकित था। कितना आत्मविश्वास है उनमें। वे निश्चय ही शुचिस्मिता हैं। शुचि शब्द पवित्रता का बोध भी कराता है और सर्वभक्षी अग्निदेवता का भी। अग्निदेव के समान पवित्र विचार से सम्पन्न जानकी के हृदय में करुणा भी है। रावण जैसे नीच राक्षस पर भी वह दया दिखाती रहीं। माता सीता ने उससे सीधे मुँह बात तक नहीं की। मुझे विश्वास था कि माता जानकी की दीप्तानल जैसी दृष्टि यदि रावण पर सीधे पड़ जाती तो वह पल भर में भस्म हो जाता। सम्भवतः माता सीता उसे भस्म करने का पाप स्वयं नहीं करना चाहती थीं,

इसीलिए तिनके की ओट करके उन्होंने रावण को उत्तर दिया था। वार्तालाप से स्पष्ट था कि महाज्ञानी होने के बाद भी रावण माता सीता के साथ बातचीत करने की योग्यता नहीं रखता था। वृक्षों में छिपकर खड़ा मैं यह दृश्य एकटक देख रहा था। मैं सीता माता की संप्रेषणपटुता को देखकर पुलकित हो उठा। मेरा मन कह रहा था कि मैंने ये सारी बातें जो सुनी हैं, जस की तस प्रभु श्रीराम तक पहुँचा सकूँ तो कितना अच्छा होगा।

माता सीता सम्भाषण कला में अत्यन्त कुशल थीं। रावण के व्यर्थ के प्रलाप पर माता सीता ने अपनी बात "निवर्तय मनो मत्तः स्वजने प्रीयतां मनः" से आरम्भ की थी। इस एक ही वाक्य में माता सीता ने रावण को अपने मन का सर्वस्व बता दिया था। इस वाक्य का अभिप्राय मात्र इतना था कि रावण, तुम अपना मन मुझसे हटा लो और उसे अपने सगे-सम्बन्धियों में लगा लो। यह बात जिस ढंग से माता सीता के मुख से निकली थी कि उसके सामने अभिधा, लक्षणा और व्यंजना अपने अभियान, लक्षण और व्यंजन की सीमा को अतिक्रमित कर गयी थीं। रावण के निर्लज्ज प्रलापन का कितनी शीघ्रता के साथ उन्होंने सूक्ष्म विश्लेषण कर उसे मनोरोगी बता दिया था। यही नहीं उन्होंने उस मनोरोगी को मनोविकार का उपचार भी बता दिया था। उन्होंने रावण को यही समझाया कि तुम अपना मन ठीक कर लो, सब कुछ ठीक हो जाएगा। मन को सही दिशा में प्रवर्तित करो। अप्रत्यक्ष रूप में उन्होंने रावण से यही कहा कि लंकेश! मुझे तुम्हारा मन नहीं चाहिए, तुम्हारे स्वजन तुम्हारे मन की प्रतीक्षा में हैं, उनको अपना मन दो। मैं अभी तक नहीं समझ पा रहा था कि परम ज्ञानी होने के उपरान्त भी रावण माता सीता की बातों का अर्थ क्यों नहीं समझ पा रहा। प्रणम्य के प्रति प्रणय भावना प्रदर्शित करना रावण के मनोविकार का परिणाम है। मुझे प्रतीत हुआ कि माता सीता प्रकृति का प्रतिरूप हैं जबकि रावण विकृति का और मेरे आराध्य श्रीराम प्रकृति को प्राण प्रदान करने वाले प्रधान पुरुष हैं। प्रकृति, विकृति और पुरुष की कूटत्रयी के विचित्र संगम को अनुभव करके मैं माता सीता की वक्तृत्व कला पर मंत्रमुग्ध हो गया। मुझे विश्वास हो चला कि श्रेष्ठतम विद्वानवक्ता भी यह बात इतनी सरलता, सुगमता, सात्विकता, शालीनता और सरसता के साथ नहीं कह सकते जैसे माता सीता ने सहज भाव से दिया।

सभी राक्षसियों की दृष्टि से ओझल होने पर मैं विचार करने लगा कि किस प्रकार अपना परिचय माता सीता को दूँ। मैं अनिर्णय की स्थिति

में था कि वैदेही को किस प्रकार अपनी पहचान बताऊँ। मैं कुछ भी करता माता सीता मुझे मायावी ही समझतीं। मैं सच में इतना विभ्रम का शिकार कभी नहीं हुआ था। मैं सोच रहा था कि उन्हें कैसे विश्वास दिलाऊँगा कि मैं रामदूत हूँ। कहीं वह मुझे छद्मवेशी ही न समझ बैठें। इस उधेड़बुन में समय निकल रहा था। मैंने निश्चय किया कि इसी वृक्ष पर बैठे-बैठे मैं माता सीता को धीरे-धीरे अपनी वाणी में प्रभु श्रीराम की कहानी सुनाकर उनका ध्यान आकृष्ट करने का प्रयास करूँगा।

मैंने रामगाथा का गायन प्रारम्भ किया। कथा का प्रारम्भ राजा दशरथ से किया जिन्होंने कैकेयी को दिए हुए वरदानों के कारण अपने प्रिय पुत्र को राजमुकुट के स्थान पर कंटकपूर्ण वनवास दे दिया। रघुकुल की मर्यादा के सम्मान में राजा दशरथ के पुत्र श्रीराम ने यह वनवास भी प्रसन्नतापूर्वक स्वीकार कर लिया। श्रीराम के साथ उनकी पत्नी सीता और अनुज लक्ष्मण भी उनके साथ वनवास चले गये। पति और देवर के साथ सीता वन में प्रसन्न थीं किन्तु अचानक ही लंकेश्वर रावण ने धोखे से उनका अपहरण कर लिया। तब से श्रीराम पत्नी सीता के वियोग में भटक रहे हैं। श्रीराम ने अपनी पत्नी सीता को पाने के लिए वानरराज सुग्रीव से मैत्री की है। अब सुग्रीव ने समस्त दिशाओं में वानरों को सीता की खोज में भेजा है। मैंने यह भी कहा कि मैं भी ऐसे ही एक खोजी दल का सदस्य हूँ। मैं माता सीता की खोज में सौ योजन का समुद्र लाँघ कर यहाँ आया हूँ।

"कौन हैं आप, जो मुझे यह कथा सुना रहे हैं?" माता सीता ने मेरे स्वर को लक्षित कर मेरी तरफ प्रतिप्रश्न किया।

अभी तक माता सीता मुझे देख नहीं सकी थीं। मात्र अनुमान के आधार पर उन्होंने उसी वृक्ष की ओर देखा जिसकी ओट में मैं छिपा हुआ था।

मैंने स्वयं को समेटा और संकोच छोड़कर उनके सामने कूदकर प्रस्तुत हुआ, साष्टांग प्रणाम किया।

"कौन हैं आप...।" माता सीता ने तनिक सकुचाते हुए पूछा।

"आप कहकर मुझे शर्मिन्दा न करें, मैं आपका वत्स हूँ हनुमान... रामदूत रामभक्त हनुमान। मुझे 'तुम' कहकर सम्बोधित करें, माते।" मैं विनीत भाव से उनके चरणों में झुक गया।

"रामदूत... हनुमान... कपि..., कभी नाम तो नहीं सुना तुम्हारा।"

"हाँ माता... मैं हनुमान हूँ। हमें अपनी शरण में लेकर प्रभु श्रीराम ने हमारा उद्धार किया है। स्मरण कीजिए माता कि आकाश मार्ग से जाते समय एक पर्वत पर कुछ कपियों को देखकर आपने आभूषण गिरा दिए थे। उन कपियों में एक मैं भी था। वह पर्वत ऋष्यमूक था। श्रीराम और उनके अनुज लक्ष्मण आपका अन्वेषण करते हुए जब उस पर्वत पर पहुँचे तो उन्होने हमें अपना लिया।"

"मैं जानती हूँ... विश्वास भी करती हूँ तुम पर, किन्तु शंका तो फिर भी मन में है...।"

"मैं समझ सकता हूँ माता...। माता यह मुद्रिका मैं आपको दिखाता हूँ...।" मैंने वह मुद्रिका माता सीता को भेंट की। 'राम' नाम से अंकित उस मुद्रिका को देखते ही माता सीता की आँखों से अश्रुधारा बह निकली।

इस मुद्रिका को हाथ में लेकर वैदेही इतनी प्रसन्न हो गयीं कि उनको लगा कि जैसे उनके स्वामी उन्हें साक्षात् मिल गये हों। माता सीता को कोई संशय न रहे इसलिए मैंने उन्हें जयन्त काक की कथा भी सुनायी जो प्रभु ने मुझे कभी सुनाई थी। यह कथा मात्र प्रभु माता को ही ज्ञात थी। अभिज्ञान के रूप में मैंने राम सीता से जुड़े हुए कुछ अन्य प्रसंग भी उन्हें सुनाये।

"अब मैं संशय रहित हो गयी वत्स हनुमान।" माता सीता की आवाज में आकर्षण तो था ही, मैंने उनके स्वर में ममत्व का प्रभाव भी अनुभव किया।

इसके बाद माता सीता ने प्रभु श्रीराम की दिनचर्या के विषय में कितने ही प्रश्न किए। उन्होंने मुझसे पूछा कि स्वामी अपने दैनन्दिन कार्य नियमित रूप से कर पा रहे हैं? कहीं वे विरह से व्याकुल होकर अपने नियमित कार्यों के निर्वहण में विलंब तो नहीं कर रहे हैं? काम करते-करते बीच में वह अपने को उद्विग्न या अन्यमनस्क तो नहीं पा रहे हैं? अपने मित्रों से आत्मीयता के साथ बातचीत करने में उदास तो नहीं हो रहे हैं? वार्तालाप में असंयम के शिकार तो नहीं हो रहे हैं? मुझसे दूर होने के कारण मेरे प्रति ममता और स्नेह में न्यूनता तो नहीं आई है? दुखः-सुख में समान रूप से व्यवहार करने वाले राम कहीं अधीर तो नहीं हो रहे हैं? वह कब लंका आयेंगे और मुझे यहाँ से मुक्त करायेंगे? अयोध्या से कोई कुशल समाचार प्राप्त हो रहा

है? इस आसुरी माया से मुझे कब मुक्ति मिलेगी? आदि-आदि अनेकों प्रश्न माता सीता ने मुझसे किए।

शोकाकुल माता को सान्त्वना देते हुए मैंने कहा "माते, श्रीरामचन्द्र को अभी तक यह पता नहीं चला है कि आप यहाँ पर इतने दुःख में हैं। यदि उन्हें आपकी स्थिति का अनुमान हो जाए तो वे इस राक्षस कुल का संहार करने में विलम्ब नहीं करेंगे। अब मैं यहाँ आ गया हूँ। वापस जाकर प्रभु को पूरी सूचना दूँगा। मेरे द्वारा प्रभु श्रीराम को आपका और आपकी परिस्थितियों का पता लग जाएगा। मैं आपको आश्वस्त करता हूँ कि प्रभु शीघ्र ही लक्ष्मण जी और समस्त वानर सेना के साथ यहाँ आकर आपको शोक-मुक्त कर देंगे।"

"ऐसा ही हो वत्स हनुमान...।" माता सीता रूँधे हुए कण्ठ से बोलीं।

"माते, आपके विरह से श्रीराम भी अति व्याकुल हैं। वे सदैव आपको ही स्मरण करते रहते हैं। कोई भी ऋतु उनके मन को आनन्दित नहीं करती है। निद्रा उनकी आँखों से दूर जा चुकी है। शयनमुद्रा में आने के पश्चात् भी उन्हें नींद नहीं आती है यदि संयोग से थोड़ी देर के लिए पलकें झपक भी जाएँ तो वे तुरन्त 'सीता-सीता' कहकर जाग उठते हैं।"

प्रभु श्रीराम का अपने प्रति इस प्रेम को देखकर माता सीता प्रसन्नता से खिल उठीं। उन्हें पति पर गर्व अनुभव हुआ। अपने पति के अनन्य प्रेम की अधिकारिणी बनने पर उन्होंने हर्ष का अनुभव किया। वर्तमान को विचार कर वे तनिक समय के लिए विषाद में विलीन भी हुईं किन्तु तत्काल ही उन्होंने स्वयं को सम्भाल लिया, उन्होंने मुझसे अपने देवर लक्ष्मण के बारे में भी पूछा। सारे प्रश्नों के उत्तर लेने के बाद उन्होंने आगे की कार्ययोजना जाननी चाही।

"अब मैं जैसे ही आपका पता लेकर वापस जाऊँगा, वैसे ही प्रभु श्रीराम लंका प्रयाण करेंगे। कपि और रीछों की सेना के साथ प्रभु श्रीराम लंकाधिपति को हराकर आपको ससम्मान यहाँ से ले जायेंगे।" मैंने दृढ़ता से कहा।

"किन्तु एक शंका है हनुमान... यहाँ बलिष्ठ राक्षस हैं, मायावी सेना है, रावण के परिजन अजेय हैं, लंका अभेद्य है और फिर स्वयं रावण... वह अविजित प्रकृति का है। क्या वानर, भालुओं में इतनी शक्ति है कि वे लंका विजय और रावण वध कर सकेंगे?" माता सीता ने आठ अँगुली वाली मेरी देह और बारह अँगुल वाली पूँछ को देखकर कुछ शंकालु होकर प्रश्न किया था।

मैं समझ गया, मैं अभी भी अपने लघुतम रूप में ही था। माता सीता की शंका के निवारणार्थ मैंने अपना लघुतम स्वरूप त्याग कर अपना वास्तविक शरीर धारण कर लिया और अपना भाव प्रकट कर दिया।

"माते, प्रथम तो श्रीराम स्वयं सर्व समर्थ हैं। उन्हें किसी की सहायता की आवश्यकता ही नहीं। दूसरी बात यह कि वानर और भालुओं की बात जब मैं करता हूँ तो आप उन्हें साधारण बन्दर, भालू न समझें। वानर, भालुओं की जातियाँ नर की अपेक्षा किसी तरह कम नहीं हैं अपितु शारीरिक और मानसिक शक्तियों में बहुत हद तक उनसे श्रेष्ठ ही हैं। पुच्छ युक्त होने से आप इन्हें सामान्य पशु न समझें। उपदेवता की कोटि के हैं ये वनवासी जीव। ये सब प्रभु के सहयोगी हैं। सुग्रीव, अंगद, जाम्बवान सदृश श्रेष्ठ कपि और रीछ जिनके सहायक हों उस सर्वशक्तिमान श्रीराम की विजय तो निश्चित ही है।" मैंने माता सीता को विश्वास दिलाते हुए कहा।

"तो ऐसे हैं मेरे राम के सहायक? मैं धन्य हुई हनुमान, तुम्हारे जैसे रामदूत के दर्शन करके। तुम सफलकाम होगे, यह मेरा आशीर्वाद है।" माता सीता बोलीं।

अब माता सीता को प्रसन्नता के साथ-साथ विश्वास भी हो गया। माता के चरणों पर साष्टांग प्रणाम निवेदित कर मैं वीरासन में घुटनों के बल बैठ गया। मेरी बातों को सुनकर उनकी मुख मुद्रा में किंचित परिवर्तन हुआ। माता सीता के चेहरे पर अस्थायी ही सही किन्तु आकर्षक मुस्कान बिखर गयी।

"माते, मैंने कल से कुछ भी नहीं खाया है। आपके अन्वेषण में क्षुधा-पिपासा भूल गया था। आपसे मिलने के पश्चात् अब मैं सन्तुष्टि का अनुभव कर रहा हूँ। इस वाटिका में नाना प्रकार के फलों-फूलों को देखकर मेरी क्षुधा बढ़ती जा रही है। मुझे अपनी क्षुधा-पिपासा शान्त करने की अनुमति प्रदान करें।" मैंने माता सीता से कहा।

"इस वाटिका के फलों को कैसे ग्रहण कर सकोगे हनुमान? अनेक क्रूर राक्षस पहरेदार हैं इस वाटिका में।" माता सीता ने मेरी बात को बीच में ही काटते हुए कहा।

"माते, विश्वास करें मुझ पर। थोड़ी-बहुत हानि तो होगी किन्तु आप निश्चिन्त रहें।" माता के ममत्व पर मुझे हँसी आने को हुई थी। अब भी संदेह कर रही थीं वे मेरी सामर्थ्य पर।

"क्या सचमुच...," माता सीता अभी भी शंकाग्रस्त थीं।

"मैं सबसे निबट लूँगा। केवल आपकी आज्ञा की प्रतीक्षा है।" मैंने ससंकोच कहा।

"एवमस्तु!" माता ने कहा। और माते का आशीर्वाद पाते ही मैं मुख्य उद्यान की ओर लपक पड़ा।

8.

माता सीता की अनुमति प्राप्त करने के बाद मैंने अपने उदर की ओर देखा। लम्बी यात्रा और अन्वेषण कार्य के कारण क्षुधा का तीव्र अनुभव हो रहा था। चार योजन फैले इस अशोक वाटिका को मैंने लालच भरी दृष्टि से देखा। वाटिका का क्षेत्रफल अपेक्षा से अधिक विस्तृत था। दूर-दूर तक वाटिका में फलदार वृक्ष दिखाई पड़ रहे थे। मुझे ऐसा प्रतीत हो रहा था कि जैसे प्रत्येक वृक्ष मुझे अपनी ओर आमंत्रित कर रहा हो और जैसे प्रत्येक फल मेरा आहार बनने के लिए आतुर हो।

माता सीता से अनुमति प्राप्त करने के पश्चात् मैं अशोक वाटिका में फलों के रसास्वादन करने के लिए निकल पड़ा। मैं कूद-कूद कर वृक्षों पर चढ़ता जाता। एक वृक्ष से दूसरे, दूसरे से तीसरे... वृक्ष पर कूदते हुए उनके फलों को तोड़-तोड़ कर खाने लगा। जब कोई फल मुझे रुचिकर नहीं लगता तो उसका परिणाम पूरे वृक्ष को भुगतना पड़ता। मैं उस पेड़ को पकड़कर इतनी तेजी से हिलाता कि सारे फल टूटकर धराशायी हो जाते। कमजोर वृक्ष तो कई बार इस उपक्रम में जड़ से ही उखड़ जाते। उदरपूर्ति के दौरान न जाने असंख्य फलों का रसास्वादन कर मैंने यूँ ही फेंक दिया था। कुपित होकर कितने वृक्षों को झकझोरा भी था। आनन्दातिरेक होकर कितने ही पेड़ों की डालियाँ तोड़ी थीं।

कुछ समय पश्चात् जब मेरी दृष्टि नीचे गई तो लगा कि अशोक वाटिका में चहुँओर इन फलों, पत्तियों, पुष्पों और शाखाओं से बाग की धरती पर विविध रंगों की कालीन सी बिछ गई थी। सुनहरे रंग की लंका नगरी के मध्य यह रंगीन दरी सदृश धरती अलग ही छटा का अनुभव करा रही थी। आम, केले, जामुन, और भिन्न-भिन्न प्रकार के फलों एवं मेवों से लेकर ताड़-खजूर तक के मधुर फल और वृक्ष यत्र-तत्र फैले पड़े थे।

क्षुधापूर्ति के बाद एक लंबी डकार लेते हुए मैंने चारों तरफ देखा। जहाँ तक मेरी दृष्टि जा रही थी वहाँ तक धराशायी हुए वृक्ष, फल, लता, पुष्प, गुल्म ही दिखाई दे रहे थे। मैंने अनुभव किया कि उद्यान को कुछ अधिक ही हानि पहुँची थी। मुझे अपने बाल्यकाल के दिन स्मरण हो आये जब मैं कंचनगिरि में ऐसी ही क्रीड़ाएँ किया करता था। अशोक वाटिका में मात्र वृक्ष, फल, लता, पुष्प, गुल्म ही धराशायी नहीं हुए थे बल्कि वाटिका की सुरक्षार्थ नियुक्त अनगिनत रक्षक, राक्षस, पहरेदार, सेवक इत्यादि भी धराशायी हुए थे। कई राक्षस पहरेदार तो इस क्रम में अपने जीवन से नाता ही तोड़ गए थे। मेरे इस कृत्य से पशु-पक्षी भयभीत होकर शोर मचाकर भाग लिए थे। मुझे अनुभव हुआ कि मेरी क्षुधापूर्ति में जो भी बाधा बना उसे उसका मूल्य चुकाना पड़ा था। सरोवरों के पानी पर अब हरे-हरे पत्ते ही पत्ते छा गए थे। कई चट्टानें मेरे पैरों के दबाव से अपना स्वरूप परिवर्तित कर बैठी थीं। रावण का प्रिय उपवन उजड़ गया था। वास्तव में वाटिका को अपूर्णनीय क्षति पहुँची थी।

अकस्मात् मेरी दृष्टि उस शिशुंपा के वृक्ष पर गयी जिसके नीचे माँ सीता बैठी हुई थीं। मैंने देखा कि माता सीता के मुख पर हल्की सी मुस्कान तैर रही थी। मुस्कान के साथ ही उनका मुख आभा बिखेर रहा था। वे मेरी क्रीड़ाओं को बहुत ही ममता के साथ निहार रही थीं। उनके मुख पर प्रसन्नता और सन्तुष्टि का भाव देखकर मुझे अत्यन्त आनन्द का अनुभव हुआ। मेरे इस कृत्य को देखकर अब उनकी शंका का निवारण हो चुका था कि प्रभु श्रीराम वानर, भालुओं की सेना के साथ किस प्रकार मायावी और बलशाली राक्षसों का सामना कर सकेंगे।

लंकाधिपति रावण को जैसे ही यह समाचार ज्ञात हुआ कि एक वानर ने उसकी प्रिय अशोक वाटिका का विनाश कर दिया है तो उसके क्रोध की सीमा नहीं रही। उसने प्रहरियों को मुझे पकड़ने के लिए आदेशित किया। जैसे ही वे प्रहरी मेरे समीप पहुँचे मैंने अपने आकार का विस्तार किया और एक पेड़ को अपनी लांगूल से उखाड़ लिया। इस वृक्ष को अपनी लांगूल में दबा कर उन प्रहरियों पर इतने वेग से प्रहार किया कि वे सब वहीं के वहीं धराशायी हो गए। कुछ सतर्क प्रहरी भाग खड़े हुए। उन प्रहरियों ने लंकाधिपति को इस घटना की जानकारी दी तो रावण को विश्वास नहीं हुआ कि एक वानर उसके बलशाली प्रहरियों को परास्त कर सकता है।

अपने प्रहरियों पर क्रोधित होने के पश्चात् लंकेश ने अपने सेनापति प्रहस्त के पुत्र, जंबुमाली को मुझे पकड़ने के लिए भेजा। जंबुमाली अपने दो पहिए और तीन अश्व वाले रथ पर सवार होकर वाटिका में प्रविष्ट हुआ। उद्यान में प्रवेश करते ही जंबुमाली ने मुझ पर असंख्य बाणों से आक्रमण कर दिया। मैंने एक पेड़ उखाड़कर जंबुमाली पर फेंका, किंतु उस राक्षस ने उसे अपने बाणों से काट दिया। क्रोध में आकर मैंने अपनी लांगूल में शलाका लपेटकर जंबुमाली की छाती पर प्रहार किया। उस शलाका ने राक्षस की छाती को भेद दिया और वह काल में समा गया।

जंबुमाली की मृत्यु का समाचार सुनकर रावण स्तब्ध रह गया। वह क्रोध से काँप उठा। जंबुमाली की मृत्यु से क्रोधित रावण ने अपने मंत्री पुत्रों को युद्ध में जाने की आज्ञा दी। मंत्री के सात पुत्र अपने रथ पर सवार होकर अस्त्र-शस्त्र सहित मुझसे युद्ध के लिए निकल पड़े। अशोक वाटिका पहुँचते ही उन्होंने मुझ पर विभिन्न दिशाओं से आक्रमण किया। एक ओर से तीर, एक ओर से भाले से प्रहार किया जा रहा था। इसी बीच पीछे से शिलाओं से वार किया जाने लगा। मुझे अब इन राक्षसों से लड़ने में आनन्द का अनुभव हो रहा था। बहुत दिनों से किसी के साथ इस तरह का युद्ध नहीं हुआ था। मुझे उन पर क्रोध आ रहा था। थोड़ी देर तक तो मैंने उनके प्रहारों को सहन किया और उसके पश्चात् मैंने रौद्र रूप धारण किया और किसी राक्षस को थप्पड़ से तो किसी को पैरों से और किसी को मुष्टिका प्रहार से मार दिया।

मंत्री पुत्रों के मारे जाने का समाचार सुनकर रावण के माथे पर बल पड़ गये। उसे स्वप्न में भी ऐसी आशा न थी कि एक वानर उसके लिए इतना अधिक हानिकारक सिद्ध होगा। मंत्री पुत्रों की असफलता से क्षुब्ध होकर राक्षसराज रावण ने अपने पाँच किंकरों को मुझसे लड़ने के लिए भेज दिया। इन पाँचों किंकरों को भी धूल-धूसरित करके मैंने उनके प्राण हर लिए।

अब रावण यह समझ चुका था कि इस वानर को पकड़ने के लिए सामान्य प्रहरी अथवा सामान्य किंकर पर्याप्त नहीं होंगे। यह सोचकर उसने अपने युवा पुत्र अक्षयकुमार को एक सेना की टुकड़ी के साथ मुझे पकड़ने के लिए भेजा। उसके साथ कई राक्षस वीर भी आए थे। मेरे सामने आते ही अक्षयकुमार ने तीक्ष्ण बाणों से प्रहार करना आरम्भ किया। उसके तीक्ष्ण बाणों से बचने के प्रयास में मैं आकाश की ओर उछला, जिससे वह लक्ष्य

चूक गया। अक्षय ने तूणीर से दूसरा तीर निकाला और इसके पूर्व कि उसे धनुष पर चढ़ाकर छोड़ता मैंने एक विशाल वृक्ष को झटके से उखाड़ा और अक्षयकुमार के मस्तक पर प्रहार किया। यह प्रहार इतने वेग के साथ किया गया कि अक्षयकुमार वहीं धराशायी हो गया। अक्षयकुमार के साथ आये हुए राक्षस इस दृश्य को देखकर भाग खड़े हुए। अक्षयकुमार का वध करने के पश्चात् मैंने जोर की गर्जना की। यह गर्जना लंका के कोने-कोने में सुनाई दी। रावण के कानों में जब यह गर्जना सुनाई पड़ी तो वह यह समझ गया कि उसका पुत्र मारा गया है। इसकी पुष्टि भी तत्काल ही उन सैनिकों ने की जो अक्षयकुमार के वध के पश्चात् अपने प्राण बचाकर लौटे थे।

माता सीता यह सारा दृश्य उस वृक्ष के नीचे बैठकर अपलक होकर देख रही थीं। उनके मुख पर प्रसन्नता के भाव प्रकट हो रहे थे। अत्यन्त वात्सल्यता के साथ वे मुझे निहार रही थीं। मुझे इस बात की प्रसन्नता थी कि बहुत दिनों के पश्चात् उनके मुख पर प्रसन्नता के भाव प्रकट हुए थे।

अक्षयकुमार की मृत्यु का समाचार रावण के लिए शोकाकुल करने के साथ-साथ स्तब्ध कर देने वाला था। इस समाचार को सुनकर रावण शोक संतृप्त हो गया। उसने अपने क्रोध पर किसी प्रकार नियंत्रण प्राप्त करते हुए अपने दूसरे पुत्र मेघनाद को बुलाया। उसने मेघनाद को पूरी घटना सुनाई और मुझसे लड़ने के लिए भेजा। मेघनाद से उसने यह भी कहा कि उस उद्दंड वानर को मारने की आवश्यकता नहीं है। उसे बाँधकर राजदरबार में ले आओ ताकि उसके मन्तव्य का सही-सही पता चल सके।

कुछ समय ही व्यतीत हुआ था कि मैंने देखा कि अशोक वाटिका में मेघनाद पूरे उन्माद में अपने दल बल सहित उपस्थित हो चुका था। बलिष्ठ मेघनाद जब मेरे सामने आया तो उसे देखते ही मैं प्रसन्नता से किलकिला पड़ा था। मैंने देखा कि मेरे किलकिलाने से मेघनाद ने अपने दोनों कानों में उँगलियाँ डाल ली थीं। मेघनाद के आने से घोर युद्ध की संभावना बन चुकी थी। वैसे भी अब तक का युद्ध मुझे सामान्य ही लगा था। अक्षयकुमार तो क्षणार्थ के लिए टिका भी था पर उससे पहले आये राक्षस तो बिना युद्ध किए ही धराशायी हो गए थे।

मेघनाद को देखकर लगा था कि सचमुच कोई वीर योद्धा सामने आया है। उसका शरीर सौष्ठव वास्तव में वर्णनीय और उल्लेखनीय था। उसकी

भुजाएँ बलिष्ठ थीं, उसकी जाँघें प्रस्तर स्तम्भों की तरह प्रतीत हो रही थीं। उसकी छाती पहाड़ सी चौड़ी थी। सिर पर मुकुट लगाये हुए था। बाजूबन्द स्वर्ण मंडित थे। पीठ पर बाणों से भरा विशाल तरकश लगा हुआ था। उसके कटिप्रदेश में तलवार लटकी हुई थी। यह वही वीर था जिसके सामने देवराज इन्द्र को भी कभी पराजय का सामना करना पड़ा था।

"मूर्ख वानर, तुमने अशोक वाटिका में क्या उत्पात मचा रखा है? क्या तुम्हें यह ज्ञात नहीं कि यह वाटिका मेरे पिता को प्राण से भी प्यारी है? किस कारण से तुमने इस वाटिका का विध्वंस किया है? मुझे ज्ञात हुआ है कि तुमने कई राक्षस वीरों का प्राणान्त कर दिया है। मुझे यह भी ज्ञात हुआ है कि तुमने मेरे अनुज का अकारण ही वध कर दिया है।" मेघनाद ने आते ही गर्जना की थी।

मैं उसकी बातों में नहीं पड़ना चाहता था। मैं युद्ध की मनःस्थिति में था। समय नष्ट न करते हुए मैंने एक वृक्ष उखाड़ा और उत्तर स्वरूप उस वृक्ष को मेघनाद के ऊपर तेजी से फेंक दिया। मेघनाद बड़ी चपलता से अपनी जगह से एक ओर हो गया और वह उस वार को बचा गया। मुझे आभास हुआ कि मेघनाद वास्तव में अत्यन्त चपल योद्धा है। उसे ऐसे ही तो इन्द्रजीत की उपाधि से विभूषित नहीं किया गया है। मेरे वार के प्रत्युत्तर में मेघनाद ने घोर गर्जना की और अपनी कमर की कटार मेरी ओर फेंकी। उसकी कटार का लक्ष्य मेरी गर्दन थी। वह कटार अत्यन्त वेग से मेरी ओर आयी किन्तु मैं विद्युतगति से उछला और एक ओर हो गया। मेघनाद का अस्त्र लक्ष्यच्युत हो गया था।

मैंने पुनः एक विशाल वृक्ष उखाड़ा और मेघनाद को लक्ष्य बनाकर उस पर प्रहार किया। पिछली बार मेरे प्रहार से मेघनाद बच गया था किन्तु इस बार ऐसा नहीं हुआ। मेरे प्रहार से उसकी दाहिनी जाँघ चोटिल हो गयी। वह क्रोध से मेरी ओर दौड़ा। जब वह मेरी ओर तीव्र गति से बढ़ा चला आ रहा था तो मैंने उसके वक्षस्थल पर भयानक मुष्टि का प्रहार किया। इस प्रहार से मेघनाद की आँखों के समक्ष अंधकार छा गया और वह मूर्च्छित हो गया। यह मूर्च्छा अल्पकालिक थी। वह थोड़ी देर में स्वस्थ हो गया।

"वानर, तू वास्तव में बहुत उद्दण्ड है। मैं अभी तुझे मार्ग पर लाता हूँ।" मेघनाद अहंकार के साथ बोला।

“व्यर्थ का प्रलाप वीरों को शोभा नहीं देता, मेघनाद। वीरोचित व्यवहार करो।” मैंने उसे ललकारा।

“अभी करता हूँ।” मेघनाद ने कहा और क्षणार्थ को ध्यानावस्थ हो गया। ध्यान से निकलकर जब वह आया तो उसके दाहिने हाथ में एक दिव्यास्त्र था। उस दिव्यास्त्र को देखते ही मैं पहचान गया था कि यह ब्रह्मास्त्र है। ब्रह्मास्त्र से सुरक्षित रहने का वरदान तो मेरे जन्मोत्सव के अवसर पर ब्रह्मा जी ने मुझे प्रदान ही किया था। मेरे लिए कुछ नहीं था यह ब्रह्मास्त्र। ब्रह्मास्त्र से सुरक्षा मुझे जन्म से ही मिली हुई थी। मेघनाद ने वह ब्रह्मास्त्र मुझ पर चला दिया। मैं चाहता तो मेघनाद का यह वार असफल भी सिद्ध कर सकता था, किन्तु मैंने ब्रह्मास्त्र की मर्यादा का अतिक्रमण नहीं किया। मुझे लगा अभी अतिक्रमण की आवश्यकता थी भी नहीं। अब मेरा लक्ष्य किसी प्रकार रावण के दरबार में पहुँचना था। ब्रह्मास्त्र को मैंने प्रणाम किया और उसके बन्धन को स्वीकार कर लिया। उस ब्रह्मास्त्र के लगते ही मुझे हल्की सी मूर्च्छा आई और आँखें खुलीं तो मैंने पाया कि मेघनाद मुझे ब्रह्मपाश में बाँध चुका था।

मेरे लिए कुछ नहीं था यह ब्रह्मास्त्र। ब्रह्मास्त्र से सुरक्षा मुझे जन्म से ही वरदान स्वरूप मिली हुई थी। मैं चाहता तो मेघनाद का यह वार असफल भी सिद्ध कर सकता था, किन्तु मेरा लक्ष्य किसी प्रकार रावण की राजसभा में पहुँचना था। मेघनाद मुझे पाश में बाँधकर राजसभा में प्रस्तुत करने के लिए चल पड़ा।

9.

लंकाधिपति रावण की राजसभा में मुझे लाया गया। मैं अभी भी ब्रह्मपाश में बँधा हुआ था। मेरी चेतना वापस लौट आयी थी। मेघनाद ने मुझे राजसभा के मध्य में लाकर एक अपराधी की भाँति प्रस्तुत किया। मैंने राजसभा में उपस्थित सेनापति, मंत्री, सामंतों, सभासदों, दरबानों, सेवकों को देखा। सब के सब अहम् से ग्रस्त, अति आत्मविश्वासी और आत्मश्लाघा से घिरे हुए लगे। ऐसा लगा कि सब के सब किसी अज्ञात दर्प से चूर हैं। समस्त पदाधिकारी आपस में हास-परिहास करते हुए आसन ग्रहण कर रहे थे। तभी

अचानक दुंदुभि बज उठी। यह संकेत था कि कुछ ही पलों में राजसभा में लंकाधिपति रावण का आगमन होने वाला है।

थोड़े से अन्तराल में ही लंकेश सभा में उपस्थित हुआ। रावण की विशालकाय छवि को देखकर मैं चौंका था।

मैंने देखा कि रावण अपने सम्पूर्ण राजकीय वेश में था। रावण के दक्षिणपार्श्व में एक आसन पर विभीषण थे। वामपार्श्व आसन पर पिता को प्रणाम करके मेघनाद बैठ गया। इनके अतिरिक्त ऐसे ही दो आसन बायीं और दायीं ओर भी थे। जिन पर रावण के विशिष्ट मंत्रीगण विराजमान थे। प्रहस्त, दुर्धर दाहिनी ओर जबकि महापार्श्व, निकुम्भ बायीं ओर बैठ गए।

रावण का शरीर सौष्ठव आकर्षक और विशालकाय था। उसका वर्ण कृष्ण था। उसका मस्तक विशाल था। उसके नेत्र अपेक्षया विशाल थे। उसके भुजदण्ड भी अत्यन्त सशक्त थे जिन पर उसने स्वर्णमण्डित आभूषण धारण कर रखे थे। रावण का शरीर सुपुष्ट होने के साथ-साथ अत्यन्त बलिष्ठ भी था। उसके मुख से तेज और गाम्भीर्य प्रकट हो रहा था। इससे पहले मैंने उसको अशोक वाटिका में माता सीता के समक्ष अनर्गल प्रलाप करते हुए देखा था। इस समय उसका स्वरूप एक राजा की भाँति प्रतीत हो रहा था।

"महाराज, अनुमति हो तो सभा की कार्यवाही आरम्भ की जाए।" मंत्री प्रहस्त ने ऊँची आवाज में कहा।

मेरी विचार श्रृंखला इस आवाज से बाधित हुई।

"हाँ...।" बस एक ही शब्द में हाथ उठाकर लंकाधिपति ने कार्यवाही शुरू करने की अनुमति दी।

"महाराज... आपकी अपेक्षा के क्रम में राजसभा में एक वानर को प्रस्तुत किया गया है। इस वानर ने महाराज की सर्वाधिक प्रिय अशोक वाटिका का नाश कर दिया है। वृक्ष, लताएँ, फल इत्यादि को तो इस वानर ने नुकसान पहुँचाया ही है, युवराज अक्षयकुमार सहित अनगिनत राक्षस वीरों की अकारण हत्या का अपराध भी इसने किया है।" प्रहस्त ने रावण की ओर उन्मुख होकर मेरे अपराधों का वर्णन किया।

लंकाधिपति रावण ने समस्त आरोपों को सुनने के पश्चात् मंत्री प्रहस्त से पूछा, "प्रहस्त इस उत्पाती वानर से पूछो, यह कौन है, कहाँ से आया है, लंका में आने का इसका प्रयोजन क्या है?"

"लंकेश, मैं अयोध्याकुमार श्रीराम का दूत हनुमान हूँ। वही श्रीराम जिनकी सती साध्वी पत्नी का तुमने छलपूर्वक अपहरण किया है।" मैंने प्रहस्त के मुँह खोलने की प्रतीक्षा किये बिना रावण को सीधे सम्बोधित किया था।

रावण ने अत्यन्त क्रोध के भाव के साथ मुझे निहारा।

"लंकेश, जहाँ तक अशोक वाटिका के फलों और वृक्षों के विनाश का प्रश्न है, वह तो होना ही था। भूख से पीड़ित होने के कारण मैंने फल खाये और वानर स्वभाव के कारण कुछ वृक्षों और डालियों को भी नष्ट किया। मेरे इस कार्य में जो भी बाधा पहुँचाने आया मैंने उसे दण्डित किया। उन्होंने मुझे प्रताड़ित किया तो मैंने भी उन्हें मारा। जब उन्होंने मुझ पर प्रहार किया तो मैंने भी उन पर प्रहार किया। वे मेरे प्रहार को सहन न करने के कारण मृत्यु का वरण कर बैठे तो इसमें मेरा क्या दोष?" मैंने अपनी बात स्पष्ट की।

"मुँह संभाल कर बात करो वानर। तुम सीधे-सीधे यह बताओ कि स्वर्णनगरी लंका में तुम्हारे आने का प्रयोजन क्या है?" रावण ने किंचित क्रोध में यह प्रश्न किया।

"लंकाधिपति, मैं संक्षेप में यही कहना चाहता हूँ कि मुझे मेरे आराध्य अयोध्याकुमार श्रीराम ने माता सीता का पता लगाने का कार्य सौंपा है। इस पुनीत कार्य को मूर्तरूप देते हुए मैं लंका पहुँचा हूँ।" मैंने सहज भाव से कहा।

"तुम चाहते क्या हो?" रावण ने क्रोधित होते हुए मुझसे पूछा।

"मैं भला क्या चाहूँगा? मैं तो यही चाहता हूँ कि तुम माता सीता को ससम्मान प्रभु श्रीराम को लौटा दो। मुझे तो यह भी ज्ञात हुआ है कि तुम धर्मों के ज्ञाता हो। धर्म के ज्ञाता को यह आचरण शोभा नहीं देता। भगवान शिव के वरदान से तुम स्वर्णनगरी का यह राज्य प्राप्त कर सके। अब अपने अनाचार से इस स्वर्णनगरी के वैभव का अन्त करने पर क्यों तुले हो?" मैंने रावण को समझाने का प्रयास किया।

"तुम पाश में बँधे होकर भी मूढ़ता की बातें कर रहे हो।" रावण ने क्रोधित होते हुए मुझसे कहा।

"तुम गलत समझ रहे हो लंकेश। मुझे कोई पाश में बाँधकर नहीं ला सकता था। मुझे पाश से बाँधा भी नहीं जा सकता। मैंने तो यह बंधन मात्र इसलिए स्वीकार किया कि मुझे तुम्हारे समक्ष लाया जा सके। मैं तुम्हें यह

समझाना चाहता हूँ कि तुम विवेक से काम लो और सीता माता को उनके स्वामी को सम्मान सहित लौटा दो। किसी की साध्वी पत्नी का अपहरण कर लेना किसी धर्म में उचित नहीं ठहराया जा सकता। तुम तो स्वयं धर्मशास्त्री हो। मैं तुमसे निवेदन करता हूँ कि श्रीराम को उनकी साध्वी पत्नी को लौटा दो।" मैंने लंकेश से कहा।

"तुम मुझे समझाने का प्रयास मत करो वानर। मुझे उचित और अनुचित का भली प्रकार भान है। और वैसे भी क्या कर लेंगे तुम्हारे आराध्य?" लंकेश अभी भी अहम् में था।

"यदि तुम ऐसा नहीं करोगे तो विश्वास करो कि मेरे आराध्य तुम्हें और तुम्हारे पूरे वंश को निर्दयता से समाप्त कर देंगे। तुमने उनके साथ जो दुर्व्यवहार किया है, उसके लिए वे तुम्हें कभी क्षमा नहीं करेंगे। मेरी बात मान लो और माता सीता को सादर मुक्त कर दो। तुम प्रभु श्रीराम से अपने किये पर क्षमा माँग लो। ऐसा करने से वे तुम्हें निश्चित ही क्षमा कर देंगे। माता सीता का अपमान तुम्हारे और तुम्हारे वंश के नाश का कारण बनेगा। उन्हें मुक्त करके अपनी रक्षा कर लो, क्योंकि तुम ऐसा कर सकते हो। तुम ब्रह्मा जी के वंशज हो। पुलस्त्यनंदन विश्रवा के पुत्र हो, तुम्हें यह अनीतिपूर्ण कृत्य शोभा नहीं देता।" मैं अभी भी लंकेश को समझाने का प्रयास कर रहा था।

"तो तुम मुझे उपदेश देने पर तुले हो।" रावण की क्रोधाग्नि भड़क उठी थी।

"लंकेश, मुझे तुम्हें उपदेश देने में कोई रुचि नहीं। मैं तो तुम्हारे हित की बातें कर रहा हूँ, किन्तु तुम स्वयं ही अपने विनाश पर तुले हो। मैं तुम्हें पुनः सुझाव देता हूँ कि माता जानकी को श्रीराम को लौटा दो। पराई स्त्री को अपहरण कर प्रताड़ित करना कदापि उचित नहीं है। यदि तुम मेरी बात को नहीं मानोगे तो यह समझ लो कि माता सीता का अपहरण तुम्हारी लंका के विनाश का कारण सिद्ध होगा। तुम अपनी अवध्यता को लेकर एक सीमा से अधिक निश्चिंत हो, यह उचित नहीं है। तुम्हें अजेयता और मृत्यु का कवच केवल देवताओं, यक्षों और असुरों से मिला हुआ है जबकि श्रीराम मानव हैं और सुग्रीव वानर। मैं तुम्हें यह भी बताना चाहता हूँ कि अपने आराध्य के आशीर्वाद से यद्यपि मैं अकेला ही लंका का नाश कर माता सीता को छुड़ा कर वापस ले जा सकता हूँ किन्तु मैं ऐसा नहीं करूँगा क्योंकि प्रभु

श्रीराम ने मुझे ऐसा करने की आज्ञा नहीं दी है। उन्होंने अपनी पत्नी के अपहरणकर्ता को स्वयं दण्ड देने की प्रतिज्ञा की है।" मैंने ये बातें भी उस भरे दरबार में रावण के सम्मुख बिना किसी भय के साथ व्यक्त कीं।

"अनर्गल प्रलाप कर रहा है तू। तेरे दुस्साहस का दण्ड तुझे अवश्य मिलेगा। तू स्वयं पाश में बँधा हुआ है फिर भी लंकेश को उपदेश देने का दुस्साहस कर रहा है। तू वास्तव में अत्यन्त उद्‌दण्ड वानर है। तुझे अपने कृत्य का दण्ड मिलेगा। देखते क्या हो? वध कर दो इस दुष्ट वानर का।" लंकेश का क्रोध सीमा पार कर गया था। वह अपने स्थान से उठकर चिल्ला पड़ा।

"महाराज, अपराध मार्जित हो। दूत अवध्य होता है...। यह वानर दूत के रूप में लंका आया हुआ है। इसका वध करना नीति विरुद्ध होगा।" बीच में एक स्वर गूँजा। सभा में उपस्थित जनों ने देखा... विभीषण अपनी जगह से खड़े होकर लंकाधिपति को समझा रहे थे।

"विभीषण तुम सही कह रहे हो किन्तु यह वानर दूत की तरह बात भी तो करे। यह कपि तो समस्त मर्यादाओं के उल्लंघन पर उतरा हुआ है। पहले तो इस दूत ने अशोक वाटिका में उपद्रव किया, युद्ध की भूमिका निर्मित की और अब यह मुझे उपदेश भी दे रहा है।" रावण विभीषण की ओर उन्मुख हुआ।

"महाराज, आप धर्मों के ज्ञाता हैं। आप क्रोध को त्यागकर विचार करें कि इस वानर के वध से हमें क्या लाभ होगा। इसे लघुदण्ड देकर विदा कर दिया जाए तो यहाँ की बात अपने स्वामी से जाकर कहेगा तभी तो वे आगे की योजना बनायेंगे। वैसे भी आपको स्मरण हो कि अयोध्या कुमारों ने हमारी बहन को मारा नहीं था। उन्होंने उसके अंग भंग करके यह कहकर भेज दिया था कि जाकर जो कुछ हुआ उसे सुना दो। आप भी ऐसा ही करें।" विभीषण ने वाक्‌पटुता का प्रयोग किया।

विभीषण की यह बात रावण को पूरी तरह उचित लगी।

"विभीषण, उचित कहा तुमने। दूत अवध्य होता है। वध नहीं करेंगे हम इस वानर का। किन्तु लघुदण्ड तो इसे अवश्य देंगे। अंग-भंग करके इसे इसके स्वामी के पास भेज देंगे। वानरों को पूँछ बहुत प्रिय होती है। इस वानर की पूँछ को ही जला देते हैं। मेरा आदेश है कि इस वानर की पूँछ

को जला दिया जाए किन्तु इससे पूर्व इस वानर को तिरस्कारपूर्वक लंका की गलियों, चौराहों, सड़कों, राजमार्ग पर घुमाया भी जाए।" रावण ने लघुदण्ड सुनाते हुए कहा।

रावण के इस आदेश को सुनते ही राक्षस वीर तत्काल उठ खड़े हुए। मेरी पूँछ में आग लगाने के लिए कुछ पुराने वस्त्रों, तेल, घी आदि की व्यवस्था की जाने लगी। मुझे लगा कि ये मन्दबुद्धि राक्षस बस बल प्रयोग करना ही जानते हैं, बुद्धि प्रयोग से तो संभवतः इनका बैर है। एक जरा सी पूँछ जलाने के लिए इतनी सामग्री का क्या औचित्य...। ऐसे में मुझे भी प्रहसन करने का मन हुआ। श्रीराम का स्मरण कर अपनी पूँछ की लम्बाई को थोड़ा सा बड़ा कर दिया। राक्षस वीरों ने पूँछ की लम्बाई पर कपड़ा लपेटना आरंभ कर दिया। मैंने संकल्प सिद्ध किया, प्रभु श्रीराम का नाम लिया। राक्षस वीरों ने मेरी बढ़ी हुई पूँछ पर कपड़ा लपेटना शुरू कर दिया। मुझे इन राक्षस वीरों को सताने में आनन्द आने लगा। अब मैंने प्रभु श्रीराम को याद कर संकल्प लेकर अपनी पूँछ की लम्बाई को थोड़ा और भी विस्तार देना आरंभ किया।

मैंने अपनी पूँछ की लम्बाई में वृद्धि की तो फिर वह बढ़ती ही गई। राजसभा को पार कर वह गली-कूचों तक पहुँच गई। लोग वस्त्र लपेटते-लपेटते थक गए पर पूँछ का कहीं कोई अन्त न था। फटे-पुराने वस्त्रों के बदले अब नए वस्त्र भी आने लगे। राक्षस सुन्दरियों के वस्त्र और राक्षस वीरों के बहुमूल्य परिधान मेरी पूँछ में लिपट गए। घृत और तेल की कमी पड़ गई तो राजभंडार के संचित स्नेह द्रव्य के कुप्पों के अम्बार भी वहाँ लग गए। घी, तेल से भी लंकापुरी रहित होने लगी। प्रहस्त इस कार्य के लिए लंकावासियों को प्रोत्साहित कर रहा था। राक्षस उत्साह से मेरी पूँछ को वस्त्राच्छादित कर रहे थे। रावण यह तमाशा देख रहा था। संभवतः रावण को यह अनुमान हो गया था कि मैं राक्षस वीरों के साथ आनन्द ले रहा हूँ।

"अब आग लगा दो इसकी पूँछ में...।" रावण ने आदेश दिया।

लंकेश का आदेश सुनते ही राक्षसों ने मेरी पूँछ के किनारे को मशालों से जैसे ही स्पर्श किया एक धधक के साथ आग जल पड़ी। मुझे मेरी जलती हुई पूँछ के साथ ही लंका की प्रत्येक गली में मनोरंजन का साधन बनाकर घुमाया गया। मैंने इस अवसर का लाभ उठाया। राक्षस मेरी जलती हुई पूँछ के साथ हँसी ठिठोली कर रहे थे, जबकि मैं इस अवसर को रणनीति तैयार करने के अवसर के रूप में ले रहा था। राक्षसों ने मुझे बंधक बनाकर

लंका की प्रत्येक गली में घुमाया। मैं इस बहाने उनकी गली, घर, मकान, शस्त्रागार, अन्नागार, उद्यान, सरोवर, कोषागार इत्यादि का भ्रमण कर समस्त ठौर-ठिकानों का अनुमान लगाता रहा। थोड़ी देर में मैंने प्रभु श्रीराम का स्मरण किया, संकल्प सिद्ध किया और बेड़ियों से मुक्त हो गया। बन्धन मुक्त होते ही मैं नगर के भवनों और भुवनों की अटारियों पर जा चढ़ा। इस महल से उस महल पर कूदते हुए कुछ ही क्षणों में मैंने सम्पूर्ण लंका को लपटों के हवाले कर दिया। प्रहस्त से लेकर महापार्श्व, वज्रदष्ट्र, जंबुमाली और सुमाली सबके निवास स्थलों को अग्नि ज्वालाओं ने घेर लिया। पूरे नगर में हाहाकार मच गया। सोने की लंका राख होने की ओर अग्रसर थी। पिघला हुआ स्वर्ण गलियों में प्रवाहित होने लगा था और भागते-गिरते लोग उसकी दहकता में दग्ध होकर झुलसे जा रहे थे, अपने प्राणों को बचाने के प्रयास में इधर-उधर भाग रहे थे। आग की लपटें आकाश को स्पर्श कर रही थीं। लोग आग से बचने का ठिकाना ढूँढ़ रहे थे किन्तु बचाव का रास्ता कहीं नहीं था। लोग चिल्लाते हुए दिशाहीन होकर भाग रहे थे। स्त्रियाँ और बच्चे भयाक्रांत थे। हाथी, घोड़े, पशु इत्यादि में भगदड़ मच गयी थी।

थोड़ी देर में लंका भस्म होने की स्थिति में आ गई थी। बहुत नुकसान हो चुका था। लंका भस्म हो चुकी थी। प्रहस्त, वज्रदष्ट्र, शुक और सारण के महल धूँ-धूँ कर जल रहे थे। इसके बाद मैंने इंद्रजीत, जांबुमाली, सुमाली, रश्मिकेतु, सूर्यशत्रु, ह्रस्वकर्ण, रोमश, रणोन्मत्र, मत्र, ध्वजग्रीव, हस्तिमुख, कराल, विशाल, शोणिताक्ष, मकराक्ष, नरोतक, कुंभ, निकुंभ, यज्ञशत्रु, बुद्धशत्रु के घरों में आग लगाई।

जब मैं कुंभकर्ण के भवन पर पहुँचा तो उसकी पत्नी ने दीन होकर मुझसे प्रार्थना की, "हे कपिवर मेरे पति अभी सुषुप्तावस्था में हैं। वे निरपराध हैं, उन्हें छोड़ दीजिए।"

मैंने कुंभकर्ण की पत्नी की विनती को स्वीकार कर लिया था। लंका दहन में कुछ स्थान फिर भी सुरक्षित रह गए थे। नगर के एक कोने पर स्थित विभीषण का मकान सुरक्षित रहा। अशोक वाटिका तो सुरक्षित रहनी ही थी।

लंका दहन के पश्चात् मैंने पूँछ में लगी आग को समुद्र में भिगोकर बुझाया। मुझे अब अत्यंत संतोष का अनुभव हो रहा था। मैं समुद्र जल में अपनी पूँछ बुझाकर माता सीता के चरणों में प्रणिपात करने पहुँचा।

"भगवान की कृपा है कि तुम आग की लपटों से सुरक्षित आ गए, हनुमान। मैं तो लगातार तुम्हारे विषय में सोचकर व्यथित हो रही थी।" माता सीता ने कहा। सम्भवतः उन्हें किसी प्रहरी ने लंका दहन की सूचना दे दी थी।

"माते, मेरे ऊपर जब तक प्रभु का आशीर्वाद है तब तक कोई बाधा मुझे स्पर्श भी नहीं कर सकती। अब प्रस्थान की आज्ञा दें माता। पर्याप्त विलम्ब हो गया इस लंका दहन में। श्रीराम चिन्तित होंगे। प्रभु से मिले हुए लम्बी अवधि हो चुकी है। मुझे यथाशीघ्र वापस प्रभु के पास पहुँच कर आपके तथा लंका के विषय में उन्हें सम्पूर्ण सूचना देनी है।" मैंने हाथ जोड़कर कहा।

"अवश्य जाओ हनुमान, प्रभु से कहना कि वे यथाशीघ्र मुझे लेने आयें। उनसे कहना कि यदि दो मास के अन्दर वे मुझे मुक्त नहीं करा सके तो लंकेश मुझे जीवित नहीं छोड़ेगा। मुझे अपनी मृत्यु की चिन्ता नहीं पर उनकी एक झलक पाये बिना ही मुझे संसार छोड़ने को बाध्य होना पड़े यह भी मुझे स्वीकार्य नहीं।"

"माता, आप चिन्ता न करें। मेरे पहुँचते ही प्रभु तनिक भी विलम्ब नहीं करेंगे। वे भैया सौमित्र के साथ वानर, भालुओं की सेना को लेकर शीघ्र ही लंका पर आक्रमण करेंगे। अब तो पता मिल गया है आपका। अब विलम्ब किस बात का?" मैंने कहा और चरणों की ओर झुका।

"चिरंजीवी भव।" आशीर्वाद लेकर मैं पलटने ही वाला था कि एक बात मुझे स्मरण हो आयी। मैं माता सीता की ओर पुनः मुड़ा। "माते, जिस प्रकार प्रभु श्रीराम ने अभिज्ञान स्वरूप अपनी एक मुद्रिका मुझे दी थी वैसे ही आप भी कोई प्रतीक चिन्ह मुझे प्रदान करें जिससे मैं प्रभु को विश्वास दिला पाऊँ कि माता सीता का दर्शन मैंने प्राप्त कर लिया है।"

मेरी बात पूरी नहीं हुई कि माता सीता के अधरों पर एक मुस्कान की पतली सी रेखा खिंच गयी। उन्होंने अपने चूड़ामणि को उतार कर मेरी हथेली पर रख दिया।

"तुम्हारी बातों पर अविश्वास कैसे कर सकते हैं तुम्हारे स्वामी? किन्तु चाहते हो तो ले जाओ इस चूड़ामणि को। इसे देखकर सम्भवतः उन्हें स्मरण हो आयेगा मेरा। और हाँ देवर लक्ष्मण से कहना कि अनजाने में ही मैंने उनसे कतिपय कटु शब्द बोल दिए थे, इसलिए वे मुझे क्षमा कर दें। मेरा आशीर्वाद है उनको।"

"जो आज्ञा माता।" मैंने एक बार पुनः माता सीता के चरणों में शीश नवाया और उनसे अनुमति लेकर विदा हुआ। माता सीता ने आँखें फेर ली थीं दूसरी ओर, निश्चय ही उनकी आँखें अश्रुपूरित हो आई थीं। मेरी आँखें भी छल-छला आई थीं। माँ सीता ने अनिच्छापूर्वक मुझे वापस जाने की अनुमति दी।

10.

अब मुझे शीघ्रता थी वापस लौटने की। जिस उद्देश्य के साथ मुझे मेरे दल ने लंका भेजा था, वह कार्य पूर्ण हो चुका था। माता सीता का पता मिल गया था। मैं चाहता था कि शीघ्रातिशीघ्र समुद्र पार करके यह समाचार अपने वानर दल को सुनाऊँ। प्रभु श्रीराम के दर्शन की इच्छा लगातार बलवती होती जा रही थी। अब तो मन में यह ललक थी कि कब प्रभु के दर्शन हों, कब माता सीता का समाचार उन्हें दूँ। माता सीता का प्रत्यक्ष और अपने आराध्य का अप्रत्यक्ष दर्शन एवं चरण वन्दना कर मैं अरिष्ट गिरि पर चढ़ा। अरिष्ट शिखर लंका के समुद्री तट पर अवस्थित था। समुद्र के दूसरे तट पर पहुँचने के लिए मैंने अपने शरीर को हल्का किया और गर्जना भरी। मैंने फेफड़ों में तेजी से हवा खींची और अपने शरीर को विमान सदृश बनाकर उत्तर दिशा की ओर चल पड़ा। भस्म लंकापुरी को उसके भविष्य पर छोड़ दिया था। मैं लंका से वापस हुआ समुद्र तट पर।

ऊपर से देखने पर प्रतीत हुआ कि वैभवशाली लंकानगरी अपना वैभव खो चुकी थी। आत्माहीन प्रतीत हो रही थी स्वर्णनगरी। लंका के इस स्वरूप को देखकर मुझे खेद भी हुआ और पीड़ा भी। मुझे लगा कि देखते ही देखते एक वैभवयुक्त नगरी कैसे राख के ढेर में परिवर्तित हो चुकी है।

समुद्र तट के उत्तरी तट पर मेरे भाई बन्धु मेरी प्रतीक्षा कर रहे थे। लौटने में निरापद यात्रा सम्पन्न हुई। अब न सुरसा थी न सिंहिका। अब तो समुद्र लंघन कर बस उस पार पहुँचना ही लक्ष्य था। लौटते समय मैंने मैनाक पर्वत को स्पर्श किया। जब मैं मैनाक पर्वत के ऊपर से उड़ रहा था तो मैनाक ने स्नेहपूर्वक मुझे विश्राम करने के लिए आमंत्रित किया था। मैं शीघ्रातिशीघ्र समुद्र तट के उत्तरी सिरे पर पहुँचना चाहता था सो विनीत भाव

से उन्हें प्रणाम कर उन्हें स्पर्श कर मैं उड़ चला। लंका जाते हुए मुझे अनेक अवरोधों का सामना करना पड़ा था किन्तु वापसी का रास्ता पूर्णतया निर्बाध था। मेरी मनोदशा में भी अन्तर आ चुका था। लंका की ओर प्रस्थान करते समय मन में आशंका और अनिश्चितता थी, जबकि लौटते समय मन में उल्लास, उमंग और कार्यसिद्धि की प्रसन्नता थी।

मैं जैसे ही समुद्र लाँघकर अपनी सीमा में प्रविष्ट हुआ अंगद, जाम्बवान ने मुझे आकाश में स्वछन्द भाव से आते हुए देख लिया। जैसे ही उन्होंने मेरे आगमन की सूचना वानर दल को दी तो वानर व रीछ प्रसन्नता से किलकारियाँ मारने लगे। अपनी सीमा में प्रवेश करने के उपरान्त मैंने अपना वेग शिथिल कर लिया। मैं भूतल से थोड़ी ही ऊँचाई पर उड़ रहा था। मैं अपने सखा वानर रीछों की किलकारियों के स्वर को स्पष्ट सुन पा रहा था। मैं अत्यन्त प्रसन्न था। एक उच्च आवृत्ति का निनाद करते हुए मैं समुद्र के उत्तरी तट पर उतरा।

तट पर उतरने के उपरान्त सर्वप्रथम मैंने जाम्बवान के चरण छुए। अंगद भी मेरी ओर चले आ रहे थे। जैसे ही वे मेरे सम्मुख पहुँचे मैंने उनको अंकमाल दी। मेरे प्रसन्न मुख को देखकर सभी ने अनुमान लगा लिया था कि मैं कार्य सिद्ध कर लौटा हूँ। इस हर्षित वातावरण में मैंने मात्र दो शब्दों में अपनी बात कही "दृष्टा देवी" अर्थात् देवी के दर्शन हो गये। वानर वाहिनी पुलकित हो गयी। सभी वानर और रीछ हर्षित होकर मेरे पास एकत्रित हो गए। कई मित्र चाहते थे कि मैं अपनी इस यात्रा की गाथा सुनाऊँ किन्तु अंगद ने प्रस्ताव किया, "अब हमें शीघ्र वानरेन्द्र सुग्रीव से मिलने के लिए प्रस्थान करना चाहिए। मार्ग में ही हम हनुमान जी से सारी बातें सुन लेंगे।"

अंगद के प्रस्ताव से सभी सहमत हो गए। हम सभी किष्किन्धा की ओर चल पड़े। मार्ग में समस्त वानर मित्रों को मैंने माता सीता अन्वेषण की कथा सुनाई। माता सीता के दर्शन से लेकर लंका दहन तक की बात मैंने विस्तार से बताई। सभी बहुत प्रसन्न हुए। लंका दहन की बात सुनकर तो वानर और भालुओं की प्रसन्नता की सीमा न रही।

"हनुमान, प्रभु श्रीराम द्वारा प्रदत्त कार्य को सफलतापूर्वक सम्पन्न करके तुमने हम सबका सिर गर्व से उन्नत कर दिया। तुम्हारे अतिरिक्त और किसी में यह सामर्थ्य नहीं थी कि लंका में प्रवेश कर उसे लपटों को अर्पित कर दे।" जाम्बवान ने आँखों में प्रसन्नता के आँसू भरकर कहा था।

"ठीक कहा आपने। यदि पवनपुत्र हमारे साथ न होते तो हम कहीं के नहीं रहते। वानरराज सुग्रीव तो हमारे प्राण ही ले लेते। राघवेन्द्र को भी हम क्या मुँह दिखाते?" अंगद ने संतुष्टि के साथ अपनी बात कही।

कुछ दिनों की यात्रा के पश्चात् हम किष्किन्धा के पास पहुँच गए। जाते समय जो यात्रा अत्यन्त कठिन और श्रमसाध्य लगी थी, लौटते समय वही अत्यन्त सुखद हो आई थी। प्रसन्नता से भरे हमारे दल को मार्ग की बाधाओं, कुश कंटक, नदी, नालों का कोई ध्यान ही नहीं रहा।

किष्किन्धा के पास पहुँचते ही दिखाई पड़ा मधुवन। इस मधुवन के रक्षक थे दधिमुख जो सुग्रीव के मामा और अंगद के नाना थे। वानरेन्द्र सुग्रीव का यह अति प्रिय बाग नाना प्रकार के फल और फूलों से भरा था। वृक्षों की शाखाओं पर यत्र-तत्र मधु छत्र भी टंगे पड़े थे। अंगद का आदेश ले सभी वानर, रीछ मधुवन में प्रवेश कर सुस्वादु फलों पर टूट पड़े। रीछों को मधु बहुत प्रिय होता है, अतः वे विशेषकर मधु के छत्रों पर टूट पड़े और छक कर मधु पान किया। इस क्रम में पेड़ों की शाखाएँ, प्रशाखाएँ भी टूट गईं। उपवन के प्रहरी वानर, रीछों को रोकने में असमर्थ रहे। यह प्रहरी दधिमुख के पास पहुँचे और बाग को उजाड़ देने की सूचना दी। प्रहरियों ने यह भी बताया कि वानर, रीछों को नियंत्रित कर पाना सम्भव नहीं है। दधिमुख वानरेन्द्र सुग्रीव के पास उलाहना देने पहुँचे।

सुग्रीव उस समय ऋष्यमूक पर श्रीराम और सौमित्र के पास विराजमान थे। वे दक्षिण दिशा की ओर गये हुए दल के आने की प्रतीक्षा कर रहे थे और तीनों चिन्तामग्न थे। सभी दिशाओं के खोजी दल वापस आ गए थे। सभी दल निराश और हतोत्साहित होकर वापस आये थे। अब केवल दक्षिण दल पर ही सबकी आशा टिकी थी। ऐसे चिन्तापूर्ण समय में जब सुग्रीव ने दधिमुख से हमारे उत्पात और मधुवन को उजाड़ने की बात सुनी तो वे प्रसन्नता से खिल आए।

"हो गया कार्य सम्पन्न। दक्षिण दल संधान पा गया माता सीता का।" सुग्रीव चहक कर बोले।

"यह कैसे कह सकते हैं आप?" सौमित्र ने पूछा।

श्रीराम मौन ही रहे। केवल उत्सुकता का एक भाव उनके चिन्ताकुल आनन पर उभरा।

"स्पष्ट ही है सौमित्र, अगर ये वानर माता सीता की खोज न कर पाए होते तो ये मेरे मधुवन में प्रवेश की हिम्मत नहीं करते। उसे नष्ट करने की तो बात बहुत दूर की है। सन्तुष्ट और प्रसन्नता से भरे ये श्रीराम सेवक अपनी क्षुधा और पिपासा को शान्त कर रहे हैं तो अच्छा ही है। पता नहीं कितने दिनों से फल-फूल से वंचित ही रहे होंगे वे।" सुग्रीव ने पूरे आत्मविश्वास के साथ कहा।

ऋष्यमूक पर यह वार्तालाप चल ही रहा था कि हम सब वहाँ पहुँच गए। राघवेन्द्र और सौमित्र को प्रणिपात कर हम हाथ बाँध कर खड़े हो गए। समस्त उपस्थित जनों के मुखों पर उत्सुकता दिखाई पड़ रही थी।

"प्रणाम प्रभु। दक्षिणी दल माता सीता का अन्वेषण करने के उपरान्त उपस्थित है। हमने माता सीता का पता लगा लिया है। वे लंकाधिपति रावण के यहाँ बंधक हैं। पवनपुत्र के कारण हम सफलकाम हुए। इन्होंने असंभव को संभव कर दिया।" जाम्बवान ने सबकी उत्सुकता को शान्त करते हुए कहा। जाम्बवान की बात सुनकर मैं जमीन में गड़ा जा रहा था।

"माता सीता कैसी हैं?" लक्ष्मण जी ने मुझसे प्रश्न किया।

"प्रभु की याद में खिन्न हो गई हैं माता सीता। लंका के अशोक वाटिका में उन्हें बंधक बनाकर रखा गया है। एक वेणी और साधारण वस्त्र में शिशुंपा के वृक्ष के नीचे बैठी वे अवसाद और दुःख की प्रतिमूर्ति में परिवर्तित हो चुकी हैं। मैं उनके दर्शन करके लौटा हूँ। मेरी उनसे वार्ता भी हुई। वार्ता यद्यपि संक्षिप्त ही थी किन्तु वे आप दोनों की कुशलक्षेम बार-बार पूछती रहीं। स्वामी, माता सीता सतीत्व के कठोर नियमों का पालन करते हुए अत्यन्त दारुण जीवन व्यतीत कर रही हैं। वे निरन्तर आपका स्मरण करती रहती हैं। उन्हें एक-एक पल एक-एक कल्प की तरह लगता है। दुष्ट रावण उन्हें मन, क्रम, वचन अनेक विधि से शोषित कर रहा है। क्रूर राक्षसियों के पहरे में माता अपना जीवन जी रही हैं। उन्हें तत्काल उस बन्धन से मुक्त कराना आवश्यक है। चलते समय उन्होंने अपना चूड़ामणि उतार कर आपको स्मृति चिन्ह स्वरूप भेजा है।" मैंने माता सीता का चूड़ामणि प्रभु को सौंप दिया।

"सीते!" उस चूड़ामणि को अपने कर में ग्रहण करते हुए श्रीराम के मुख से एक स्पष्ट उच्छवास निकला।

"हाँ प्रभु। माता सीता के प्राण आपके दर्शन हेतु अटके हैं अन्यथा वे उस राक्षस नगरी में बन्धक के रूप में रहने के स्थान पर आत्मघात अधिक पसन्द करतीं। उनको मुक्त कराना आवश्यक है। अगर दो माह के अन्दर आप रावण का वध कर उन्हें लंका से मुक्त नहीं करा पाए तो आप उन्हें जीवित नहीं पाएँगे।" मैंने उन्हीं को सम्बोधित किया।

इसके पश्चात् जाम्बवान जी ने पूरी घटनाओं से प्रभु, सौमित्र, सुग्रीव व अन्य उपस्थित वीरों को अवगत कराया। माता सीता के विषय में जानने के उपरान्त प्रभु ने लंका की भौगोलिक और सामरिक परिस्थिति को जानने की भी इच्छा प्रकट की।

"प्रभु, लंका अत्यन्त सुरक्षित नगरी है। उस नगरी के चारों दिशाओं में सिंह द्वार हैं। इन द्वारों पर कठोर धातु की मोटी-मोटी अर्गलाएँ जड़ी हुई हैं। चारों द्वारों पर काष्ठ के स्थूल दरवाजे लगे हैं। उन द्वारों पर विशाल रक्षक एवं प्रबल सैन्य यन्त्र लगे हैं। नगरी को चहारदीवारी से घेरा गया है। इस चहारदीवारी के बाहर चारों ओर शीतल जल से भरी हुई भयानक गहरी खाई बनी हुई है। इस खाई में मगरमच्छ और हिंसक जल-जन्तु तैरते रहते हैं। रावण की सेना में अत्यन्त सबल राक्षस हैं। सेना में गज, अश्व, स्वान इत्यादि की टुकड़ियाँ भी हैं। नगरी के चारों ओर सेनाओं के विशाल शिविर हैं। लंकेश के साथ उसके पुत्रादि इन शिविरों का नियमित निरीक्षण करते रहते हैं।"

लंका की सामरिक स्थिति सुनने के पश्चात प्रभु श्रीराम ने गहरी श्वाँस लेकर बस इतना ही कहा, "आप सब साथ हैं तो हम अपने प्रयास में निश्चित ही सफल होंगे।"

प्रभु की आँखें भर आईं। मैंने अनुभव किया कि इस समय भी वे कितना संयत थे। आँसुओं पर नियंत्रण पाते हुए उन्होंने मुझे उठकर वक्षस्थल में समेट लिया।

"धन्य हो हनुमान!" प्रभु श्रीराम ने मुझे अंकशायी करते हुए कहा।

मैं अवाक्। इस अवसर का लाभ उठा मैं देर तक श्रीराम के वक्ष से लिपटा रहा। यह अवसर बार-बार कहाँ मिलने को था? इसी ऋष्यमूक पर उन्हें अपने स्कन्धों पर आसीन करा कर जब मैं लाया था तो उनके समीप्य का लाभ मिला था। एक दो बार और भी उनका इस प्रकार का आलिंगन मिला था मुझे, किन्तु आज तो पराकाष्ठा ही हो गई थी मुझ अकिंचन

के आनन्द की। क्षुद्र जीव के प्रति अनन्त ब्रहमाण्डपति की इतनी अगाध, अकल्पित अनुकम्पा। धन्य हो गया मैं।

"मैंने कुछ नहीं किया प्रभु। सब आपका ही प्रताप है। आपकी ही लीला है यह। जिसको आप मान देना चाहें उसे सम्मानित होने से कौन रोक सकता है? मुझ कपि में कहाँ इतनी बुद्धि अथवा बल है? आपके नाम के प्रभाव से ही मैं कुछ कर सका हूँ। मेरी प्रार्थना इतनी ही है कि अब विलम्ब किये बिना आप माता के उद्धार हेतु योजना बनायें।" जब श्रीराम के वक्ष से मैं अलग हुआ तो आँखों को पोंछते हुए धीरे से मैंने निवेदन किया।

"शुभस्य शीघ्रम।" कहकर प्रभु श्रीराम ने अभियान के विषय में अपनी इच्छा प्रकट की।

"हाँ, अब विलम्ब क्यों?" सौमित्र ने अपने धनुष और तूणीर को सहेजते हुए कहा, "अभी इसी क्षण हम लंका को प्रस्थित हो जायें।" सौमित्र की विलक्षण वाणी को सुनकर मुझे पुनः अनुभूति हुई कि दोनों भाई अपनी समयज्ञता में एक दूसरे से बढ़कर हैं।

"हाँ, हमारी सेना तो प्रस्तुत ही है। सारे वीर इस पर्वत पर जुट चुके हैं। मैं समस्त को उनके उत्तरदायित्व समझा देता हूँ। सेना को विभिन्न टुकड़ियों में विभक्त कर सबके नायक निश्चित कर देता हूँ। इसके पश्चात् हम उत्तर फाल्गुनी नक्षत्र में 'विजय' नामक मुर्हूत में लंका विजय हेतु प्रस्थान करते हैं।" सुग्रीव ने निर्णय सुनाया।

सूर्य दिन के मध्य भाग में पहुँच चुका था। इसी समय 'जय श्रीराम' का उद्घोष करती हुई वानर-रीछ सेना ऋष्यमूक पर्वत से दक्षिण सागर की ओर चल पड़ी। वन मार्ग विशेषज्ञ नील को मार्गदर्शक का काम सौंपा गया। प्रभु श्रीराम मेरे स्कंध पर तथा भैया लक्ष्मण अंगद के स्कंध पर विराजमान हुए। प्रभु के नेतृत्व में वानर सेना केहरिनाद करती हुई महेन्द्र पर्वत की तरफ चल पड़ी। माता सीता के अन्वेषण हेतु भेजे गए दक्षिण दल के वानर, रीछ आगे-आगे चल रहे थे क्योंकि अब तक उन्हें इस मार्ग का अनुमान हो चुका था। जल, फल, विश्राम की व्यवस्था जहाँ हो सकती थी वहाँ से राम सेना निकल रही थी। यह यात्रा अहर्निश चल रही थी। जब प्रभु स्नान, ध्यान करते, तभी यह यात्रा कुछ समय के लिए स्थगित होती थी। अतिशय उल्लास और अतिरेक ऊर्जा से सम्पन्न विशालकाय राम सेना मध्यांचल सहस्रादि को

पार करते हुए सात दिवसों में दक्षिणी सागर तट पर पहुँच गई।

सेना को सागर तट पर एक दिन ही व्यतीत हुआ था कि प्रातःकाल में सागर के ऊपर उड़ती चली आ रही कुछ आकृतियों को देख वानर सेना के कान खड़े हो गये। गुप्तचर वानर वीरों ने इन आकृतियों को देखा और तुरन्त अंगद को सूचना दी। अंगद ने यह सूचना सुग्रीव, जाम्बवान, भ्राता लक्ष्मण और प्रभु श्रीराम को दी। उनका ध्यान भी उन आकृतियों की ओर आकृष्ट हुआ। मैंने भी देखा कि लंका की ओर से कुछ लोग उड़ते हुए हमारे शिविर की ओर आ रहे थे। मैंने उन उड़ते हुए लोगों को ध्यान से देखा और सब कुछ मेरी समझ में आ गया।

"विभीषण हैं ये, अपने सहायकों के साथ चले आ रहे हैं।" मैंने प्रभु श्रीराम को बताया। विभीषण को मैंने दूर से ही पहचान लिया था। उनके पीछे-पीछे चार चर भी उनके साथ थे।

जैसे ही विभीषण अपने चरों के साथ आकाश से पृथ्वी पर उतरे, उन्हें राम-रक्षकों ने तत्काल बन्धक बना लिया। वानर वीरों ने थोड़ी ही देर में विभीषण को प्रभु श्रीराम के सामने प्रस्तुत किया। यद्यपि लंका से लौटने के पश्चात् मैंने अपने समस्त सहयोगियों को विभीषण के बारे में विस्तारपूर्वक बताया था किन्तु शत्रुपक्ष से सम्बन्धित होने के कारण उन पर सन्देह होना ही था। रावण के सगे भाई होने के नाते उन पर अविश्वास किया जाना स्वाभाविक ही था। समस्त वानर वीरों के मन में संदेह की रेखाएँ खिंच गयीं।

सुग्रीव ने प्रभु श्रीराम को यह सुझाव दिया कि विभीषण लंकेश का सम्बन्धी है। वे उनके अनुज भ्राता हैं। राक्षस कपटी होते हैं इसलिए विभीषण का वध करने में ही भलाई है, अन्यथा यह हमारे बीच में रहकर हमारा विश्वास प्राप्त करने के बाद हमारा ही अहित करेगा। विभीषण के आगमन से सुग्रीव अत्यन्त व्यग्र दिखाई दिये। सुग्रीव की बात सुनकर भी प्रभु श्रीराम के मुख पर शान्ति के भाव बने रहे। शत्रुभय से आतंकित सुग्रीव की चेतावनी को उन्होंने बड़ी गम्भीरता के साथ सुना। शरणागत को आश्रय देना रघुकुलनंदन श्रीराम अपना कर्त्तव्य समझते हैं। अतएव उन्होंने इस सम्बन्ध में सुग्रीव के सुझाव को अंतिम निर्णय के रूप में स्वीकार न करते हुए अन्य वानर वीरों का भी अभिमत जाना चाहा। विभीषण के विषय में प्रभु द्वारा वानर श्रेष्ठों से भी विचार-विमर्श किया गया। सुग्रीव के मत को जानने के पश्चात् प्रभु ने अंगद,

जाम्बवान आदि को अपने-अपने विचार प्रकट करने के लिए आमंत्रित किया।

"शत्रुपक्ष से आया हुआ कोई भी व्यक्ति साधारण परिस्थिति में विश्वास का पात्र नहीं होता। उसके गुण-दोष की सम्यक् परीक्षा करने के बाद ही उसको अपने यहाँ स्थान देना उचित है। गुणी है तो अपनाना चाहिए और दोषी है तो दूर रखना चाहिए।" अंगद ने कहा।

अंगद के विचार को प्रभु ने ध्यान से सुना। अंगद के विचार को सुनकर उन्हें प्रतीत हुआ कि अंगद में नीतिशास्त्र की अच्छी समझ है किन्तु उन्होंने अंगद की बात को सुनकर भी उस पर अपनी सहमति नहीं दी। संभवतः प्रभु को यह अनुमान हुआ हो कि अंगद का यह विचार इस समस्या का हल नहीं है।

प्रभु श्रीराम ने अब शरभ की ओर देखा। राजनीति विशारद शरभ ने एक सुझाव दिया कि विभीषण की सत्यनिष्ठा पर दृष्टि रखकर उनके मन के वास्तविक स्वरूप पर आख्या प्रस्तुत करने के लिए एक गुप्तचर को नियुक्त किया जाए। प्रभु इस बात पर भी स्नेहपूर्वक मुस्कुराए। उनके मुस्कुराने का सीधा अर्थ यही था कि प्रभु अभी भी संतुष्ट नहीं थे। वे किसी और उत्तर की प्रतीक्षा में थे।

प्रभु ने जाम्बवान को अपना मन्तव्य प्रकट करने को कहा। जाम्बवान का विचार था कि विभीषण पर बिल्कुल विश्वास नहीं करना चाहिए। यह सुग्रीव द्वारा कही हुई बात की पुनरावृत्ति थी। वयोवृद्ध जाम्बवान ने उसी बात को अधिक निश्चयात्मक ढंग से स्पष्ट किया था। जाम्बवान ने यह भी कहा कि किसी अन्य विकल्प पर विचार भी नहीं करना चाहिए। प्रभु के हाव-भाव से प्रतीत हुआ कि वह अभी भी सन्तुष्ट न थे।

जाम्बवान के बाद मैंद ने अपनी मृदु वाणी में कहा कि विभीषण अपनी इच्छा से यहाँ आए हैं, इसलिए उनसे स्नेह और सौहार्द के साथ पूछा जाए कि उनका यहाँ आने का उद्देश्य क्या है? यदि उनका उत्तर सौम्य, सात्विक और संतोषजनक है तो उनको अपना लिया जाए। अन्यथा उनको त्याग दिया जाए।

प्रभु श्रीराम ने इन विचारों को सुनने के पश्चात् वानर वीरों की आशंकाओं को निर्मूल ठहराते हुए बस इतना ही कहा, "शत्रु अगर शरण में आए तो वह क्षमा का अधिकारी है।" वे मेरे मुख से विभीषण के विषय में काफी सुन चुके थे।

विभीषण के विषय में निर्णय लिया जा चुका था। विभीषण को प्रभु श्रीराम के समक्ष प्रस्तुत किया गया। विभीषण ने अपने सहायकों के साथ श्रीराम को प्रणिपात किया।

“सर्वलोकशरण्याय् विभीषणमुपस्थितम्... विभीषण आपके समक्ष उपस्थित है, प्रभु श्रीराम।” विभीषण बोले।

“स्वागत है सखे...।” श्रीराम ने कहा।

“आज धन्य हुई मेरी आँखें। जिनके सम्बन्ध में आज तक सुनता आ रहा था आज उन्हें प्रत्यक्ष देख रहा हूँ। सौभाग्योदय हुआ मेरा।” विभीषण विगलित स्वर में बोले।

“कैसे कष्ट किया आपने? हनुमान ने बहुत कुछ बताया है आपके सम्बन्ध में मुझे। मैं भी धन्य हुआ आपके दर्शन प्राप्त कर।” प्रभु श्रीराम ने सस्मित कहा।

“मुझे अनावश्यक मान न दें प्रभु। मैं तो पतित और अपावन हूँ। राक्षस कुल में जन्म लेने के कारण मैं तो आपके दर्शनों का भी अधिकारी नहीं हूँ। किन्तु जैसा हनुमान ने कहा था वैसा ही पाया आपको, करुणा सिन्धु, दीन बन्धु। प्रभु, रावण को मैंने बहुत समझाने का प्रयास किया किन्तु उसने लात मारकर मुझे अपनी सभा से बाहर निकाल दिया है। मेरा अपराध केवल इतना था कि मैं उन्हें धर्माचरण की बात बताने का प्रयास कर रहा था और वैदेही को सादर वापस करने की प्रार्थना कर रहा था। अब मैं आपकी शरण में आ गया हूँ। आप चाहें तो मुझे प्राण दान दें, चाहें तो मेरा वध कर दें। मैं पापीष्ठ इसी योग्य हूँ।” विभीषण करबद्ध होकर बोले।

“आप सानन्द रहें हमारे साथ। राम शरण में हैं आप, निर्भय हो जाएँ।” श्रीराम ने अपना दाहिना हाथ उठाकर कहा।

श्रीराम के वचनों को सुनने के पश्चात् समस्त वानरवीरों की आँखों पर पड़ा अविश्वास का कुहरा छँट गया। अब प्रभु ने विभीषण से रावण की सैन्य शक्ति व उसकी सामर्थ्य के विषय में जानकारी ली। विभीषण ने रावण, कुम्भकर्ण, मेघनाद सहित सारे प्रमुख सेनापतियों के बल का सम्यक् वर्णन किया। मैंने देखा कि प्रभु श्रीराम विभीषण की प्रत्येक बात को बहुत ध्यानपूर्वक सुन रहे थे।

"प्रभु, लंकेश को यह वरदान मिला है कि उसे देव, दानव, गंधर्व अथवा सर्प या पक्षी नहीं मार सकते। मेरा दूसरा भाई कुम्भकर्ण असाधारण योद्धा है। प्रधान सेनापति प्रहस्त, अजेय है। रावण के ज्येष्ठ पुत्र, इन्द्रजीत जिसे मेघनाद भी कहा जाता है, के पास अभेद्य कवच है। अग्निदेव से मिले वरदान के कारण, मेघनाद अदृश्य रहकर भी युद्ध कर सकता है। रावण की सेना में कई हजार मायावी राक्षस हैं, जो रूप बदलने में निपुण हैं, वे राक्षस नर मांसभक्षी व रक्त पिपासु हैं।" विभीषण ने कहा।

विभीषण ने प्रभु को यह भी बताया कि रावण को मातामह माल्यवान, पटरानी मंदोदरी सहित समस्त परिजन समझा चुके हैं किन्तु वह मूढ़ और अहंकारी राजा कुछ भी सुनने और समझने को उद्यत नहीं है।

"रावण पाताल में भी प्रवेश कर जाए या पितामह ब्रह्मा की शरण भी ले ले, तो भी वह मेरे हाथों से जीवित बच नहीं सकता। मैं अपने तीनों भाइयों की शपथ खाकर कहता हूँ कि बिना रावण का वध किए हुए मैं अयोध्यापुरी में कदापि प्रवेश नहीं करूँगा।" प्रभु श्रीराम ने यह घोषणा भी इतने सहज भाव से की कि विभीषण उनके धैर्य को देखकर दंग रह गए।

विभीषण ने भी प्रतिज्ञा की कि वे यथाशक्ति युद्ध में प्रभु श्रीराम की सहायता करेंगे। साथ ही उन्होंने यह भी कहा कि वे अपने लोगों का वध नहीं करेंगे।

विभीषण और प्रभु का यह वार्तालाप जैसे ही समाप्त हुआ, मेरे मुख से "जय श्रीराम" सहसा निकला। मेरे मुख से "जय श्रीराम" निकलते ही पास ही खड़े वानर समुदाय में जैसे ऊर्जा भर गयी। वे भी समवेत स्वरों में जय श्रीराम के उद्घोष करने लगे।

"सौमित्र, सागर से जल ले आओ।" कुछ शान्ति व्याप्त हुई तो राघवेन्द्र ने अनुज को आज्ञा दी।

आँखों में कई प्रश्न लिए सौमित्र एक पात्र में जल लिए उपस्थित हुए। संभवतः सौमित्र को अटपटा लगा था कि इस घड़ी प्रभु को जल मँगाने की क्या सूझी।

"विभीषण, यह प्रथम मिलन है हमारा। मुझे कुछ देना चाहिए आपको। लीजिए लंका का सम्पूर्ण राज्य दिया आपको। रावण ने जिस क्षण आपका अपमान किया था। उसी क्षण उसके दिन पूरे हो गए थे। सत्पुरुष की

अवमानना से बड़ा कोई पाप नहीं होता। लंका का सिंहासन अब आपका हुआ।" प्रभु श्रीराम ने कहा।

इसके पश्चात् प्रभु श्रीराम ने विभीषण को अपने समीप पड़ी हुई एक शिला पर आसीन कराया और सागर-जल से उनका अभिषेक कर दिया।

"लंकापति विभीषण की जय।"

"राघवेन्द्र रामचन्द्र की जय!"

सभी वानरों और रीछों ने जयघोष किया। समस्त दिशाएँ देर तक इस जय निनाद से ध्वनित-प्रतिध्वनित होती रहीं। मैं देख पा रहा था कि लंकाधिपति से तिरस्कृत, निष्कासित व निराश्रित विभीषण ने प्रभु श्रीराम से प्रथम मिलन में ही न केवल उनकी आत्मीयता प्राप्त कर ली थी अपितु अब उनके वरिष्ठ सहयोगी की भाँति स्थापित हो गए थे। मैंने अनुभव किया कि प्रभु श्रीराम के अन्दर असीमित शरणागतवत्सलता है। विभीषण से मिलने के बाद उन्होंने अपने सम्बन्धों को भावनात्मक ऊष्मा दी। वैसे भी सम्बन्ध कोई भी हो, द्विपक्षीय ऊष्मा समान रूप से मिले तो वह सम्बन्ध सदैव दीर्घकालिक सिद्ध होता है। श्रीराम के चरित्र की बहुत बड़ी विशेषता यह है कि वे लंका पर विजय प्राप्त करने के बाद भी उस पर अपना राज्य स्थापित करने के विषय में क्षणभर भी नहीं सोचते हैं। बालि को मारकर उन्होंने उसके राज्य को सुग्रीव को सौंप दिया था। राम चाहते तो युद्ध के पश्चात् लंका को अपने नियंत्रण में रख सकते थे किन्तु प्रभु श्रीराम को राज्यों का क्या मोह? क्या लालसा? उन्हें स्वर्ण नगरी लंका के प्रति कोई लालच नहीं था। इसीलिए तो उन्होंने क्षण भर भी इस विषय में नहीं सोचा और रावण वध के पूर्व ही विभीषण को लंकापति बना दिया।

11.

सागर के इस तट से लंका पहुँचना आसान नहीं था। सागर के इस छोर से उस छोर तक अन्तहीन जलाशय के अतिरिक्त कुछ प्रतीत नहीं हो रहा था। सागर कहाँ समाप्त होगा, इसकी कल्पना करना भी असम्भव हो रहा था। लगातार उठती-गिरती विशाल समुद्री लहरों के कोलाहल से वानर सेना का आत्मविश्वास डगमगा रहा था।

इस सागर को पार करने के लिए प्रभु श्रीराम ने रणनीति बनाना आरम्भ किया। वे यह विचार कर रहे थे कि इस अगाध और विस्तृत समुद्र को कैसे पार किया जाए? इस सम्बन्ध में उन्होंने वानर ज्येष्ठों और विभीषण से सुझाव माँगे।

"भैया, हमें शर संधान कर समुद्र को तत्काल शुष्क कर देना चाहिए। इसके पश्चात् हमें सेना सहित लंका कूच कर देना चाहिए।" भ्राता लक्ष्मण ने सदैव की भाँति रोष के साथ सुझाव दिया।

भ्राता लक्ष्मण के सुझाव पर प्रभु मुस्कुराकर रह गये। अब उन्होंने विभीषण की ओर देखा।

"प्रभु वैसे तो आप सर्वसमर्थ हैं, आप तो कुछ भी कर सकते हैं। समुद्र को सुखा सकते हैं, परन्तु मेरा विचार यह है कि आपको पहले समुद्र की प्रार्थना करनी चाहिए। समुद्र से यह अनुरोध करना चाहिए कि वह आपको लंका प्रयाण हेतु मार्ग उपलब्ध कराये। आपको समुद्र की शरण ग्रहण करनी चाहिए। मुझे विश्वास है कि समुद्र आपकी विनती पर अवश्य ध्यान देगा। आपको स्मरण ही होगा कि समुद्र को आपके पूर्वज राजा सगर ने खुदवाया था। समुद्र इतना तो कृतघ्न नहीं होगा कि वह आपको मार्ग उपलब्ध न कराए।" विभीषण बोले।

विभीषण के धर्मानुकूल सुझाव का आदर करते हुए प्रभु श्रीराम ने सहमति प्रदान की। विभीषण के आग्रह का सम्मान करते हुए प्रभु श्रीराम ने आसन पर बैठकर समुद्रदेव का ध्यान कर उनकी आराधना आरम्भ की। निरन्तर तीन दिनों तक अपने हाथ जोड़कर, शीश नवाये हुए प्रभु श्रीराम समुद्रदेव से मार्ग देने का निवेदन करते रहे।

यह आश्चर्य था कि तीन दिवस तक प्रभु की प्रार्थना का समुद्रदेव पर कोई प्रभाव नहीं पड़ा। समुद्र की उदासीनता से उद्विग्न होकर प्रभु अत्यन्त क्रोधित हुए। उनके क्रोध का पारावार न रहा। मुझे याद नहीं आता कि प्रभु किसी पर कभी इतना क्रोधित हुए हों जितना वे उस दिन समुद्र पर हुए थे।

"समुद्र ने मेरी विनती को मेरी शक्तिहीनता समझ लिया है। वह मेरे पूर्वजों के कृत्यों को विस्मृत कर कृतघ्न हो गया है। समुद्र इतना अहंकारी हो गया है कि वह मेरे समक्ष प्रकट नहीं हो रहा है। मैंने शांति, क्षमा, सरलता और मधुर वचनों के साथ समुद्र से मार्ग उपलब्ध कराने का निवेदन किया

था किन्तु ऐसा लगता है कि मेरे इन गुणों को समुद्र ने मेरी सामर्थ्यशून्यता समझ लिया है। लक्ष्मण, तुम उचित ही कह रहे थे, समत्व से इस लोक में कीर्ति नहीं पाई जा सकती है। यह समुद्र मुझको क्षमाशील देखकर असमर्थ समझने लगा है। इसमें कोई सन्देह नहीं कि गुणहीन निम्नकोटि के पुरुष दुष्ट, धृष्ट, आक्रामक और कठोर दण्ड देने वालों का ही सत्कार करते हैं। धिक्कार है, जो मैं समुद्र के प्रति कृतज्ञ और क्षमाशील हुआ। तुम्हारा प्रस्ताव ही उचित था। मैंने तुम्हारा प्रस्ताव न मानकर भारी भूल की।" प्रभु श्रीराम ने अत्यन्त रोष के साथ लक्ष्मण को सम्बोधित करते हुए कहा।

"लक्ष्मण, आज मैं समुद्र को उसकी कृतघ्नता का दण्ड देकर रहूँगा। तुम देखना कि मैं अपने तीक्ष्ण बाणों से समुद्र को शुष्क कर दूँगा। सारे जलचर और विशाल समुद्र के अन्दर रहने वाला विशाल जीव समुदाय भी मेरे बाणों से नष्ट हो जाएगा। मैं इस समुद्र को इस सीमा तक शुष्क कर दूँगा कि वानर-रीछ पैदल चलकर ही इस समुद्र को आसानी से पार कर लेंगे। यद्यपि यह समुद्र अक्षोभ्य कहा गया है किन्तु मैं समुद्र को सुखा दूँगा। हम अभी लंका प्रयाण करेंगे। मैं इसे इस सीमा तक विक्षुब्ध कर दूँगा कि समस्त जलराशि सूख जायेगी और मात्र बालुकाराशि ही रह जायेगी।" श्रीराम अभी भी अत्यन्त क्रोधित थे।

प्रभु श्रीराम का क्रोध अभी शान्त नहीं हुआ था। उन्होंने अपने धनुष की प्रत्यन्चा खींची। प्रत्यन्चा की ध्वनि सुनकर समस्त जलचर काँप उठे। समुद्र में विशाल तरंगे उठने लगीं। सारे प्राणी भयभीत हो गए। भारी कोलाहल सा मच गया। समुद्र के अन्दर से शंख, सीपियाँ, बहुमूल्य रत्न के साथ-साथ सर्प, मत्स्य, मकर आदि प्राणी उछलने लगे।

श्रीराम का क्रोध इतना अधिक था कि हमेशा उग्र दिखने वाले लक्ष्मणजी भी प्रभु से विनती करने लगे, "ऐसा न कीजिए, भैया। आप वीर शिरोमणि हैं, समुद्र को नष्ट किए बिना भी हमारा कार्य संपन्न हो जाएगा। महापुरुषों को क्रोध के वश में नहीं होना चाहिए। आप कोई और युक्ति सोचें।"

प्रभु के क्रोध से सेना में भी सन्नाटा फैल गया था। हमेशा सौम्य और सरल दिखने वाले प्रभु श्रीराम इतने क्रोधित भी हो सकते हैं, यह अकल्पनीय था। प्रभु श्रीराम का क्रोध शान्त होते नहीं दिख रहा था।

उन्होंने अत्यन्त कठोर शब्दों में कहा, "हे महासागर! मैं पाताल सहित अभी तुझे शुष्क किये देता हूँ। मेरे बाणों से तेरी सारी जलराशि दग्ध हो जाएगी और तेरे भीतर रहनेवाले सारे जलचर मर जाएँगे। ऐसा कहकर प्रभु श्रीराम ने ब्रह्मास्त्र का संधान किया।"

ब्रह्मास्त्र का संधान करते ही तीनों लोक थर्राने लगे। ऐसा प्रतीत हुआ कि कुछ ही पलों में जगत में अंधकार छा गया हो। प्रलयकाल का दृश्य उपस्थित हो गया। समुद्र अपनी मर्यादा का अतिक्रमण करके एक योजन आगे बढ़ आया। प्रभु अपने स्थान से तनिक भी पीछे नहीं हटे। श्रीराम के क्रोध को देखकर अब समुद्र भयभीत हो गया था। समुद्र को यह लगा कि अब प्रलय आना अवश्यम्भावी है। इस प्रलय को रोकने के लिए समुद्र मनुष्य रूप में प्रभु की सेवा में उपस्थित हुआ।

"हे प्रभु, मैं क्षमा प्रार्थी हूँ। मेरे अवगुणों को क्षमा कर दीजिए। मैं अधम था जो आपके क्रोध का कारण बना। अब मैं आपकी शरण में आ गया हूँ, कृपया मुझे शरण दें।" समुद्र हाथ जोड़कर बोला।

समुद्र के विनीत वचन सुनकर प्रभु श्रीराम का क्रोध शान्त हो गया। प्रभु के मुख पर इतनी शान्ति और मृदुता छा गयी कि ऐसा लग ही नहीं रहा था कि अभी कुछ क्षण पूर्व वे जिस समुद्र पर इतने क्रोधित भी थे, उससे इतने मृदु वचन बोलेंगे।

"समुद्र देव, मैं आपका आभारी हूँ। मैं स्वयं भी अनावश्यक क्रोध कर बैठा। आप जानते ही हैं कि मेरी वामांगी का अपहरण लंकेश ने कर लिया है और उन्हें मुक्त कराने के लिए आपकी सहायता अपरिहार्य है। हम लंका प्रस्थान करना चाहते हैं। आपकी विशाल जलराशि को देखकर यह सुनिश्चित नहीं कर पा रहे हैं कि किस प्रकार हम सेना सहित समुद्र पार उतर सकें? आप स्वयं इस प्रयोजनार्थ कोई उपाय बताएँ।" प्रभु अत्यन्त विनम्रता से बोले थे।

संभवतः प्रभु श्रीराम का यह विचार था कि यदि सेना को लंका तक पहुँचना है तो समुद्र पर एक मजबूत सेतु का निर्माण किया जाना आवश्यक होगा। प्रभु यह नहीं चाहते थे कि वानर और रीछ सेना के सदस्य समुद्र के असंख्य जल जीवों के आहार बन जाएँ।

"हे प्रभु, आप मर्यादा पुरूषोत्तम हैं। आप चाहें तो एक बाण से मेरा स्रोत सुखाकर उस पार जा सकते हैं लेकिन आपने मेरा मान बनाए रखा। मैं

इसके लिए आपका आभारी हूँ। प्रभु मैं आपको एक रहस्य से अवगत कराना चाहता हूँ। आपकी सेना में नल और नील दो कपि हैं। इन दोनों कपियों को बचपन से एक ऋषि का आशीर्वाद प्राप्त है कि इनके स्पर्श किए हुए पर्वत भी समुद्र पर तैर सकेंगे। प्रभु, इन दोनों की सहायता से आपके अन्य वानर वीर मेरे आर-पार उपरिगामी सेतु का निर्माण करें। इसके माध्यम से आप और लक्ष्मण जी के साथ पूरी कपि सेना लंका में प्रविष्ट हो सकेगी। इस प्रकार आपकी सेना को सुरक्षित मार्ग भी मिल जाएगा और भयावह जलचर और सरीसृप प्राणी किसी को भी क्षति न पहुँचा सकेंगे।" समुद्र ने प्रभु श्रीराम को यह उपाय सुझाया।

मैंने देखा कि इस वार्तालाप के बीच प्रभु का हाथ अभी भी अपने धनुष पर था। वे किसी तरह स्वयं को रोके हुए थे। अस्तु प्रभु श्रीराम अमोघ बाण का संधान कर चुके थे, उसे वापस लेना सम्भव नहीं था। ऐसे में प्रभु ने अपना अमोघ बाण अन्तरिक्ष की ओर छोड़ दिया। वह बाण अन्तरिक्ष में किसी भाग में अपना प्रताप दिखाकर वापस उनकी तूणीर में लौट आया।

समुद्र के वचनों को सुनकर प्रभु श्रीराम ने सेतु निर्माण का कार्य नल और नील को सौंप दिया। ये दोनों भाई कुशल शिल्पकार थे। वानर-भालू विशाल वृक्षों और चट्टानों को उखाड़-उखाड़ कर नल-नील को देते जाते जिसे वे दोनों भाई 'श्रीराम' अंकित करते हुए कुशलता से समुद्र में व्यवस्थित करते हुए प्रवाहित करते गए। इस प्रयास में साल, कुटज, नारियल, बहेड़े, अश्वकर्ण, धव, बाँस, अर्जुन, तिलक, कनेर, आम, बकुल, नीम आदि के सहस्त्रों वृक्ष और बड़ी-बड़ी शिलायें भी प्रयुक्त की गयीं। भारी मात्रा में निर्माण सामग्री का प्रयोग हो रहा था। जो भी चट्टान, शिलाएँ, वृक्ष उपयोगार्थ थे उन पर 'श्रीराम' अंकित कर नल और नील के हाथों में पकड़ा दिये जाते। श्रीराम लिखी हुई इन चट्टानों, शिलाओं और वृक्षों को जब नल और नील पानी में छोड़ते तो वे आसानी से पानी पर तैरने लगते। समय और श्रम दोनों की बचत हो रही थी। श्रीराम अंकित चट्टानें काष्ठ की तरह जल तल पर तैर रही थीं। इस प्रकार सेतु निर्माण का कार्य द्रुत गति से चल रहा था।

प्रभु स्वयं हतप्रभ थे कि भारी भरकम शिलाखण्ड किस प्रकार पानी पर तैर जाते हैं? मुझे स्मरण है कि प्रभु श्रीराम ने एक दिन मुझे छेड़ते हुए कहा था, "ये पत्थर पानी पर कैसे तैरने लगते हैं हुनमान?"

मैंने विनयपूर्वक कहा, "प्रभु, आपके नाम की महिमा अनन्त है। आपके नाम के प्रताप से ही ये पर्वत और बड़े-बड़े शिलाखण्ड समुद्र पर तैर रहे हैं।"

कौतूहलवश प्रभु ने छोटे-छोटे दो-तीन पत्थर उठाकर समुद्र के जल पर रखे, किन्तु ये क्या, वे तो सब के सब डूब गए। प्रभु ने आश्चर्यचकित होकर मुझसे पूछा, यह कैसे सम्भव है? मैं स्वयं इन पत्थरों को अपने हाथ से छोड़ रहा हूँ, किन्तु ये पानी पर तैरने के बजाए डूबते जा रहे हैं। मैं क्या कहता, बस इतना ही कह सका, "स्वामी आप जिसे छोड़ देंगे उसे तो सहज डूबना ही है।" मेरे इस उत्तर पर प्रभु श्रीराम मुस्करा उठे।

वानर वीरों के अथक् परिश्रम के चलते पहले दिन चौदह योजन, दूसरे दिन बीस योजन, तीसरे दिन इक्कीस योजन और चौथे दिन बाइस योजन तक सेतु निर्मित हो सका। सेतु निर्माण का पाचवाँ दिन चल रहा था। उसका थोड़ा भाग ही निर्मित होने को बचा था। नल ने बताया कि शेष भाग को पूर्ण करने के लिए अब पत्थर-पहाड़ों की कमी पड़ रही है। दक्षिण दिशा के प्रायः सारे पर्वत सागर को अर्पित हो चुके थे। सेतु भी कोई साधारण नहीं था। लम्बाई तो उसकी सौ योजन थी ही चौड़ाई भी दस योजन थी। सागर की तरह ही विस्तृत राम सेना को पार उतारने में कोई संकीर्ण सेतु सक्षम भी कैसे होता?

"पवनपुत्र, अब दक्षिणी तट के समस्त शिला, चट्टान आदि सेतु निर्माण में प्रयुक्त हो चुके हैं। अब इस भू-भाग में पर्वत शेष नहीं हैं।" कई वानर विवशता में चिल्लाये।

"यदि नहीं है तो उत्तर दिशा की ओर दौड़ो। वहाँ से पर्वत, शिलाएँ, वृक्ष लेकर आओ। मैं हिमालय की दिशा में जाता हूँ और वृहत् शिलाखण्ड लेकर आता हूँ।" मैंने उन वानर वीरों को सुझाव दिया और स्वयं सुदूर उत्तर हिमालय की तरफ चल दिया। समीपस्थ पर्वतों को अन्य वानरों के लिए छोड़ देना उचित था। मैं हिमालय की ओर गतिमान था।

हिमालय पहुँचकर मुझे हिममण्डित गोवर्धन पर्वत के दर्शन हुए। यह पर्वत शालिग्राम नामक काले पत्थर का बना हुआ था। मुझे लगा कि यदि यह पर्वत समूल उखाड़ लिया जाए तो शेष पुल के निर्माण के लिए यही एक पर्वत पर्याप्त सिद्ध होगा। ऐसा विचार कर जैसे ही मैंने गोवर्धन को समूल उखाड़ने का प्रयास किया। मेरा अनुमान था कि यह विशाल शिखर यदि सागर तट

तक पहुँचा सका तो पुल का शेष भाग शीघ्र ही पूर्ण हो जाएगा। मैंने गोवर्धन को उखाड़ने के लिए दोनों हाथ लगाए पर असमर्थ रहा। मैंने अपनी सारी शक्ति हाथों में भर दी किंतु गोवर्धन को उखाड़ सकने में असमर्थ रहा।

मैंने गोवर्धन से निवेदन किया, "पर्वतराज, आपको बताना चाहता हूँ कि प्रभु श्रीराम लंकागमन हेतु समुद्र पर एक सेतु का निर्माण करा रहे हैं। लंका का राजा राक्षसराज रावण श्रीराम की धर्मपत्नी सीता का अपहरण कर ले गया है। कई बार अनुनय-विनय करने के पश्चात् भी रावण ने माता सीता को ससम्मान वापस करने में कोई रुचि नहीं प्रदर्शित की। अन्यान्य लोगों द्वारा समझाने पर भी वह प्रस्ताव अस्वीकार करता रहा। अब स्थिति यह है कि श्रीराम और रावण युद्ध की परिस्थितियाँ उत्पन्न हो गयी हैं। रावण का विनाश तभी सम्भव है जब लंका तक पहुँचा जा सके। इसी उद्देश्य से सेतु का निर्माण किया जा रहा है सागर पर। आप जानते ही हैं। आपको भी मैं उस सेतु के एक अंश के रूप में प्रयुक्त करना चाहता हूँ।"

यद्यपि मैंने अति संक्षेप में पर्वतराज को श्रीराम कथा बताने का प्रयास किया था किन्तु उन्हें पूरी बात समझने में देर न लगी। उन्हें लगा कि यदि वे इस पुनीत कार्य में अपना योगदान कर सकें तो उनका जीवन धन्य हो जाएगा। उन्होंने मुझसे प्रतिज्ञा ली कि प्रभु मुझे स्पर्श कर सेतु निर्माण में मेरा प्रयोग करेंगे। मैंने भी उनकी बात का सम्मान रखते हुए हामी भर दी। मेरी बात सुनते ही पर्वतराज गोवर्धन रुई की भाँति भारहीन होकर मेरे हाथों में उठ आये। मैं उन्हें लेकर दक्षिण की ओर उड़ा। मैं हथेली पर गिरिराज गोवर्धन को लिए मुश्किल से आधे मार्ग तक ही पहुँचा था कि प्रभु श्रीराम का यह आदेश चारों दिशाओं में व्याप्त हो गया कि अब सेतु का शेष भाग पूर्ण हो चुका है अतएव सभी लोग अपने हाथ के वृक्ष, पर्वत इत्यादि को वहीं स्थापित दें जहाँ तक वे पहुँच सके हैं। मैं गोवर्धन को लेकर जहाँ पहुँचा था वह बृजभूमि थी। अब मेरे सामने कोई विकल्प नहीं था। पर्वतराज गोवर्धन को मैंने बृजभूमि में ही स्थापित कर दिया। यद्यपि गोवर्धन स्वयं ही प्रभु के कार्य आना चाहते थे किन्तु अब हो भी क्या सकता था? विवश होकर मैंने गिरिराज को बृजभूमि में ही रख दिया। वास्तव में प्रभु प्राकृतिक संसाधनों का दुरुपयोग नहीं करना चाहते थे। वे नहीं चाहते थे कि सागर तट पर आवश्यकता से अधिक प्राकृतिक संसाधनों का संचय हो जाए। सारे वानरों ने प्रभु की आज्ञानुसार अपने-अपने हाथों के पत्थर-पर्वत यथावत रख दिए।

गोवर्धन को ब्रजभूमि में स्थापित करना मुझे अच्छा नहीं लगा। मुझे लगा कि गोवर्धन स्वयं ही प्रभु के लिए उपयोग होना चाहते थे। तिस पर मैंने भी उनसे यह प्रतिज्ञा कर ली थी कि उन्हें प्रभु के श्री स्पर्श का लाभ दिलवाऊँगा। किन्तु अब मैं कर भी क्या सकता था? मैं गोवर्धन को ब्रजभूमि में स्थापित करके उड़ता हुआ सीधे प्रभु के पास पहुँचा।

"प्रभु, एक त्रुटि हो गई है।" मैंने कहा।

"क्या हुआ हनुमान?" प्रभु ने मुस्कराकर पूछा।

"प्रभु, मैंने गिरिराज गोवर्धन को वचन दे दिया था कि आपकी चरण धूलि का स्पर्श उन्हें सुलभ कराऊँगा। वे इस सेतु निर्माण में अपना सहयोग देना चाहते थे किन्तु आपके आदेशानुसार मुझे मार्ग के मध्य में ही उन्हें ब्रजभूमि में स्थापित कर देना पड़ा।"

"उपयुक्त स्थान पर स्थापित किया आपने गिरिराज को।" प्रभु मुस्कराए।

"किन्तु मैंने तो गोवर्धन को आपसे आशीर्वाद दिलाने का वचन दे दिया था।"

"हनुमान का वचन व्यर्थ नहीं जा सकता। अभी तो अल्पकालिक स्पर्श ही मिल पाता उन्हें। जिस पर हनुमान कृपालु हो तो इतने से क्या होना है? बस वे प्रतीक्षा करें। द्वापर में मैं ग्वाल बाल के साथ वर्षों तक विचरण करूँगा गिरिराज गोवर्धन पर। इतना ही नहीं, मैं उन्हें पूरे सात दिनों तक उठाये रहूँगा अपने हाथ पर जब ब्रजभूमि में इन्द्र के प्रलय मेघ उत्पात मचायेंगे।"

"धन्य हैं प्रभु आप। आपकी भक्तवत्सलता अप्रतिम है, कोई उदाहरण नहीं है उसका।" मैंने हाथ जोड़कर सिर झुकाया।

सेतु का निर्माण हो चुका था। प्रभु की आकांक्षा थी कि सेतु निर्माण के उपयोग से पूर्व भगवान शिव की मूर्ति स्थापना की जाए। प्रभु चाहते थे कि भगवान शिव की मूर्ति की प्राण प्रतिष्ठा की जाए। ईष्टदेव भगवान शिव के शिवलिंग लाने का दायित्व मुझे ही सौंपा गया।

"हनुमान, भगवान शिव की पूजा किए बिना हम लंका प्रस्थान नहीं करेंगे।" श्रीराम ने कहा।

"मेरे लिए क्या आज्ञा है प्रभु?" मैंने विनीत स्वर में पूछा।

“हनुमान, तुम कैलाश पर्वत जाकर शिवलिंग ले आओ ताकि मैं अपने आराध्य की पूजा करके अभियान शुरू कर सकूँ।” श्रीराम ने स्नेह भरे स्वर में कहा।

“जैसी आज्ञा प्रभु...।” मैंने कहा।

“मुझे आशा है कि तुम ब्रह्मबेला तक शिवलिंग लेकर वापस आ जाओगे क्योंकि पूजा के लिए वही शुभ मुहूर्त निर्धारित हुआ है।” श्रीराम ने कहा।

मैंने अनुभव किया कि समय बहुत कम था। इतने कम समय में इस अभीष्ट को प्राप्त कर पाना आसान नहीं था परन्तु यह विचार करना भी मेरे लिए कहाँ सम्भव था? प्रभु श्रीराम का आदेश पालन करना ही मेरा धर्म है। जैसी प्रभु की कृपा। मैं पूरे वेग से कैलाश पर्वत की ओर उड़ा। मेरा प्रयास था कि मैं यथाशीघ्र कैलाश पर्वत जाकर वहाँ से शिवलिंग को ले आऊँ। रास्ते भर मैं यही सोचता रहा कि किसी भी प्रकार मुझे ब्रह्मबेला तक कैलाश पर्वत से शिवलिंग को उठाकर सागर तट पर लाना है जिससे कि हम शुभ मुहूर्त में लंका प्रस्थान कर सकें। रास्ते में कोई बाधा उपस्थित नहीं हुई। कैलाश पर्वत पहुँचकर भगवान शिव को प्रणाम कर हाथों में शिवलिंग उठाये मैं वापस हुआ। शिवलिंग प्राप्त कर उसी वेग से वापस लौटा लेकिन सागर तट पर जब पहुँचा तो मेरे लिए अत्यधिक आश्चर्यजनक घटना घटी।

जब तक मैं शिवलिंग लेकर वापस आया, समुद्री बालू का एक नया शिवलिंग स्थापित कर प्रभु श्रीराम ने ब्रह्मबेला में अपने आराध्य की पूजा कर डाली थी। मुझे कैलाश पर्वत से शिवलिंग लाने में तनिक विलम्ब हो गया था। मुझे दुःख भी हुआ कि मेरा परिश्रम व्यर्थ गया। मैं खिन्न भी हुआ किन्तु कर भी क्या सकता था? प्रभु सम्भवतः मेरी खिन्नता को समझ गये। प्रभु श्रीराम ने मेरी कर्तव्यनिष्ठा को ध्यान में रखते हुए अपने हाथों से निर्मित बालू के शिवलिंग के समीप ही मेरे लाये हुए कैलाश पर्वत वाले शिवलिंग विग्रह को स्थापित किया।

“हनुमान, आपके लाये इस शिवलिंग की पूजा के पश्चात् ही मेरे द्वारा स्थापित इस शिवलिंग की पूजा होगी, अर्थात् पहले हनुमदीश्वर तब रामेश्वर।” प्रभु श्रीराम ने मेरी खिन्नता को पलक झपकते ही प्रसन्नता में परिवर्तित कर दिया। मैं प्रभु के चरणों में गिर पड़ा। भक्तवत्सलता का एक और उदाहरण प्रस्तुत किया था प्रभु श्रीराम ने।

ऋषियों ने रामेश्वर लिंग के पार्श्व में ही मेरे द्वारा लाए इस पाषाण विग्रह की भी स्थापना मन्त्रोचारपूर्वक की और वहाँ उपस्थित सभी वानर-रीछ तथा ऋषि-मुनि एक स्वर में बोल पड़े।

हनुमदीश्वर की जय!

रामेश्वर की जय!

भक्तवत्सल श्रीराम की जय!

वीरवर सौमित्र की जय!

पूजा अर्चना के बाद राम सेना ने लंका प्रयाण किया। शीघ्र ही श्रीराम सेना समुद्र के दूसरे तट पर पहुँच गयी। लंका की सीमा में पहुँचकर राम सेना ने 'सुबेल' नामक पर्वत पर अपना पड़ाव स्थापित किया। सुबेल पर ठहरने के अगले ही दिन युद्ध की रणनीति बनने लगी। प्रभु श्रीराम ने जाम्बवान से युद्ध के विषय में परामर्श किया। परामर्श में यह निश्चित किया गया कि लंकेश को समझाने के लिए किसी वानरवीर को दूत बनाकर भेजा जाए ताकि युद्ध की विभीषिका से बचा जा सके। दूत के रूप में बालि सुत अंगद को भेजा जाना सुनिश्चित हुआ।

प्रत्येक युद्ध से पहले संधि का प्रस्ताव भेजना राजनीतिक प्रक्रिया का अंग होता है। मर्यादा पुरुषोत्तम द्वारा तो मर्यादाओं का अतिक्रमण वैसे भी सम्भव न था। यद्यपि यह हम सब जानते थे कि अंगद को रावण सभा में भेजने से कुछ भी हल नहीं निकलेगा।

उधर अपने गुप्तचरों के माध्यम से लंकेश को यह सूचना हो चुकी थी कि राम वाहिनी लंका के उत्तरी छोर पर पहुँच चुकी है। लंकेश अभी भी अहं का शिकार था। रावण ने वानर सेना का परिमाण और पराक्रम का पता लगाने हेतु अपने दो गुप्तचर शुक और सारण को हमारे शिविर में भेजा। लंकेश यह भी जानना चाहता था कि किस प्रकार इस सेना ने सौ योजन लम्बे विशालकाय समुद्र पर इतनी कम अवधि में सेतु निर्मित कर लिया है।

शुक और सारण वानर का रूप धारण करके राम सेना में प्रवेश कर गए। इतनी विशाल कपि सेना की गणना करना उन दोनों गुप्तचर राक्षसों के लिए सम्भव न था। शुक और सारण जब सेना के परिमाण व आयुधों का अनुमान लगा रहे थे तभी विभीषण ने उन्हें पहचान लिया। शुक और सारण

को पकड़कर प्रभु श्रीराम के सामने प्रस्तुत किया। शुक और सारण ने प्रभु श्रीराम से अपने आने का प्रयोजन स्पष्ट किया कि उनको रावण ने राम सेना की गुप्त जानकारी लेने के लिए भेजा है।

यह सुनकर दयालु और कल्याणकारी प्रभु श्रीराम ने हँसकर कहा, "यदि तुमने सारी सेना देख ली हो और रावण का बताया हुआ समस्त कार्य कर लिया हो, तो अब तुम वापस लौट जाओ। तुम्हें कोई नहीं रोकेगा। यदि अभी तुम्हें कुछ देखना शेष हो तो विभीषण तुम्हें वह समस्त दिखा देंगे। जब तुम रावण से मिलो तब यह संदेश कह देना कि मैं लंकापुरी पर शीघ्र आक्रमण करने वाला हूँ।"

शुक और सारण धर्मवत्सल प्रभु श्रीराम से 'आपकी जय हो' का अभिवादन करके रावण के पास लौट गए। शुक ने वापस जाकर श्रीराम की महानता तथा राम वाहिनी के परिमाण के विषय में जानकारी देने के पश्चात् राक्षसराज रावण को यह सुझाव दिया वह श्रीराम को उनकी पत्नी लौटा दे। शुक और सारण ने राक्षसराज रावण को यह भी सुझाव दिया कि प्रभु की शरण ग्रहण करने में ही भलाई है किन्तु रावण को भला कौन समझा सकता था। उसे अपने दोनों गुप्तचरों का यह परामर्श अत्यन्त अहितकर लगा। रावण ने उन दोनों को बुरा-भला कहकर राजसभा से निष्कासित कर दिया। शुक और सारण को निष्कासित करने के बाद रावण ने एक और प्रमुख गुप्तचर शार्दुल के नेतृत्व में कुछ गुप्तचरों को राम सेना की गतिविधियों के बारे में जानकारी लेने के लिए भेजा। विभीषण ने शार्दुल को भी पकड़ लिया। शेष गुप्तचरों को तो डाँटकर भगा दिया, पर शार्दुल को पकड़वाकर वानरों द्वारा बहुत पिटवाया गया। प्रभु श्रीराम को जब शार्दुल को पकड़ने की सूचना प्राप्त हुई तो उन्होंने उसको भी करुणावश छुड़वा दिया। किसी तरह प्राण बचाकर भागने के पश्चात् रावण की सभा में शार्दुल ने अपनी उपस्थिति प्रकट की।

शार्दुल ने भी रावण को वही जानकारी दी जो शुक और सारण ने दी थी। उसने राम सेना को अजेय बतलाया। रावण को यह सूचना भी रुचिकर नहीं लगी।

युद्ध की परिस्थितियाँ उत्पन्न हो चुकी थीं। दोनों पक्ष से रणनीतियों को अन्तिम रूप दिया जा रहा था। अभी तो युद्ध की औपचारिक घोषणा भी नहीं हुई थी कि कुटिल रावण ने अपनी माया फैलानी आरम्भ कर दी। उसने

सोचा कि यदि वैदेही को समझा लिया जाए तो युद्ध की स्थिति ही उत्पन्न नहीं होगी। कूटनीतिज्ञ रावण ने एक गुप्त मंत्रणा की। उसने मायाजाल रचने का निर्णय लिया। उसने विद्युज्जिह्व नामक मायावी राक्षस की मदद से माया रचित प्रभु श्रीराम का कटा हुआ मस्तक दिखलाकर सीता माता को मोहित करने की योजना बनाई। पूर्वयोजना के अनुसार रावण ने अशोक वाटिका में जाकर माता सीता के सन्मुख मनगढ़ंत कथा सुनाई कि अर्द्धरात्रि को उसके सैनिकों ने सुबेल पर्वत पर आक्रमण करके श्रीराम और लक्ष्मण का वध कर दिया है। शेष सभी सैनिक या तो मारे गए या भाग गए हैं। रावण की आज्ञा से विद्युज्जिह्व ने सीता माता को वह माया रचित भगवान् राम का कटा हुआ मस्तक और धनुष दिखलाया। यह देख सीता माता विलाप करने लगीं और व्याकुल हो गईं। जब रावण यह मायावी प्रदर्शन कर ही रहा था तभी उसे यह संदेश मिला कि राजसभा में उनकी तत्काल उपस्थिति अनिवार्य है। रावण और विद्युज्जिह्व ने अपने बुलावे की सूचना पर जैसे ही वहाँ से प्रस्थान किया तो उनके जाते ही वह माया रचित सिर और धनुष भी विलुप्त हो गए।

यह संयोग ही था कि जब यह घटना हुई तब विभीषण की पत्नी उस समय वहीं उपस्थित थीं। वे समझ गयीं कि ये रावण का मायावी कृत्य है। विभीषण की पत्नी ने माता सीता को समझाया कि यह सब रावण की माया है। श्रीराम, लक्ष्मण सहित सुरक्षित हैं और उनके सारे सैनिक भी सकुशल हैं। वे शीघ्र ही लंका पर आक्रमण करके रावण और उनके सहयोगियों को मार डालेंगे और आपको मुक्त कराकर ले जाएँगे। विभीषण की पत्नी की बातों से माता सीता के शोकग्रस्त मन को अत्यन्त सांत्वना प्राप्त हुई। विभीषण की पत्नी ने माता सीता को यह भी बताया कि रावण की माँ ने भी रावण को समझाया कि श्रीराम साधारण मनुष्य नहीं है किन्तु रावण इस बात को मानने के लिए बिल्कुल तैयार नहीं है। विभीषण की पत्नी ने यह भी रहस्योद्घाटन किया कि यही सुझाव एक वृद्ध मंत्री तथा रावण के नाना ने भी लंकेश को दिया है परन्तु अहंकारी रावण का मन किंचित भी परिवर्तित नहीं हो पा रहा है। लंका की प्रजा भी अपने भविष्य को लेकर आशंकाग्रस्त है किन्तु लंकेश अपनी हठधर्मिता को छोड़ने के लिए तैयार नहीं है।

12.

प्रभु श्रीराम सुबेल पर्वत से लंका का निरीक्षण कर रहे थे और आक्रमण करने की रणनीति बना रहे थे।

युद्ध किसी भी सभ्यता, संस्कृति के लिए सुपरिणाम नहीं लाते। युद्ध का अंत अंततः विभीषिका ही होती है। परिस्थितियाँ कुछ भी हों, यथासम्भव दोनों पक्षों को युद्ध से बचना ही चाहिए। एक फलती-फूलती सभ्यता को समाप्तप्राय कर देना और नये सिरे से सभ्यता का पुनर्निर्माण करना सरल होता है क्या? हमेशा से ही यह परम्परा रही है कि युद्ध की विभीषिका से बचने के लिए जो भी प्रयास हो सकते हों, कर लेने चाहिए। तभी तो प्रत्येक युद्ध से पूर्व संधि का प्रस्ताव भेजा जाना आवश्यक होता है। यह राजनीति की तो माँग है ही, लोकनीति भी इसी से प्रशासित होती है। प्रभु श्रीराम तो वैसे भी लोक कल्याण और लोक मर्यादा को महत्व देते रहे हैं। मर्यादा पुरुषोत्तम यहाँ इस नीति का पालन न करें, यह संभव न था। युद्ध की सारी संभावनाओं को वे टालना चाहते थे, वे चाहते थे कि बिना युद्ध की भयावहता के शिष्टाचार से मामला निक्षेपित हो जाए। वे चाहते थे कि रावण उनकी पत्नी सीता को लेकर शरण में आ जाए तो क्षमा कर दिया जाएगा। वे अंतिम क्षणों तक रावण को परिवर्तन का अवसर देकर युद्ध न होने की प्रत्येक सम्भावना का प्रयोग कर लेना चाहते थे।

मैंने प्रभु की ओर देखा। मैंने अनुभव किया कि प्रभु यथासंभव हिंसा से बचना चाहते थे। प्रभु श्रीराम और जाम्बवान के वार्तालाप में लंकाधिपति को अन्तिम बार समझाने के लिए पहले ही सहमति बन चुकी थी। शान्ति के प्रस्ताव को लंकाधिपति तक पहुँचाने के लिए दूत के रूप में अंगद को भेजा जाना सुनिश्चित किया गया।

अंगद को अपनी भूमिका का पूरा भान था। अंगद अपने पिता की भाँति बलशाली और पराक्रमी थे। प्रभु से अनुमति लेकर वे लंका प्रस्थान कर गए। वे कुछ ही देर में लंकापुरी पहुँच गए। बहुत से राक्षसवीर उन्हें रोकना चाहते थे, किन्तु कोई भी राक्षस उन्हें रोकने का साहस नहीं जुटा पाया। संभवतः उन्हें अभी भी लंका दहन और मेरा स्वरूप स्मरण हो रहा था। अंगद बिना किसी अवरोध के सीधे रावण के राजभवन में पहुँच गए।

वानरश्रेष्ठ अंगद इस समय उत्साह से भरे हुए थे। अंगद को देखते ही राजदरबार में हड़कम्प मच गया।

रावण ने अंगद से कौतुकता के साथ पूछा, "क्या तुम वही वानर हो जिसकी पूँछ जला दी गयी थी?"

"लंकेश, वह तो हनुमान थे... मैं बालिपुत्र अंगद हूँ। वर्तमान में प्रभु श्रीराम के दूत के रूप में आपके दरबार में प्रस्तुत हूँ। प्रभु श्रीराम ने मुझे इसलिए दूत बनाकर भेजा है कि मैं आपको समझा सकूँ कि आप ससम्मान माता सीता को उन्हें वापस कर दें और उनकी शरण में आ जाएँ तो कृपानिधान आपको तुरन्त ही क्षमा कर देंगे।" अंगद ने रावण को यह भी स्मरण कराया कि मैं उन्हीं बालि का पुत्र हूँ जिन्होंने अपनी काँख में आपको दबा लिया था और आप किसी तरह जान बचाकर भाग पाए थे।

रावण अभी भी आत्ममुग्धता से परिपूर्ण था। वह किसी भी सन्धि प्रस्ताव को मानने के लिए कदापि तैयार नहीं था।

उसने अट्टहास करते हुए अंगद से कहा, "दूत, तू मनुष्य शरीर धारण करने वाले उस अयोध्याकुमार की स्तुति क्यों कर रहा है? तुझे पता ही है कि लंका की सेवार्थ कितने ही देवता यहाँ परतन्त्र जीवन जी रहे हैं। तुझे लंका के वीरों के बल का अनुमान नहीं है।"

रावण की हँसी में कई राक्षस वीर भी सम्मिलित हो गए। अब अंगद के लिए अपने बल बुद्धि का परिचय देना आवश्यक हो गया। उन्हें लगा कि इस सभा में रावण के सामने सम्मानजनक भाषा का प्रयोग करने का कोई लाभ नहीं है।

"मैं तो अपने स्वामी की ओर से सन्धि प्रस्ताव लेकर यहाँ प्रस्तुत हुआ था। यह अन्तिम अवसर था। तुम अहंकारी हो तुम्हें अभी लंका का भविष्य दिखाई नहीं पड़ रहा। लंका के सर्वनाश की घड़ी आ चुकी है। इस सर्वनाश के लिए तुम उत्तरदायी होगे।" अंगद ने रावण को पुनः ललकारते हुए कहा।

अंगद के कठोर वचन सुनकर रावण रूष्ट हो गया। रोष भरे स्वर में वह क्रोधित होकर बोला, "पकड़ लो इस दुर्बुद्धि वानर को...।"

अंगद ने भी उन राक्षसों के समक्ष अपना बल प्रदर्शन करना आवश्यक समझा। इसी क्रम में उन्होंने रावण सभा में अपना विशाल चरण स्थापित कर दिया, प्रभु श्रीराम का स्मरण किया और संकल्प लिया, यदि कोई भी राक्षस

मेरे इस पग को तनिक भी विचलित कर देगा तो मैं यह मान लूँगा कि प्रभु श्रीराम युद्ध में हार गए हैं। यदि ऐसा हो गया तो मैं वचन देता हूँ कि प्रभु श्रीराम, लक्ष्मण जी और सुग्रीव सेना सहित वापस लौट जाएँगे।"

ऐसा ही हुआ, सभा में उपस्थित सारे शूरवीरों ने अपना-अपना बल प्रयोग किया, किन्तु अंगद का पाँव तनिक भी विचलित नहीं कर सके। इस पूरी घटना के समय अंगद प्रभु श्रीराम स्मरण में इतने निमग्न रहे कि उन्हें पता नहीं चला कि कौन क्या कर रहा है। मेघनाद ने भी अपनी शक्ति की परीक्षा ले ली, पर कहाँ मिथ्या अहंकार का बल और कहाँ प्रभु श्रीराम की असीम कृपा? मेघनाद के पराक्रम से पृथ्वी में तनिक कम्पन का अनुभव हुआ किन्तु अंगद का पैर तिल भर भी अपने स्थान से नहीं हिला।

अंत में रावण अपने आसन से उठा। अंगद ने उसे उठता देखकर उसका बड़ा उपहास किया, "रहने दो लंकेश। मेरे पैर क्यों पकड़ रहे हो? मेरे पैरों पड़ने से भला क्या लाभ? यदि पकड़ना ही है तो प्रभु श्रीराम के चरणों को पकड़ो। मैं तो प्रभु श्रीराम का सेवक हूँ।"

अंगद के इन वचनों को सुनकर रावण बहुत खीझ गया। उसने आज्ञा दी, पकड़ लो, इस दुष्ट वानर को। यह जीवित बचकर जाने न पाए।

राक्षस अंगद को पकड़ने के लिए टूट पड़े। अंगद ने अपने पकड़े जाने का कोई प्रतिकार नहीं किया। उन्होंने इस अवसर को अपने बल पराक्रम का परिचय देने के लिए प्रयोग किया। जब राक्षसों ने उनको अच्छी तरह पकड़ लिया, तब अंगद उनको अपने कंधों पर उठा कर थोड़ा उछलकर राजसभा की छत पर चढ़ गए। लंकाधिराज के उस महल की चोटी पर जो पर्वत शिखर के समान ऊँची थी, पैर पटकते हुए कूदने लगे। राक्षस बेचारे नीचे गिर पड़े। अंगद ने एक भयानक अट्टहास किया और उस छत को कूद-कूदकर तोड़ डाला। इसके पश्चात् वे छलाँग मारकर बाहर निकल गए और वापस सुबेल पर्वत पर राम सेना में आ मिले।

अंगद का पराक्रम देखकर रावण की सेना में निराशा छा गई।

मध्याह्न के पूर्व ही अंगद अपने शिविर में वापस आ गए। संधि के प्रस्ताव के अस्वीकृत होने पर अब युद्ध के अतिरिक्त कोई विकल्प शेष न था। युद्ध से बचने के समस्त प्रयास निष्फल सिद्ध हो चुके थे। रावण के अहंकार ने युद्ध को अवश्यंभावी बना दिया था।

13.

युद्ध की घोषणा हो चुकी थी। प्रभु श्रीराम और सौमित्र लंका अभियान के पूर्व तैयारियों की समीक्षा कर रहे थे। रणनीति को अन्तिम रूप दिया जा रहा था। इस रणनीति में विभीषण की भूमिका अत्यन्त महत्वपूर्ण थी। विभीषण ने प्रभु श्रीराम को रावण की युद्ध रणनीति के विषय में अवगत कराया। विभीषण ने बताया कि रावण ने युद्ध की तैयारी कर ली है। उसने अपनी रणनीति में पूर्वी द्वार पर प्रहस्त को, दक्षिणी द्वार पर महापार्श्व और महोदर को, पश्चिम में मेघनाद को, उत्तर में स्वयं और मध्य में विरूपाक्ष को नियुक्त किया है।

प्रभु श्रीराम ने विभीषण से रावण की रणनीति के विषय में जानने के पश्चात् अपनी व्यूह रचना सुनिश्चित की। प्रभु श्रीराम ने प्रहस्त के विरुद्ध नील, महापार्श्व और महोदर के विरुद्ध अंगद, मेघनाद के सम्मुख मुझे, विरुपाक्ष का सामना करने के लिए सुग्रीव और जाम्बवान को नियुक्त किया जबकि स्वयं और सौमित्र को लंकेश का सामना करने के लिए नियुक्त किया। प्रभु ने यह सुनिश्चित कर दिया कि राम सेना में कोई वानर मानवरूप धारण नहीं करेगा। हमारी सेना में मात्र सात जन ही मानव वेश में रहेंगे - मैं, लक्ष्मण, विभीषण, और उनके चारों चर अर्थात अनल, पनस, संपाति और प्रमति। आवश्यकता पड़ने पर इस व्यूह की योजना में संशोधन भी किया जा सकता था।

सूर्योदय के साथ ही रणभेरियाँ बज उठीं। दोनों ओर से युद्ध के संकेत मिलने लगे। वानरराज सुग्रीव का संकेत मिलते ही "जयत्यति बलो रामो लक्ष्मणश्च महाबलः" का उद्घोष करते हुए वानरों ने लंका नगरी को प्रत्येक दिशा से घेर लिया और राक्षसों पर धावा बोल दिया। राक्षस भी युद्ध करने को निकल आए। अब दोनों सेनाओं के मध्य युद्ध आरम्भ हो गया था। वानरों ने अपने नाद से लंका की धरती और आकाश को गुंजायमान कर दिया। समस्त वानर वीर अपने मन में यह ठान चुके थे कि लंका की प्राचीरों को, अट्टालिकाओं को और महलों को पर्वत शिखरों की वर्षा से चूर-चूर कर देंगे, उन्हें उखाड़ फेकेंगे। ये सभी वानर वृक्षों, पर्वत शिखरों से, मुष्टिका प्रहारों से इन असंख्य प्रासादों को और उनके द्वारों को तोड़ने लगे। ये वानर अत्यन्त विशालकाय थे। कुछ वानर तो गजराजों से भी अधिक विशालकाय थे। इन वानरों ने स्वर्ण निर्मित दरवाजों को, गोपुरों को भी ढहा दिया। बाहु, सुबाहु, नल और पनस जैसे वानरयूथपति लंका के परकोटे पर बैठ गए।

बलवान कुमुद और पनस ने पूर्वी द्वार को घेर लिया। पश्चिम द्वार को तारा के बलवान पिता सुषेण ने तथा वीर शतबलि ने दक्षिण दिशा को घेर लिया। प्रभु श्रीराम, सौमित्र तथा वानरराज सुग्रीव उत्तर द्वार पर खड़े हो गए।

रावण ने प्रत्युत्तर में कार्यवाही करते हुए लंका के उत्तरी द्वार से अपनी युवा राक्षस वाहिनी को रामवाहिनी पर आक्रमण के लिए आदेशित किया। रावण द्वारा इस युवा राक्षस वाहिनी के साथ सैकड़ों जंगली कुत्तों को भी छोड़ने के आदेश दिये गए। रावण का यह प्रशिक्षित सैन्य बल था, जिसके चलते रावण ने कितने ही युद्ध जीते थे। इन राक्षसों ने सलाखों, भालों, बरछी, कुल्हाड़ियों से वानर दल पर आक्रमण किया। वानर दल ने भी वृक्ष, चट्टान, शिलाएँ, लांगूल, नख और दाँतों से प्रत्युत्तर दिया। वानरों और राक्षसों का घमासान युद्ध हुआ। हाथियों की चिंघाड़, घोड़ों की हिनहिनाहट, रथ के पहियों की घरघराहट, अस्त्रों की टंकार, शंख, दुंदुभि, राक्षसों और वानरों के निनाद से पृथ्वी, आकाश और समुद्र काँप उठे। चारों ओर मांस और रक्त से धरती पट गई।

दोनों पक्षों के बड़े-बड़े शूरवीर अपने समतुल्य शूरवीरों के साथ युद्धरत हो गए थे। इसी क्रम में अंगद का मेघनाद के साथ भयंकर युद्ध हुआ। मैं जंबुमाली के साथ युद्ध करने लगा। लक्ष्मण भैया विरुपाक्ष के साथ और सुग्रीव प्रघस के साथ भिड़ गए। ये सब रावण के विश्वसनीय सेनापति थे। अग्निकेतु, रश्मिकेतु, सुप्तघ्न और यज्ञकोप नामक राक्षसों से एक साथ निपटने के लिए प्रभु स्वयं लड़ रहे थे। शीघ्र ही रणभूमि धूल से ढँक गई। भूमि पर वानरों और राक्षसों की रक्तिम धाराएँ बहने लगीं। वातावरण में ढोल, बिगुल तथा युद्ध की चीख-पुकार के स्वर गूँज रहे थे। पताकाएँ फट गईं, रथ ध्वस्त हो गए थे और अस्त्र-शस्त्र यहाँ-वहाँ बिखरे पड़े थे। वानर राक्षसों को नोंच-खसोट रहे थे, उनके ऊपर कूद रहे थे। वानरों के वार से राक्षसों की हड्डियाँ चटक रही थीं, माँस छितर रहा था। कई राक्षसों की आँखें बाहर निकल आईं थी।

मैं उछलकर जम्बुमाली के रथ पर चढ़ गया। अपने मुष्टिका प्रहार से मैंने उस राक्षस के साथ ही उसके रथ को भी धूल धूसरित कर दिया।

भयानक राक्षस प्रतपन भीषण गर्जना करके नल की ओर दौड़ा। उस राक्षस ने अपने तीखे बाणों से नल के शरीर को क्षत-विक्षत कर दिया। अवसर पाते ही नल ने अपने नखों से उसकी दोनों आँखें निकाल लीं।

राक्षस प्रघस वानर सेना को काल का ग्रास बना रहा था। यह देख वानरराज सुग्रीव ने सप्तपर्ण नामक वृक्ष से उसकी छाती पर प्रहार किया और उसे मार गिराया।

लक्ष्मण भैया ने अपने बाणों की वर्षा करके भयंकर काया वाले राक्षस विरुपाक्ष को मौत के घाट उतार दिया।

अग्निकेतु, रश्मिकेतु, सुप्तघ्न और यज्ञकोप नामक राक्षसों के सिर को श्रीराम ने कुपित होकर अपने भयंकर बाणों द्वारा काट दिया।

मैन्द ने वज्रमुष्टि पर मुक्के का प्रहार किया। इस प्रहार से वज्रमुष्टि अपने रथ से पृथ्वी पर गिर पड़ा।

युद्धस्थल में निकुम्भ ने नील को रणक्षेत्र में अपने पैने बाणों द्वारा बुरी तरह छिन्न-भिन्न कर दिया। प्रत्युत्तर में नील ने उसी के रथ के पहिये से निकुम्भ तथा उसके सारथी के मस्तक पर अत्यन्त वेग से प्रहार किया। इस वेगशाली प्रहार से निकुम्भ मारा गया।

द्विविद का सामना अशनिप्रभ से हुआ। अशनिप्रभ ने बानरराज द्विविद को अपने बाणों से घायल कर दिया। द्विविद का सारा शरीर बाणों से क्षत-विक्षत हो गया। क्रोध में आकर द्विविद ने एक सालवृक्ष से रथ और घोड़ों सहित अशनिप्रभ को मार गिराया।

सुषेण का सामना विद्युन्माली से हुआ। रथ पर बैठे हुए विद्युन्माली ने अपने तीक्ष्ण बाणों से सुषेण को घायल कर दिया और प्रसन्नता से गर्जना करने लगा। सुषेण ने अवसर पाकर एक विशाल पर्वत शिखर से उस पर आक्रमण कर दिया। इस वेगपूर्ण आक्रमण का पूर्वानुमान करके निशाचर विद्युन्माली तुरन्त ही अपने रथ से नीचे कूद पड़ा। इस प्रहार ने विद्युन्माली के रथ को चूर-चूर कर डाला। आहत विद्युन्माली हाथ में गदा लेकर भूमि पर खड़ा हो गया। अब सुषेण एक बहुत बड़ी शिला लेकर उस निशाचर की ओर दौड़े। सुषेण को आक्रमण करते देख निशाचर विद्युन्माली ने तत्काल ही गदा से उनकी छाती पर प्रहार किया। गदा के उस भीषण प्रहार की कुछ परवाह न करके सुषेण ने एक शिला को उठा लिया और उसे विद्युन्माली की छाती पर दे मारा। शिला के प्रहार से घायल हुए निशाचर विद्युन्माली की छाती चूर-चूर हो गयी और वह प्राणशून्य होकर पृथ्वी पर गिर पड़ा।

दोनों पक्षों के मध्य युद्ध अनवरत रूप से चल रहा था। दिन भर युद्ध चलता रहा। सूर्यास्त के पश्चात् रात्रि होने पर भी युद्ध चलता रहा। अंधकार में युद्ध करना हमारे लिए कठिन था, पर मायावी राक्षसों का बल तो रात्रि में बढ़ जाता है।

प्रभु श्रीराम भी युद्धरत थे। उन्होंने अग्निज्वाला बाण का प्रयोग कर यज्ञशत्रु, महापार्श्व, महोदर, महाकाय, वज्रदष्ट्र, शुक और सारण को घायल कर दिया। ये राक्षस जैसे-तैसे भागकर अपने प्राणों की रक्षा कर सके। मैंने देखा कि प्रभु के बाणों में इतना तेज था कि जो भी राक्षसवीर इसकी परिधि में आ जाते थे, वे तत्काल ही नष्ट हो जाते थे।

उधर अंगद ने मेघनाद के साथ भयंकर युद्ध किया। अंगद ने मेघनाद के रथ और सारथी को चूर-चूर कर डाला। मेघनाद बुरी तरह आहत हो गया। उसे अपने प्राण बचाना भारी पड़ रहा था। अंततः मेघनाद ने अदृश्य हो जाने वाली शक्ति का उपयोग किया। अब वह अदृश्य होकर वानर सेना पर आक्रमण कर रहा था। वानर यह नहीं देख पा रहे थे कि मेघनाद कहाँ है? उसके तीक्ष्ण बाण चारों ओर से बरसते हुए प्रतीत हो रहे थे। मेघनाद अदृश्य होकर सेना पर बाण वर्षा में लगा हुआ था। उसके बाण वज्र के समान तेजस्वी तथा तीखे थे। अदृश्य मेघनाद के समक्ष सेना कुछ भी कर सकने में समर्थ नहीं थी।

प्रभु श्रीराम ने अदृश्य मेघनाद का पता लगाने के लिए दस यूथपतियों का एक दल गठित किया। प्रभु श्रीराम की आज्ञा से अंगद, द्विविद, नील, शरभ, सानुप्रस्थ, ऋषभ, स्कन्ध आदि की एक टुकड़ी मेघनाद का पता लगाने के लिए निकली। मैं भी इसी टुकड़ी में था। मेघनाद कहाँ था, इसका कुछ भी पता नहीं चल पा रहा था। मेघनाद ने अदृश्य होकर अपने बाणों की वर्षा से हम लोगों की गति को अवरुद्ध कर दिया था। ऐसा प्रतीत हो रहा था कि चहुँओर मेघों की एक ढाल सी बन गयी है। मेघनाद संभवतः हमारी प्रत्येक गतिविधि को देख रहा था किन्तु हममें से कोई भी उसे देख पाने में समर्थ नहीं था। हम लोगों का प्रयास विफल होने पर मेघनाद ने समस्त सेना पर भीषण बाणवर्षा प्रारंभ कर दी। सेना का एक बहुत बड़ा भाग मेघनाद के बाणों से बिंध गया। इसके पश्चात् मेघनाद ने ब्रह्मा जी से प्राप्त वरदान का प्रयोग प्रभु श्रीराम और भैया लक्ष्मण पर कर दिया। मेघनाद ने अब

सर्पाकार बंधन वाला बाण प्रभु श्रीराम और भैया लक्ष्मण पर संधान किया। ब्रह्मा जी द्वारा प्रदत्त इस बाण से उसने सारी सेना को मोहित कर लिया। अदृश्य मेघनाद ने प्रभु श्रीराम और भैया लक्ष्मण को नागपाश से आहत कर दिया। युद्ध के दौरान मर्यादा पुरुषोत्तम अपनी मर्यादा नहीं भूले। मेघनाद द्वारा संधान किये गये नागपाश में प्रभु ने स्वयं को बंदी बना दिया। नागपाश, प्रभु श्रीराम एवं लक्ष्मण जी की ग्रीवा के चारों ओर लिपट गया। अंततः वे मूर्च्छित होकर युद्धभूमि में गिर पड़े। श्रीराम और लक्ष्मणजी के देह में एक अंगुल भी ऐसा स्थान नहीं बचा था जो बाणों से बिंधा न हो। उनमें आँख उठाकर देखने की शक्ति नहीं रह गई थी। वानरों में शोक की लहर फैल गई।

बड़ी संख्या में वानर वीर भी घायल होकर युद्ध भूमि में पड़े हुए थे।

मेघनाद ने जब दोनों अयोध्याकुमारों की यह दशा देखी तो उसने यह मान लिया कि दोनों भाई मारे गए। उसने रावण को यह सूचित कर दिया कि दोनों बन्धु मारे गए। रावण तो खुशी से उछल पड़ा। रावण ने अत्यन्त स्नेह के साथ अपने पुत्र को आशीर्वाद दिया। हर्ष से भरे हुए राक्षसराज रावण ने लंका में सर्वत्र यह घोषणा करा दी कि राम और लक्ष्मण रणभूमि में मेघनाद के हाथों मारे गए हैं। रावण ने अपनी परिचारिकाओं को आज्ञा दी कि सीता को युद्धभूमि में ले जाकर दिखा दिया जाए कि उसके पति युद्ध में मारे गए। सीता माता को पुष्पक विमान में बैठाकर राक्षसियाँ युद्धभूमि में ले गईं। दोनों भाइयों की यह दशा देखकर बेचारी सीता माता शोक के सागर में डूब गईं। उन्होंने अत्यन्त करुण विलाप किया। यद्यपि त्रिजटा ने माता सीता को सांत्वना दी कि यह सब रावण की माया है। प्रभु श्रीराम को कुछ नहीं होगा, आप शोक, दुःख और मोह त्याग दें। अन्यान्य आशंकाएँ लिए हुए माता सीता लंकापुरी में वापस भेज दी गयीं। युद्ध का प्रथम दिवस हमारी सेना के लिए अत्यन्त निराशाजनक रहा।

दोनों दशरथ कुमार अभी भी नागपाश के बन्धन में बंधे हुए रणक्षेत्र में पड़े थे। राम वाहिनी के वानरश्रेष्ठ शोक में डूबे हुए उन्हें घेरे हुए खड़े थे। अपनी दृढ़ता और शक्तिमत्ता के बल पर कुछ अन्तराल बाद प्रभु तो सचेत हो गए लेकिन लक्ष्मण जी अभी भी अचेत अवस्था में थे। वे मृतप्राय थे। उनको इस अवस्था में देखकर प्रभु अत्यन्त दुःखी हो गए और विलाप करने लगे। मेघनाद की बाण वर्षा से विभीषण पूर्णतः बचे हुए थे, क्योंकि

वे राक्षसी माया के ज्ञाता थे। विभीषण ने इस परिस्थिति में वैद्यराज सुषेण से परामर्श लिया।

सुषेण ने विभीषण को बताया, "आदिकाल में समुद्र मन्थन के समय हुए देवासुर संग्राम के समय जब देवता मूर्च्छित हो जाते थे, तब गुरु बृहस्पति उनका उपचार संजीवकरणी और विशल्यकरणी नामक दिव्य औषधियों से करते थे। वे औषधियाँ क्षीरसागर के तट पर चन्द्र और द्रौण नामक पर्वतों पर उपलब्ध हैं। यदि कोई इन औषधियों को ले आए तो लक्ष्मण जी को चेतना आ जाएगी।"

सुषेण के सुझाव को सुनकर प्रभु ने अर्द्धमूर्च्छित अवस्था में ही मुझे अपने समीप बुलाया और कहा, "वैद्यराज सुषेण की बात उचित है किन्तु तुम्हें कहीं जाने की आवश्यकता नहीं। जिन बाणों ने सारी सेना को आक्रांत कर रखा है, वे वास्तव में बाणों के रूप में सर्प ही हैं। तुम गरुड़ को आमंत्रित करो। उनके आते ही ये सर्प भाग जाएँगे तब हम सब मूर्च्छा और क्लेश से मुक्त होकर स्वस्थ हो जाएँगे।"

मैंने 'जय श्रीराम' कहते हुए और मन ही मन गरूड़ जी का आह्वान किया। वायुममण्डल में एक भयंकर ध्वनि हुई। ध्वनि के साथ गरुड़ भी प्रकट हुए। उनके पधारते ही सर्प इधर-उधर भाग गए। गरुड़ के प्रकट होते ही प्रभु श्रीराम और लक्ष्मण सहित सारी सेना तत्काल स्वस्थ हो गई। गरुड़ जी ने दोनों रघुकुल कुमारों को स्पर्श कर उनका अभिनन्दन किया और वापस हो गए। दोनों रघुकुल कुमारों सहित सारी सेना के नागपाश मुक्त होने पर वानरों में हर्ष और उल्लास की लहर दौड़ गई। उन्होंने भयंकर हर्षनाद किया। यह गर्जना इतनी भीषण थी कि इसे राक्षसों सहित रावण ने भी सुना। मन्त्रियों के बीच बैठे हुए रावण ने जब उच्च स्वर से किया गया यह सिंहनाद सुना तो वह चिन्तित हो गया।

"इस समय हर्षपूर्वक गर्जना और इस कोलाहल से यह जान पड़ता है कि इन वानरों और मनुष्यों को भारी हर्ष प्राप्त हुआ है। मैं सन्देह में हूँ कि जब दोनों भाई तीक्ष्ण बाणों से बंधे हुए हैं तो यह महान हर्षनाद क्यों हो रहा है? मेरे मन में शंका उत्पन्न हो रही है।" राक्षसराज रावण ने अपने पास खड़े हुए वरिष्ठ सहयोगियों से कहा।

उसने कुछ परिचारक राक्षसों को बुलाकर उन्हें कठोर शब्दों में आदेशित किया, "तुम लोग शीघ्र ही जाकर इस बात का पता लगाओ कि शोक का अवसर उपस्थित होने पर भी इन सब वानरों के हर्ष का कौन-सा कारण प्रकट हो गया है।"

रावण के इस प्रकार आदेश देने पर वे दूत घबराये हुए परकोटे पर चढ़कर वानरसेना की ओर देखने लगे। जब उन्हें मालूम हुआ कि श्रीराम और लक्ष्मण उन भयंकर नागरूपी बाणों के बन्धन से मुक्त होकर उठ गये हैं तो उन राक्षसों को बड़ा आश्चर्य हुआ। उनका हृदय भय से भर उठा। वे भयानक राक्षस परकोटे से उतरकर उदास होकर राक्षसराज रावण की सेवा में उपस्थित हुए। उनके मुख पर दीनता छा रही थी। उन निशाचरों ने वह सारा अप्रिय समाचार रावण को यथावत बताया।

वे बोले, "महाराज! कुमार इन्द्रजीत ने जिन भाईयों को युद्धस्थल में नागरूपी बाणों के बन्धन से बाँधकर हाथ तक हिलाने में भी असमर्थ कर दिया था, वे अब बन्धन से मुक्त होकर युद्ध के लिए पुनः तैयार हो गये हैं।"

अपने परिचारकों के वचन सुनकर राक्षसराज रावण चिन्ता तथा शोक में डूब गया। उसका चेहरा उतर गया। वह मन ही मन सोचने लगा कि जिस नागपाश में इन्द्रजीत ने दोनों भाईयों को बाँध दिया था, वे दोनों यदि उस अस्त्रबन्धन से भी छूट गये हैं तो यह वास्तव में लंका के लिए सुखद सूचना नहीं है। इस स्थिति में तो मैं अपनी सारी सेना को संशयापन्न ही देखता हूँ। रावण के मुख पर मलिनता छा गयी। उसने जोर-जोर से साँसें लेते हुए अपने एक विश्वसनीय राक्षस वीर धूम्राक्ष को बुलाया।

"पराक्रमी वीर धूम्राक्ष, तुम अपने साथ सेना साथ ले जाओ और वानरों सहित राम का वध करके मुझे सूचना दो।"

राक्षसराज से आज्ञा लेने के पश्चात् धूम्राक्ष ने उसे प्रणाम किया और राजभवन से चल दिया। सेना लेकर धूम्राक्ष रणक्षेत्र में उसी पश्चिमी द्वार पर युद्ध करने आया, जिस पर मैं नियुक्त था। धूम्राक्ष ने अत्यन्त आक्रामक ढंग से युद्ध किया। उसके रण कौशल को देखकर वानरों में भय व्याप्त होने लगा। धनुष हाथ में लिये धूम्राक्ष ने बाणों की वर्षा करके वानरों को सम्पूर्ण दिशाओं में मार भगाया। धूम्राक्ष की मार से अपनी सेना को पीड़ित एवं व्यथित होता देख मैं अत्यन्त कुपित हो उठा। मैंने एक विशाल शिला को उठाकर धूम्राक्ष

के रथ पर प्रहार किया। उस विशाल शिला को अपने रथ की ओर आता देख धूम्राक्ष हड़बड़ी में गदा लिये उठा और वेगपूर्वक रथ से कूदकर पृथ्वी पर खड़ा हो गया। वह शिला उसके रथ पर जा गिरी जिससे रथ के पहिये, कूबर, अश्व, ध्वज और धनुष सहित चूर-चूर होकर पृथ्वी पर गिर पड़े।

इस प्रकार धूम्राक्ष के रथ को चौपट करने के पश्चात् मैंने छोटी-छोटी डालियों सहित वृक्षों को उखाड़कर, उनसे राक्षसों का संहार करना आरम्भ किया। बहुतेरे राक्षसों के सिर फूट गये और वे रक्त से नहा उठे। बहुत से निशाचर वृक्षों की मार से कुचले जाने पर धरती पर गिर पड़े।

अब धूम्राक्ष अपनी गदा उठाकर गर्जना करता हुआ मेरी ओर दौड़ा। उसने मेरे मस्तक पर असंख्य काँटों भरी गदा से प्रहार कर दिया। भयानक वेगवाली उस गदा की चोट खाकर भी मैं युद्धरत रहा। मैंने एक पर्वत शिखर उखाड़कर उसे धूम्राक्ष के मस्तक पर फेंक दिया। पर्वत शिखर की गहरी चोट खाकर धूम्राक्ष के सारे अंग छिन्न-भिन्न हो गए और वह बिखरे हुए पर्वत की भाँति पृथ्वी पर गिर पड़ा। तनिक देर छटपटाने के पश्चात वह निष्प्राण हो गया। निष्प्राण होने से पूर्व वह रणक्षेत्र में तीन दिवसों तक विकट युद्ध करता रहा था। धूम्राक्ष के मरणासन्न होते ही कई राक्षसवीर भाग खड़े हुए।

धूम्राक्ष के वध का समाचार सुनकर राक्षसराज लंकेश स्तब्ध रह गया। उसने अपने विश्वसनीय मायावी राक्षस वज्रदष्ट्र को युद्ध के लिए बुला भेजा।

"वज्रदष्ट्र, तुम्हें ज्ञात ही है कि धूम्राक्ष का करुणान्त हो गया है। तुम राक्षसों के साथ रणभूमि में जाओ और उन दोनों कुमारों को वानरों सहित वध करके मुझे मनभावन सूचना दो।" रावण ने वज्रदष्ट्र को सम्बोधित करते हुए कहा।

"बहुत अच्छा... महाराज, जैसी आज्ञा।" वज्रदष्ट्र यह कहकर रणक्षेत्र में चल दिया।

ध्वजा और पताकाओं से अलंकृत और सुसज्जित रथ पर वज्रदष्ट्र आरूढ़ होकर रणक्षेत्र की दिशा में प्रस्थान कर गया। उसके साथ ऋष्टि, तोमर, मूसल, धनुष, शक्ति, पट्टिश, खड्ग, चक्र, गदा और तीखे फरसों से सुसज्जित बहुत से पैदल योद्धा थे। विचित्र वस्त्र धारण करने वाले सभी राक्षसवीर अत्यन्त भयानक लग रहे थे। उसकी सेना में गजराजों की भी एक टोली थी। उन पर तोमर और अंकुश धारण करने वाले महावत सवार थे। वे

युद्ध की कला में कुशल थे। उसके साथ उत्तम लक्षणों से युक्त महाबली घोड़ों का एक दल भी था। उन घोड़ों के ऊपर शूरवीर सैनिक सवार थे। विजय के उद्‌देश्य से प्रस्थित हुई राक्षसों की यह सेना अत्यन्त भयावह और रणक्षेत्र में रक्त की नदियाँ बहा देने के लिए आतुर प्रतीत हो रही थी। यह सेना लंका के दक्षिणी द्वार से निकली। दक्षिणी द्वार पर अंगद राह रोके खड़े थे।

दक्षिणी द्वार पर ही वज्रदष्ट्र और अंगद के मध्य युद्ध छिड़ गया। वे दोनों अत्यन्त कुपित होकर एक-दूसरे से युद्ध करने लगे। वज्रदष्ट्र ने बालिपुत्र अंगद के मर्मस्थानों में अग्निशिखा के समान तीक्ष्ण बाण मारे। अंगद की काया लहूलुहान हो उठी। क्रोध में भरकर अंगद ने भयानक तेजी से एक वृक्ष वज्रदष्ट्र पर फेंका। उस वृक्ष को अपनी ओर आता देखकर भी वज्रदष्ट्र के मन में तनिक भी घबराहट नहीं हुई। उसने बाण मारकर उस वृक्ष के कई टुकड़े कर दिये। वज्रदष्ट्र के उस पराक्रम को देखकर अंगद ने एक विशाल चट्टान उठाकर उसके ऊपर फेंकी। उस चट्टान को आता देखकर वह पराक्रमी राक्षस बिना किसी घबराहट के रथ से कूद पड़ा और केवल गदा हाथ में लेकर पृथ्वी पर खड़ा हो गया। अंगद की फेंकी हुई वह चट्टान उसके रथ पर गिरी। चट्टान के पत्थर से उसका रथ चूर-चूर हो गया। इससे पहले कि वज्रदष्ट्र सँभल पाता, शीघ्रतापूर्ण अंगद ने वृक्षयुक्त दूसरा विशाल शिखर हाथ में लेकर उसे वज्रदष्ट्र के मस्तक पर दे मारा। वज्रदष्ट्र चोट से मूर्च्छित हो गया और रक्त वमन करने लगा। वह दो घड़ी तक अचेत पड़ा रहा। चेतना में आते ही उस निशाचर ने अत्यन्त कुपित होकर सामने खड़े हुए अंगद की छाती पर गदा से प्रहार किया। इसके पश्चात वह अंगद पर मुष्टिका प्रहार करने लगा। वे दोनों वीर एक-दूसरे को मुक्कों से मारने लगे। दोनों ही बड़े पराक्रमी थे। आपस के प्रहारों से जब दोनों थक गये और मुँह से रक्त वमन करने लगे, तभी अंगद ने एक वृक्ष उखाड़कर वज्रदष्ट्र पर पुनः फेंका। वज्रदष्ट्र ने अब अपनी सुन्दर एवं विशाल तलवार निकाल ली। विचित्र पैंतरे बदलते हुए तथा गरजते हुए वे दोनों एक-दूसरे पर प्रहार करने लगे। दोनों के शरीर पर अनगिनत घाव लग चुके थे जिनसे रक्त की धारा बह रही थी। लड़ते-लड़ते थक जाने के कारण एक क्षण ऐसा आया कि वे दोनों ही धरती पर बैठ गये किन्तु अगले ही क्षण अंगद उठकर खड़े हो गये। अंगद ने अपनी तेज धार वाली चमकती हुई तलवार से वज्रदष्ट्र का मस्तक काट डाला। वज्रदष्ट्र अंगद के हाथों मारा गया। यह वही वज्रदष्ट्र था जिसने

युद्ध से पहले रावण से कहा था कि श्रीराम तो सीधे-सादे तपस्वी हैं, उनको आसानी से पराजित किया जा सकता है। वज्रदष्ट्र को मारा गया देख राक्षस भय से लंका में भाग गए।

बालिपुत्र अंगद के हाथ से वज्रदष्ट्र के मारे जाने का समाचार रावण के लिए विस्मित कर देने वाला था, किन्तु यह सूचना सत्य थी। अभी भी लंकाधिपति को यह भ्रम बना हुआ था कि सीधे-सादे अयोध्या कुमारों को पराजित करना कोई बड़ा कार्य नहीं है। यह दुर्भाग्य ही था लंका का और लंकाधिपति का। लंकाधिपति निश्चित रूप से न अयोध्या कुमारों के बल-पौरुष और न उनकी सैन्य शक्ति के विषय में सही अनुमान लगा पा रहा था। वह अभी भी श्रीराम और उनकी सेना की शक्ति को अत्यन्त दुर्बल ही आँक रहा था।

वज्रदष्ट्र के मारे जाने के पश्चात् उसने अपने अत्यन्त विश्वनीय सेनापति प्रहस्त के सुझाव पर युद्ध क्षेत्र में अकम्पन को भेजने का निर्णय लिया। लंकाधिपति का यह निर्णय उचित ही था क्योंकि सम्पूर्ण अस्त्रों-शस्त्रों के ज्ञाता अकम्पन को सदैव ही युद्ध प्रिय रहे थे, और वह युद्ध में सतत् रूप से सफल भी हो रहा था। लंकाधिपति को यह विश्वास था कि अकम्पन दोनों अयोध्या कुमारों का और सुग्रीव का वध कर देगा। रावण की आज्ञा को शिरोधार्य करके अकम्पन युद्ध के लिए चल पड़ा।

अकम्पन अत्यन्त विशालकाय था। उसका रंग मेघ के समान था। उसकी गर्जना भी मेघ के ही तुल्य थी। अकम्पन के आगमन की सूचना पाकर प्रभु श्रीराम ने उसके संहार का कार्य मुझे सौंपा। अकम्पन समस्त प्रकार के शस्त्रों को चला सकने में समर्थ था। जैसे ही मैं उसके सामने आया, उसने मुझ पर बाणों की वर्षा कर दी। इस अनायास हुई बाण वर्षा से मैं असहज हो उठा। मेरे हाथ में कोई अस्त्र न था, अतएव मैंने बड़े वेग से एक पर्वत को उखाड़ कर गर्जना के साथ घुमाया और घुमाने के बाद अकम्पन पर वार किया। अकम्पन ने उस पर्वत शिखर को अपने अर्द्ध चन्द्राकार विशाल बाणों से दूर से ही विदीर्ण कर दिया। उस राक्षस के बाण से विदीर्ण होकर वह पर्वत शिखर वायु में ही बिखर गया। मुझे उसकी शक्ति का अनुमान हो चला था। इसी अवस्था में मैंने पर्वत के समान ऊँचे अश्वकर्ण नामक वृक्ष को उखाड़कर उसे घुमाते हुए अत्यन्त वेग से अकम्पन के सिर पर दे मारा।

उस वृक्ष की गहरी चोट खाकर राक्षस वीर अकम्पन पृथ्वी पर गिरा और मर गया। इस प्रकार अकम्पन का प्राणांत मेरे हाथों हुआ।

अकम्पन के वध का समाचार पाकर राक्षसराज रावण को आश्चर्य मिश्रित क्रोध उत्पन्न हुआ। उसके मुख पर दीनता छा गयी। वह मंत्रियों की ओर देखने लगा। मंत्रियों ने अपने मस्तक भूमि की ओर झुका दिये। यह इस बात का संकेत था कि मंत्रियों को अब कुछ भी सूझ नहीं रहा था। बस जो आदेश लंकेश दे रहा था, वे उसका अनुपालन करने के लिए विवश थे। यद्यपि लंकेश अपने मंत्रियों के इस व्यवहार को अपने प्रति स्वामिभक्ति के रूप में ही ले रहा था। लंकेश ने दो घड़ी तक अपने मन्त्रियों के साथ विचार किया। इसके पश्चात् वह दिन के प्रथमार्द्ध में स्वयं लंकानगरी के समस्त मोर्चों का निरीक्षण करने के लिए गया। राक्षसगणों से सुरक्षित और बहुत सी छावनियों से घिरी हुई, ध्वज-पताकाओं से सुशोभित लंकानगरी को राजा रावण ने अच्छी तरह देखा। उसे अपनी सेना को देखकर गौरव का अनुभव हुआ, साथ ही उसने यह भी अनुभव किया कि लंकापुरी चारों ओर से शत्रुओं द्वारा घेर ली गयी है।

रावण ने मंत्री प्रहस्त से विचार-विमर्श किया कि ऐसे में क्या किया जाना उचित होगा। प्रहस्त भी गम्भीर था। कुछ समय तक चली इस मन्त्रणा के पश्चात लंकेश ने प्रहस्त से स्पष्ट रूप से कहा कि लंका नगरी को चारों ओर से घेर लिया गया है, अतएव समय की माँग यही है कि अब वरिष्ठ राक्षस वीरों को युद्ध में नेतृत्व करना चाहिए। लंकेश ने प्रहस्त से ये भी कहा कि अब इस युद्ध का भार प्रहस्त, कुम्भकर्ण, इन्द्रजीत, निकुम्भ अथवा उसे स्वयं ही उठाना पड़ेगा।

"महाराज, युद्ध अब निर्णायक स्थिति में आ चुका है। मेरा विचार है कि अब रणक्षेत्र में मेरा जाना उचित होगा।" प्रहस्त ने अत्यन्त आत्मविश्वास के साथ रावण से निवेदन किया।

"यही उचित होगा प्रहस्त। तुम शीघ्र सेना लेकर रणक्षेत्र की ओर प्रस्थान करो। मेरा विश्वास है कि तुम वानर सेना का अन्त करके ही वापस आओगे।" रावण ने प्रहस्त को युद्ध में जाने के लिए आदेशित किया।

रावण से अनुमति लेने के पश्चात् प्रहस्त अपने चार सहयोगियों नरांतक, कुंभहनु, महानाद और समुन्नत के साथ रणक्षेत्र की ओर प्रस्थान कर गया।

कुछ ही देर में प्रहस्त अपने चारों सहयोगियों नरांतक, कुंभहनु, महानाद और समुन्नत के साथ रणक्षेत्र में आ चुका था। उसके आते ही रणभूमि में पत्थरों और बाणों से भयंकर युद्ध छिड़ गया। उस युद्धस्थल में दोनों पक्षों के बहुत से शूरवीरों का संहार हुआ। शूलों से, चक्रों के वार से तथा परिघों की मार से असंख्य वानर हताहत हुए। कितने ही कपि बाणों के लक्ष्य बन गये। यही स्थिति राक्षस सेना के बीच थी। असंख्य राक्षसों के हृदय विदीर्ण हो गये थे। दोनों तरफ के अनेक वीर हताहत हुए थे।

नरान्तक, कुम्भहनु, महानाद और समुन्नत निर्ममता के साथ वानरों का वध कर रहे थे। अब वरिष्ठ कपि वीरों ने यह सुनिश्चित कर लिया था कि प्रहस्त के साथ आये हुए चारों सहयोगियों का अंत करना ही होगा। नरान्तक को द्विविद ने एक पर्वत शिखर से प्रहार कर मार डाला। दुर्मुख ने एक विशाल वृक्ष से समुन्नत को कुचल डाला। जाम्बवान ने एक भारी शिला उठाकर उसे महानाद के वक्षस्थल पर दे मारा। उधर तार ने एक विशाल वृक्ष के प्रहार से कुम्भहनु के प्राण हर लिये।

रथ पर बैठे प्रहस्त से वानरों का यह अद्भुत पराक्रम देखा नहीं गया। उसने हाथ में धनुष लेकर वानरों का घोर संहार आरम्भ कर दिया। चारों सहयोगियों के हताहत हो जाने के पश्चात् क्रोधित प्रहस्त ने नील पर आक्रमण कर दिया।

नील तो अग्नि के पुत्र थे। नील पर प्रहस्त के अस्त्रों का कोई भी प्रभाव नहीं हुआ। नील को पराजित करने के उसके सारे प्रयास व्यर्थ सिद्ध हो रहे थे। नील ने अवसर पाकर एक बहुत बड़ी शिला को उठाकर प्रहस्त के मस्तक पर जोर से पटक दिया। इस शिला के प्रहार से प्रहस्त के मस्तक के टुकड़े-टुकड़े हो गए। उसका पराक्रम समाप्त हो गया। प्रहस्त के अब प्राणान्त हो चुके थे। जैसे ही प्रहस्त युद्धभूमि में निश्चेष्ट और निष्प्राण होकर गिरा, वैसे ही सारी राक्षस सेना भयभीत होकर लंका की ओर पलायन कर गयी।

प्रहस्त को पराजित करने पर नील का दर्शनीय अभिनन्दन हुआ। मैंने देखा कि नील इस महान कृत्य के पश्चात् सीधे प्रभु के पास पहुँचे। प्रभु ने उनके इस कार्य की प्रशंसा की और स्वयं भी बड़े हर्ष का अनुभव किया।

“युद्ध स्थल में प्रहस्त मारा गया...।” जैसे ही यह समाचार दूत ने रावण को दिया, रावण को सहसा विश्वास ही नहीं हुआ। वह क्रोध से

तिलमिला उठा। उसे लगा कि शत्रुओं को आँकने में सम्भवतः उसने बड़ी भूल की है। लंकेश ने यह निश्चय किया कि अब रणक्षेत्र में वह स्वयं जाएगा।

आज लंकेश राजसभा से बहुत शीघ्र अपने अन्तःकक्ष में चला गया। उसके मुख पर मलिनता स्पष्ट दिखाई दे रही थी। मंदोदरी ने रावण की मनःस्थिति को भाँप लिया। लंकेश की मानसिक पीड़ा को देखते हुए उसकी पत्नी मंदोदरी ने उसे समझाने का प्रयास किया कि यह युद्ध अब तक रावण के लिए अनिष्टकारी ही सिद्ध हुआ है। युद्ध में जिस प्रकार अब तक कई राक्षस वीरों के प्राण हर लिये गये हैं, क्या अब भी यह मानने के लिए पर्याप्त नहीं है कि अयोध्या कुमारों की इस सेना को आसानी से परास्त नहीं किया जा सकता? उसने रावण को यह भी सुझाव दिया कि अभी भी समय है कि सीता को उसके स्वामी को वापस कर दिया जाये और इस विभीषिका को टाल दिया जाये, किन्तु रावण कहाँ मानने वाला था। मन्दोदरी का रावण को समझाने का यह प्रयास निष्फल सिद्ध हो चुका था।

अपने निर्णय के अनुसार अब रावण स्वयं युद्ध करने रणक्षेत्र में आ गया। उसके साथ कई राक्षस वीर थे। मेघनाद भी इन वीरों में से एक था। लंकेश को विशाल सेना के साथ आने की सूचना प्रभु श्रीराम को हो चुकी थी। रावण को सेना के साथ आता हुआ देखकर प्रभु श्रीराम ने विभीषण से रावण और उसके साथ आए हुए योद्धाओं का परिचय व उनकी योग्यताओं के विषय में पूछा। विभीषण ने उन समस्त योद्धाओं के विषय में प्रभु श्रीराम को अवगत कराया।

रावण अब युद्ध स्थल पर आ चुका था। रावण की उपस्थिति आभामयी थी। रावण को मैंने लंका दहन से पूर्व राज दरबार में देखा था। मुझे आज भी वही दर्प, वही अहंकार, वही आत्ममुग्धता रावण के व्यक्तित्व में दिखायी पड़ रही थी। प्रभु श्रीराम ने भी राक्षसराज को बड़े गौर से देखा। प्रभु श्रीराम ने पहली बार रावण को और रावण ने पहली बार प्रभु श्रीराम को आमने-सामने देखा था। दोनों ही एक दूसरे को देखने के बाद तनिक देर को ठिठके थे। प्रभु श्रीराम भी कुछ देर तक रावण की ओर देखते रहे थे।

"विभीषण, राक्षसराज रावण सचमुच आकर्षक व्यक्तित्व का स्वामी है। उसके मुख की चमक बिल्कुल दोपहर के सूर्य की भाँति है। उसकी उपस्थिति वास्तव में अत्यन्त प्रभावशाली है, किन्तु आज यह पापी मेरी आँखों के सामने

आ ही गया है तो मेरे मन में जो भी क्रोध इस दुष्ट आत्मा के लिए संचित होता रहा है, वह आज मैं इस पर बरसा दूँगा।" प्रभु श्रीराम ने रावण को देखने के पश्चात अपना मत व्यक्त किया था।

मैंने अनुभव किया कि अपनी पत्नी का अपहरण करने वाले शत्रु को सामने देखकर उसके तेज और प्रताप के विषय में ऐसी निष्पक्ष राय प्रकट करना किसी तपस्वी के लिए ही सम्भव था। राक्षसराज रावण की प्रशंसा प्रभु श्रीराम ने अनायास ही की थी। मैंने अनुभव किया कि किसी व्यक्ति के गुणों की प्रशंसा करने के लिए तटस्थ होना अत्यन्त आवश्यक है। शत्रुता एक ओर और शत्रु के व्यक्तित्व की प्रशंसा एक ओर, और दोनों ही सत्य। यह संतुलन तो कोई मर्यादा पुरुषोत्तम ही स्थापित कर सकता है। इस स्थिति में प्रभु ने निग्रह और अनुग्रह को प्रदर्शित किया। श्रीराम की दृष्टि और व्यक्तित्व विश्लेषण क्षमता इतनी संतुलित और सजग थी कि शत्रु की प्रशंसा करने के पश्चात् दूसरे ही क्षण उसके अक्षम्य अपराध की निंदा भी उन्होंने की। उन्होंने यह भी कहा था कि आज यह पापी मेरी आँखों के सामने आ गया है तो मेरे मन में जो भी क्रोध इस दुष्ट आत्मा के लिए संचित होता रहा है, वह आज मैं इस पर बरसा दूँगा। प्रभु श्रीराम ने अपने हृदय के उद्‌गार विभीषण के समक्ष स्पष्ट शब्दों में प्रकट किये।

रावण के युद्धस्थल पर आने के पश्चात् अब भयंकर युद्ध होना सुनिश्चित हो गया था। तेज रश्मियों से घिरे हुए रावण की ओर देर तक देखना कठिन था। राम वाहिनी की ओर से सुग्रीव ने रावण पर आक्रमण आरम्भ किया और वीरता से युद्ध किया। सुग्रीव ने एक भारी पर्वत उखाड़कर राक्षसराज पर आक्रमण किया। रावण ने उस पर्वत को अपने तीक्ष्ण बाण से चूर-चूर कर दिया। यह पर्वत चूर-चूर होकर भूमि पर बिखर गया। सुग्रीव हतप्रभ होकर देखते रह गये। अगले ही क्षण राक्षसराज ने बिना कोई विलम्ब किए इन्द्र के वज्र की भाँति भयंकर वेग वाले एक बाण से सुग्रीव पर संधान किया। यह आक्रमण इतनी तेजी से किया गया था कि सुग्रीव समझ ही नहीं पाये कि कोई बाण इतनी वेगपूर्वक भी छोड़ा जा सकता है। यह बाण सीधे आकर सुग्रीव को लगा। उस बाण की चोट से वीर सुग्रीव अचेत होकर पृथ्वी पर गिर पड़े। इसके पश्चात् रावण ने अपनी बाण वर्षा से वानरों की सेना को क्षत-विक्षत कर दिया। गवाक्ष, गवय, सुषेण, ऋषभ, ज्योतिर्मुख और नल जैसे वानर वीर पर्वतों को उखाड़कर राक्षसराज पर टूटे अवश्य थे, किन्तु

रावण ने एक ही पल में अपने तीक्ष्ण बाणों के प्रहार से उन कपियों के प्रहारों को व्यर्थ कर दिया था।

रावण के नेतृत्व में उसकी सेना ने वानर-रीछों के पैर उखाड़ दिए। रावण के कौशल का समाचार पाने के पश्चात् लक्ष्मण भैया युद्ध के लिए उद्यत हुए।

"जाओ, हनुमान को भी अपने साथ ले जाओ..., किन्तु रावण से सावधान रहना। वह कोई सामान्य योद्धा नहीं है।" प्रभु श्रीराम ने लक्ष्मण को समझाते हुए कहा।

लक्ष्मण भैया के साथ मैं भी युद्ध स्थल पर चल दिया था। हम दोनों को रावण के समक्ष अपना कौशल दिखाने का अवसर मिला था। रणक्षेत्र में जब हम पहुँचे तो देखा कि राक्षसराज रावण बाण समूहों की वर्षा करके वानर सेना का आत्मविश्वास डिगा चुका था।

मैं रावण के रथ के समीप पहुँचा। मैंने उसे ध्यान से देखा और अपना हाथ उठाकर उसे सम्बोधित करते हुए कहा, "लंकेश, तुम्हें देवता, दानव, गन्धर्व, यक्ष और राक्षसों से न मारे जाने का वर प्राप्त है। किन्तु वानरों से तुम्हें यह रक्षोपाय नहीं मिला है। मैं तुम्हारा अन्त करूँगा।"

मेरी बात सुनकर भयानक पराक्रमी रावण के नेत्र क्रोध से लाल हो उठे और वह रोष में बोला, "वानर, तुम व्यर्थ की बातें मत करो और मेरे ऊपर प्रहार करो। जब मुझे यह ज्ञात हो जाएगा कि तुममें कितना पराक्रम है, तब ही मैं तुम्हारा नाश करूँगा। एक बार तो मैं तुम्हें प्राण दान दे ही चुका हूँ... किन्तु अब ये त्रुटि नहीं करूँगा।"

रावण के अनर्गल प्रलाप को सुनकर मैंने रावण को मारने के लिए अपनी मुष्टिका बाँधी ही थी कि तब तक बलशाली रावण ने मुझे जोर का थप्पड़ मारा। मुझे ऐसा लगा कि जैसे भूकम्प आ गया हो। उस थप्पड़ का प्रहार इतना तेज था कि मैं दो घड़ी के लिए विचलित हो गया। मैंने भी थोड़ा सम्भलकर रावण के थप्पड़ का प्रत्युत्तर थप्पड़ में ही दिया। थप्पड़ खाकर रावण का हाल भी वही हुआ जो कुछ देर पहले मेरा हुआ था। मुझे आश्चर्य हुआ क्योंकि रावण को इस मुष्टिका प्रहार से मर जाना चाहिए था किन्तु वह इतना बलशाली था कि वह मात्र विचलित होकर ही रह गया।

तदनन्तर रावण ने सँभलकर कहा, "अति उत्तम वानर, अति उत्तम। तुम्हारे प्रहार ने स्पष्ट कर दिया है कि तुम पराक्रम के दृष्टि से मेरे प्रशंसनीय प्रतिद्वन्दी हो।"

"रावण मेरे मुष्टिका प्रहार के बाद भी तू जीवित है, मेरे पराक्रम को धिक्कार है।" रावण के ऐसा कहने पर मैंने भी कहा।

मेरी इस बात से रावण का क्रोध प्रज्चलित हो उठा। उसकी आँखें लाल हो गयीं। उस पराक्रमी राक्षस ने अपने दाहिने हाथ की मुष्टिका से मेरी छाती में वेगपूर्वक प्रहार किया। मैं रावण का वह वार सह गया। मैं रावण से लड़ ही रहा था कि तभी बीच में नील आ गये। अब रावण और नील का युद्ध होने लगा। मुझे लगा कि एक राक्षस पर दो वानरों को आक्रमण नहीं करना चाहिए इसलिए मैं आगे बढ़ गया। नील ने रावण से वीरतापूर्वक युद्ध किया लेकिन बलशाली रावण ने अपने आग्नेयास्त्र युक्त बाण का संधान करके नील को घायल कर दिया। नील की छाती पर गहरी चोट आयी। वे कराहते हुए पृथ्वी पर गिर पड़े।

नील को हराकर रावण आगे बढ़ा तो लक्ष्मण भैया सामने खड़े थे। दोनों योद्धाओं का भीषण युद्ध हुआ। रावण यह भली प्रकार जानता था कि लक्ष्मण अयोध्या कुमार राम के अनुज हैं और वे भी बल में अपरिमित हैं। लंकेश किसी प्रकार का कोई विलम्ब नहीं करना चाहता था। लक्ष्मण भैया से युद्ध करते समय उसने अधिक प्रतीक्षा नहीं की और शीघ्र ही एक अमोघ शक्ति का प्रयोग लक्ष्मण भैया पर कर दिया। यह शक्ति अमोघ थी। लक्ष्मण भैया उस शक्ति के आघात से मूर्च्छित होकर गिर पड़े। मूर्च्छित लक्ष्मण भैया को रावण उठाकर ले जाना चाहता था। मूर्च्छित पड़े हुए लक्ष्मण को उठाने में उसने अपनी पूरी शक्ति लगा दी, पर वह लक्ष्मण भैया को हिला भी नहीं सका।

जैसे ही यह स्थिति मैंने देखी तो मैं बहुत तीव्रता से वहाँ आया और कसकर एक मुष्टिका से रावण के वक्षस्थल पर प्रहार किया। उस प्रहार से रावण ने धरती पर घुटने टेक दिए और वह काँपते हुए गिर पड़ा। उसके मुख, नेत्र और कानों से रक्त बहने लगा। वह चक्कर खाता हुआ जाकर रथ के पिछले भाग में बैठ गया और कुछ देर में मूर्छित हो गया।

अब मेरी प्राथमिकता लक्ष्मण भैया को उठाकर प्रभु श्रीराम के पास ले जाना था। मैंने अपने दोनों हाथों से मूर्च्छित लक्ष्मण भैया को उठाया और

प्रभु श्रीराम के पास ले आया। लक्ष्मण भैया कुछ समय पश्चात् ही स्वस्थ हो गए। उनमें चेतना वापस आ गयी।

थोड़ी देर बाद रावण फिर युद्ध करने के लिए उपस्थित था। वह इस बार दुगुने बल से आया। उसने कई प्रख्यात वानर वीरों को धराशायी कर दिया। मैं रावण के रौद्र रूप को देखकर प्रभु श्रीराम के पास पहुँचा और प्रार्थना की, "प्रभु अब आप मेरे कन्धे पर विराजमान हों और उस दुष्टात्मा का संहार करें।" प्रभु ने मेरी प्रार्थना स्वीकार करते हुए उससे युद्ध किया। राम-रावण का युद्ध आरम्भ हुआ।

प्रभु श्रीराम के तेज के आगे रावण की एक न चली। प्रभु श्रीराम ने अपने अमोध बाणों से रावण का मुकुट काट दिया और उसे रथ से नीचे गिरा दिया। वह पूरी तरह घायल हो गया था। प्रभु ने उसका धनुष भी काट डाला था। रावण को स्तब्ध और निरस्त्र अवस्था में देखकर राम को उस पर दया आ गई।

"रावण, तुमने आज मेरी सेना के कई वीरों को मार डाला है। इतने पर भी थका हुआ समझकर मैं बाणों द्वारा तुझे मौत के अधीन नहीं कर रहा हूँ। निशाचरराज, मैं जानता हूँ तुम अहंकार पीड़ित हो। मैं तुम्हें विश्राम के लिए अनुमति देता हूँ। जाओ, लंका में प्रवेश करके कुछ देर विश्राम कर लो। जब स्वस्थ हो जाओ तो पूरी तैयारी के साथ रणक्षेत्र में पुनः आना, मैं प्रतीक्षा करूँगा।" प्रभु श्रीराम बोले।

रावण अपने खंडित दर्प, टूटे धनुष, ध्वस्त मुकुट, अपने सारथी तथा प्रभु श्रीराम के बाणों से छलनी देह को लेकर लंका लौट गया। प्रभु श्रीराम के तेज को देखने के बाद राक्षसराज बहुत देर तक विचलित रहा। उसका अभिमान चूर-चूर हो चुका था। वह मानसिक रूप से व्याकुल था। वह सोच में डूब गया। रावण को अपने कई वीरों का स्मरण हुआ जिन्हें वह अजेय और महापराक्रमी समझता था, जिनके प्राण इस युद्ध में चले गए थे।

इस विषम परिस्थिति में रावण को अपने अनुज कुम्भकर्ण की याद आई। कुम्भकर्ण महाकाय और अतुलित बलयुक्त राक्षस था। उसको पराजित कर पाना वास्तव में कठिन कार्य था। इस समय वह निद्रालीन था। कुम्भकर्ण जब एक बार निद्रा में लीन होता था तो फिर छः मास तक निद्रालीन ही रहता था। कुम्भकर्ण अभी नौ दिन पूर्व ही तो शैय्यागृह गया था।

कुम्भकर्ण जन्म से ही बहुत भयंकर आकार का नरभक्षी राक्षस था। लंका नगरी में उससे अधिक विशालकाय कोई राक्षस नहीं था। विभीषण से मुझे पता चला था कि कुम्भकर्ण बाल्यावस्था से ही अत्यन्त भयंकर था। बाल्यकाल में ही उसने अपने राज्य की प्रजा में त्राहि-त्राहि मचा दी थी। देवराज इन्द्र ने कुम्भकर्ण के कृत्यों पर कुपित होकर वज्र से प्रहार करके उसको घायल कर दिया। इस पर कुम्भकर्ण ने कुपित होकर इन्द्र के ऐरावत हाथी का एक दाँत उखाड़ लिया था और अपने प्रहारों से इन्द्र को भी घायल कर दिया था। भयाक्रान्त देवताओं ने पितामह ब्रह्मा से इस समस्या का हल निकालने का अनुरोध किया था। पितामह ने तब कुम्भकर्ण को यह शाप दिया था कि वह छः मास तक निद्रालीन रहेगा। मात्र एक दिन जागृत अवस्था में आयेगा और तब वह बहुत से लोगों को अपना आहार बना लेगा।

रावण जानता था कि कुम्भकर्ण की निद्रा भंग करना भी कोई आसान काम नहीं था, किन्तु परिस्थिति ऐसी थी कि उसकी निद्रा भंग किया जाना आवश्यक हो गया था। उसने सेवकों को आदेशित किया कि कुम्भकर्ण की निद्रा भंग कर राजमहल आने के लिए कहा जाए। बड़ी कठिनाई से कुम्भकर्ण की निद्रा भंग की गई। कुम्भकर्ण ने जागृत अवस्था में आते ही उसकी निद्रा भंग किये जाने का कारण पूछा। उसने यह भी पूछा कि क्या कोई आपात स्थिति उत्पन्न हुई है? उसकी निद्रा क्यों भंग की गई? क्या भ्राता रावण पर या राक्षसों पर कोई विपत्ति आ गई है?

परिचारकों ने कुम्भकर्ण को घटनाओं से अवगत कराया। कुम्भकर्ण को यह जानकर बड़ा आश्चर्य हुआ कि दो मनुष्यों के कारण रावण को अपने जीवन का भय हो गया है। उसने मदिरा पान किया और कुछ ही समय में रावण के सन्मुख पहुँच गया। कुम्भकर्ण रावण के समक्ष पहुँचा तो रावण ने उसको सारा वृतान्त कह सुनाया।

"लंकेश, विभीषण और मैंने आपको पहले ही समझाया था। तब आपने हम लोगों की सलाह नहीं मानी। उसी का दुष्परिणाम अब सामने आ गया है। दुष्कर्मों का फल मिलना अवश्यंभावी होता है। मेरा तो परामर्श है कि आप अभी भी राम से मैत्री कर लें। अपनी त्रुटि का सुधार करते हुए उनकी पत्नी को ससम्मान वापस कर दीजिए। इसी में लंका और हम सबका हित है।" कुम्भकर्ण ने रावण को समझाते हुए कहा। उसने रावण से यह भी कहा कि जो सलाह मंदोदरी और विभीषण ने दी थी वह बिल्कुल उचित थी।

"कुम्भकर्ण, अब तुम मुझको उपदेश दोगे या इस समय भ्राता धर्म का पालन करोगे? जो हो गया, सो हो गया। अब उसका चिन्तन करने से क्या लाभ है? यदि तुमको मुझसे स्नेह है तो इस विपत्ति के समय मेरी सहायता करो। मेरी त्रुटियों पर ध्यान न देकर अपने कर्तव्य पर ध्यान दो।" रावण ने कुपित होते हुए कुम्भकर्ण से कहा।

कुम्भकर्ण समझ गया कि रावण को परामर्श देने का कोई लाभ नहीं। उसने रावण को भ्राता धर्म के पालन का आश्वासन दिया और कहा कि उसके जीते जी रावण का कोई कुछ नहीं बिगाड़ पाएगा और वह युद्ध के लिए निकल पड़ा। रावण को अतिशय प्रसन्नता थी। उसने स्नेह और आशीर्वाद के साथ अनुज कुम्भकर्ण को रणक्षेत्र के लिए विदा किया। कुम्भकर्ण के साथ दिजिह्व, संह्रादी, महोदर और वितर्दन जैसे बलशाली राक्षस वीर भी साथ हो लिये।

युद्ध के मैदान में जब कुम्भकर्ण प्रकट हुआ तो प्रभु श्रीराम ने विस्मय से उसकी ओर देखा और चकित रह गये।

"विभीषण, इतनी बड़ी आकृति का यह राक्षस कौन है? यह कोई राक्षस ही है या कोई विशालकाय पशु? मैंने ऐसे प्राणी को पहले कभी नहीं देखा।" श्रीराम ने विभीषण को सम्बोधित करते हुए कुम्भकर्ण के विषय में पूछा।

"भगवन्, यह मेरा सहोदर कुम्भकर्ण है। कुम्भकर्ण अपने असीम बल के सहारे यम और देवराज इन्द्र को भी पराजित कर चुका है। आकृति और प्रकृति में समूची लंका में इसके बराबर दूसरा कोई राक्षस नहीं है। कुम्भकर्ण ने देवता, दानव, यक्ष, नाग, राक्षस, गन्धर्व, विद्याधर और किन्नरों को सहस्रों बार युद्ध में मार भगाया है। स्वयं ब्रह्मा जी ने कुम्भकर्ण को यह शाप दिया है कि वह छः मास तक सोता रहेगा और एक दिन जाग्रत अवस्था में रहेगा।

प्रभु श्रीराम विभीषण से उसके विषय में परिचय प्राप्त कर ही रहे थे कि तब तक कुम्भकर्ण ने रणक्षेत्र में अपना प्रभाव दिखाना आरम्भ कर दिया। उसके प्रहार इतने मारक थे कि देखते ही देखते सारे वानर और रीछ युद्ध छोड़कर भागने लगे। कपि सेना ने इतने विशालकाय और भयंकर राक्षस की कभी कल्पना भी नहीं की थी। पलायन कर रहे कपिगणों को अंगद ने प्रोत्साहित किया। अंगद के प्रोत्साहन पर वानरवीर वापस आकर कुम्भकर्ण से युद्ध करने लगे। किन्तु कुम्भकर्ण पर गदा, पेड़ों, शिलाखंडों,

चट्टानों और पर्वत खंडों के प्रहार का भी कुछ प्रभाव नहीं पड़ रहा था। कुम्भकर्ण ने अल्पावधि में ही हजारों वानर, भालुओं को धराशायी कर दिया। ऐसे में द्विविद ने एक पर्वत शिखर कुम्भकर्ण की ओर बड़े वेग से फेंका। यह पर्वत शिखर कुम्भकर्ण तक नहीं पहुँच सका और बीच में ही गिर पड़ा। ऐसा होने से कई राक्षस, घोड़े, रथ कुचलकर नष्ट हो गए।

मुझे प्रतीत हुआ कि कुम्भकर्ण के समक्ष अपनी शक्ति प्रदर्शित करनी चाहिए। ऐसा सोचकर मैंने कुम्भकर्ण पर पर्वत शिखरों, शिलाओं और वृक्षों की वर्षा करना प्रारंभ कर दिया। किन्तु कुम्भकर्ण पर इनका कोई प्रभाव नहीं पड़ा। कुम्भकर्ण ने अपने शूल से उन सबको चूर-चूर कर दिया। मेरे द्वारा प्रक्षेपित पर्वत शिखरों, शिलाओं और वृक्षों से अप्रभावित रहते हुए उसने एक भयानक तीक्ष्ण शूल लेकर वानर सेना पर आक्रमण किया। उसकी मनोदशा भाँपकर मैं एक पर्वत शिखर हाथ में लेकर उसके रास्ते में बाधा बनकर खड़ा हो गया। जब कुम्भकर्ण मेरी ओर आया तो मैंने उस पर्वत शिखर से कुम्भकर्ण पर अत्यन्त बलपूर्वक प्रहार किया। इस प्रहार से घबराकर उसने भी एक पर्वत शिखर से मुझ पर प्रहार किया और मुझे आहत कर दिया। मेरा वक्षस्थल विदीर्ण हो गया और मैं रक्त वमन करने लगा।

मेरी स्थितियों को भाँपते हुए नील कुम्भकर्ण से भिड़ गये। नील ने क्रोधित होकर एक पर्वत शिखर कुम्भकर्ण पर फेंका। कुम्भकर्ण ने उसको अपनी मुष्टिका से ही चूर-चूर कर दिया। इसके पश्चात् ऋषभ, शरभ, नील, गवाक्ष और गन्धमादन ने कुम्भकर्ण पर आक्रमण किया, किन्तु कुम्भकर्ण इन प्रयत्नों को विफल करता चला गया। अंगद ने अपनी वीरता का प्रदर्शन करते हुए उस राक्षस को कुछ समय के लिए मूर्च्छित तो किया, किन्तु अल्पकालिक मूर्छा को त्याग कर कुम्भकर्ण युद्ध के लिए पुनः तैयार हो गया। सुग्रीव को जैसे ही कुम्भकर्ण के विषय में ज्ञात हुआ वे भी कुम्भकर्ण के सम्मुख आ खड़े हुए। सुग्रीव बड़ी वीरता से लड़े किन्तु उनके प्रत्येक वार को कुम्भकर्ण ने विफल कर दिया। इस बीच मैं चैतन्य हो गया था। कुम्भकर्ण और सुग्रीव के मध्य युद्ध चल रहा था। कुम्भकर्ण ने सुग्रीव पर एक भीषण शूल चलाया। मुझे लगा कि यह शूल सुग्रीव का वध ही कर डालेगा। मैंने हवा में उछलकर उसको बीच में ही पकड़ लिया और उसको तोड़ डाला। मुझे पूर्ण विश्वास है कि यदि यह अस्त्र सुग्रीव के लग जाता तो निश्चित ही उनकी मृत्यु हो जाती।

अपने वार को निष्फल होता देख कुम्भकर्ण व्याकुल हो गया। उसने क्रोधित होकर एक पर्वत का शिखर उखाड़कर सुग्रीव के ऊपर फेंका। इस पर्वत शिखर के प्रहार से सुग्रीव अचेत होकर गिर पड़े। अचेत सुग्रीव को कुम्भकर्ण ने अपनी काँख में दबाया और लंका की ओर चल पड़ा। इसी बीच सुग्रीव की चेतना जाग्रत हो गई उन्होंने स्वयं को कुम्भकर्ण की काँख मे दबा हुआ पाया, उन्होंने बन्धन से मुक्त होने के प्रयास में कुम्भकर्ण के नाक और कान काट लिये। कुम्भकर्ण ने जैसे ही अपने क्षत-विक्षत अंगो को टटोल कर देखा तो अवसर पाकर सुग्रीव उसे चकमा देकर एक छलांग लगाकर वापस अपने शिविर में वापस आ गए। सुग्रीव के निकल भागने पर कुम्भकर्ण को भयंकर क्रोध आया। वह सुग्रीव का पीछा करते हुए पुनः रणक्षेत्र में आ गया। उसके रणक्षेत्र में आने से सभी वानर सूरमा घबरा गए। पर्वत की तरह विशालकाय देह वाले कुम्भकर्ण ने तनिक देर में ही वानर भालुओं को निर्ममता से दबोचना शुरू कर दिया। घबराए कपियों ने कुम्भकर्ण पर चट्टानें, वृक्षपातन इत्यादि किया, किन्तु इन सबका उस राक्षस पर क्या प्रभाव पड़ता? वानर सेना में घबराहट का वातावरण व्याप्त हो गया।

वानर सेना में घबराहट को देखकर लक्ष्मण कुम्भकर्ण के सामने आ खड़े हुए। लक्ष्मण ने कुम्भकर्ण पर बाण चलाकर उसे रोकने का प्रयास किया।

"मैं तुमसे उलझना नहीं चाहता। तुम्हारे भाई का वध करना मेरा लक्ष्य है, तुमसे तो मैं कभी भी निपट लूँगा।" कुम्भकर्ण ने लक्ष्मण की उपेक्षा करते हुए कहा।

ऐसा कहकर वह आगे बढ़ गया। लक्ष्मण उस पर बाणों की बौछार करते रहे। बाणों की बौछार से कुम्भकर्ण के हाथ से उसकी गदा छूट गई, किन्तु उसने पीछे मुड़कर नहीं देखा। वह मार्ग में पड़ने वाली प्रत्येक वस्तु को रौंदता चला गया। अत्यन्त विकराल दृश्य था कि एक राक्षस आगे बढ़ता चला जा रहा था और पीछे से उस पर आक्रमण किया जा रहा था। उसने अपने हाथों और मुष्टिका प्रहारों से ही वानर सेना में भयंकर विध्वंस मचा दिया। अन्त में उसका सामना प्रभु श्रीराम से हुआ। प्रभु श्रीराम को देखकर उसने इतनी भीषण गर्जना की कि वातावरण में भय व्याप्त हो गया।

कुम्भकर्ण को देखकर प्रभु श्रीराम ने तीक्ष्ण नोंक वाला एक बाण चलाया। यह बाण कुम्भकर्ण के कवच को भेदकर उसकी छाती में घुस गया। कुम्भकर्ण

के घाव से रक्त बहने लगा। उसे इतना क्रोध आया कि उसके मुख से ज्वाला निकलने लगी। वह पीड़ा व क्रोध से चीख़ता हुआ प्रभु की ओर बढ़ा। दोनों में भारी युद्ध ठन गया। प्रभु के पीछे वानरी सेना खड़ी थी। प्रभु अब स्वयं कुम्भकर्ण से युद्धरत थे। क्रोध में आकर कुम्भकर्ण ने एक विशाल पर्वत प्रभु श्रीराम को लक्षित कर फेंका। प्रभु ने एक शर चलाकर उस विशाल पर्वत के टुकड़े-टुकड़े कर दिए। बिना एक पल का विलम्ब किए प्रभु ने अपना युद्ध कौशल एवं चातुर्य का प्रदर्शन करते हुए चौड़े सिरे वाला वायव्यास्त्र नामक बाण चलाकर कुम्भकर्ण का एक हाथ काट दिया। इस हाथ में कुम्भकर्ण ने गदा संभाल रखी थी। गदा समेत हाथ कटकर गिरने से बहुत से वानर उसके नीचे दबकर मर गए। वह दैत्य फिर भी नहीं घबराया और उसने अपने दूसरे हाथ से एक वृक्ष उखाड़ा और प्रभु श्रीराम की ओर फेंका। प्रभु ने एक और बाण चलाकर कुम्भकर्ण का दूसरा हाथ भी काट दिया। उस दूसरे हाथ के गिरने से दोबारा बहुत से राक्षस और वानर नीचे दब गए। दोनों हाथों से विहीन वह राक्षस फिर भी आगे बढ़ता गया। उसने अपने विशाल पैरों से सैकड़ों वानरों को रौंद दिया। इसके पश्चात् प्रभु श्रीराम ने दो अर्द्धचन्द्र बाण चलाकर कुम्भकर्ण के दोनों पैर भी काट दिए। प्रभु श्रीराम ने कई तीक्ष्ण बाणों से कुम्भकर्ण के शरीर को वेध दिया। उसके तन से रुधिर की धार बह निकली। अंत में श्रीराम ने एक अत्यन्त तीक्ष्ण बाण अपने तूणीर से निकाल धनुष पर चढ़ाया। इस तीर से कुम्भकर्ण का मस्तक धड़ से अलग हो गया। आसमान में लटके धड़ के भी श्रीराम ने दो टुकड़े कर दिये। ये टुकड़े जब भूमि पर गिरे तो इनके नीचे कई वानर, रीछ आदि दब गये। कुम्भकर्ण के विशाल मस्तक के टुकड़े समुद्र में भी गिरे। उसके गिरने से सागर में विकट लहरें उठीं।

जैसे ही दूत ने महाबली कुम्भकर्ण के युद्धस्थल में मारे जाने का समाचार रावण को सुनाया, वह शोक संतप्त हो गया। अपने प्रिय भाई की मृत्यु का समाचार सुनकर रावण ने अपना मस्तक पकड़ लिया। उसे इस समाचार पर विश्वास नहीं हो रहा था कि कोई साधारण मनुष्य उसके विशालकाय भाई को मार सकता है। रावण की आँखों से अश्रुधारा बह निकली। कुम्भकर्ण के वध से दुःखी रावण विलाप करने लगा। रावण का इस प्रकार विलाप करना आश्चर्यजनक घटना थी।

अपने चाचा की मृत्यु का समाचार सुनकर नरान्तक, त्रिशिरा और अतिकाय भावुक हो उठे। रावण के सौतेले भाई महोदर और महापार्श्व भी

व्याकुल हो उठे। रावण अभी भी कुम्भकर्ण के लिए विलाप किये जा रहा था। किसी भी राजा का इस प्रकार रूदन करना उसके सेनापतियों और विश्वस्तों के ऊपर प्रश्नचिन्ह लगाता है। इस स्थिति को रावण के पुत्र त्रिशिरा से नहीं देखा गया।

"पिताश्री, वीरों की मृत्यु पर इस प्रकार विलाप करना आपको शोभा नहीं देता। आप तीनों लोकों पर विजय प्राप्त करने में समर्थ हैं। युद्ध में तो ऐसे क्षण आते-जाते रहते हैं। रणक्षेत्र में प्राप्त होनी वाली मृत्यु पर शोक नहीं किया जाता। आपको तो इसके लिए प्रसन्न होना चाहिए कि उन्होंने पूरी निष्ठा के साथ आपके लिए ही युद्ध लड़ा। उन्होंने वीरोचित कार्य किया है। यह हमारा उत्तरदायित्व है कि हम लंका के लिए जीयें और मरें। पिताश्री जब तक आपके पुत्र जीवित हैं, आपको इस तरह संताप करना उचित नहीं।" अपने पराक्रमी पिता को शोक और संताप में डूबे देखकर त्रिशिरा बोला।

त्रिशिरा की यह बात सुनकर राक्षसराज रावण को बड़ी सान्त्वना मिली। अपने पिता को ढाँढस बँधाकर त्रिशिरा युद्ध भूमि के लिए तैयार हुआ। उसे युद्ध के लिए जाता हुआ देखकर उसके भाई देवांतक, नरांतक और अतिकाय भी उसके साथ चल दिए। रावण के दो सौतेले भाई महापार्श्व और महोदर भी उनके साथ रणभूमि के लिए चल दिए। इस प्रकार छः महाबली लंकापुरी से रणभूमि के लिए निकल पड़े।

रणभूमि में आते ही इन राक्षसों ने युद्ध भूमि में बड़ा उत्पात मचाया। घनघोर युद्ध आरम्भ हो गया। इसमें नरांतक की भूमिका बड़ी प्रबल थी। उसके प्रहारों से हमारे दल में भगदड़ मच गई। नरांतक के उत्पात को देखकर सुग्रीव ने अंगद को उससे लड़ने हेतु भेजा। नरांतक अश्व पर आसीन था। अंगद ने इस युद्ध में अतुल्य पराक्रम दिखाया। बलशाली अंगद ने अपने मुष्टि प्रहार से नरांतक के वक्ष को तोड़ दिया। नरांतक का इस प्रकार प्राणान्त हो गया। नरांतक के वध के पश्चात भी त्रिशिरा, महोदर और देवांतक नहीं रुके। उन्होंने रणक्षेत्र में भयंकर उत्पात किया। ऐसा लग रहा था कि रणक्षेत्र में प्रलय आ गया हो।

नरांतक के वध से खिन्न होकर देवांतक ने अंगद पर एक करारा प्रहार किया। अंगद यह आक्रमण सहन कर गए। अंगद ने प्रत्युत्तर में देवांतक के हाथी पर हमला कर एक ही मुष्टि प्रहार में उसकी दोनों आँखें निकाल दीं।

हाथी का एक दन्त भी खींच लिया। हाथी चिंघाड़ मारकर तेजी से चीखा। जब तक देवांतक उस हाथी को अपने नियंत्रण में करता तब तक चपल अंगद ने बिना विलम्ब किये देवांतक पर प्रहार किया। इस पर त्रिशिरा तथा उसके अन्य सहायकों ने अंगद को चारों ओर से घेर लिया। मैं अभी अन्य राक्षसों से युद्धरत था। ज्यों ही मैंने अनुभव किया कि अंगद के चारों ओर व्यूह जैसा बना लिया गया है, मैं सीधे अंगद के पास पहुँचा। थोड़ी ही देर में नील भी अंगद की सहायतार्थ आ पहुँचे। जब तक मैं वहाँ पहुँचता देवांतक ने मुझ पर परिघ से आक्रमण कर दिया। मैं किसी प्रकार इस प्रहार को बचा गया। पलट कर मैंने श्रीराम का उद्घोष करते हुए उछलकर देवांतक के मस्तक पर मुष्टिक प्रहार किया। इस प्रहार से देवांतक का विशाल सिर फट गया। उसके सिर से रक्त की धारा फूट निकली और वह प्राणशून्य होकर रणभूमि में गिर गया।

देवांतक के वध होने के पश्चात् त्रिशिरा से यह नहीं देखा गया। अत्यंत क्रोधित होकर उसने नील पर आक्रमण कर दिया। उसने नील को विषैले बाणों से लक्ष्य बनाया। त्रिशिरा के साथ-साथ महोदर ने भी उसी समय नील पर धावा बोल दिया। घनघोर युद्ध में नील ने एक पर्वत शिखर से प्रहार कर महोदर को उसके गज के साथ ही निष्प्राण कर दिया।

त्रिशिरा के सामने ही उसके अपने परिजन एक-एक कर अपने प्राणों से हाथ धोते जा रहे थे। यह देखकर त्रिशिरा क्रोध से पागल हो उठा। इसी बीच त्रिशिरा ने मुझे देखा और मेरे ऊपर बाणों की वर्षा आरम्भ कर दी। अवसर पाते ही मैंने उस पर एक विशाल पर्वत शिखर से प्रहार किया। त्रिशिरा के शर संचालन की सराहना करनी पड़ेगी कि उसने देखते ही देखते उस पर्वत के सहस्रों टुकड़े कर दिये। मैंने भी आस-पास के वृक्षों को उखाड़-उखाड़ कर उस पर प्रहार करना आरम्भ किया। सागर तट पर वृक्षों की कमी नहीं थी, अतः मैंने असंख्य वृक्षों से निरन्तर उस पर प्रहार किये। त्रिशिरा उन सभी वृक्षों के टुकड़े करता चला गया और वृक्षों के प्रहार से उसके आत्मविश्वास पर तनिक भी प्रभाव नहीं पड़ा। अन्य कोई उपाय न देख मैं खाली हाथ ही त्रिशिरा की ओर दौड़ पड़ा और देखते-देखते मैंने उसके अश्व को अपने नखों से चीर कर रख दिया। मेरे इस आकस्मिक आक्रमण से कुपित हो त्रिशिरा ने मुझ पर एक भयानक शक्ति छोड़ दी। यह भयानक शक्ति इससे पूर्व मुझे स्पर्श कर पाती मैंने 'जय श्रीराम' की हुंकृति

के साथ ही उसे बीच में ही पकड़ लिया और उसके टुकड़े-टुकड़े कर दिए। शक्ति को व्यर्थ होते देख त्रिशिरा ने अपने खड्ग से मेरी छाती पर प्रहार किया। यह प्रहार अत्यन्त वेग से किया गया था। मेरी काया पर कतिपय स्थानों पर खरोंच के चिन्ह बन गये। मुझे पीड़ा और जलने का अनुभव हो रहा था किन्तु इस पर ध्यान न देते हुए इसी अवस्था में मैंने एक मुष्टि से त्रिशिरा की छाती पर प्रहार किया। इस प्रहार से वह संज्ञा शून्य हो गया। अब मैंने उसे बहुत अवसर देना उचित नहीं समझा और उसी के खड्ग से उसके मस्तक को काट गिराया।

सभी साथियों को काल कवलित होते देख महापार्श्व अत्यन्त कुपित हुआ। महापार्श्व आगे बढ़ा तो उसका सामना हमारे वानर वीर ऋषभ ने किया। विकराल युद्ध के पश्चात महापार्श्व भी ऋषभ के हाथों मारा गया।

इन सभी की मृत्यु के पश्चात् अब अतिकाय ही शेष बचा था। अतिकाय अत्यन्त विशालकाय राक्षस था। उसका सामना सौमित्र ने किया। यह रावण की दूसरी पत्नी धान्यमालिनी का पुत्र था। उसकी प्रसिद्धि उसके विशालकाय शरीर से तो थी ही, अपने शस्त्र संचालन और विद्वता के लिए भी वह जाना जाता था। वह विशालकाय राक्षस अतिकाय बड़े ही अहंकार भरे शब्दों में बोला, "मैं धनुष और बाण लेकर रथ पर बैठा हूँ। किसी साधारण प्राणी से युद्ध करने का मेरा विचार नहीं है, जिसके अन्दर शक्ति हो, साहस और उत्साह हो, वह शीघ्र यहाँ आकर मुझसे युद्ध करे।"

उसके अहंकारपूर्ण वचन सुनकर लक्ष्मण भैया को बड़ा क्रोध आया। उसकी बातों से क्रोधित होकर वे उस राक्षस पर आक्रमण के लिए आगे बढ़े। उन्होंने अपना धनुष उठाया और बाण खींचकर अतिकाय के सामने आ गये। लक्ष्मण भैया के धनुष की प्रत्यंचा की टंकार बड़ी भयंकर थी। अतिकाय ने कुपित होकर लक्ष्मण भैया पर बाण चला दिया। लक्ष्मण भैया ने उसके बाण को अपनी ओर आता देख, उस बाण के प्रत्युत्तर में एक तीक्ष्ण बाण चलाकर उसे काट दिया। इसके पश्चात् लक्ष्मण भैया ने अपने धनुष पर एक और अर्द्ध चन्द्राकार बाण रखकर धनुष की प्रत्यंचा को खींचा और बड़े वेग से उसे अतिकाय पर छोड़ दिया। वह बाण उस राक्षसवीर के मस्तक में धँस गया। उसके मस्तक से रक्त की धारा बह निकली। घायल होकर भी अतिकाय ने अपना आत्मविश्वास कम नहीं होने दिया। उसने लक्ष्मण

भैया पर प्रत्युत्तर में तीक्ष्ण बाण से आक्रमण किया, जिससे लक्ष्मण भैया की छाती में आघात हो गया। सामर्थ्यशाली लक्ष्मण ने अपनी छाती से वह बाण निकालकर एक अन्य तीक्ष्ण बाण अपने धनुष से इतनी तीव्र गति से चलाया कि अतिकाय संभल नहीं पाया। इस बाण ने अतिकाय के मस्तक को उसके शरीर से अलग कर दिया।

इस दल के सदस्यों के वध का समाचार सुनकर रावण भयाक्रांत हो उठा। अब उसे अपना अन्त समीप दिखाई पड़ने लगा। पुत्रों और भ्रातृ वध से दुःखी रावण लगभग निराश हो चुका था। रावण सिर झुकाए निराशा में डूबा बैठा था। उसे अब सूझ नहीं रहा था कि कौन-सी रणनीति अपनायी जाये कि राम और उनकी सेना को पराजित किया जा सके। उसके अब तक के समस्त प्रयास विफल हो चुके थे। जिन वीरों को वह अजेय समझता था वे सब के सब युद्ध में निष्प्राण हो चुके थे। अब लंका में गिने चुने वीर ही शेष बचे थे। लंकेश यह सोच ही रहा था कि अब क्या उपाय किया जाये तभी उसे अपने परमप्रिय और घोर विश्वासी पुत्र मेघनाद के आने की सूचना प्राप्त हुई। रावण के मन से विषाद कम हुआ। मेघनाद पर उसे अटूट विश्वास था।

"पिताजी, मेरे होते हुए आपको चिन्ता करने की क्या आवश्यकता है? जब तक आपका पुत्र मेघनाद जीवित है, तब तक आप चिन्ता और मोह को त्याग दें। यह सत्य है कि इस युद्ध में अब तक हमारे कई योद्धा जो अजेय समझे जाते थे वे रणक्षेत्र में अपने प्राण न्यौछावर कर चुके हैं। यह भी सत्य है कि ये सभी योद्धा आसानी से हराये जाने वाले नहीं थे, किन्तु आप शोक में न रहें। मैं राम और लक्ष्मण के शरीर को अपने बाणों से छिन्न-भिन्न करके, उनके अंगों में तीक्ष्ण बाण भर दूँगा। आप मुझे रणक्षेत्र में जाने की अनुमति प्रदान करें। मैं उन दोनों अयोध्या कुमारों को अपने बाणों से क्षत-विक्षत कर दूँगा। आज सूर्यास्त होने से पूर्व आपकी विजय होगी।" अपने पिता को सोच में डूबा देखकर उसने अपने पिता को प्रसन्न करने के उपक्रम में कहा।

इन्द्रजीत के वचनों को सुनकर रावण को जैसे संजीवनी शक्ति प्राप्त हो गयी थी। उसने अपने पुत्र को गर्व से स्नेहपूर्वक देखा। रावण ने अपने पुत्र इन्द्रजीत को देखा और उसे देखता ही रह गया। रावण को स्वयं पर गर्व अनुभव हो रहा था कि कितना आत्मविश्वासी पुत्र उसने जना है। उसने अपने

पुत्र को बहुत देर तक निहारा। उसे लगा कि देखने में उसका पुत्र कितना आकर्षक है। वह अपने पुत्र की बुद्धि और उसके बल पर मोहित हो रहा था।

"मेघनाद, मुझे गर्व है तुम पर पुत्र। मुझे विश्वास है कि समूचे भूलोक में ऐसा कोई नहीं है, जो तुम्हें परास्त कर सके। मेरा आशीर्वाद तुम्हारे साथ है।" रावण ने हर्षातिरेक होते हुए दर्प के साथ कहा।

रावण को अभी भी यह भ्रम था कि उसका पुत्र मेघनाद दोनों अयोध्या कुमारों का वध कर देगा। रावण का ऐसा सोचना इसलिए भी अनुचित नहीं था क्योंकि मेघनाद ने जब देवराज इन्द्र को पराजित किया था तभी से वह इन्द्रजीत कहा जाने लगा था। मेघनाद ने युद्ध में प्रस्थान करने से पूर्व अपने पिता को प्रणाम किया। इन्द्रजीत ने युद्ध में जाने से पूर्व अपने मनोहर उद्यान में जाकर अग्नि प्रज्वलित की और विजयी होने का मन्त्र पढ़ा। उसने अपने इष्ट अग्निदेव को आहुति अर्पित की। इसके तुरन्त बाद वह चार बाघों वाले एक स्वर्ण रथ में सवार होकर युद्ध स्थल की ओर चल पड़ा। उसका रथ अत्यन्त आकर्षक था जो दैत्यों व हिरणों की सुनहरी मुखाकृतियों से सुसज्जित था। उसकी पताका पर नीलम की आँखों वाला सिंह बना हुआ था। युद्ध में जाते समय मेघनाद ने अपना अदृश्य कवच पहना। विशाल सेना के साथ वह आवश्यक अस्त्र-शस्त्रों को अपने रथ में रखकर युद्ध के लिए भी चल पड़ा।

रणभूमि में पहुँचने के पश्चात् उसने अपने विषाक्त बाणों से राम वाहिनी के वरिष्ठ कपियों को विदीर्ण करना आरम्भ कर दिया। रणक्षेत्र में आते ही उसने अपने तीक्ष्ण बाणों से सर्वप्रथम गन्धमादन को घायल कर दिया। गन्धमादन के पश्चात् उसने क्रमशः नल, मैन्द, जाम्बवान और नील को देखते ही देखते अपने बाणों से क्षत-विक्षत कर दिया। इन वानरों को क्षत-विक्षत करने के पश्चात् वह आगे बढ़ चला। मायावी शक्तियाँ तो मेघनाद के पास थी हीं। इससे पहले कि वानर वीर उस पर आक्रमण करते मेघनाद लड़ते-लड़ते अचानक अदृश्य हो गया। उसके पास अदृश्य होने की भी ताकत थी। सम्भवतः वह मेघों के पीछे छुप गया था। वह वहीं से अदृश्य होकर वानर सेना पर सहस्रों बाण चला रहा था। कोई समझ नहीं पा रहा था कि किस तरफ से बाण आ रहे हैं। उसने अदृश्य होकर एक जलती हुई कुल्हाड़ी फेंकी। यह कुल्हाड़ी सुग्रीव को आकर लगी। इस कुल्हाड़ी ने सुग्रीव को घायल कर दिया। सुग्रीव को घायल कर देने के पश्चात् उसने अपने बाणों से

अंगद को घायल कर दिया। इसके पश्चात् उसने ऋषभ और द्विविद को भी निष्प्राण प्राय कर दिया। इसके बाद भी मेघनाद रुका नहीं। मेघनाद ने अपने अस्त्रों से मुझे, सुग्रीव, अंगद, गन्धमादन, जाम्बवान, सुषेण, वेगदर्शी, मैन्द, द्विविद, नील, गवाक्ष, गवय, केसरी, हरिलोमा, विद्युद्दंष्ट्र, सूर्यानन, ज्योतिर्मुख, दधिमुख, पावकाक्ष, नल और कुमुद आदि को घायल कर दिया था।

इस प्रकार वानर वीरों को घायल करने के पश्चात् वह प्रभु श्रीराम और लक्ष्मण भैया की ओर चल पड़ा। उसने प्रभु श्रीराम और लक्ष्मण भैया पर अदृश्य होकर आक्रमण बोल दिया। अनपेक्षित रूप से अलग-अलग दिशाओं से वह अपने शरों का उपयोग कर रहा था। यद्यपि प्रभु श्रीराम और लक्ष्मण जी मेघनाद के प्रत्येक वार को निष्फल सिद्ध कर रहे थे, किन्तु वह प्रभु श्रीराम और लक्ष्मण भैया को दिखायी नहीं पड़ रहा था। प्रभु श्रीराम अपनी सेना के साथ खड़े होकर अदृश्य शत्रु पर बाण चला रहे थे किन्तु उसका कोई लाभ नहीं हो रहा था। मेघनाद दोनों अयोध्या कुमारों के ऊपर लगातार बाण-वर्षा कर रहा था। मेघनाद की इस बाण-वर्षा से श्रीराम और लक्ष्मण भैया के शरीर पर ऐसा कोई स्थान नहीं बचा था जहाँ से रुधिर न बह रहा हो। देह पर प्रत्येक स्थान पर हल्के घाव हो गये थे। मेघनाद अभी भी रुकने का नाम नहीं ले रहा था, वह प्रभु श्रीराम और लक्ष्मण भैया पर अदृश्य होकर सतत् आक्रमण कर रहा था। प्रत्येक प्रकार के अस्त्रों का मेघनाद प्रयोग कर रहा था। कोई भी ऐसा अस्त्र नहीं बचा था जिसका प्रयोग उसने दोनों भाइयों पर न किया हो। अस्त्र संचालन में निपुण वह राक्षस वीर किसी भी मर्यादा का पालन नहीं कर रहा था।

अन्य अस्त्रों के उपयोग के पश्चात् उसने 'ब्रह्मास्त्र' का प्रयोग करने में अधिक विलम्ब नहीं किया। वह इस युद्ध को यथाशीघ्र समाप्त कर देना चाहता था। उसने पूरी शक्ति के साथ 'ब्रह्मास्त्र' का उपयोग अयोध्या कुमारों पर कर दिया। 'ब्रह्मास्त्र' को देखते ही स्वयं प्रभु श्रीराम और लक्ष्मण ने इस दिव्यास्त्र का सम्मान करते हुए इस अमोघ शक्ति का स्वागत किया। उस 'ब्रह्मास्त्र' से प्रभावित होकर थोड़ी ही देर में श्रीराम और लक्ष्मण मूर्च्छित होकर गिर पड़े। मेघनाद अत्यन्त हर्षित हुआ। वह श्रीराम और लक्ष्मण भैया के मूर्च्छित होते ही वापस लंका नगरी चला गया और रावण के सामने इस सूचना को प्रस्तुत कर स्वयं को विजेता के रूप में प्रस्तुत किया।

आज का दिन हमारी सेना के लिए सर्वाधिक हानिप्रद सिद्ध हुआ था। मेघनाद के युद्ध में आने से इस युद्ध का सन्तुलन पूर्णरूपेण राक्षसराज के पक्ष में होता दिखाई दे रहा था। हमारी सेना के अधिकांश वानर वीर रणक्षेत्र में आहत पड़े हुए थे। दोनों अयोध्या कुमार भी मूर्च्छित हो चुके थे। मैं भी आज चोटिल हुआ था, किन्तु मैंने विचार किया कि इस संक्राति काल में अपनी कपि सेना के वीरों को सांत्वना और उपचार दिया जाना परम् आवश्यक है। जब सेना का मनोबल ऊँचा रहता है तभी सेना शौर्य का प्रदर्शन कर पाती है। ऐसा विचार करके मैंने विभीषण को अपने साथ लिया और उन्हें अपने साथ लेकर रणक्षेत्र में चल दिया। पीड़ा से मेरी भी देह टूट रही थी।

हम दोनों ने सर्वप्रथम रीछ प्रवर जाम्बवान को ढूँढने का प्रयास किया। जाम्बवान सर्वाधिक वरिष्ठ योद्धा थे। वे हम सबमें सर्वाधिक बुद्धिमान भी थे। आयु में वे हम सबमें वृद्ध थे। मुझे विश्वास था कि इस स्थिति में वे ही कोई मार्ग दिखा पायेंगे। शीघ्र ही हमने रणक्षेत्र में घायल और मृत पड़े हुए कपि सेना के सदस्यों के बीच से उनके आकार और हाव-भाव को देखकर उन्हें ढूँढ लिया था। मैंने देखा कि उनके शरीर में सैंकड़ों बाण धँसे हुए थे। वे पूर्णतः निढाल होकर रणक्षेत्र के बीच में पड़े हुए कराह रहे थे।

"कपि श्रेष्ठ, आप कैसे हैं?" उन्हें देखकर विभीषण बोले थे। मैं मौन था, उन्हें देखकर।

"विभीषण जी, मैं आपको स्वर से ही पहचान पाने में समर्थ हूँ। मैं आपको देख नहीं पा रहा हूँ। मैं अपनी आँखें भी नहीं खोल पा रहा हूँ। आप देख ही रहे हैं कि मेरे सभी अंग तीक्ष्ण बाणों से बिंधे हुए हैं।" जाम्बवान ने कराहते हुए कहा।

"अब क्या किया जाए...?" विभीषण ने कुछ पूछना चाहा।

"पहले यह बताइए कि हनुमान कहाँ हैं?" जाम्बवान ने उनकी बात को बीच में खण्डित करते हुए पूछा।

"वे ठीक हैं, किन्तु आप यह बताइए कि दोनों कौशल कुमारों को छोड़कर आप हनुमान के विषय में ही क्यों पूछ रहे हैं?" विभीषण ने कौतूहल से पूछा।

मैं भी विस्मित था कि जाम्बवान ने ऐसा प्रश्न क्यों किया?

"विभीषण जी, यदि आप जानना ही चाहते हैं कि मैंने मात्र हनुमान के विषय में ही क्यों जिज्ञासा की है तो आप यह ज्ञात हो लें कि यदि हनुमान जीवित हैं तो घायल एवं अर्धमृत्यु सेना भी जीवित है... यदि हनुमान को कुछ हो गया तो हम सब जीवित होते हुए भी निष्प्राण होने के समान ही हैं। यदि वे जीवित हैं तो हम सब सुरक्षित हैं और हमारा भविष्य भी।" जाम्बवान ने बड़े ही आत्मविश्वास के साथ कहा।

वृद्ध जाम्बवान के इतना कहते ही मैं अवाक् रह गया। कितना विश्वास है ऋक्षराज को मुझ पर। क्या मैं वास्तव में ऐसा हूँ? ऐसा सोचते हुए विनीत भाव से उनके चरणों में गिर गया। जाम्बवान ने मेरे सिर पर हाथ फेरा और मुझे स्नेहपूर्वक स्पर्श किया।

"हनुमान, तुम तत्काल जाओ, वानर वीरों को ढूँढ़ निकालो। दोनों कौशल कुमारों को भी खोज निकालो और उनके शरीर से बाण निकाल कर उन्हें स्वस्थ करो। मैं भी आप दोनों के साथ चलता हूँ।" जाम्बवानजी ने मुझसे कहा।

जाम्बवानजी को सहारा देकर हमने उठाया। उनकी देह बाणों से बिंधी हुई थी। हमने उनकी देह से बाणों को अलग किया। हम तीनों हाथ में मशाल लेकर रणभूमि में सब वानरों के पास जाकर उनको सांत्वना देने लगे। हमने सुग्रीव, अंगद, नील, शरभ, गंधमादन, सुषेण, वेगदर्शी, मैंद, नल, ज्योतिर्मुख, द्विविद आदि को युद्ध में घायल पड़े हुए देखा और उन्हें यथोचित सांत्वना दी। औषधियाँ और उपचार भी किए। हम तीनों कुछ पग ही आगे बढ़े तो वहाँ प्रभु श्रीराम और लक्ष्मण भैया अचेत पड़े थे।

हमने प्रभु को देखा। उनको चेतना में लाने का प्रयास किया। कुछ देर के बाद प्रभु श्रीराम को तो चेतना आ गई, किन्तु लक्ष्मण भैया फिर भी अचेत और निष्प्राण अवस्था में पड़े रहे। लक्ष्मण भैया की यह स्थिति देखकर प्रभु श्रीराम बहुत दुःखी हुए।

"यदि लक्ष्मण को कुछ हो गया तो मेरी जीने की इच्छा नहीं रहेगी। मुझे सीता के समान दूसरी पत्नी मिल सकती है किन्तु लक्ष्मण जैसा भाई नहीं मिल सकता। मैं लक्ष्मण के बिना अयोध्या नहीं लौट सकता। मैं माता सुमित्रा को क्या उत्तर दूँगा? मैं भी लक्ष्मण के साथ परलोक चला जाऊँगा। अपने प्रिय भाई के बिना मेरे जीवन का कोई अर्थ नहीं है।" सम्भवतः किसी अनिष्ट का विचार करके श्रीराम ऐसा विलाप कर रहे थे।

विभीषण ने बहुत ही अपनत्व के साथ श्रीराम से निवेदन किया कि वे हताश न हों। विभीषण ने श्रीराम को सुझाव दिया कि लक्ष्मण भैया की मूर्च्छा को समाप्त करने के लिए लंका के वैद्यराज सुषेण को यहाँ लाना पड़ेगा।

"यह सुषेण कौन है?" श्रीराम ने उत्सुकता के साथ विभीषण से पूछा था।

"वे रावण के राजवैद्य हैं।" विभीषण ने कहा।

"किन्तु वह यहाँ क्यों आयेंगे? शत्रु का वैद्य हमारे हित में भला क्यों सोचेगा और वैसे भी इस समय रात्रि हो रही है। कौन उन्हें यहाँ तक लायेगा?" श्रीराम बोले।

"प्रभु, वैसे तो सुषेण रावण का राजवैद्य है, किन्तु वह पहले एक चिकित्सक हैं। मैं उन्हें व्यक्तिगत रूप से जानता हूँ। वे अपने कर्तव्य के प्रति अति निष्ठावान हैं। अपने पास आए प्रत्येक व्यक्ति को, चाहे वह मित्र हो या शत्रु, अपनी ओर से श्रेष्ठ उपचार देते हैं। उचित यही होगा कि राजवैद्य सुषेण को तुरंत बुला लिया जाये। उन्हें बहुत सी रहस्यमयी औषधियों एवं जड़ी-बूटियों के विषय में पता है। सुषेण का घर हनुमान को पता ही है। यद्यपि रात्रि हो चुकी है, किन्तु समय की माँग यही है कि हनुमान तत्काल ही सुषेण को लेकर यहाँ आ जायें। मेरा विश्वास है कि सुषेण लक्ष्मण भैया को यथाशीघ्र ठीक कर देंगे।" विभीषण ने पूरे आत्मविश्वास के साथ प्रभु से यह बात कही थी।

इससे पहले कि प्रभु मुझसे कुछ कहें, मैं तत्काल बिना कुछ कहे, उड़कर लंका चला गया। लंकापुरी पहुँचने के पश्चात् मैंने गहरी निद्रा में सो रहे राजवैद्य को जगाया। राजवैद्य को मैंने पूरी घटना से अवगत कराया। राजवैद्य इससे पहले कि कुछ सोच पाते, मैंने उन्हें उठाया और लाकर रणक्षेत्र में विभीषण के समक्ष प्रस्तुत कर दिया। विभीषण ने उन्हें समस्त स्थिति से अवगत कराते हुए निश्चेत पड़े लक्ष्मण को चेतना में लाने का उपचार पूछा। वैद्य ने भ्राता लक्ष्मण की नाड़ी हृदय एवं घाव को ध्यान से देखा।

"विभीषण जी, अब केवल मृतसंजीवनी बूटी ही लक्ष्मण को बचा सकती है। इस बूटी से मृत व्यक्ति भी जीवित हो जाता है। लक्ष्मण के पूरे शरीर में विष फैल चुका है। किन्तु स्मरण रहे कि सूर्योदय से पूर्व यदि यह बूटी उपलब्ध नहीं हो पायी तो अवश्य ही इनकी मृत्यु हो जाएगी।" राजवैद्य ने लक्ष्मण भैया की नाड़ी को अपने हाथों में लेकर कहा।

श्रीराम को यह सुनकर तनिक सान्त्वना मिली कि राजवैद्य को उपचार मालूम था। उन्होंने वैद्य को तुरन्त औषधि लाने को कहा।

"अयोध्या कुमार, मुझे खेद है कि यह औषधि मेरे पास नहीं है। यह औषधि हिमालय पर्वत पर कैलास और मानसरोवर के मध्य द्रोणाचल शिखर पर मिलेगी। वह पर्वत जड़ी-बूटियों से भरा पड़ा है और चारों ओर से चमकता है। उस शिखर के ऊपर चार चमकती हुई बूटियाँ हैं। मृतसंजीवनी बूटी, जो मृत व्यक्ति को पुनर्जीवित कर सकती है। विशाल्यकरणी बूटी अस्त्र-शस्त्रों से हुए घावों को ठीक कर देती है। सुवर्णकरणी बूटी से तन की स्वाभाविक कांति लौट आती है तथा संधनी नाम की बूटी से कटे हुए अंगों और टूटी अस्थियों को जोड़ा जा सकता है। यदि आप में से कोई, वहाँ जाकर इन औषधियों को ला सकता है तो मैं यहाँ पड़े सभी मृत एवं घायल लोगों को ठीक कर दूँगा, किंतु वह बूटियाँ सूर्योदय से पूर्व लानी होंगी। प्रत्येक क्षण मूल्यवान है। यदि कोई उन बूटियों को ले आए तो राजकुमार लक्ष्मण तथा अन्य लोगों के प्राण बच सकते हैं। स्मरण रहे कि सूर्योदय से पूर्व यदि यह बूटी उपलब्ध नहीं हो पायी तो अवश्य ही इनकी मृत्यु हो जाएगी।" राजवैद्य ने लक्ष्मण भैया की नाड़ी को अपने हाथ में लेकर कहा।

"हनुमान, यह कार्य तुम ही कर सकते हो। तुम शीघ्र समुद्र को पार करके सुदूर उत्तर में स्थिति हिमालय की ओर प्रस्थान करो और यथाशीघ्र औषधियाँ लेकर आओ।" प्रभु श्रीराम ने मुझे आदेश दिया।

जाम्बवान ने भी मुझे इस आदेश का पालन करने में तनिक विलम्ब न करने का निवेदन किया।

"हनुमान, हिमालय के सुवर्णमय पर्वत मानसरोवर और कैलास शिखरों के बीच एक द्रोणाचल शिखर है, जहाँ ये अत्यन्त दीप्तमान औषधियाँ उपलब्ध रहती हैं। आप इन चारों औषधियों अर्थात् मृतसंजीवनी, विशाल्यकरणी, सुवर्णकरणी, संधनी को प्रातः होने से पूर्व अवश्य ले आइए।" वैद्यराज सुषेण ने मुझे समझाते हुए कहा।

प्रभु की आज्ञा लेकर मैंने हिमालय की ओर प्रस्थान किया।

मेरे हिमालय प्रस्थान का समाचार सम्भवतः रावण को मिल चुका था। रावण यह क्यों चाहता कि मैं इन औषधियों को लाकर प्रभु श्रीराम और लक्ष्मण भैया को दे पाऊँ, अतएव उसने मेरे मार्ग में विघ्न उत्पन्न करने की

योजना बना ली। इस योजना के अन्तर्गत रावण ने एक महादैत्य कालनेमि को मेरा रास्ता रोकने के लिए लगाया। कालनेमि एक ऋषि का छद्‌म वेश धारण कर रास्ते में बैठ गया।

जब मैं पूरे वेग से उड़ता हुआ हिमालय पर्वत की ओर जा रहा था तो मैंने आकाश से नीचे की ओर एक स्थान पर एक विशाल और मनोरम सरोवर देखा। एक मन्दिर भी समीप था। मुझे लगा कि देवालय रास्ते में दिख रहा है तो यह उचित ही होगा कि सिर झुकाकर अपने अभीष्ट पर निकल जाऊँ। यह मन्दिर अत्यन्त आकर्षक प्रतीत हो रहा था। उसके शिखर पर स्वर्ण कलश स्थापित था, जिससे रात्रि के अन्धकार में भी स्वर्ण किरणें फूट रही थीं। मैं नीचे उतरा, मन्दिर के कलश को स्पर्श किया। मन्दिर के प्रांगण में ही तपस्यारत ऋषि बैठे हुए थे।

"मैं रामदूत हनुमान हूँ, ऋषिवर। आप कौन हैं, परिचय दें।" मैंने उन्हें अपना औपचारिक परिचय देते हुए प्रणाम किया।

"स्वागत है वत्स... ऋषि कालनेमि के देवालय में।" उन्होंने स्वयं ही अपना परिचय दिया।

"किस प्रयोजन से कहाँ जा रहे हैं कपिराज?" उन्होंने अगला प्रश्न किया।

मैंने उन्हें संक्षेप में अपना प्रयोजन उन ऋषि को बताया। ऋषि के अधरों पर कृत्रिम मुस्कान बिखर गई।

"अत्यन्त शुभ। हनुमान, आप अत्यन्त ही शुभ कार्य के लिए हिमालय की ओर जा रहे हैं। सम्भव है कि इस कठिन कार्य में पूरे मार्ग में आपको कहीं भी पानी इत्यादि न मिले। अतः उचित होगा प्रस्थान करने से पूर्व सरोवर का जलपान करते जायें जिससे यात्रा में प्यास न लगे।" ऋषि ने कहा।

उस ऋषि की बात मानकर मैंने सरोवर में जाकर आँखें मूँदकर जैसे ही जल पीने के लिए अपने हाथों को जोड़ा, तभी वहाँ एक महामायाविनी राक्षसी मकरी के रूप में आई और मुझको निगलने लगी। मैंने यह देखकर उसका मुँह चीरकर तुरन्त उसको मार डाला। मरने के बाद उस मकरी का रूप दिव्य रूपधारिणी अप्सरा में परिवर्तित हो गया।

वह हाथ जोड़कर मुझसे बोली, "हे कपीश्वर, आज मैं आपकी कृपा से शापमुक्त हो गई। मैं पूर्व जन्म में एक अप्सरा थी, मेरा नाम धान्यमालिनी

है। मेरे किसी अपराध के कारण एक मुनि ने मुझे शाप दे दिया था। इसीलिए मुझको मकरी की योनि मिली। अब मैं आपको रहस्य की बात बताती हूँ। उस आश्रम में जिस मुनि से आप मिले हैं वह कोई ऋषि नहीं है बल्कि वास्तव में वह एक महादैत्य कालनेमि है, जिसको रावण ने आपके कार्य में विघ्न डालने के लिए भेजा है। इस दुष्ट राक्षस को मारकर आप अपने लक्ष्य के लिए शीघ्र प्रस्थान कीजिए।"

मैं आश्रम लौटकर आया तो वह कपटी ऋषि अभी वहीं बैठा हुआ था। मैं उसकी सत्यता से परिचित हो चुका था। मुझे अत्यधिक क्रोध आ रहा था।

"मैं तुझे जान गया हूँ पापी, तू ऋषि नहीं, बल्कि रावण का भेजा हुआ दैत्य है। तू रावण का भेजा हुआ कपटी राक्षस है।" मैंने क्रोध में उस छद्म वेशधारी ऋषि से कहा।

कालनेमि अपने वास्तविक रूप में आ गया और मुझसे माया युद्ध करने लगा। उस समय तो मुझमें प्रभु की दी हुई समस्त शक्तियाँ जागृत थीं। उसको निष्प्राण करने में मुझे अधिक देर नहीं लगी। मैंने उसके पेट पर पूरी सामर्थ्य से वेगपूर्वक प्रहार किया। अचानक हुए आक्रमण से वह संभल न पाया। मैंने अपनी पूँछ में लपेटकर उस महादैत्य को घुमाकर भूमि पर पटक दिया। भूमि पर पड़ते ही कालनेमि की हड्डियों के सहस्रों टुकड़े हो गए। उसके मुँह से बस एक चीख निकली और उसने दम तोड़ दिया।

उस राक्षस के वध के पश्चात् मैं दुगने वेग के साथ हिमालय की ओर अग्रसर हुआ। मुझे अनुभव हो रहा था कि मैंने महत्वपूर्ण समय का कुछ अंश निरर्थक कार्य में गँवा दिया था। समय कम था। रात्रि का तीसरा पहर आरम्भ हो चुका था। प्रभु की असीम कृपा से अब मैं हिमालय पहुँच चुका था। अब मैं उस पर्वत पर चढ़ गया, जिस पर औषधियाँ उपलब्ध थीं। मुझे औषधियों का ज्ञान नहीं था। मेरे लिए यह समझ पाना बहुत कठिन था कि उनमें कौन सी मृतसंजीवनी है? बहुत सोच-विचार न करते हुए मैंने पूरे पर्वत को हाथों में उठाया और यह मानते हुए चल पड़ा कि वैद्य सुषेण स्वयं पहचान कर लेंगे कि कौन सी औषधि किस प्रयोग में आएगी।

मैं हिमालय को अपने हाथों में उठाए पूरे वेग से लंका की ओर चल दिया। जब मैं अयोध्या के ऊपर से होकर गुजर रहा था तभी नीचे से एक तीक्ष्ण बाण आकर मुझे लगा। बाण लगते ही मैं 'राम-राम' का उच्चारण

करते हुए भू शायी हो गया। द्रोणाचल अभी भी मेरे हाथ पर रखा हुआ था। मेरे मुख से 'राम-राम' का उच्चारण सुनते ही एक राजकुमार मेरी ओर दौड़ कर आये। मुझे मूर्च्छा से जगाया। उन्होंने मुझसे मेरा परिचय पूछा। मेरे पास समय कम था सो मैंने अति संक्षेप में उन्हें पूरी बात बता दी। उस कुमार ने अपना परिचय भरत के रूप में दिया और बताया कि वह श्रीराम के अनुज हैं। श्रीराम के मुख से मैं पूर्व में ही भरत भैया के विषय में बहुत कुछ सुन चुका था। मुझे यह भी पता था कि श्रीराम अपने अनुज भरत जी को अत्यधिक स्नेह करते हैं। मैंने भरत भैया को अत्यन्त संक्षेप में सीता हरण से लेकर उनकी खोज, लंकादहन, रावणयुद्ध, मेघनाद के ब्रह्मास्त्र प्रयोग से उत्पन्न विभीषिका तक की घटनाएँ सुना दीं।

"विधाता, इससे बड़ा दुर्भाग्य और क्या हो सकता है कि इस विकराल परिस्थिति में मैं अपने अग्रज के किसी भी काम नहीं आ पा रहा हूँ।" भरत ने रुँधे हुए गले से कहा।

"आप शोक न करें भरत भैया। मैं हूँ न... आप चिन्ता न करें। मैं यह जड़ी-बूटियों का शिखर शीघ्र ही रणक्षेत्र में ले जाकर पहले लक्ष्मण भैया को मूर्च्छा से बाहर निकालने का प्रयत्न करता हूँ ताकि शीघ्र ही राम सेना पुनः उत्साह के साथ युद्ध में उतर सके। अब मुझे प्रस्थान करने की अनुमति दें।" मैंने उन्हें समझाते हुए कहा।

"भैया हनुमान, तुम धन्य हो। तुम्हीं प्रभु की सच्ची सेवा कर रहे हो। शीघ्रता करो। प्रातः होने से पहले तुम गन्तव्य तक पहुँचो।" भरत भैया के माथे पर चिन्ता की रेखाएँ कुछ गहरा गयी थीं।

भैया भरत ने मुझे विदा करने से पूर्व अपने वक्षस्थल में समेट लिया। पुलकित शरीर और सजल नेत्रों के साथ भरत भैया ने मुझे अपने वक्षस्थल से ऐसे लिपटा लिया कि जैसे अनन्तकाल से वे मुझे जानते रहे हों। उनके आलिंगन में भी वही स्नेह था जो मैंने प्रभु के आलिंगन में अनुभव किया था। भरत भैया बहुत दुःखी थे और उन्होंने मेरे साथ चलने की इच्छा प्रकट की। मैंने उनकी इच्छा को बड़ी विनम्रता से अस्वीकार करते हुए कहा, "आप निश्‍िचत रहिए भरत भैया। धर्म और अधर्म के इस युद्ध में जीत प्रभु श्रीराम की होगी। समूची वानर सेना उनके लिए प्राणपण से जूझ रही है। अब रावण का अन्त निकट ही है।"

भरत ने कहा, "पवनपुत्र, तुम तो घायल हो। सूर्योदय होने को है, इससे पहले संजीवनी पहुँचाना आवश्यक है। तुम मेरे तीर पर बैठ जाओ, मैं तुम्हें पर्वत सहित कुछ ही पलों में लंकापुरी पहुँचा देता हूँ।"

मैंने निवेदन किया, "आपके तीर की आवश्यकता नहीं पड़ेगी। प्रभु श्रीराम के आशीर्वाद से मुझमें इतना बल है कि द्रोणाचल तो क्या इससे कई गुना ज्यादा भारी पर्वतों को मात्र कनिष्ठ उँगली पर उठाकर लाखों योजन दूर फेंक सकता हूँ।"

मेरी बात सुनकर भरत भैया ने मुझे विदा किया। मैं अपने पिता का स्मरण करते हुए तीव्र गति से उड़ा और सूर्योदय होने से पहले ही संजीवनी सहित लंका में आ पहुँचा। रणक्षेत्र में पहुँचते ही मुझे देखकर सारे वानरों में उत्साह छा गया।

सुषैण वैद्य ने उस पर्वत शिखर का अत्यंत सूक्ष्मता के साथ निरीक्षण किया। शिखर से आवश्यक जड़ी और बूटियाँ छाँटकर लक्ष्मण भैया के उपचार में जुट गए। राजवैद्य ने कुछ जड़ी और बूटियों को द्रोणाचल से निकालकर हाथ से मसला और उनका अर्क निकाल कर लक्ष्मण भैया की नासिका और मुख में कुछ बूँदें डाली। कुछ समय बाद ही लक्ष्मण भैया ने आँखें खोलीं और राम नाम जपते हुए उठ गए। श्रीराम ने मुझे छाती से लगा लिया। यह इन जड़ी-बूटियों का प्रभाव ही था कि लक्ष्मण भैया को लगा ही नहीं कि वे निश्चेत थे, उन्हें लगा कि अब युद्ध में पुनः रत हो जाना चाहिए। उन्हें मेघनाद से युद्ध की बात स्मरण हो आई थी। उन्होंने उठते ही मेघनाद के विषय में पूछा। प्रभु अपने अनुज की व्यग्रता पर मुस्कुराकर रह गए और उनके मस्तक को बहुत स्नेह के साथ प्यार करते रहे।

अब जाम्बवान ने मुझसे कहा कि अब मैं उस पर्वत शिखर को वापस उसके स्थान पर रख आऊँ क्योंकि यदि वह रणभूमि में ही रखा रहा तो राक्षस भी उसका लाभ ले लेंगे। मैं उस शिखर को लेकर फिर से हिमालय गया और उसे नियत स्थान पर रखकर सुबह होने से पूर्व समुद्र पार करके लंका लौट आया। यह पूरी घटना केवल राम, विभीषण जाम्बवान मुझे और राजवैद्य सुषैण को पता थी। सुषैण ने प्रभु श्रीराम के चरणों में प्रणाम कर वापस लंका पहुँचाने का अनुरोध किया। मुझे यह उत्तरदायित्व भी निभाना पड़ा।

अब लंका की सुरक्षा सचमुच बहुत दुर्बल हो गई थी। सुग्रीव की आज्ञा से वानरों ने हाथ में मशाल लेकर लंकापुरी में धावा बोल दिया और इस प्रकार इतनी कम अवधि के अन्तराल में दूसरी बार लंका दहन हुआ। लंकापुरी में हाहाकार मच गया। प्रकट परिस्थितियों से क्षुब्ध होकर राक्षसराज रावण ने कुपित होकर कुंभकर्ण के पुत्र कुम्भ और निकुम्भ को सेना सहित युद्ध में जाने की आज्ञा दी। वानरों और राक्षसों में घोर युद्ध हुआ। दोनों ओर के वीर योद्धाओं ने अपनी-अपनी शक्ति और सामर्थ्य का बढ़-चढ़कर प्रदर्शन किया। सुग्रीव ने कुम्भ का वध कर दिया। निकुम्भ मेरे हाथों से मारा गया। युद्ध में अंगद ने कंपन और प्रजंघ का, द्विविद ने शोणिताक्ष का, मैन्द ने यूपाक्ष का वध कर दिया।

निकुम्भ व कुम्भ के मारे जाने का समाचार सुनकर रावण को अत्यधिक क्रोध हुआ। वह आग के समान जल उठा। अब उसने खर के पुत्र मकराक्ष को युद्ध में जाने के लिए आदेशित किया। रावण की आज्ञा से अब मकराक्ष युद्ध करने के लिए आया। रणक्षेत्र में आते ही उस अधम ने प्रभु श्रीराम पर सीधे बाणों से प्रहार करना प्रारम्भ किया। प्रभु ने कुछ ही समय में उसके समस्त प्रहारों को असफल सिद्ध करते हुए, उसके प्राण हर लिए।

अब तक लंका के अनेकानेक योद्धागण काल का ग्रास बन चुके थे। महायोद्धाओं के रूप में रावण के अतिरिक्त एक ही महायोद्धा बचा था, मेघनाद।

रावण ने अत्यन्त भयंकर रोष भरे शब्दों के साथ मेघनाद का आह्वान किया कि इस बार वह युद्ध में जाकर उन दोनों मानवों का वध करके ही वापस आये। रावण की आज्ञा के फलस्वरूप वह युद्ध के लिए तैयार हुआ। युद्ध में जाने से पूर्व उसने यज्ञभूमि में जाकर यज्ञ किया। विभिन्न अस्त्रों और शस्त्रों से सुसज्जित होकर तथा अंतर्ध्यान होने वाली शक्ति से सम्पन्न रथ पर आरूढ़ होकर युद्ध के लिए चल पड़ा।

वह पुनः रणक्षेत्र में युद्ध हेतु प्रकट हुआ। उसने रणक्षेत्र में अदृश्य होकर मायावी शक्ति से जब युद्ध किया तो एक बार फिर वानर सेना में निराशा छा गई। लक्ष्मण भैया ने क्रोधित होकर प्रभु श्रीराम से ब्रह्मास्त्र का प्रयोग करने का प्रस्ताव किया, पर प्रभु ने यह कहकर इसकी आज्ञा नहीं दी कि एक मेघनाद को मारने के लिए इतना बड़ा संहार करना उचित नहीं। ब्रह्मास्त्र के प्रयोग से कई निरपराधों का संहार भी हो जायेगा।

मेघनाद अभी भी अदृश्य था। मेघनाद इस बार मायावी शक्तियों के साथ भी युद्ध करने की मनोकामना से रणक्षेत्र में आया था। माया को मूर्तरूप देने के प्रयोजन से कुछ समय बाद अदृश्य मेघनाद युद्ध भूमि में अचानक अट्टहास के साथ प्रकट हुआ। इस बार जब वह युद्ध भूमि में प्रकट हुआ तो उसके रथ पर माता सीता भी थीं। मेघनाद ने यह सब राम सेना को भ्रमित करने के उद्देश्य से किया था। सत्य यह था कि मेघनाद वास्तविक माता सीता के स्थान पर उनकी एक प्रतिकृति के साथ प्रकट हुआ था। उस प्रतिकृति का स्वरूप ठीक वैसा ही था जैसा मैंने अशोक वाटिका में माता सीता को शोकग्रस्त अवस्था में डूबे हुए बैठे देखा था। उसने राम सेना को मानसिक रूप से तोड़ने के उद्देश्य से अपनी तलवार से उस प्रतिकृति को क्षत-विक्षत कर डाला और उसके बाद वह अट्टहास करने लगा। मेरे अतिरिक्त किसी भी वानर भालू ने माता सीता को साक्षात् नहीं देखा था। मेघनाद द्वारा माता सीता की प्रतिकृति को क्षत विक्षत किए जाने के बाद मैंने वानरों को बुलाया। सारे वानर भालू एक ही हुंकार में मेरे पास एकत्र हो गए। सभी वानर वीरों का मानना था कि मेघनाद ने माता सीता की निर्मम हत्या कर दी है। सत्यता मुझे ज्ञात थी। वानर वीरों ने प्रभु श्रीराम को बड़े करुण हृदय से इस घटना की सूचना दी। भैया लक्ष्मण ने प्रभु श्रीराम से बस यही कहा कि यदि आप मुझे उस समय मेघनाद का वध करने के लिए ब्रह्मास्त्र प्रयोग की आज्ञा दे देते तो यह घटना नहीं घट सकती थी।

उसी समय विभीषण वहाँ पधारे। उन्होंने प्रभु श्रीराम सहित सब लोगों के शोक का कारण पूछा।

सम्पूर्ण घटना जानकर उन्होंने श्रीराम से कहा, "प्रभु यह असम्भव है कि सीता माता का वध मेघनाद के हाथों हुआ हो। मैं रावण के मनोभाव को जानता हूँ। वह सीता माता का वध कदापि नहीं होने देगा और यह भी भली-भाँति समझ लीजिए सीता माता की ओर तो कोई राक्षस आँख उठाकर देख भी नहीं सकता। उनका वध करने की बात तो दूर रही। अवश्य मेघनाद ने मायामयी सीता का निर्माण किया होगा। मुझे तो यह सूचना है कि इस समय मेघनाद निकुम्भिला देवी के मन्दिर में यज्ञ कर रहा है।"

"विभीषण आपकी सूचना निश्चित ही उचित होगी। कृपया सुझाव दें कि अब क्या किया जाये?" प्रभु श्रीराम ने चिन्तामग्न होते हुए विभीषण से पूछा।

"प्रभु यदि मेघनाद ने निकुम्भिला देवी का यह यज्ञ सम्पन्न कर लिया तो उससे युद्ध में जीतना असम्भव हो जाएगा। मेरा निवेदन है कि आप शोक-संताप को त्याग कर इसी क्षण मेघनाद के यज्ञ विध्वंस के विषय में विचार कीजिए। प्रभु, आप लक्ष्मण जी को यह आज्ञा दीजिए कि वे हनुमान और अन्य योद्धाओं के सहित इसी समय मेघनाद से युद्ध करें, जिससे वह यज्ञ संपन्न न करने पाए। मुझे पूर्ण विश्वास है कि लक्ष्मण युद्ध में मेघनाद का संहार अवश्य करेंगे।" विभीषण ने प्रभु से निवेदन करते हुए कहा।

विभीषण के सुझाव को प्रभु ने गम्भीरता से सुना। उन्होंने लक्ष्मण भैया को आज्ञा दी कि वे तुरन्त विभीषण के दिये हुए सुझाव पर कार्य करें। आवश्यक हो तो अपने साथ जिस किसी को ले जाना चाहें, ले जायें। प्रभु की आज्ञा से लक्ष्मण भैया, विभीषण और मैं वानर सेना के साथ निकुम्भिला देवी के मन्दिर की ओर प्रस्थान कर गये। मेघनाद यज्ञ कर रहा था। लक्ष्मण भैया ने तपस्यारत मेघनाद को युद्ध के लिए ललकारा। मेघनाद के साथ राक्षस सेना भी थी। राक्षसों ने लक्ष्मण जी पर आक्रमण कर दिया। प्रत्युत्तर में लक्ष्मणजी ने भी राक्षसों पर बाणों की वर्षा प्रारम्भ कर दी। मैं भी अत्यन्त वेग से राक्षस सेना के विध्वंस में जुट गया। इस कोलाहल के बीच मेघनाद यज्ञ के मध्य से उठ बैठा। वह अपने रथ पर सवार होकर मेरी ओर बढ़ा। मैं इस समय राक्षस सेना के विध्वंस में लगा हुआ था। राक्षसगण चारों ओर से मुझ पर परिघों, गदाओं, भालों, मुद्गर, थप्पड़ों से प्रहार कर रहे थे। मैं चारों दिशाओं में घूम-घूम कर राक्षसों को मार रहा था। मेघनाद अब मेरे सामने आ चुका था। उसने भी मुझ पर बाण वर्षा आरम्भ कर दी।

आहत होकर मैंने क्रोध में भरकर मेघनाद को ललकारा, "मेघनाद, यदि तुम अपने को शूरवीर समझते हो तो मुझसे मल्ल युद्ध करो। मुझसे मल्ल युद्ध करके तुम जीवित नहीं बचोगे।"

मेघनाद ने क्रोध में मुझे मारने के लिए धनुष उठाया। इसी अवस्था में विभीषण ने लक्ष्मण से तनिक तेज और घबराहट के साथ कहा, "सौमित्र, यह मेघनाद है। यह हनुमानजी का वध करना चाहता है। आप तो शत्रुओं को विदीर्ण करने में प्रत्येक प्रकार से सक्षम हैं। आप तनिक विलम्ब न कीजिए, यहाँ इसी क्षण मेघनाद को निष्प्राण कर दीजिए।"

विभीषण के कहने पर सौमित्र युद्ध के लिए उतावले हो उठे। उन्होंने वहीं से मेघनाद को पुकारा, "मेघनाद, मैं तुम्हें युद्ध के लिए आमन्त्रित करता हूँ। आओ और मुझसे युद्ध करो।"

मेघनाद भी युद्ध के लिए तैयार हो गया, इसी बीच उसकी दृष्टि विभीषण पर पड़ गई। विभीषण को देखकर वह बोला, "काका श्री, तुम लंकावासी हो, तुम्हारा जन्म भी इसी नगरी में हुआ है। तुम यहीं पले और बढ़े हो। तुम हमारे स्वजन हो। इसके बाद भी तुम अपने सगे भाई के विरुद्ध लड़ाई लड़ रहे हो। तुम हमारे साथ इतनी वैमनस्यता क्यों रख रहे हो? तुम्हें अपने परिवार के लिए स्नेह क्यों नहीं है? तुम्हें अपनी जाति का अभिमान क्यों नहीं है? मुझे ऐसा प्रतीत होता है कि तुमने स्वजनों का परित्याग करके पराये लोगों का दासत्व स्वीकार कर लिया है। मैं तुम्हारी निंदा करता हूँ। तुम्हें पराश्रय लेना क्यों अच्छा लग रहा है? क्या तुम स्वतंत्रता का मूल्य भूल चुके हो? तुम तो स्वयं को धर्म का पालन करने वाला घोषित करते थे। क्या तुम भूल गये कि धर्म यह कहता है कि स्वजन कितने ही गुणहीन हों, वे गुणवान पराए लोगों की अपेक्षा अधिक हितकर होते हैं। धर्म यह भी कहता है कि जो अपने पक्ष को छोड़कर दूसरे पक्ष के लोगों की सेवा करता है, वह अपने पक्ष के नष्ट हो जाने के बाद दूसरे पक्ष द्वारा भी मार डाला जाता है। काका श्री, तुमने लक्ष्मण को इस स्थान तक लाकर मेरा वध करने के लिए प्रेरित करके जो कटुता दिखाई है, उसे मैं कैसे भूल सकूँगा। मैं बस यह कहूँगा कि जो तुमने किया है वह तुम्हें नहीं करना चाहिए था।"

मेघनाद द्वारा धर्म का पाठ पढ़ाने पर विभीषण क्रोधित हो उठे। वे वहीं से बोले, "हे मेघनाद, तुम्हारे मुख से धर्म और अधर्म की बातें अच्छी नहीं लगतीं। मैंने अपने अग्रज लंकेश रावण को प्रत्येक तरीके से समझाने का प्रयास किया किन्तु उनका अहंकार उन पर इस प्रकार हावी है कि वे कोई भी धर्मानुकूल बात सुनने के लिए तत्पर नहीं हैं। किसी परायी स्त्री को हर लेना कहाँ का धर्म है। मेघनाद, मेरा जन्म राक्षसों के कुल में अवश्य हुआ है, किन्तु मेरा व्यवहार और आचरण कदापि राक्षसों जैसा नहीं है। मेरे क्रूर कर्मों में और अधर्म में कोई रुचि नहीं है। तुम तो जानते हो कि जब मैंने धर्मानुकूल बात अग्रज रावण को बतायी तो उन्होंने मुझे लंका नगरी से निष्कासित कर दिया। तुम्हीं कहो कि मैं उस अधर्म और अनीति का पालन कैसे कर सकता था। इन्हीं दोषों के कारण मैंने लंकेश को त्याग दिया है। इस

अधर्म के कारण ही अब न रावण रहेगा न लंकापुरी रहेगी।"

विभीषण की बात सुनने के उपरान्त भी मेघनाद को कुछ भी समझ नहीं आया। मेघनाद अपने रथ पर आरूढ़ हुआ और लक्ष्मण भैया पर आक्रमण कर दिया। इसके बाद लक्ष्मण भैया और मेघनाद का घमासान युद्ध हुआ। दोनों एक दूसरे पर सुनहरे नोक वाले तीक्ष्ण तीर चलाने लगे। मेघनाद ने लक्ष्मण भैया पर जो बाण चलाए उन्हें लक्ष्मण जी ने बीच में ही काट दिया। इसके बाद लक्ष्मण जी ने मेघनाद पर बाण चलाए। लक्ष्मण भैया ने अपने बाणों से मेघनाद का कवच काट दिया। दोनों ही धनुर्धर समान रूप से अच्छे थे। दोनों ही इतने सतर्क और चपल थे कि वे एक-दूसरे की प्रतीक्षा किये बिना ही अगला बाण चला देते थे। वे इतनी द्रुत गति से बाण चला रहे थे कि आकाश में अँधेरा छा गया। मेघनाद ने एक विषैला भाला उठाकर लक्ष्मण पर मारा, किन्तु उन्होंने उसे बीच में ही काट दिया। मेघनाद ने फिर से अपना धनुष उठाया, लेकिन इससे पहले कि वह तीर चला पाता लक्ष्मण ने उसका धनुष काट डाला। इसके बाद मेघनाद ने लक्ष्मण जी पर एक बरछा फेंका जो विछिन्न हो गया। शीघ्र ही लक्ष्मण जी ने मेघनाद के सारे अस्त्रों को क्षत-विक्षत कर दिया। अब मेघनाद दुर्बल पड़ने लगा था। विभीषण ने लक्ष्मण भैया को अधिक आक्रामक ढंग से युद्ध करने का सुझाव दिया क्योंकि उनका बलशाली शत्रु अब दुर्बल होने लगा था।

लक्ष्मण भैया आगे बढ़े तो मेघनाद ने हँसते हुए उपहास किया, "क्या तुम हमारा पिछला युद्ध भूल गए हो जब मैंने तुम्हें और तुम्हारे भाई को धरती पर गिरा दिया था? इस बार मैं तुम्हें इतनी सरलता से बचने नहीं दूँगा और तुम्हें शीघ्र ही मृत्यु के मुख में पहुँचा दूँगा।"

इतना कहकर मेघनाद ने लक्ष्मण जी पर कई बाण एक साथ चला दिये। उन दोनों योद्धाओं के बीच भीषण युद्ध फिर से आरम्भ हो गया था। यह युद्ध कई पहर चलता रहा। विभीषण ने अन्य वानर सेनापतियों को कहा कि वे युद्ध देखने में समय नष्ट न करें। यह सुनकर वे वानर लंका की सेना को मार भगाने के प्रयास में लग गए। मैं भी राक्षसों का वध करने में तल्लीन हो गया।

दोनों धुरंधरों के मध्य निर्णायक युद्ध चल रहा था। उनके शानदार अभिमंत्रित बाण आकाश में उल्काओं की भाँति उड़ते थे और पृथ्वी को हिला देने वाली भीषण गर्जना के साथ परस्पर टकराकर नष्ट हो जाते थे। लक्ष्मण

भैया ने बाण चलाकर मेघनाद के रथ के अश्वों को मार गिराया। अश्वों के मरने से रथ तेजी से घूमने लगा और इसी बीच, लक्ष्मण ने अर्धचन्द्राकार बाण चलाकर सारथी का सिर धड़ से अलग कर दिया। एक पल के लिए मेघनाद लड़खड़ाया किन्तु बिना विचलित हुए उसने अपना धनुष उठाया और हमारी सेना पर एक साथ असंख्य बाण चला दिये।

सारे वानर शीघ्र ही लक्ष्मण भैया के पीछे जा छिपे। अन्धकार में छिपकर मायावी मेघनाद कुछ पल के लिए अदृश्य हुआ और दूसरा रथ लेकर रणक्षेत्र में वापस आया। वह जिस चपलता से गया था और कुछ ही पल में वापस आया था, उसे देखकर लक्ष्मण भैया चकित रह गए। कुछ ही पलों में, लक्ष्मण जी ने मेघनाद का दूसरा रथ भी ध्वस्त कर दिया। मेघनाथ अभी भी अजेय सिद्ध हो रहा था, ऐसा प्रतीत हो रहा था कि वह राक्षसवीर समाप्त नहीं होगा। ऐसे में विभीषण ने लक्ष्मण जी को सुझाव दिया कि वे यथाशीघ्र मेघनाद का वध कर दें क्योंकि अंधेरा होने पर वह अधिक बलशाली हो जायेगा।

विभीषण के सुझाव को सुनकर लक्ष्मण भैया को लगा कि अब विलम्ब करना वास्तव में उचित नहीं होगा। अतः लक्ष्मण भैया ने महर्षि अगस्त्य द्वारा दिया गया बाण 'एन्द्रास्त्र' निकाला जो इन्द्र की शक्ति से ऊर्जान्वित था। तूणीर से वह बाण निकालने के पश्चात् उन्होंने उसे अपने मस्तक से लगाकर प्रणाम किया।

"यदि यह सत्य है कि भ्राता श्रीराम कभी धर्म के मार्ग से च्युत नहीं हुए हैं, यदि यह सत्य है कि वे सदैव निष्ठावान व सत्यमार्गी रहे हैं, यदि यह सत्य है कि रावण अधर्मी है तो इस बाण से रावण पुत्र मेघनाद का अन्त हो जाए।" यह कहकर लक्ष्मण जी ने वह अभिमन्त्रित बाण मेघनाद पर छोड़ दिया।

वह बाण अत्यन्त वेग से सीधा अपने लक्ष्य तक पहुँच गया। इससे पहले कि मेघनाद उसे अपने बाण से काट पाता, लक्ष्मण भैया के बाण ने मेघनाद का मस्तक उसके धड़ से अलग कर दिया। मस्तक के धड़ से अलग होते ही मेघनाद भूमि पर गिर पड़ा और उसकी श्वाँसों की गति सदैव के लिए रुक गई।

मेघनाद का प्राणान्त इस युद्ध की अब तक की सर्वाधिक महत्वपूर्ण घटना थी। कितना आश्चर्य था कि इन्द्र को परास्त करने वाला स्वयं इन्द्र के

अस्त्र से मारा गया था। मेघनाद की मृत्यु से उत्साहित होकर वानर हर्ष से चिल्लाने लगे। यह कोलाहल इतना व्यापक था कि प्रभु श्रीराम तथा रावण दोनों ने इस नाद को सुना। मेघनाद के प्राणान्त के पश्चात् राक्षस सेना ने अपने अस्त्र-शस्त्र वहीं छोड़ दिए और भयभीत होकर भाग खड़ी हुई। मेघनाद के अन्त का समाचार सुनकर वानर व रीछों ने एक-दूसरे को गले लगा लिया।

लक्ष्मण भैया, विभीषण और जाम्बवान के साथ मैं भी रणक्षेत्र से हर्षित होकर सीधे प्रभु श्रीराम के पास यह सूचना देने के लिए पहुँचे। हमने उन्हें मेघनाद के प्राणान्त का समाचार दिया। प्रभु श्रीराम ने अपने भाई को गले लगा लिया। इस विजय के लिए उनकी वीरता की भूरि-भूरि प्रशंसा की। लक्ष्मण जी इस समय अपने शरीर में धँसे हुए बाणों से अत्यन्त पीड़ित थे। उनके अंगों में जगह-जगह घाव हो गये थे। वे बारम्बार लम्बी साँस खींचते थे तथा उन्हें साँस लेने में भी पीड़ा हो रही थी। प्रभु श्रीराम ने तत्काल वैद्य बुलवाकर लक्ष्मण जी के घावों पर औषधि का लेपन एवं उपचार आदि करने को कहा। उस अवस्था में पुरुषोत्तम श्रीराम ने स्नेह से लक्ष्मण जी के मस्तक को स्पर्श किया और अपने अनुज को आलिंगनबद्ध कर लिया।

रावण के मंत्री शुक ने मेघनाद के वध का समाचार रावण को सुनाया। मेघनाद के वध का समाचार सुनकर अकस्मात् रावण का हृदय बैठने लगा। मेघनाद पर वह स्वयं से भी अधिक भरोसा करता था। एक वही तो था जो रावण का कट्टर समर्थक था, अन्यथा तो उसके परिवार और मंत्रियों में से अधिकांश इस युद्ध अभियान के प्रत्यक्ष-अप्रत्यक्ष विरोधी हो चुके थे। मात्र मेघनाद ही तो था जो पुत्र धर्म का पालन करते हुए अपने पिता को निराश नहीं होने दे रहा था। वह मेघनाद ही था जिसने रावण को कभी भी यह सलाह नहीं दी कि वह श्रीराम से सन्धि कर ले। रावण को यह विश्वास था कि कोई भी योद्धा उसके साथ रहे या न रहे, जब तक मेघनाद जैसा पुत्र उसके साथ है उसे निराश होने की कोई आवश्यकता नहीं है। कुम्भकर्ण जैसे महान योद्धा के मारे जाने पर भी रावण उतना हताश नहीं हुआ जितना कि मेघनाद की मृत्यु पर। मेघनाद की मृत्यु से वह मूर्च्छित हो गया। उसने मेघनाद का स्मरण कर घोर विलाप किया। निराशा, क्रोध और मोह ने उसको इतना व्याकुल कर दिया कि वह सीता माता के वध के लिए तत्पर हो गया। उसने कहा, मेरे बेटे ने तो माया से सीता का निर्माण करके उसका वध किया था

किन्तु अब मैं सचमुच सीता का वध करके दिखाऊँगा। रावण के इस विचार पर मंत्री सुपार्श्व ने राक्षसराज को समझाया कि पराक्रमी व्यक्तियों को स्त्री वध शोभा नहीं देता। उसके मंत्री ने यही सुझाव दिया कि युद्ध इस सीमा तक आगे बढ़ चुका है कि यहाँ से इस तरह हार मान लेना उचित नहीं होगा। अब यही उचित होगा कि इस युद्ध को निष्कर्ष तक पहुँचाया जाये।

14.

मेघनाद का वध रावण के लिए बहुत बड़ी हानि थी। उसने स्वप्न में भी यह कल्पना नहीं की थी कि उसका पुत्र इस प्रकार रणक्षेत्र में मारा जायेगा। मेघनाद के वध के पश्चात् लंकेश अत्यन्त शोकग्रस्त हो गया। अब तक के युद्ध में लंकाधिपति को बड़ी कीमत चुकानी पड़ी थी। लंकाधिपति को यह अनुभव हो रहा था कि इस युद्ध में अयोध्या कुमारों के समक्ष लंका के कई वीर हताहत हो चुके हैं। आश्चर्य की बात यह थी कि लंकाधिपति इतने योद्धाओं और परिजनों को खो देने के पश्चात् भी इस सत्य को स्वीकार करने की स्थिति में नहीं था कि यह धर्म और अधर्म, नीति और अनीति के बीच का युद्ध है जिसमें अन्ततः धर्म और नीति की ही विजय होनी है। लंकाधिपति यह मानकर चल रहा था कि रणक्षेत्र में जो कुछ घटित हुआ है वह संयोग मात्र है। लंकाधिपति अभी भी अपनी विजय को लेकर आश्वस्त था।

मेघनाद के वध का समाचार सुनकर उसमें संज्ञा शून्यता उत्पन्न हो गयी थी। उसे समझ नहीं आ रहा था कि अब कौन सी रणनीति अपनायी जाये। इतने शोक और संताप के वातावरण में भी रावण अभी भी अपने बल-पराक्रम को लेकर इतना आत्मविश्वासी था कि वह माता सीता को उनके आराध्य के पास वापस करने के विषय में सोच ही नहीं पा रहा था। मेघनाद के वध के पश्चात् रावण को यह चिन्ता थी कि अयोध्या कुमारों की सेना के प्रहारों का सफलतापूर्वक सामना करने का दायित्व किसे दिया जाए? मुझे ऐसा लगा कि रावण अपने राक्षस वीरों की मृत्यु से भावनात्मक रूप से उतना दुःखी न था जितना कि उसे होना चाहिए था। उसका अहं, माता सीता के प्रति उसकी अनावश्यक आसक्ति और प्रभु श्रीराम को साधारण मानव समझने में उसकी बुद्धि को भ्रष्ट कर चुका था। वह कुछ भी अच्छा बुरा सोच पाने में असफल हो गया था।

चिन्ता के वातावरण में रावण को अपने परिजन और शुभचिन्तक अहिरावण की याद आई। अहिरावण एक प्रबल मायावी असुर था। अहिरावण पाताल लोक का अधिपति और महाकाली का अनन्य भक्त था। रावण को विश्वास था कि अहिरावण इस संकट काल में उसका सहायक सिद्ध हो सकेगा। रावण को यह भी विश्वास था कि अहिरावण अपने माया बल से राम और लक्ष्मण को समाप्त कर सकता है। उसने कल्पना की कि यदि ऐसा हो गया तो निश्चित ही कपि सेना की हिम्मत टूट जाएगी और वह भाग खड़ी होगी।

अहिरावण को बुलाने के लिए किसी दूत को भेजने का समय नहीं था। रावण स्वयं निकुम्भिला मंदिर गया। निकुम्भिला मंदिर पहुँचने के पश्चात् रावण ने एकाग्रचित होकर आकर्षण मंत्र का प्रयोग किया। जैसे ही रावण ने आकर्षण मंत्र का प्रयोग किया तो पाताल लोक में अहिरावण का मन उद्विग्न हुआ और वह लंका की ओर प्रस्थान कर गया। अगले कुछ क्षणों में अहिरावण निकुम्भिला मंदिर में रावण के समक्ष प्रस्तुत था।

"क्या आज्ञा है महाराज?" अहिरावण ने गर्वोक्ति के साथ रावण से पूछा।

रावण ने सारा वृत्तान्त अहिरावण को बताया।

"अब तुम्हारे अतिरिक्त मेरा कोई शुभचिन्तक नहीं बचा है, अहिरावण। मेरा सम्मान और लंका नगरी का वैभव तुम पर निर्भर है। तुम्हें मेरी लाज बचाने के लिए मेरी ओर से रणक्षेत्र में उतरना होगा। मुझे विश्वास है कि तुम अयोध्या कुमारों को प्राण रहित कर मुझे इस युद्ध में विजयी बनाओगे।" रावण ने अहिरावण से कहा।

"लंकाधिपति, मैं आपका अत्यन्त सम्मान करता हूँ, किन्तु मेरा यह विचार है कि आपने सीता हरण करके उचित नहीं किया है। उचित तो यह होता कि उन्हें ससम्मान वापस कर देते। मैं यह भी समझ रहा हूँ कि अब बात इतनी आगे बढ़ चुकी है कि आपके सम्मान के लिए मुझे वही करना होगा जो आपकी अपेक्षा है। आप निश्चिंत रहें, मैं उन दोनों कुमारों को पाताल लोक ले जाऊँगा और वहीं चंडिका मंदिर में उनकी बलि चढ़ा दूँगा।" अहिरावण ने सगर्व कहा।

"अहिरावण, मैं भी यही चाहता हूँ कि तुम इन दोनों राजकुमारों का वध कर दो। इस समय तुमसे बड़ा मेरा हितैषी कोई और नहीं हो सकता।

लंका नगरी जल चुकी है। राक्षस कुल भी प्रायः समाप्त हो चुका है। अब अगर मैं भी नहीं रहा तो लंका का क्या होगा? बचे-खुचे राक्षस भी कहाँ शरण लेंगे? मंदोदरी को भी वैधव्य का सामना करना पड़ेगा। मेरी आशाएँ अब तुम्हीं पर टिकी हैं।" रावण नाटकीय होकर बोला।

"आप चिन्ता न करें, महाराज। मैं उनके शिविर में जाता हूँ और दोनों भाइयों को अपहरण कर लाता हूँ। कल सुबह होते ही नेतृत्वविहीन वानर सेना लंका से भाग खड़ी होगी।" यह कहकर अहिरावण समर भूमि के लिए प्रस्थान कर गया।

रावण को विश्वास था कि उसके प्राणों पर घिरा संकट अब टल जाएगा। उन्हें क्या पता था कि उन दोनों के बीच हुई इस दुरभिसन्धि की गंध विभीषण को लग गई थी। विभीषण के शुभेच्छु अब भी लंका में थे जो उन्हें गुप्त सूचनाएँ भेजते रहते थे। जैसे ही यह समाचार विभीषण को ज्ञात हुआ वे मुझसे मिलने चल पड़े। उन्होंने पूरा वृत्तान्त मुझे सुनाया।

"हनुमान जी, मेरे पास ऐसी गुप्त सूचनाएँ हैं कि प्रभु श्रीराम और लक्ष्मण भैया के अपहरण का कुत्सित प्रयास हो सकता है। इस संभावना को सिरे से समाप्त किया जाना ही उचित होगा। रात में पहरा बढ़ा दिया जाए। आप दोनों अयोध्या कुमारों के शिविर के बाहर पहरा दें। किसी को भी उनके शिविर में प्रवेश की अनुमति न दी जाए..., यहाँ तक कि पिताश्री पवनदेव को भी नहीं।" विभीषण ने रणनीति स्पष्ट की।

"आप उचित ही कह रहे हैं विभीषण जी। जैसा आप चाहते हैं वैसा ही होगा।" मैंने उनकी बात को गम्भीरता से लेते हुए कहा।

रात्रि का समय था। दिन भर के युद्ध से थकी राम सेना विश्राम कर रही थी। मैं पहरे की जिम्मेदारी निभा रहा था। विभीषण की कही हुई बात का सम्मान रखना था मुझे। मैं प्रभु श्रीराम और लक्ष्मण भैया के शिविर के बाहर अपनी पूँछ को लंबी रखकर बैठ गया। पूँछ से शिविर को चारों ओर से घेर लिया जिससे कि कोई दुरात्मा यदि शिविर में प्रवेश करना चाहे तो मेरी पूँछ का विद्युत प्रवाह उसे नष्ट कर दे। मैं अब इस शिविर के बाहर पूरी सतर्कता के साथ पहरेदारी कर रहा था।

अर्द्धरात्रि के पश्चात विभीषण मेरे पास आए। कुशल क्षेम पूछी।

"सब ठीक तो है हनुमान? कोई मायावी तो इधर नहीं आया?" विभीषण ने पूछा।

"मेरे होते हुए कोई भी अन्दर नहीं जा सकता।" मैंने गर्व के साथ कहा।

"फिर भी बार-बार देखते रहना कि प्रभु श्रीराम और लक्ष्मण जी शान्ति से निद्रामग्न हैं या नहीं।"

"जी अवश्य।" मैंने सतर्कता के साथ कहा।

"मैं भी प्रभु को देखना चाहता हूँ कि वे अन्दर हैं या नहीं... मुझे आज सचमुच बहुत भय लग रहा है।" विभीषण ने कहा।

"आप भयमुक्त रहें लंकापति...।" मैंने विभीषण से कहा।

"मैंने सोचा, एक बार श्रीराम और सौमित्र को देख ही लूँ। द्वार के अन्दर अब तक न आप गए हैं और न मैं। कहीं कोई मायावी ऊपर-ऊपर ही...।" विभीषण बोले।

"ठीक कहा आपने। यद्यपि ऊपर से कोई राक्षस आ नहीं सकता है क्योंकि ऐसा होने से इस अन्धेरी रात में प्रकाश की रेखा अवश्य ही खिंच जाएगी। फिर भी आपने ऐसा सोचा है तो इसमें अवश्य ही कोई रहस्य होगा। एक बार देख ही आइए मेरे आराध्य और उनके अनुज को। मैं भी पूर्णतया आश्वस्त हो जाऊँ।" मैंने कहा।

"...परन्तु सतर्क रहिएगा।" विभीषण ने कहा।

"आप निश्चिन्त रहें, अब मैं स्वप्न में भी धोखा नहीं खा सकता।" मैंने पूँछ समेटते हुए कहा। विभीषण की राह में पूँछ को पड़े रहने देने का प्रश्न ही नहीं था।

विभीषण को मार्ग देकर मैंने आकाश की ओर ध्यान से देखा। अर्द्धरात्रि होने में तनिक विलम्ब था। भोर होने में समय शेष था। प्रभु की सुरक्षा में अतिरिक्त सजगता की आवश्यकता थी। तभी ऐसा कुछ घटा कि मेरे प्राण ही मुँह को आ गए। अर्द्धरात्रि बीत चुकी थी परिक्रमारत विभीषण द्वार पर खड़े थे। मैं आश्चर्यचकित होकर उनका मुँह देखने लगा।

"आपकी आँखें आश्चर्य से क्यों विस्फारित हो रही हैं?" विभीषण बोले।

"आप? आ...प?" अभी-अभी तो आप अन्दर गए थे। अभी-अभी बाहर? किस मार्ग से निकले?" मैंने लड़खड़ाते स्वर में पूछा।

"अभी-अभी अन्दर, अभी-अभी बाहर? क्या कह रहें हैं हनुमान? अभी तो मैं चक्रमण पर हूँ। सेना के शिविर को चारों ओर से देखते हुए मैं प्रभु के शिविर में आया हूँ। यहाँ आने के पश्चात ही मेरी परिक्रमा पूरी हुई है। मैं पहले कैसे आता? आपने किसी को प्रवेश दे दिया क्या?" विभीषण घबराते हुए बोले।

मैं अब क्या कहता? समझ गया कि छला गया हूँ। विभीषण मेरी पूँछ की परवाह किए बिना अन्दर प्रवेश कर गए। नहीं निकला, उससे विद्युत प्रवाह। मैं समझ गया था कि यही थे सच्चे विभीषण। पहले प्रवेश पाने वाला कोई असुर था जो विभीषण का रूप धारण कर शिविर के अन्दर प्रवेश कर गया था। मैं सोच नहीं पा रहा था कि क्या अकल्पित घट गया हो प्रभु के शिविर के अन्दर? मैं भी भीतर दौड़ पड़ा। इसी बीच आसमान में एक तेज प्रकाश की रेखा खिंची। यह क्या हुआ? कोई अन्य मायावी प्रवेश पा गया क्या? नहीं यह तो उसके बाहर जाने का संकेत है। कोई निकला है यहाँ से। आकाश मार्ग से। शायद विभीषण को देखते ही वह मायावी भाग खड़ा हुआ। विभीषण अन्दर गए और दौड़ते-गिरते बाहर आए। उनका मुख सहसा रक्तहीन हो आया था। इसके पहले कि मैं कुछ पूछूँ, वे बोल पड़े, "वज्रपात हो गया हनुमान। प्रभु श्रीराम और लक्ष्मणजी को वह मायावी हर ले गया।"

आज मुझे अपनी मूढ़ता पर बहुत क्रोध आ रहा था। अपने भोलेपन और दूसरों पर सहज विश्वास कर लेने की प्रकृति पर मन में खिन्नता हो रही थी। ऐसा अनुभव हुआ कि जैसे दिशाएँ मेरे लिए शून्य हो गई हों। मेरी सोचने-समझने की सारी शक्ति निःशेष हो गई और किंकर्तव्यविमूढ़ बना मैं काष्ठवत हो गया।

विभीषण ने मुझे बता ही दिया था कि प्रभु को कोई और नहीं पाताल लोक का अधिपति अहिरावण हर ले गया है। मेरे लिए अब पाताललोक का विचरण करना अपरिहार्य हो गया था। माता सीता के अन्वेषण के निमित्त एक बार मुझे आकाशचारी होना पड़ा था, आज अपने आराध्य और उनके अनुज के लिए पातालगामी होने का सौभाग्य मिला था। 'जय श्रीराम' की जोरदार हुंकृति के साथ मैंने आँखें मूंदकर समुद्र में डुबकी लगाई। संकल्प लिया। दूसरे पल आँखें खोलीं तो अहिरावण के राजभवन के द्वार पर ही अपने को पाया।

मैं यथाशीघ्र राजमहल के अन्दर जाना चाहता था। किन्तु यह क्या? प्रवेश द्वार पर मेरे ही आकार-प्रकार का कोई कपि द्वाररक्षक के रूप में वहाँ खड़ा था। जब मैंने अन्दर जाना चाहा तो उसने मुझे अन्दर जाने से रोक दिया। मैंने आज तक अपने मार्ग में पड़ने वाली बाधाओं को अवसर नहीं दिया था, और आज तो वैसे भी अत्यन्त शीघ्रता में था। वानर के रूप में द्वाररक्षक को देखकर कौतूहल वश मैं अनायास ही उससे पूछ बैठा...।

"कपि, मुझे प्रवेश द्वार पर रोकने का दुस्साहस करने वाले तुम कौन हो?"

"मैं हूँ हनुमानात्मज मकरध्वज।" उस कपि ने प्रत्युत्तर में कहा।

मैं चौंक पड़ा था। हनुमानात्मज अर्थात् हनुमान का पुत्र, दूसरे अर्थों में मेरा पुत्र, किन्तु ये कैसे सम्भव था? यह मेरे जीवन का अब तक का सबसे बड़ा आश्चर्य था। मैं ठहरा बाल ब्रह्मचारी, कोई मेरा पुत्र कैसे हो सकता था? कोई यह कैसे कह सकता था कि वह मेरे अंश से उत्पन्न मेरा आत्मज है?

"असत्य, घोर असत्य। क्या तुम जानते हो हनुमान को? आजीवन ब्रह्मचर्य का पालन करने वाले हनुमान ने सदैव सारी स्त्रियों को माँ की तरह देखा है। उस हनुमान का कोई पुत्र कैसे हो सकता है? असत्य वचन करने में तुझे किंचित मात्र भी लज्जा नहीं आती।" मैंने कुपित होकर कहा।

"कौन हैं आप? आप तो बहुत कुछ जानते हैं मेरे पिता के सम्बन्ध में।" वह कपि बोला।

"फिर पिता की बात कही? मैं स्वयं हनुमान हूँ।" मैं गरजकर बोला।

ऐसा कहने के साथ ही उस कपि की उपेक्षा कर उसे एक धक्का लगा अन्दर जाने को तत्पर हुआ ही था कि वह मेरे पैरों से आ लगा।

"पिताश्री, धन्य हुआ मैं आपके श्री चरणों के दर्शन प्राप्त कर। तभी मैं कहूँ कि आकार-प्रकार, रंग-रूप ऐसी अद्भुत समानता...।" उस कपि ने अत्यन्त मधुर वाणी में कहा।

मैं उसकी किसी बात को सुनने के लिए तैयार न था। मुझे अपने प्रभु का स्मरण हो रहा था। मुझे यह चिन्ता खाये जा रही थी कि प्रभु के साथ कहीं कोई अनर्थ न हो जाये। इससे पहले कि वह कपि कुछ और कहता, मैं अपने पैरों को छुड़ा आगे बढ़ने को हुआ। मुझे तब घोर आश्चर्य हुआ

जब बहुत प्रयास करने के पश्चात् भी मेरे पैर उसकी पकड़ से नहीं छूटे। मैं असमंजस में पड़ गया। कोई रहस्य अवश्य है इस कपि की बातों में। यह बात समझने में मुझे देर नहीं लगी कि वह कोई साधारण कपि नहीं था।

"आपको मेरी बात सुननी ही होगी पिताश्री।" कपि ने मुझे पकड़े हुए कहा।

मेरा प्रत्येक क्षण मूल्यवान था, अतः मैंने विवाद को आगे नहीं बढ़ाया।

"अपने जन्म पर प्रकाश डालो, कपि।" मैंने उस कपि से सीधा प्रश्न किया।

"आपको स्मरण होगा कि लंका दहन के पश्चात् आपने सागर जल में अपनी पूँछ की अग्नि बुझाई थी। जब आप ऐसा कर रहे थे तो आपकी स्वेद बूँद जो जल में पड़ी उसे एक बड़ी मछली खा गई। वह जब एक दिन पकड़कर मेरे स्वामी की भोजनशाला में आई तो उसके पेट से मैं निकला। इसके पश्चात् मेरा नाम मकरध्वज अर्थात् आधा मकर आधा वानर पड़ गया। आप तो जानते ही हैं कि उपदेवताओं को बढ़ते समय नहीं लगता। मैं शीघ्र ही युवावस्था को प्राप्त हो गया।"

मैं इस चमत्कारपूर्ण कहानी को सुनकर आश्चर्यचकित हुआ किन्तु अपनी जिज्ञासा को और शांत करने का यह अवसर नहीं था। आराध्य की प्राण रक्षा अभी मेरा प्रथम दायित्व था।

"इस कथा को सुनकर मैं कृतार्थ हुआ मकर किन्तु मैं अभी शीघ्रता में हूँ। मैं अभी इस स्थिति में नहीं हूँ कि तुम्हारी इस कथा को सत्य मानूँ या कल्पना। अभी तो तुम मुझे इस राजमहल में प्रवेश करने दो। मेरे आराध्य श्रीराम और उनके अनुज लक्ष्मण को अहिरावण कपटपूर्वक हर लाया है। मुझे तत्क्षण उन्हें बन्धनमुक्त कराना है।" मैंने मकरध्वज से कहा।

"उपकृत हुआ पिताश्री, किन्तु मुझे पहरेदार के रूप में यहाँ नियुक्त किया गया है। अभी मैं अहिरावण के आदेश से बँधा हुआ हूँ। अपने स्वामी की हितरक्षा मेरा दायित्व है। मैं आपको मार्ग नहीं दे सकता।" उस कर्तव्यनिष्ठ कपि ने स्पष्ट शब्दों में कहा।

"युद्ध देहि।" मैं भावावेश में आकर उस कपि को युद्ध के लिए ललकार बैठा जो मुझे अपना पुत्र बता रहा था। दूसरा उपाय भी नहीं था। एक क्षण का भी विलम्ब मुझे असहनीय हो रहा था।

"जो आज्ञा।" उस कपि ने कहा और हम दोनों एक-दूसरे पर टूट पड़े।

मुझे कहना पड़ेगा कि मकरध्वज को परास्त करना बहुत आसान नहीं था। मैंने लंका प्रवेश के पश्चात् बड़े-बड़े दैत्य-योद्धाओं को पछाड़ा था किन्तु इस कपि के पराक्रम से मैं क्लान्त हुआ जा रहा था। मुझे लगा कि यह कपि कुछ अतिरिक्त ही अनुकम्पा प्राप्त है। यदि ऐसा न होता तो निश्चित रूप से यह कपि इतनी देर तक मेरे समक्ष टिक नहीं पाता। मैंने अनुभव किया रामकार्य में अनजाने ही यह प्रमाद हो गया। ग्लानि से भरकर मैंने 'जय श्रीराम' की अपनी प्रिय हुंकृति की और मकरध्वज को जमीन पर पटक दिया। उसके वक्षस्थल पर सवार हो उसी के लांगूल से उसे अच्छी तरह बाँध दिया और अन्दर प्रवेश कर गया।

भीतर पहुँचने पर मुझे लगा कि मैं किसी कोलाहल से परिपूर्ण किसी नगरी में आ गया हूँ। एक उत्सव जैसा वातावरण था। थोड़ी ही देर में मैं समझ गया कि अहिरावण ने पातालेश्वरी भगवती चामुण्डा के समक्ष अपहृत प्रभु श्रीराम और लक्ष्मण भैया की बलि चढ़ाने का आयोजन किया है। इस आयोजन को भव्य रूप देने के लिए पाताल लोक वासी काफी उल्लासित होकर यत्र-तत्र विचरण कर रहे थे और आयोजन में अपनी भूमिका निभाने को तत्पर थे। मैंने देखा कि भगवती के विग्रह के समक्ष मेरे आराध्य और लक्ष्मण भैया को बन्धनों में जकड़ दिया गया था। मेरे मस्तिष्क में योजना आई। मैंने अपने वास्तविक स्वरूप को छोड़ लघिमा प्रयोग करते हुए स्वयं को अत्यन्त लघु रूप में परिवर्तित कर लिया। अपने लघु रूप में चामुंडा मन्दिर में प्रवेश कर गया। मंदिर में बलि अनुष्ठान प्रक्रियाधीन था। मंत्रोच्चारण चल रहे थे। भगवती चामुंडा का आवाहन करते हुए वैदिक ऋचाएँ मंत्रोच्चारित की जा रही थी। मंत्रोच्चार के पश्चात् प्रभु की बलि दी जानी थी। मुझे लगा अब विलम्ब उचित नहीं।

"हूँ...!" मैंने जोर की हुंकृति की।

"हूँ...!" मैंने सम्पुष्टि में दूसरी हुंकृति भरी।

हुंकृति के साथ ही मैंने फल, फूल और मिष्ठान आदि उदरस्थ कर जोर की डकार ली।

"ऊँ...।" अभी प्रमुख पुजारी के मुख से मन्त्र का प्रथमाक्षर ही फूटा था कि एक जोर की हुंकार के साथ एक हाथ में अपनी गदा ले मैं मन्दिर

में नीचे कूद पड़ा। अगले ही क्षण अहिरावण के हाथ की खड्ग छीनकर मैंने उस पुजारी के सिर को गर्दन से अलग किया। इसके पश्चात् मैंने उपस्थित भटों का संहार आरम्भ कर दिया। अहिरावण यह देखकर युद्ध हेतु मेरे समक्ष आ चुका था। अहिरावण बहुत देर तक मेरे सामने टिक नहीं सका। थोड़े से प्रयासों के पश्चात् मैंने उसे प्राण रहित कर दिया। इसके बाद मैंने अपने आराध्य और लक्ष्मण भैया को बंधन मुक्त कर कंधे पर उठाया और दरवाजे की ओर बढ़ा।

द्वार पर मकरध्वज बंधनयुक्त होकर पड़ा था। मकरध्वज को बंधक बना देखकर प्रभु श्रीराम ने पूछा, "किसने इसे बंधक बनाया है?"

मैंने प्रभु श्रीराम को पूरी घटना से अवगत कराया। प्रभु श्रीराम पूरी घटना सुनने के बाद द्रवित हो उठे। उन्होंने मकरध्वज को तत्काल बन्धनमुक्त करने का आदेश दिया।

"पिता द्वारा अर्जित यह राज्य, पुत्र को ही मिले।" श्रीराम ने मकरध्वज के सिर पर अपना वरदहस्त रख उसे पाताल लोक के अधिपति के रूप में अभिषिक्त कर दिया। प्रभु ने एक बार मुझे और उसके पश्चात् मकरध्वज को निहारा और मुस्करा पड़े।

अब प्रभु श्रीराम और लक्ष्मण भैया को पाताल लोक से भूलोक पर लाने में विलम्ब हो रहा था। मैंने उन्हें अपने स्कन्धों पर आसीन कराया। अब मैं पाताल लोक से चल पड़ा। अपने संकल्प बल के द्वारा सूर्योदय पूर्व ही समर भूमि में हम आ पहुँचे थे। हमें सकुशल आता हुआ देखकर विभीषण, सुग्रीव, अंगद आदि वीर हर्षोन्मत्त हो आये। शेष कपि सेना को तो सम्भवतः यह अनुमान भी नहीं था कि पिछली रात्रि में कितना कुछ घट गया था।

15.

लंका युद्ध अब अन्तिम चरण की ओर था। रावण के हठ और अहंकार के चलते लंका साम्राज्य के कितने ही वीरों को अपने प्राणों की बलि देनी पड़ी। कितने ही राक्षसवीरों का वध हो चुका था। अधर्म और अनीति के मार्ग पर चलते हुए लड़ते हुए कितने ही राक्षसवीरों का अकाल वध हो चुका था। सर्वत्र शोक, अमंगल, विपन्नता और वैधव्य का वातावरण था। लंकापुरी

निष्प्राण सी लगने लगी थी। इतने प्राणप्रिय सगे सम्बन्धियों को खो देने के पश्चात् भी रावण को तनिक पश्चाताप नहीं था। लंका में अब रावण ही मुख्य योद्धा बचा था। उसे अभी भी अपनी विजय पर पूर्ण विश्वास था।

अब रावण के सम्मुख यही विकल्प शेष था कि वह स्वयं ही रणक्षेत्र में जाकर श्रीराम का सामना करे। वह इस युद्ध को अन्तिम परिणाम तक पहुँचाना चाहता था। रावण को अभी भी अपनी सफलता को लेकर पूर्ण विश्वास था। पटरानी मंदोदरी अभी भी लंकेश को समझा रही थी कि अहंकार के चलते समस्त परिजनों का संहार हो चुका है। उचित यही है कि अहंकार का परित्याग करते हुए अभी भी सीता को उनके स्वामी को वापस कर दिया जाए और युद्ध को विराम दिया जाए। मंदोदरी के समझाने का रावण पर कोई प्रभाव नहीं पड़ा। उसका अहंकार अभी भी सातवें आसमान पर था। वह अभी भी दोनों अयोध्या कुमारों को सामान्य तपस्वी समझकर इस भ्रम में था कि वह जब चाहेगा युद्ध का परिणाम अपनी ओर कर लेगा। लंकाधिपति ने यह सुनिश्चित कर लिया था कि अब रणक्षेत्र में वह स्वयं जाएगा।

रणक्षेत्र में प्रस्थित होने से पूर्व उसने जितने भी राक्षस लंका नगरी में शेष रह गए थे, उनको अपने साथ लिया। लंकाधिपति के साथ महोदर, महापार्श्व और विख्यास जैसे शेष बचे हुए राक्षस वीर भी चल दिये। रावण के रणभूमि में प्रस्थान होते समय कई अपशकुन होने लगे। उसका मुकुट उसके सिर से अनायास ही गिरने लगा। जब वह अपने रथ पर आसीन हुआ तो ध्वज पताका बिना हवा के ही विदीर्ण हो गयी। रथ के ऊपर और महलों के शिखर पर गिद्ध आ बैठे। श्रृगाल और श्रृंगालिकाओं ने मार्ग में क्रन्दन आरम्भ किया। रावण इन सब पर कब ध्यान देने वाला था? वह तो अब भी दोनों अयोध्या कुमारों के सेना सहित वध करने की हठ पर अडिग था।

रावण ने रणभूमि में आते ही दोनों अयोध्या कुमारों को ध्यान से देखा। उसने दोनों अयोध्या कुमारों के पीछे खड़े हुए वरिष्ठ वानर वीरों तथा उनके पीछे खड़ी हुयी कपि सेना को ध्यान से देखा। उसे अनुभव हुआ कि अयोध्या कुमार की सेना उसके अनुमान से कहीं अधिक विशाल और व्यवस्थित है। उसने अपनी सेना को भी देखा। उसे लगा कि लंका की सेना में आत्मविश्वास कुछ कम है। उसने अपनी सेना को प्रोत्साहित किया और राम वाहिनी पर आक्रमण कर दिया।

आक्रमण के पहले ही चरण में उसने 'तामस' अस्त्र का प्रयोग किया। यह अस्त्र रणभूमि में आँधी लाने के लिए प्रयोग किया गया था। इस अस्त्र के प्रयोग से रणक्षेत्र में अत्यंत वेग के साथ हवा के बगूले बनने लगे। चहुँ ओर जैसे तेज हवायें चलने लगीं और धूल उड़ने लगी। इस प्रचंड आँधी में वानर और रीछ उड़ने लगे। जब तक वानर सेना धूल से बचने का प्रयास कर रही थी तब तक रावण अपने रथ को राम के सम्मुख ले आया। रावण राम के साथ हुई अपनी पहली लड़ाई को भूल जाना चाहता था, जिसमें प्रभु श्रीराम ने उसे उदारतापूर्वक छोड़ दिया था। इधर रणक्षेत्र में रावण का सामना करने के लिए प्रभु श्रीराम तैयार थे। तपस्वी वस्त्र पहने श्रीराम के वस्त्र तेज हवा से उड़ रहे थे। उन्होंने अपना कोदंड धनुष हाथ में पकड़ा हुआ था। लक्ष्मण भैया उनके साथ ही उनके समीप खड़े थे। श्रीराम ने धनुष के मध्यभाग को अत्यन्त दृढ़ता से पकड़ रखा था।

रावण अपने भव्य रथ पर सवार था। रावण के रथ की ऊँचाई को ध्यान में रखते हुए मैंने प्रभु श्रीराम को कंधों पर बैठा लिया। अब रावण के समक्ष श्रीराम समान ऊँचाई पर खड़े हुए थे। मेरे स्कन्ध पर आसीन श्रीराम ने हाथ में प्रचंड धनुष से टंकार की। उनके धनुष की टंकार से समर में प्रलय का दृश्य उपस्थित हो गया। इसके पश्चात् उन्होंने अपने धनुष से शर वर्षा आरम्भ कर दी। उनके धनुष से निकले तीरों ने सभी दिशाओं में अपनी उपस्थिति दर्शायी। उनके धनुष से निकले तीक्ष्ण शरों से इस प्रकार का वातावरण उत्पन्न हुआ कि जैसे प्रलय मेघ से भीषण बौछारें निकल रही हों। श्रीराम ने देखते ही देखते अनेक राक्षसों का वध कर दिया। श्रीराम का यह रौद्र रूप देखकर मैं विस्मित था। यह उनके प्रचण्ड तेज का प्रभाव था कि अल्पकाल में ही रणक्षेत्र राक्षसों के शवों से पट गया। चारों ओर मृतकों का जमघट लग चुका था। रणक्षेत्र लहू के रंग से लाल हो चुका था। गिद्ध और अन्य मांस लोलुप पक्षी इन निष्प्राण राक्षसों के शव का भक्षण कर रहे थे। समूचे रणक्षेत्र में वीभत्स दृश्य उत्पन्न चुका था।

अपने राक्षस वीरों के निष्प्राण होने से आहत रावण ने भी अब पराक्रम दिखाना आरम्भ किया। उसके द्वारा छोड़े बाणों से समस्त दिशाएँ स्तब्ध रह गईं। श्रीराम के पीछे चट्टान की तरह खड़ी वानर सेना में भगदड़ मच गई। श्रीराम ने इस स्थिति को देखा और मेरे स्कन्ध से उतर पड़े।

उसके बाद श्रीराम और रावण के मध्य भीषण युद्ध आरम्भ हुआ। सम्पूर्ण धरती और आकाश से केवल बाणों के टंकार की ध्वनि आ रही थी। कभी अग्नि प्रज्वलित हो उठती थी तो कभी चारों ओर धूम्र परत बन जाती थी। कभी मेघों का वातावरण बन जाता था तो कभी बरसात होने लगती थी। जब दोनों योद्धाओं के बाण एक दूसरे से टकराते तो इन अभिमंत्रित बाणों के टकराने से अप्रत्याशित रासायनिक क्रियाएँ होती थीं। प्रभु अधिक हिंसा नहीं करना चाहते थे। वे नहीं चाहते थे कि निरपराध राक्षस अपने प्राण गवायें। प्रभु श्रीराम ने यह निश्चित किया कि अब रावण का वध कर ही देना चाहिए। इस प्रयास में उन्होंने रावण को लक्षित कर कई अभिमंत्रित बाण चलाये। लेकिन वे आश्चर्यचकित रह गये कि एक पल में रावण का मस्तक कटता तो दूसरे ही पल एक नया मस्तक उत्पन्न हो जाता। नये मस्तक उत्पन्न होने पर रावण विकराल अट्टहास करता। यह स्थिति किसी को समझ में नहीं आ रही थी कि ऐसा कैसे सम्भव है कि किसी कटे हुए मस्तक के स्थान पर एक नया मस्तक उत्पन्न हो जाये।

इसी बीच रावण के समक्ष लक्ष्मण भैया आ गए। रावण ने उन पर भी बलपूर्वक मुष्टिका प्रहार किए। मैंने रावण को जब रोकना चाहा तो उसने मुझ पर भी करारा मुष्ठिका प्रहार किया। रावण का मुष्टिका प्रहार इतना शक्तिशाली था कि पल भर को मैं और लक्ष्मण भैया दोनों मूर्च्छित हो गए। रावण ने इसके बाद प्रभु श्रीराम पर प्रहार करना चाहा। श्रीराम ने रावण के प्रहार को व्यर्थ कर दिया। अब श्रीराम ने धनुष को अपने कानों तक खींच कर एक तीक्ष्ण बाण उसके वक्षस्थल में मारा। इस बाण से रावण तत्काल मूर्च्छित होकर अपने रथ में गिर पड़ा। उसे पूरी तरह मूर्च्छित पाकर उसका सारथी तीव्र गति से रथ को लंका की ओर वापस भगा ले गया। रावण जब चैतन्य स्थिति में आया तो अपने सारथी को अत्यन्त बुरा-भला कहा। सम्भवतः रावण नहीं चाहता था कि उसके पराक्रम पर किसी प्रकार का प्रश्न चिन्ह लगे अथवा उपहास की स्थिति पैदा हो, इसलिए अपने सारथी को इस प्रकार रणक्षेत्र से पलायन करने पर वह अत्यन्त क्रोधित हुआ, यद्यपि रावण उस दिन पुनः युद्ध को नहीं लौटा।

अगले दिन रावण तनिक देर से रणक्षेत्र में आया। सम्भवतः किसी अनुष्ठान में उसका प्रथम पहर निकल गया था। दिन चढ़ चुका था। राम सेना उसके आने की प्रतीक्षा कर रही थी। उस दिन स्वयं श्रीराम ने भी

सूर्योपासना के साथ अपने आराध्य महादेव की पूजा कर अपनी मनोस्थिति युद्धानुकूल बना ली थी। प्रभु श्रीराम और रावण का युद्ध अब निर्णायक मोड़ पर था। प्रभु श्रीराम जब रणक्षेत्र के लिए प्रस्थित हुए तो हम सभी ने हुंकृति लगाई, "जय श्रीराम...।"

उधर लंकाधिपति भी रणक्षेत्र में प्रवेश कर चुका था। प्रभु श्रीराम पहले से ही तैयार थे। प्रभु श्रीराम और रावण के आमने-सामने होते ही उनके मध्य घोर युद्ध छिड़ गया। दोनों ने दिव्यास्त्रों का प्रयोग आरम्भ किया। वायव्यास्त्र, आग्नेयास्त्र, वरुणास्त्र आदि के प्रयोग से समर भूमि तो कम्पित हुए ही भूलोक और समस्त दिशाएँ कम्पित हो उठीं। सागर, वायु, वनस्पति तक कम्पित हो उठे। लहरों में उछाल आ गया। वातावरण में तेज हवायें चलने लगीं। ऐसा प्रतीत हो रहा था कि जैसे इस तेज हवा के प्रकोप से समूचा ब्रह्माण्ड उड़ जायेगा। एक दूसरे के बाण से टकराते हुए वातावरण में भीषण प्रकार के परिवर्तन उत्पन्न हो रहे थे। ऐसा प्रतीत हो रहा था कि यह युद्ध मात्र श्रीराम और रावण के बीच हो रहा है। शेष योद्धा तो मात्र दर्शक ही हैं।

श्रीराम पर अपने विविध अस्त्र और शस्त्रों को व्यर्थ जाते देख रावण ने राम के पार्श्व में खड़े विभीषण पर ही एक प्रचंड शक्ति से प्रहार कर दिया। शरणागत वत्सल श्रीराम ने जब उस शक्ति को आते देखा तो विभीषण को सुरक्षित रखते हुए स्वयं आगे आकर उसे अपने वक्ष पर ले लिया। उनके वक्षस्थल पर एक हल्का घाव बन गया लेकिन प्रभु के मुख से आह तक न निकली।

इसी बीच श्रीराम ने एक तीक्ष्ण बाण चलाकर रावण के रथ को काट दिया। उसके अश्व भाग निकले। रावण अब रथविहीन था। वह भूमि पर खड़े होकर युद्ध करने के लिए विवश था। इसी बीच उसका सारथी दूसरा रथ ले आया। रावण अब नये रथ पर सवार होकर पुनः श्रीराम के साथ युद्धरत हो गया।

श्रीराम ने उसे अब अधिक अवसर न देकर अति तीक्ष्ण शरों से उसके मस्तक को काट दिया। काटते ही वह सिर और भुजा आसमान में उड़ गए किन्तु आश्चर्यजनक तरीके से तत्काल ही उसके नए सिर और नई भुजा उग आये। श्रीराम बार-बार ऐसा करते किन्तु बार-बार नए सिर और भुजा उग आते। रणक्षेत्र रावण के कटे हुए सिरों और भुजाओं से पट गया पर उसकी

मृत्यु नहीं हुई। ऐसा प्रतीत हो रहा था कि रावण का विनाश करना असम्भव है। श्रीराम और रावण का वह युद्ध न रात में रुका और न दिन में। एक क्षण के लिए भी दोनों योद्धाओं ने विश्राम नहीं किया।

इसी बीच कपि सेना के वरिष्ठ सदस्यों ने लंकाधिपति पर अपने-अपने अस्त्र और शस्त्र का प्रयोग करना आरम्भ किया। जाम्बवान आदि वीर भी रावण पर प्रहार करने लगे। क्रोधाभिभूत रावण ने अपने असंख्य बाणों से उन कपि वीरों को संज्ञाशून्य कर दिया। श्रीराम अभी भी पहले की तरह उसके सिरों और भुजाओं को काट रहे थे, किन्तु आश्चर्य की बात यह थी कि कटे हुए सिरों और भुजाओं के स्थान पर तत्काल ही नए-नए सिरों और भुजाओं का उगना बन्द नहीं हुआ था। विवश होकर श्रीराम ने विभीषण की ओर देखा और शायद आँखों ही आँखों में पूछा, "क्या कारण है कि रावण का अन्त नहीं हो पा रहा?"

"प्रभु, सिरों को काटने से राक्षसराज नहीं मारा जा सकता, क्योंकि इसकी नाभि में अमृत कुण्ड है।" विभीषण ने पास आकर रहस्योद्‌घाटन किया।

श्रीराम यह संकेत समझ गए। श्रीराम ने एक तीक्ष्ण बाण धनुष पर चढ़ाया और रावण की नाभि को लक्षित करके संधान किया। वह बाण श्रीराम के धनुष से निकलकर सीधे रावण की नाभि में जाकर लगा। उस बाण ने रावण की नाभि के अमृत कुण्ड को सोख लिया। इसके पश्चात् प्रभु ने अपने बाणों से उसके सिर और भुजाओं को उसके शरीर से अलग कर दिया। रावण का प्राणहीन धड़ भूमि पर गिरा। वानर सेना उत्साह से 'जय श्रीराम', 'जय सौमित्र', 'जय सुग्रीव' के जयघोष कर रही थी। वानर सेना के जयघोष से दसों दिशायें गुंजायमान हो चली थीं। अधर्म पर धर्म की पताका लहरा चुकी थी। अनीति का अन्त हो चुका था। अतिप्रतीक्षित स्थिति अब सामने आ खड़ी हुई थी। विकराल युद्ध समाप्त हो चुका था। रावण की हठधर्मिता का अन्त हो चुका था। लंकानगरी वैभवहीन प्रतीत हो रही थी। प्रभु श्रीराम ने अब अपना धनुष नीचे कर लिया था। हम सब रणक्षेत्र में पड़े हुये अन्तिम साँसें ले रहे रावण को देख रहे थे।

इसी बीच हर्ष से जयघोष कर रहे कपि सेना के वीरों को श्रीराम ने तत्काल मना किया।

"यह समय जय निनाद का नहीं है, मित्रों। किसी की पराजय पर विजयोत्सव मनाना विजेताओं का धर्म नहीं।" प्रभु श्रीराम ने सेना को अति संक्षिप्त निर्देश दिया था।

रावण का पराभव हो चुका था। राक्षसी संस्कृति पर मानवीय उत्कृष्टता का जयघोष हो चुका था। लंका विजय मर्यादा पुरुषोत्तम श्रीराम की विजय थी। यह विजय केवल एक राजकुमार की राक्षसराज पर विजय नहीं थी बल्कि अन्याय पर न्याय की विजय थी, यह अधर्म पर धर्म की विजय थी, अत्याचार पर सदाचार की विजय थी। अराजकता पर आर्जव की विजय थी। इसलिए श्रीराम की विजय केवल नर और वानर समूह की नहीं, बल्कि देवी और देवता, यक्ष और किन्नर, गंधर्व और विद्याधर, ऋषि और मुनियों की विजय का प्रतीक थी। यह विजय जगत् के पाँचों तत्वों - आकाश, पवन, पावक, जल और पृथ्वी की विजय थी। वानर सेना में अपार उत्साह था। प्रभु श्रीराम का अभिनन्दन, अभिवादन करने के लिए समस्त वानरों ने उन्हें घेर लिया था। सबकी आँखों में विजय के साथ-साथ संतुष्टि की चमक स्पष्ट दिखाई पड़ रही थी।

रणभूमि में रावण हताहत होकर गिरा पड़ा हुआ था। उसकी अन्तिम साँसें चल रही थीं। सहसा विश्वास ही नहीं हो रहा था कि एक वैभवशाली राजा क्लांत मुख के साथ भूशायी था। उसे देखकर किसी को भी यह अनुभव हो सकता था कि अनीति और अधर्म का अंत कैसा होता है? रावण को पराजित व भूशायी देखकर विभीषण का हृदय व्याकुल हो उठा। विभीषण की मनोदशा और अन्य वानर वीरों की मनोदशा में अन्तर था। रावण चाहे कितना भी पापात्मा रहा हो, अन्ततः वह विभीषण का भाई ही था। भाई तो भाई ही होता है। मुझे अभी भी स्मरण है कि रणक्षेत्र में कुछ ही दिन पूर्व स्वयं प्रभु श्रीराम ने लक्ष्मण के लिए विलाप करते हुए कहा था कि संसार में सभी प्रकार के बंधु-बांधव सुलभ होते हैं, पर सहोदर भ्राता दुर्लभ होता है। विभीषण इसलिए दुखी नहीं थे कि एक वैभवयुक्त शासक का अंत इस प्रकार हुआ बल्कि वह इसलिए शोकाकुल थे कि उन्होंने अपने भाई को खो दिया था। विभीषण सोच रहे थे कि किसी एक व्यक्ति की हठधर्मिता और अहंकार किस सीमा तक राजपाट और परिवार को ध्वस्त कर सकते हैं। वे अत्यंत दुखी हो रहे थे। वे अपने भाई को देखकर विलाप कर रहे थे।

"भ्राता, मैं जानता था कि आपकी हठधर्मिता का परिणाम यही होना था। मैं इसी दिन को लेकर आपसे निवेदन करता रहा कि अहंकार छोड़कर धर्मोचित निर्णय लीजिए, माता सीता को श्रीराम को वापस कर दीजिए किन्तु आपने मुझे कभी महत्व नहीं दिया।" विलाप करते हुए विभीषण ने कहा।

मुझे लगा कि विभीषण ने लंकाधिपति को समय रहते हुए बहुत समझाने का प्रयास किया था। उन्हें इस बात का हमेशा भान था कि अधर्म पर चलकर श्रीराम से युद्ध करना नितांत मूढ़ता है। इस स्थिति से रावण को बचाने के लिए उन्होंने हर-सम्भव प्रयास किया था। इस क्रम में वे लांछित भी हुए। उन पर स्वजनों को छोड़ने का आरोप भी लगा। उन्हें सत्तालोलुप भी कहा गया। कायरता को लेकर तो राक्षस उनकी आलोचना आये दिन करते ही रहते थे। विभीषण जानते थे कि बल, पराक्रम, तपोनिष्ठा, वर्चस्विता, प्रभुता, साहस आदि सभी गुण रावण में प्रचुर मात्रा में विद्यमान थे, परन्तु विवेकशून्य हो जाने के कारण वह अधर्म और अनीति की ओर गतिमान था। विवेकपूर्ण व्यवहार के अभाव में उसके सभी गुण दूषित हो चुके थे। अंत में वह अपने ही दुष्कृत्यों के कारण आज रणक्षेत्र में अन्तिम साँसे ले रहा था। विभीषण जोर-जोर से विलाप कर रहे थे।

विभीषण की मनोदशा को समझते हुए प्रभु श्रीराम उनके पास सांत्वना प्रदान करने आये। प्रभु ने विभीषण के कन्धे पर हाथ रखते हुए उन्हें सांत्वना प्रदान की।

"विभीषण, विलाप करने का कोई लाभ नहीं। मैं जानता हूँ कि रावण तुम्हारा सहोदर था। सहोदर को खोने का दुःख मैं अनुभव कर सकता हूँ। तुम निराश मत हो। तुमने तो समय रहते रावण को समझाने का प्रयास किया ही था। तुमने तो पूर्ण प्रयास किया था कि किसी प्रकार इस युद्ध को टाला जाये। तुमने तिरस्कार और अपमान भी सहा। तुम्हें लंकाधिपति ने राज्य से भी निकाल दिया। रावण के इस व्यवहार के बाद भी तुम उसके लिए दुःखी हो, यह तुम्हारी सदाशयता है। मैं तुम्हारा दुख भली-भाँति समझ सकता हूँ। तुम्हें यह समझना होगा कि रावण का अन्त निष्क्रिय दशा में नहीं हुआ है। अन्तिम समय तक वह सक्रिय, सतर्क और सचेष्ट रहकर, अपने प्राणों का मोह छोड़कर और अपनी सारी शक्ति लगाकर युद्ध करता रहा। वह अनीति या अधर्म के रास्ते पर अवश्य चल रहा था किन्तु उसका लक्ष्य स्थिर था।

उसका पराक्रम भी अत्यन्त उग्र और प्रचण्ड था। मैं तो यह भी स्वीकार करता हूँ कि उसका उत्साह भी अत्युन्नत स्तर का था। रावण अन्ततः रणक्षेत्र में मारा गया है। वीरों के लिए यही उचित है। युद्ध में जय या पराजय अपने आप में महत्वपूर्ण नहीं है, इसलिए रावण के संबंध में शोक करना उचित नहीं है।" श्रीराम ने विभीषण को समझाते हुए कहा।

विभीषण को श्रीराम की इन बातों से निश्चित ही सांत्वना मिली थी। प्रभु के इन वचनों से विभीषण का चित्त भी स्थिर हुआ। तनिक स्थिर होने के पश्चात् प्रभु श्रीराम ने विभीषण को निर्देशित किया कि रावण की अंत्येष्टि के लिए आवश्यक व्यवस्था की जाये। रावण का अन्तिम संस्कार राजकीय सम्मान के साथ किया जाय। रावण के हताहत होने की सूचना अब तक लंका के अंतःपुर तक पहुँच चुकी थी। यद्यपि यह एक प्रत्याशित घटना थी किन्तु रावण जैसे वैभवशाली राजा का अन्त इस प्रकार होगा, यह एक विस्मयकारी घटना थी। रावण के भौतिक शरीर के अन्तिम दर्शन करने के लिए लंकावासियों में प्रतिस्पर्धा होने लगी। लंकावासियों की आँखें सजल थीं। रावण चाहे जैसा भी था, उसकी प्रजा का तो उससे अनुराग था ही। प्रजा इस बात से सहमत थी कि सीताहरण करके रावण ने बड़ी गलती की थी। समय पर अपनी त्रुटि को सुधारने का अवसर मिलने पर भी रावण ने उस अवसर का लाभ नहीं उठाया।

रावण के हताहत होने की सूचना पाकर उसकी पटरानी मन्दोदरी भी भागती हुई रणभूमि में आई। उसके केश खुले हुए थे। पति के हताहत होने से उसके नेत्रों से अविरल अश्रुधारा बह रही थी। वह अपने मृत पति के शरीर पर गिरकर रोने लगी। मन्दोदरी के मार्मिक विलाप में एक साध्वी स्त्री का संताप सहज प्रकट हो रहा था। मुझे विचार आया कि रावण ने माता सीता के प्रति तो जघन्य अपराध किया ही है, उससे भी अधिक मन्दोदरी के प्रति अन्याय किया है। मन्दोदरी कुल-गौरव, रूप-सौंदर्य और पति-परायणता इन तीन गुणों से परिपूर्ण थी। रावण ने उसके इन गुणों को मान्यता देने अथवा उसे समझने की कभी चेष्टा नहीं की। भूमि पर पड़े हुए अपने पति की देह पर अपना सिर पटकते हुए महारानी मन्दोदरी विलाप कर रही थी।

"हे स्वामी, तुम्हारे मन में परस्त्री के साथ सहवास सुख पाने की इच्छा क्यों उत्पन्न हुई। इससे तुम्हारी इच्छा तो पूरी नहीं हुई, उलटे उस पतिव्रता

स्त्री की तपस्या के प्रभाव से तुम भस्म हो गए। छल-कपट से असहाय नारी को चुरा कर लाना तुम जैसे वीर के लिए कलंक की बात थी। सीता को साधारण स्त्री समझने में तुमने भूल की। इसी भूल के कारण तुम्हारा सर्वनाश हो गया है। तुम्हारी सबसे बड़ी भूल राम को तपस्वी मात्र मान लेना ही थी, तुम समझ नहीं सके कि वे परम ज्ञानी, परम योद्धा और परम योगी हैं।" मंदोदरी विलाप करते हुए कह रही थी।

मन्दोदरी के विलाप और उसके वचन सुनकर मुझे अनुभव हुआ कि लंकेश की इस पटरानी को धर्म और राजनीति की परिपक्व समझ है। मन्दोदरी के मन में सीता के प्रति यह आसक्ति उचित भी थी। मन्दोदरी की यह भावना पूर्णतया सही थी कि लंकेश को यदि किसी घटना का प्रतिकार ही करना था तो उसे श्रीराम पर आक्रमण करना चाहिए था, न कि उनकी अर्द्धांगिनी का अपहरण। जहाँ वीरता दिखानी थी, वहाँ कायरता का आश्रय लिया था। एक पतिव्रता साध्वी स्त्री को छल-कपट से चुरा लेने का परिणाम तो यही होना था। विवेकशील मन्दोदरी ने इसी शब्द का प्रयोग किया था। शोक के समय भी विवेकपूर्ण बात करना और अपनी व्यक्तिगत भावना को पातिव्रत्य में बाधक बनने नहीं देना मन्दोदरी की महानता का परिचायक था। मन्दोदरी का यह विलाप इसलिए भी महत्वपूर्ण था कि वह अपने पति के कृत्य को मिथ्या ठहराते हुए भी अपने पतिव्रत धर्म से पीछे नहीं हटी। वह अपने पतिहंता प्रभु श्रीराम की महिमा का वर्णन भी ऐसे क्षणों में करती है। श्रीराम की मानवीयता के संबंध में मन्दोदरी के उद्‌गार प्रशंसनीय हैं। दिव्यता को भी भव्यता प्रदान करने वाले लोककल्याणकारी महामानव श्रीराम को उसने 'परम् योगी' की संज्ञा दी। ये सब बातें मन्दोदरी ने अपने मरणासन्न पति के वक्षस्थल पर अपना सिर पटकते हुए कहीं। वह अपने त्रिलोकविजयी स्वामी को इस दशा में देखकर व्याकुल और अधीर हो गयी थी। इस अधीरता में भी मन्दोदरी ने एक साध्वी और प्रज्ञावान स्त्री के रूप में न केवल अपने पति की प्रशंसा की, बल्कि विवेकशील मनस्विनी के रूप में वह सत्य पराक्रम श्रीराम की भी प्रशंसा की। पतिव्रता मन्दोदरी अपने पति के वियोग से दुःखी होकर निरन्तर विलाप कर रही थी। मन्दोदरी अपने पति की कमी को अनुभव करती हुई बिलख रही थी। विलाप करते-करते निश्चेत् होकर उसी अवस्था में वह रावण के वक्षस्थल पर गिर पड़ी। मन्दोदरी के विलाप को सुनकर प्रभु श्रीराम रणभूमि में निढाल पड़े रावण के पैरों के सामने घुटनों के बल बैठ गये।

"हे रावण, मैंने तुम्हें दुर्भावनावश नहीं, अपितु अपनी पत्नी की रक्षा हेतु मारा है। मैं तुम्हारे प्रचुर ज्ञान का सम्मान करता हूँ। मुझे हार्दिक प्रसन्नता होगी यदि तुम अपनी मृत्यु से पूर्व वह ज्ञान हमारे साथ बाँट सको जिससे कि यह संसार उस ज्ञान से वंचित न रह जाए।" वे अत्यन्त निवेदित स्वर से रावण से बोले।

रावण ने किसी तरह अपनी आँखें खोलीं।

"श्रीराम, आप वास्तव में मर्यादा पुरुषोत्तम हैं। आपने मेरे अन्तिम समय में भी विनम्रता से बात की है। मैं अपना ज्ञान सहर्ष आपको देने को तैयार हूँ।" रावण बोला।

वहाँ उपस्थित जनों को बहुत आश्चर्य हुआ जब रावण ने मन्दोदरी की गोद में अपना सिर रखकर अपनी शत्रुता त्यागकर, श्रीराम को दर्शन, राजनीति, अर्थशास्त्र, ललित कला, नृत्य, संगीत, नाट्य एवं शासन कला की सूक्ष्मताओं से अवगत कराया। इस ज्ञान से लक्ष्मण भैया भी अभिसिंचित हो रहे थे। वे भी श्रीराम के समीप ही बैठे हुए थे। इस तरह कुछ देर के लिए एक खलनायक, एक गुरू के रूप में तथा एक नायक, शिष्य के रूप में आ चुका था। अद्भुत दृश्य था वह।

ज्ञान देने के पश्चात् रावण की श्वाँस रुकने लगी थी। अब वह केवल फुसफुसा पा रहा था। थोड़ी देर के पश्चात् वह बलशाली वीर शान्त हो गया। मन्दोदरी ने रावण का निर्जीव सिर कसकर पकड़ा हुआ था। उसकी आँखों से आँसुओं की उष्ण बूँदें सतत् रावण के चेहरे पर गिर रही थीं। मृत रावण को देखकर मन्दोदरी आदि रानियों का तथा विभीषण का मन उद्विग्न हो गया।

मैंने देखा कि प्रभु श्रीराम से संकेत पाकर हमेशा उग्र से दिखने वाले भैया सौमित्र विभीषण के पास आए। अत्यन्त मर्यादित ढंग से उन्होंने विभीषण को सान्त्वना दी। मर्यादा पुरुषोत्तम श्रीराम भी विभीषण के समीप आ गए। उन्होंने विभीषण के दोनों कन्धों पर अपने हाथ रखकर सांत्वना दी और कहा, "शोक सन्ताप से बाहर निकलकर अपने भ्राता लंकाधिपति की अन्त्येष्टि हेतु राजकीय व्यवस्था करो, विभीषण।"

विभीषण ने मृतक रावण के लिए चन्दन तथा विभिन्न प्रकार की सुगन्धित लकड़ियों और बूटियों की चिता तैयार करायी। सभी ने रावण के शव को उठाकर सुगंधित लकड़ी की चिता पर लिटाया। विभीषण ने अत्यन्त

आत्मीयता से पूर्ण आदर के साथ अपने भ्राता के पार्थिव शरीर को मुखाग्नि दी। उसने अन्तिम संस्कार से सम्बन्धित सभी अनुष्ठान पूरे किए तथा दिवंगत आत्मा को श्रद्धांजलि अर्पित की।

रावण के अन्तिम संस्कार के पश्चात् अब लंका के नये राजा के अभिषेक का अवसर आ गया था। प्रभु श्रीराम ने लक्ष्मण और सुग्रीव से कहा कि वे विभीषण को लंका नगरी ले जाएँ तथा उनका राज्यभिषेक करें। प्रभु ने मुझे भी लंका जाने का आदेश दिया। प्रभु श्रीराम हमारे साथ लंकापुरी नहीं गए क्योंकि प्रभु के वनवास के चौदह वर्ष अभी पूरे नहीं हुए थे। लक्ष्मण भैया, विभीषण को अपने साथ लंका ले गए। उन्हें राजसिंहासन पर बैठाकर विभीषण के मस्तक पर प्रतिष्ठित जल डालकर अभिषेक किया और विभीषण को लंका का नया राजा घोषित कर दिया।

अपने नये राजा का अभिवादन करने के लिए लंका में बहुत कम लोग रह गए थे। किसी समय घनी आबादी वाली एवं समृद्धशाली लंका नगरी आज उजाड़ व सुनसान नगरी में परिवर्तित हो चुकी थी तथापि विभीषण के राज्यारोहण के समय जितनी भी प्रजा लंका में शेष थी, उन्हें सांत्वना देना विभीषण का दायित्व था। विभीषण ने इस दायित्व को निभाया भी। हर्ष से भरे हुए नगरवासियों ने विभीषण को दही, मिष्ठान, फल, फूल आदि उपहार भेंट किया। प्रजा ने विभीषण के प्रति अपनी शुभकामनाएँ प्रस्तुत कीं। लंका नगरी नये लंकेश्वर विभीषण की जय-जयकार से गूँज रही थी।

16.

बहुत शीघ्रता से बहुत कुछ घटित हो गया था। वर्तमान कितनी कम अवधि में भूत बन गया था और भविष्य की नयी पटकथा की भूमिका निर्मित हो रही थी। रावण लंका का अतीत बन चुका था जबकि विभीषण वर्तमान थे। लंका के राजा के रूप में विभीषण के राजसिंहासन पर आसीन होने के पश्चात् प्रभु ने मुझे आदेशित किया कि मैं अब माता सीता को लंका विजय का शुभ समाचार देने के लिए प्रस्थान करूँ। मैंने प्रभु श्रीराम के चरणों में शीश नवाकर अशोक वाटिका की तरफ प्रस्थान किया। लंकापुरी में प्रवेश करने के लिए मैंने नये लंकाधिपति विभीषण से भी प्रवेश हेतु आज्ञा माँगी। विभीषण

की सहर्ष अनुमति प्राप्त करने के पश्चात् मैंने अशोक वाटिका में प्रवेश किया।

"माता, भक्त हनुमान का नमस्कार आपके चरणों में निवेदित है।" अशोक वाटिका पहुँचकर मैंने माता सीता के समक्ष प्रणिपात किया।

राम सेना और असुर सेना के युद्ध के परिणाम के विषय में माता सीता को संभवतः राक्षसियाँ पहले ही बता चुकी थीं। मुझसे इस समाचार की पुष्टि होने के उपरान्त उनके मुख पर सन्तुष्टि और सौम्यभाव लक्षित हो रहा था।

"हाँ माते, रावण मारा गया। प्रभु श्रीराम, सौमित्र सेना सहित सकुशल हैं। विभीषण अब लंकाधिपति घोषित हुए हैं।" मैंने बिना रुके एक ही श्वाँस में यह समाचार माता सीता को सुना दिया।

दो क्षणों के लिए माता कुछ नहीं बोली थीं। आँखों से सहसा अश्रु प्रवाह आरम्भ हो गया था। अपने आँसुओं को पोंछते हुए बोलीं, "हनुमान, इस शुभ सूचना के बदले तुम्हें मैं क्या दे सकती हूँ? अभी तो तुम्हारी माता के पास... ।"

"आपका आशीर्वाद ही मेरे लिए सर्वस्व है, पर्याप्त है।" मैंने निवेदन किया।

"चिरंजीवी भवः!" माता सीता बोलीं।

मैं माता सीता के समक्ष एक और निवेदन करना चाहता था, किन्तु संकोचवश कह नहीं पा रहा था। मेरे हाव-भाव से सम्भवतः माता सीता समझ गयी थीं, उन्होंने पूछा, "क्या चाहते हो वत्स हनुमान?

"माँ, मैं चाहता हूँ कि ये समस्त राक्षसियाँ जो दीर्घावधि से आपको डराती-धमकाती रही हैं। इन्होंने आपको बहुत प्रताड़ित किया है। मैं आपके आदेश से इनका वध करना चाहता हूँ।" मैंने रोषपूर्वक कहा।

"नहीं हनुमान, तुम्हारा यह विचार उचित नहीं है। ये समस्त तो सत्ता की दासियाँ मात्र थीं। अपने स्वामी की आज्ञा का पालन करने वाली इन दासियों पर कौन क्रोध करेगा?" माता सीता ने अत्यन्त सौम्यता के साथ मुझे झिड़की दी थी।

"आप वास्तव में महान हैं माता। अब मुझे प्रभु के पास वापस जाने की अनुमति प्रदान करें। यदि कोई सन्देश प्रभु तक पहुँचाना है तो वह भी बताने की कृपा करें।" मैंने निवेदन किया।

"मैं अपने स्वामी का यथाशीघ्र दर्शन करना चाहती हूँ।" माता सीता ने अत्यन्त भावनात्मक स्वर में कहा।

इसके पश्चात् मैं प्रभु श्रीराम के पास लौट आया।

"माता सीता को आपकी विजय का समाचार मिल गया है। आपका नाम सुनते ही वे अत्यंत प्रसन्न हो गईं और उनकी आँखों में आँसू आ गए। वे दुःख से दुर्बल व पीली पड़ गई हैं। उन्होंने मुझसे आपको यह संदेश देने के लिए कहा है कि वे यथाशीघ्र आपसे मिलने की इच्छुक हैं।" मैंने प्रभु को माता सीता का सन्देश दिया।

माता सीता का सन्देश सुनकर श्रीराम की आँखों में आँसू आ गए। वे कुछ पल के लिए विचारों में डूब गए। उन्होंने विभीषण से कहा कि वह जाकर सीता को ले आएँ। राजा विभीषण ने थोड़ी ही देर में राजकीय सम्मान के साथ माता सीता को प्रभु श्रीराम के पास भेजने का प्रबन्ध कर दिया। विभीषण ने अपनी पत्नी से कहा कि वह माता सीता को स्नान करवा दें। माता सीता को मूल्यवान वस्त्रादि पहना दें। विभीषण की पत्नी ने ऐसा ही किया। माता सीता ने बहुमूल्य आभूषणों के प्रति विनम्रतापूर्वक अपनी अनिच्छा प्रकट कर दी क्योंकि वे भी अभी वनवास पर थीं। माता सीता ने विभीषण की पत्नी द्वारा प्रदत्त पीले रंग के वस्त्र पहने तथा सिर पर ताजे व सुगन्धित फूलों का मुकुट धारण किया। इसके बाद, वे पालकी में बैठ गईं, जो उनके लिए पहले से तैयार खड़ी थी। उन्होंने श्रीराम के दर्शनार्थ प्रस्थान किया।

उधर राम सेना माता सीता के दर्शन के लिए आतुर थी। मैंने देखा कि वानर और भालू अनुशासन के साथ बैठ गए थे। लंका से माता सीता ने प्रस्थान कर दिया था। कुछ ही अवधि में माता पालकी में सवार होकर लंका के द्वार के बाहर तक आ पाई थीं कि वानर और भालुओं में माता दर्शन के लिए प्रतिस्पर्धा होने लगी। कुछ वरिष्ठ कपियों ने आतुर और व्याकुल कपियों को सावधानीपूर्वक आसन ग्रहण करने के लिए आदेशित किया जिससे समस्त सेना माता सीता का दर्शन का लाभ ले सके। थोड़ी ही देर में माँ सीता ने धरती पर पाँव रखे।

"प्रभु श्रीराम की जय।"

"माता सीता की जय।"

"भैया सौमित्र की जय।"

जयकार घोष से समस्त दिशाएँ गुंजायमान हो उठीं। माता सीता के दर्शन हेतु व्याकुल वानर और भालुओं की इच्छा पूर्ण करने के लिए प्रभु श्रीराम ने माता सीता को पैदल आने का आदेश दिया। प्रभु के आदेश पर माता सीता पालकी से उतरीं और पैदल-पैदल प्रभु की ओर चल पड़ीं। जयकारों की ध्वनि नहीं रुक रही थी। आगे-आगे माता सीता थीं और पीछे-पीछे विभीषण। वे लज्जा से अपने आप में सिमटी जा रही थीं। हम सब आतुर थे उस अप्रतिम युगल मिलन का दृश्य देखने के लिए कि कब वैदेही और प्रभु राम का मिलन होगा। मैंने प्रभु की ओर देखा। आज मुझे श्रीराम के हाव-भाव अप्रत्याशित से प्रतीत हो रहे थे। मैं अनुभव कर रहा था कि जिस उद्‌देश्य को लेकर हम विगत दीर्घावधि से युद्धरत थे, अनुकूल परिणाम के बाद भी प्रभु के मुख पर वह प्रसन्नता नहीं थी जो अपेक्षित थी। माता सीता के आगमन के पश्चात् तो उनके चेहरे से कोमल भाव बिल्कुल ही विलुप्त हो गए थे। जैसे ही माता सीता प्रभु श्रीराम के समक्ष आयीं, प्रभु के मुख पर अनपेक्षित कठोरता छा गयी।

"सीते, रणक्षेत्र में शत्रु को पराजित कर मैंने तुम्हें बन्धनमुक्त करा लिया है। तुम्हें मुक्त कराने के लिए पुरुषार्थ द्वारा जो कुछ किया जा सकता था, वह सब मैंने किया। मुझ पर जो कलंक लगा, उसका मैंने मार्जन कर लिया है। 'अवमानश्य शत्रुश्च युगपन्निहती मया' मैंने शत्रुजनित अपमान और शत्रु, दोनों को एक साथ नष्ट कर दिया है।" जब सबके हृदय राम और सीता के मिलन के दृश्य की कल्पना कर धड़क रहे थे तब प्रभु ने सबकी अपेक्षाओं और आशाओं के विपरीत सीता की ओर प्रेमिल दृष्टि से न देखकर अप्रत्याशित कठोर मुखाकृति के साथ उन्हें देखते हुए कहा।

"सीते, जब तुम आश्रम में अकेली थीं तब रावण तुम्हें हर कर ले गया। यह दोष मेरे ऊपर संयोगवश अधिरोपित हुआ था। इसका मैंने अपने साहस से परिमार्जन कर लिया है। इस कार्य में हनुमान, सुग्रीव एवं विभीषण और वानर सेना ने भरपूर सहयोग दिया है। मेरे इस कार्य में इन सबका परिश्रम सार्थक हुआ है। मैं तुम्हें यह बताना चाहता हूँ कि मैंने यह सब कुछ तुम्हें पाने के लिए नहीं किया है। सदाचार की रक्षा और सर्वत्र फैले अपवाद का निराकरण करने के लिए ही मैंने यह सब कुछ किया है। अपने सुविख्यात

वंश पर लगे हुए कलंक का परिमार्जन करना मेरे लिए अति आवश्यक था। आज तुम्हारी उपस्थिति मुझे हर्षित नहीं कर रही है। आज मुझे तुम्हारे प्रति कोई आसक्ति प्रतीत नहीं हो रही है। रावण तुम पर अपनी दूषित दृष्टि डाल चुका है। अतएव तुम्हारे चरित्र में सन्देह का अवसर उपस्थित है।" प्रभु श्रीराम ने अपनी बात को और स्पष्ट करते हुए कहा। इस प्रकार माता सीता की पवित्रता पर सन्देह करते हुए प्रभु श्रीराम ने सार्वजनिक रूप में उन्हें अपनाने से मना कर दिया।

प्रभु की बातों को सुनकर माता सीता के नेत्रों से अश्रुधारा बह निकली। उन्हें तो क्या, किसी को भी अनुमान न था कि इस परिस्थिति में प्रभु, माता सीता के प्रति ऐसी धारणा व्यक्त करेंगे।

"स्वामी, यह क्या कह रहे हैं आप? ऐसी कठोर, अनुचित, रूखी बातें कैसे कर सकते हैं आप...?" माता सीता ने नेत्रों के जल से भीगे अपने मुख को आँचल से पोंछते हुए कहा। "आपके प्रति जो मेरे मन में अनुराग था, आसक्ति थी, वह एक पल में आपने विस्मृत कर दी...। अब मैं अग्नि में समा जाना चाहती हूँ... यही मेरा प्रारब्ध है।" माता सीता ने भरे हुए गले से कहा।

"सौमित्र, आप मेरे लिए चिता तैयार करें...।" उन्होंने लक्ष्मण भैया से कातर वाणी में कहा।

प्रभु श्रीराम की सहमति पाने के पश्चात् सुमित्रानन्दन ने चिता तैयार की। प्रभु सिर झुकाए खड़े थे। माता सीता ने अग्नि को प्रणाम कर उसमें प्रवेश किया। हम सब अवाक् थे, और ठिठके हुए भी। कुछ ही देर में अग्नि तिरोहित हो गयी और उसमें से अत्यन्त दिव्य तेज के साथ जगमगाती हुई वैदेही बाहर निकलीं।

"मुझे सीता की पवित्रता पर पूरा विश्वास था। मुझे मात्र औपचारिकतावश ऐसा करना पड़ा।" प्रभु श्रीराम ने इस परीक्षा के पश्चात् इस संक्षिप्त वाक्य के साथ माता सीता को सादर स्वीकार कर लिया।

मुझे आश्चर्यजनक लग रहा था कि जिन माता सीता के विरह में प्रभु के विलाप में क्रौंच पक्षी की ध्वनि सुनाई देती थी, वही प्रभु माता सीता की आज इतने कठोर शब्द कहते हुए उनसे अग्नि परीक्षा देने को कैसे कह सके? नारी की पवित्रता की रक्षा आवश्यक है। प्रायः हर नारी भी ऐसा ही चाहती

है किन्तु इसके लिए उसे अग्निपरीक्षा या अन्य किसी प्रकार की परीक्षा देनी पड़े, तो वह कोई श्रेष्ठ मूल्यों की सृष्टि नहीं है। यद्यपि यह मेरे जैसे मूढ़ का विचार था जो कि उचित भी हो सकता है अनुचित भी। मुझे लगता है कि माता सीता की इस अग्निपरीक्षा का कोई अर्थ नहीं था क्योंकि मुझे ऐसा कभी प्रतीत ही नहीं हुआ कि उस समय कोई भी माता सीता की पवित्रता को लेकर संशय में था। उस समय प्रभु श्रीराम के अतिरिक्त प्रत्येक नर-वानर इस अग्निपरीक्षा से व्यथित था। कोई भी इस अग्निपरीक्षा से माता सीता की पवित्रता को लेकर आश्वस्त एवं प्रसन्न हुआ हो, मुझे ऐसा नहीं लगा। दूसरी बात अयोध्या में भी अन्ततः इस अग्निपरीक्षा का लाभ नहीं मिला। बल्कि मुझे तो लगा था कि इसका दुष्परिणाम समाज को सदियों तक भुगतना पड़ा। यह कौन सा न्याय था कि परपुरुष के अधीन विवशता में रह रही नारी को अपनी पवित्रता की सिद्धि हेतु अग्निपरीक्षा देनी पड़े जबकि पुरुष समाज के लिए ऐसी कोई व्यवस्था नहीं थी। मैं नारी की विवशता को चहुँओर देख रहा था, वो चाहे किष्किन्धा हो या लंका अथवा आज की अग्नि परीक्षा।

मैं विचार में लीन ही था कि तभी राजा विभीषण का स्वर मुझे सुनाई पड़ा, "राजकीय सत्कार स्वीकार करें, प्रभु।"

विभीषण प्रभु श्रीराम से राजकीय सत्कार स्वीकार करने का निवेदन कर रहे थे।

"धन्यवाद विभीषण, अब आप हमें अयोध्या वापस होने की अनुमति दें क्योंकि मार्ग लम्बा भी है और दुर्गम भी।" प्रभु ने विभीषण के इस निवेदन पर विन्रमतापूर्वक कहा।

"प्रभु लज्जित न करें, मैं तो आपका सेवक हूँ। रावण ने संग्राम में कुबेर को हराकर जिस विमान को छीन लिया था वह इच्छानुसार चलने वाला दिव्य विमान आपकी सेवार्थ प्रस्तुत है। इस विमान से आप निश्चिन्त होकर ससमय अयोध्या पहुँच सकेंगे।" विभीषण ने करबद्ध होकर प्रभु से कहा।

विभीषण द्वारा विमान का प्रबन्ध कर देने के पश्चात् अब प्रभु श्रीराम वानरराज सुग्रीव और विभीषण की ओर उन्मुख हुए।

"वानरराज सुग्रीव, मैं आपका आभारी हूँ। इस युद्ध में आपने और आपके वीरों ने मेरा सम्मान रक्षित कराया है। युद्ध समाप्त हो चुका है। आप अपनी सेना के साथ किष्किन्धापुरी जाने के लिए स्वतन्त्र हैं। विभीषण जी

आप भी लंका पर निष्कंटक राज करें। मुझे अनुमति दें कि मैं लक्ष्मण और सीता सहित अयोध्या प्रस्थान करूँ।" प्रभु बोले।

"प्रभु, हम भी अयोध्यापुरी के दर्शन करना चाहते हैं। आपके राज्याभिषेक के उपरान्त हम शीघ्र अपने-अपने राज्यों में वापस लौट आयेंगे।" सुग्रीव व विभीषण समवेत स्वरों में बोले।

"यह तो मेरे लिए प्रिय से भी प्रिय बात होगी।" हर्षातिरेक प्रभु ने अपनी भावनाएँ शब्दों में व्यक्त की।

विभीषण ने प्रभु श्रीराम और हम समस्त के लिए पुष्पक विमान की व्यवस्था की। समुचित प्रबन्ध के साथ हम सब पुष्पकारूढ़ हुए। अग्निपरीक्षा के पश्चात् सन्तुष्ट एवं प्रसन्न प्रभु श्रीराम ने पुष्पक में अपनी पत्नी सीता को अपने अंक में भरकर चढ़ाया और तत्पश्चात् स्वयं भी विमान में स्थान ग्रहण किया। प्रभु श्रीराम के स्थान ग्रहण करने के पश्चात् सौमित्र, विभीषण, सुग्रीव, अंगद, जाम्बवान नल, नील, द्विविद आदि के साथ मैं भी पुष्पक में सवार हो गया। अब हमारा विमान आकाश में उड़ चला था। इस विमान में बैठे हुए प्रभु श्रीराम ने अपनी अर्द्धांगिनी सीता को मार्ग में पड़ने वाले अनेक रोचक स्थल दिखाए, जहाँ वे अपनी लम्बी पीड़ादायक खोज करते हुए लंका पहुँचे थे। प्रभु ने माता सीता को त्रिकूट पर्वत पर बसी विशाल लंका, युद्ध स्थल, सेतुबन्ध, शिव स्थापना आदि सम्बन्धी घटनाओं को सुनाते हुए उनसे जुड़े हुए विभिन्न स्थलों को दिखाया। माता सीता वह सब देखकर बहुत प्रसन्न हुईं। उन्होंने माता सीता को वह रणभूमि भी दिखाई जहाँ रावण का वध हुआ था। उसके बाद, उन्होंने नल द्वारा बनाया गया वह शानदार सेतु दिखाया जिसके ऊपर से राम सेना ने समुद्र पार किया था। वे बीच-बीच में इस बात को दोहराते रहे कि यह सब सीता के लिए किया गया था मानो वे पहले बोले गए अपने कठोर वचनों की भरपाई कर रहे हों।

"सीते, इस भड़कते, उफनते सागर को देखो। इसमें असंख्य भयानक प्रजातियों के सरीसृप और मछलियाँ रहते हैं। सीपियों और शंखों से भरा हुआ यह समुद्र कैसी गर्जना कर रहा है। अब हम सागर तट पर उतरेंगे जिससे तुम उस शिव मन्दिर में पूजा कर सको जो मैंने स्थापित किया था।"

वह विमान धीरे से सेतु के दूसरे छोर पर उतर गया। प्रभु श्रीराम और माता सीता उस मन्दिर में पूजा हेतु चले गए। मुझे स्मरण था कि प्रभु श्रीराम

ने लंका प्रस्थित होते समय भगवान आशुतोष को यह वचन दिया था कि वे अपनी पत्नी सीता के साथ लौटकर यहाँ श्रद्धापूर्वक सुमन अर्पित करेंगे।

"सीते, इसी स्थान पर महादेव भगवान शिव ने मुझ पर महती कृपा की थी। रामेश्वर के रूप में उन्होंने मेरी पूजा अर्चना स्वीकार की थी। यह स्थान, जहाँ सेतु बनाया गया था, इसे सेतुबंध समझो। इसी स्थान पर मेरी पहली बार विभीषण से भेंट हुई थी।"

पूजा अर्चना के उपरान्त हम सभी एक बार फिर विमान में बैठे। प्रभु श्रीराम ने कुछ दूर आगे जाने पर विमान में बैठे हुए ही संकेत द्वारा सीता को सुग्रीव की किष्किन्धा नगरी दिखाई। माता सीता ने विमान को नीचे उतारने के लिए कहा। वे किष्किन्धापुरी का दर्शन करना चाहती थीं। किष्किन्धापुरी का भ्रमण करने के उपरान्त वे सुग्रीव की पत्नी तथा अन्य वानरवीरों की पत्नियों से भी मिलीं। इसी बीच सुग्रीव की पत्नी माता सीता के वे आभूषण इत्यादि ले आयीं जो माता सीता ने अपहरण होने के समय आकाश मार्ग से नीचे फेंके थे।

"महाराज, मैं सुग्रीव आदि की स्त्रियों को साथ लेकर अपनी राजधानी अयोध्या चलना चाहती हूँ। मेरे लिये किष्किन्धा नगरी का विशेष महत्त्व है, यहाँ निवास करने वाली वानर स्त्रियों ने निःस्वार्थ भाव से युद्ध में अपने पतियों को प्रतिभाग करने के लिए भेजा था। मुझे वापस लाने में इनकी भूमिका अत्यन्त महत्वपूर्ण है। अतः मेरी इच्छा है कि इन स्त्रियों को मैं अयोध्या ले चलूँ।" माता सीता ने प्रेम विह्वल होकर प्रभु से विनयपूर्वक कहा।

प्रभु ने माता सीता की इच्छा से सुग्रीव को अवगत कराया। वानरराज ने प्रसन्नता से माता सीता की इच्छा का आदरपूर्वक पालन किया। अब विमान में वानरवीरों की सभी स्त्रियाँ भी बैठ गईं। माता सीता की इच्छानुसार वे समस्त प्रभु श्रीराम के राज्याभिषेक का उत्सव देखने अयोध्या चल दीं। थोड़ा आगे चलने पर प्रभु श्रीराम ने ऋष्यमूक पर्वत दिखाया।

"यही है वह स्थल जहाँ हनुमान मुझसे मिले थे।" प्रभु ने मुझे देखते हुए माता सीता से कहा।

"वह कमल-पुष्पों से भरा, पंपा सरोवर है, जहाँ मुझे तुम्हारी बहुत याद आती थी। यहीं हम शबरी से मिले थे।" प्रभु ने विमान के कुछ दूर आगे जाने पर कहा।

"देखो सीते! वह पंचवटी में हमारा आश्रम है, जहाँ से तुम्हारा अपहरण हुआ था। वह हमारी कुटिया है, जो लक्ष्मण ने हमारे लिए गोदावरी नदी के निकट पत्तियों से बनाई थी। तुम्हारे अपहरण के पश्चात् ही हमने यह स्थान छोड़ दिया था। तुम्हारे बिना वहाँ रहना असहनीय था।" यह कहकर प्रभु कुछ पल के लिए शान्त हो गए और बीते दुःखों को स्मरण करने लगे। सीता भी प्रभु के कंधे पर अपना सिर रखकर रोने लगीं।

इसके पश्चात् प्रभु ने माता सीता को पम्पा सरोवर तथा वह स्थल जहाँ जटायु वीरगति को प्राप्त हुए थे, भी दिखाए। प्रभु ने माता सीता को खर, दूषण तथा त्रिशिरा के वध स्थल इत्यादि भी दिखाए।

अब पुष्पक कंचनगिरि पर्वत के ऊपर उड़ रहा था। इस स्थल को देखकर मुझे अपनी माता अंजना की याद उमड़ आई थी। मैंने हाथ जोड़कर अत्यन्त विनयपूर्वक कहा, "प्रभु, मुझे माँ की बहुत याद आ रही है। उनके दर्शन किए अधिक दिन बीत गए हैं, यदि अनुमति हो तो मैं उनसे मिलकर पल भर में वापस आ जाऊँ।"

"हनुमान,... तुम अकेले ही क्यों? हम सब उस जननी के दर्शन करना चाहेंगे, जिसने हनुमान के सदृश सुत को जना है।" प्रभु ने स्नेहपूर्वक कहा।

प्रभु के इस कथन पर कि वे उस जननी के दर्शन करना चाहेंगे, जिसने हनुमान सदृश सुत को जना है, मैं संकोच से भर गया।

"मुझमें क्या विशेषता है प्रभु, सब कुछ आपका आशीर्वाद है। माता के दर्शनों की इच्छा मेरे अन्दर भी बलवती हो आई है। आप चाहते ही हैं तो...।" मैंने प्रभु से कहा था।

मेरी बात पूरी होते-होते पुष्पक कंचनगिरि पर उतर गया।

माता अंजना अब वृद्धा हो आई थीं। माता एकान्तप्रिय थीं। वे तपस्विनी का जीवन जी रही थीं। हम सब जब माता अंजना के पास पहुँचे तो वे भाव-विभोर हो गयीं। उन्होंने श्रीराम के चरणों में निवेदन करना चाहा था परन्तु प्रभु श्रीराम ने स्वयं ही उनको प्रणाम किया।

"जिन्होंने हनुमान को जन्म देकर इस भूतल पर उपकार किया है वे तो हम सबकी प्रणम्या हैं।" प्रभु ने माता को प्रणाम करते हुए ये शब्द कहे तो मुझे लगा कि भूमि फट जाए तो मैं उसके अन्दर समा जाऊँ। कितना विशाल हृदय है उनका। प्रभु का अनुकरण करते हुए सुग्रीव, अंगद, विभीषण व

सुग्रीव की पत्नियों ने भी माता अंजना को अत्यन्त भक्तिपूर्वक प्रणाम किया।

"आ सका यह उपद्रवी आपके कुछ काम?" भगवान् को आसन प्रदान कर माँ ने पूछा था।

"मेरी सम्पूर्ण उपलब्धियों का श्रेय आपके सुत को ही है।" प्रभु ने कहा।

"धन्य हो गई मैं और मेरी कुक्षि।" माता ने सिर झुकाया था।

माता अन्जना हम सबके लिए फल, फूल इत्यादि ले आयी थीं। जब सभी लोग फल-फूल और कन्द-मूल के भोजन से तृप्त हो रहे थे, इसी बीच मैंने माँ को समस्त घटनाओं से अवगत कराया। भोजन इत्यादि से तृप्त होने के पश्चात् प्रभु श्रीराम ने चलने की आज्ञा माँगी।

"ऐसी भी क्या शीघ्रता है? एक रात्रि यहीं विश्राम कीजिए। हनुमान तो मानेगा नहीं, आपके साथ ही जाएगा। यदि आप एक रात्रि यहाँ रुकते तो यह भी एक रात्रि मेरे पास...।" माँ बोली थीं।

"माँ मुझे अनुमति दें। यदि मैं समय से अयोध्या न पहुँचा तो उधर मेरी माताएँ प्राण त्याग देंगी। भरत तो पहले ही घोषणा कर चुके हैं कि यदि मैं वनवास की अवधि के अन्तिम दिन तक अयोध्या नहीं लौटा तो वे प्राण त्याग देंगे। अतएव मेरा अयोध्या प्रस्थान करना ही उचित होगा।" प्रभु श्रीराम ने माँ से यह कहते हुए उन्हें भी अयोध्या चलने का निमंत्रण दिया किन्तु उन्होंने विनम्रता से मना कर दिया।

"प्रभु, आपने दर्शन देकर मुझे सर्वस्व दे दिया है, फिर भी मेरी एक प्रार्थना है कि आप मेरे हनुमान को अपना बनाकर सदा इसे अपनी छत्र छाया में ही रखियेगा।" माँ ने कहा,

"ऐसा ही होगा...!" प्रभु ने पूरी प्रतिबद्धता के साथ कहा।

मैंने माँ के चरण स्पर्श कर प्रस्थान की अनुमति मांगी। माँ की आँखें छलछला आईं।

"ठीक है हनुमान। अब तुम्हारे स्वामी और संरक्षक तो सीता-राम ही हैं। जाओ इन्हें सन्तुष्ट रखना।" कहकर माँ ने मुझे देखा और अपनी अश्रुपूर्ण आँखें पोंछ लीं। मैं जानता था, यह हमारी अन्तिम भेंट थी।

अब हम सभी पुष्पक में पुनः आरूढ़ हुए। कुछ समय पश्चात् पुनः एक नदी दिखाई दी।

"सीते, यह चित्रकूट का मनोहर वन है। यहाँ हमने सुखद समय व्यतीत किया था। यहीं भरत हमसे मिलने आये थे।" प्रभु श्रीराम ने अत्यन्त पुलकित भाव से माता सीता को बताया।

कुछ समय के पश्चात् पुष्पक भारद्वाज मुनि के आश्रम पर पहुँच गया था जो गंगा, यमुना और सरस्वती के संगम पर स्थित था। प्रभु श्रीराम ने पुष्पक विमान को नीचे उतारने का आग्रह किया। पुष्पक विमान भारद्वाज मुनि के आश्रम पर उतरा। यह वही आश्रम था जहाँ प्रभु श्रीराम, माता सीता और भैया लक्ष्मण ने अयोध्या से चलते समय तीसरी रात्रि व्यतीत की थी। भारद्वाज मुनि, राम और सीता से मिलकर बहुत प्रसन्न हुए। प्रभु श्रीराम को यह सुनकर अत्यन्त प्रसन्नता हुई कि अयोध्या में सब कुशल है। भारद्वाज मुनि ने बताया कि उन्हें अपनी दिव्य शक्तियों के बल पर सीता के हरण तथा उनके समस्त दुःखों की और रावण के वध की पूर्ण जानकारी हो गयी थी। महर्षि भारद्वाज ने श्रीराम से अनुरोध किया कि वे उस रात्रि उनके आश्रम में ठहरें तथा अगले दिन प्रातः अयोध्या जाएँ। प्रभु ने महर्षि का आमंत्रण स्वीकार कर लिया।

थोड़ी ही देर में प्रभु ने मुझे एकान्त में बुलाया।

"हनुमान, मैं ऋषिवर का आग्रह अस्वीकार नहीं कर सकता था। मैं चाहता हूँ कि हमारे प्रस्थान करने से पूर्व तुम नंदीग्राम जाकर भरत को सारा समाचार बता दो। उनसे यह भी कहना कि मैं कल सुबह अयोध्या पहुँच जाऊँगा।" प्रभु ने मुझसे कहा।

एक पल श्वाँस लेने के पश्चात् प्रभु ने अपनी बात को आगे बढ़ाते हुए कहा, "हनुमान, भरत को यह सारा वृतान्त अवश्य बताना कि राक्षसराज रावण ने कैसे सीता का हरण किया था, किस प्रकार सुग्रीव से हमारी मित्रता हुई, किस प्रकार बालि का वध हुआ, सीता की खोज किस प्रकार हुई, किस प्रकार तुमने महासागर को लाँघ कर पार किया, किन यत्नों से समुद्र पर सेतु निर्माण हुआ, किस प्रकार राक्षस सेना और लंकेश का वध हुआ इत्यादि-इत्यादि। उन्हें यह भी सूचना देना कि मैं अपने मित्र वानरराज सुग्रीव, लंका नरेश विभीषण तथा अन्य महाबली मित्रों के साथ अयोध्या आना चाहता हूँ। यदि तुम्हें भरत का चेहरा देखकर तनिक भी ऐसा प्रतीत हो कि उन्हें मेरे आगमन से हताशा हो रही है अथवा वह अयोध्या का राज्य अपने

पास रखने के इच्छुक हैं, तो तुरन्त लौटकर मुझे बताना। मैं उनके मार्ग में नहीं आऊँगा। सर्वश्रेष्ठ व्यक्ति भी कभी न कभी सुख व वैभव के प्रलोभन में आ जाता है। इस अवधि में राज्य वैभव का संसर्ग होने से यदि भरत की इच्छा शासन संचालन की हो तो उनसे कहना कि वे निःसंकोच होकर अयोध्या का राज करें, मुझे उस दशा में राज्य नहीं लेना है। ऐसे में हम कहीं अन्यत्र जाकर तपस्वी जीवन व्यतीत कर लेंगे। हनुमान, अब आप जाएँ और भरत को सूचना दें... और हाँ मेरी एक इच्छा यह भी है कि आप मार्ग में निषादराज गुह से भी मिलते हुए अयोध्या जाएँ। वे श्रृंगवेरपुर में वनवासी राजा हैं, वे मेरे मित्र भी हैं। मेरे लिए वह मेरी आत्मा के समान हैं।" प्रभु ने मुझे समझाते हुए कहा।

प्रभु की इच्छा के अनुरूप अयोध्या जाते समय मैं श्रृंगवेरपुर गया। मैं वनवासी निषादराज गुह से मिला। मुझे प्रतीत हुआ कि प्रभु कितने भक्तवत्सल हैं कि अपने किसी भी मित्र को कभी विस्मृत नहीं करते। गुह से मिलने के पश्चात् मैं अत्यन्त वेग से अयोध्या की ओर चल पड़ा। मार्ग में मुझे बालुकिनी नदी, वरुथी, गोमती, सालवन के दर्शन हुए। मैं कई समृद्धशाली नगरों के ऊपर से उड़ता हुआ अयोध्या की ओर बढ़ रहा था। कुछ क्षणों के उपरान्त मैं अयोध्या के समीप स्थित नंदीग्राम पहुँच गया। नंदीग्राम ही वह स्थान था जहाँ से भरत भैया प्रभु के प्रतिनिधि के रूप में अयोध्या का राज संचालन करते थे। मैं शीघ्र ही नंदीग्राम की सीमा में उतरकर सीधे भरत भैया के पास पहुँचा और उन्हें प्रभु के आने के सन्देश से अवगत कराया। यह सन्देश सुनते ही भरत भैया को जिस प्रसन्नता का लाभ हुआ था उसका सम्यक् वर्णन कर सकूँ, ऐसे शब्द मेरे पास नहीं हैं।

भरत भैया को मैंने देखा। नंदीग्राम में रहते हुए वह श्रीराम के प्रतिनिधि के रूप में कार्य करते हुए एक तपस्वी का जीवन जी रहे थे। उनके केश जटा रूप में सिर पर बँधे हुए थे। उनके काली लम्बी दाढ़ी उग आई थी। उन्होंने केवल वल्कल व कृष्ण मृग के चर्म धारण किये हुए थे। वे अत्यन्त दुर्बल हो गए थे। पिछले चौदह वर्ष से वह अपने भाई राम की तरह केवल कंद मूल व फल पर जीवित थे। उन्होंने अपने भाई के लौटने तक राज्य की सुरक्षा का प्रण लिया था तथा उस कार्य को अपनी क्षमतानुसार अच्छे ढंग से निभाया था। वह अयोध्या के बाहर स्थित नंदीग्राम नाम के एक छोटे से गाँव से राज्य का कार्य चलाते थे। उन्होंने श्रीराम की पादुकाएँ सिंहासन पर

रखी हुई थीं और उन्हीं से आदेश पाकर वह सब कार्य करते थे। वे स्वयं को केवल राजा श्रीराम का प्रतिनिधि मानते थे। अपने ज्येष्ठ भ्राता श्रीराम के प्रति उनकी निष्ठा, श्रद्धा और उनके अगाध प्रेम को देखकर मुझे अत्यन्त प्रसन्नता हुई। इस शुभ सूचना को सुनकर वे हर्ष से मूर्च्छित हो गए। दो घड़ी बाद जब उन्हें चेतना लौटी तो उन्होंने मुझे अपनी बाँहों में भर लिया। प्रभु श्रीराम के आगमन का सन्देश सुनने के पश्चात् भरत भैया आत्मविभोर हो गए। प्रसन्नता से उनके नेत्रों से अश्रुधारा फूट पड़ी।

"आज चिरकाल के पश्चात् मेरा मनोरथ पूर्ण हुआ...।" भरत भैया ने कहा।

प्रभु का सन्देश भरत भैया को सुनाने के पश्चात् मैं अपने प्रभु श्रीराम के पास लौट आया था। वापस आकर मैंने प्रभु श्रीराम को भरत जी के विचारों से अवगत कराया।

उधर अयोध्यावासियों को जैसे ही प्रभु श्रीराम, माता सीता और लक्ष्मण भैया के सकुशल पधारने का सन्देश मिला, उनके आनन्द की सीमा न रही। इतने वर्षों से जो अयोध्या नगरी निर्जीव थी, वह अचानक सजीव हो उठी। राजमहल की प्राचीर पर पताकाएँ व ध्वज फहराने लगे। संगीतकारों ने अपनी वीणाओं की लहरियाँ छेड़ीं। ऐसा अनुभव हुआ कि वृक्षों पर दीर्घकालिक पतझड़ के उपरान्त वसन्त की ऋतु आ गई हो। सड़कों पर सुगन्धित जल और अक्षत छिड़का गया। उन्हें शुभ आकृतियों से सजाया गया। नगर के मुख्य मार्गों पर एक बार फिर फव्वारे चलने लगे और जलधाराएँ बहने लगीं। हवा में फिर हँसी और प्रसन्नता गूँजने लगी। नगरवासियों ने सुंदर वस्त्र धारण किए। वे नाचते-झूमते हुए सड़कों पर निकल आए। स्त्रियाँ, सोने की थालियों में दही, ध्रुव घास, हल्दी का लेप, फल, फूल, तुलसी की मंजरियाँ और कई शुभ वस्तुएँ रखकर समूह गान गाती हुईं नगर के मुख्य मार्गों पर घूमने लगीं। पूरा नगर अपने वास्तविक अयोध्यापति श्रीराम के आगमन की प्रतीक्षा करने लगा। नंदीग्राम से लेकर मुख्य नगर तक का राजमार्ग रंगीन चूर्ण से बनी शुभ आकृतियों से सजा दिया गया। श्रीराम की पादुकाएँ, सजावट वाले सफेद हाथी पर रखी गई थीं और उसके ऊपर श्रेष्ठता के प्रतीक के रूप में श्वेत छत्र लगा हुआ था। भरत और शत्रुघ्न ने अपने केशों को सुसज्जित किया और स्नानादि करके दोनों भाईयों ने आभूषण और सुन्दर वस्त्र धारण

किये। तीनों माताएँ आज प्रातः ही तैयार हो गयी थीं। उन्होंने भरत से, राम की कुशलता के विषय में पूछा। भरत ने उन्हें बताया कि श्रीराम शीघ्र ही पहुँचने वाले हैं।

अनुज भरत का समाचार सुनकर भ्रातवत्सल प्रभु श्रीराम ने भारद्वाज मुनि को प्रणाम निवेदित कर अयोध्या प्रस्थान के लिए अनुमति माँगी। तदोपरान्त पुष्पक को अयोध्या की ओर चलने का संकेत दिया। विमान वेगपूर्वक चल पड़ा।

सब कुछ तैयार था अयोध्या में। सब लोग उत्सुकता से प्रभु श्रीराम के आगमन की प्रतीक्षा कर रहे थे। पुष्पक विमान नंदीग्राम पहुँच गया, जहाँ भरत ने चौदह वर्ष से निष्ठा की लौ जला रखी थी। स्त्रियाँ घरों की छतों से रथ को उतरते हुए देखने के लिए एकत्र हो गईं। पुष्पक कुछ देर हवा में ही मँडराता रहा। उस बीच राम उत्साहित वानरों व राक्षसों को विभिन्न परिचित स्थान दिखा रहे थे।

"मित्रो, यह मेरे पिता की नगरी अयोध्या है। यह नगर मुझे बैकुण्ठ से भी अधिक प्रिय है। यहाँ के नगरवासी भी मुझे अत्यन्त प्रिय हैं। वह रही सरयू नदी, जिसकी गोद में अयोध्या नगरी बसी हुई है। वे रहे मेरे प्रिय भाई भरत और शत्रुघ्न, जो हमें नीचे से ही प्रणाम कर रहे हैं। वह देखो धृष्टि, जयन्त, विजय, सिद्धार्थ, अर्थसाधक, अशोक, मंत्रपाल और सुमंत्र जो अयोध्या के मंत्री हैं और ध्वजायुक्त आभूषणों से विभूषित हाथियों पर हमारे स्वागतार्थ खड़े हुए हैं। वे रहीं मेरी माताएँ-कौशल्या, कैकेयी और सुमित्रा जो राजमहल के प्राचीर पर खड़ी हुई हैं।" कितने आल्हादित हो रहे थे श्रीराम। आज प्रभु बाल सुलभ ढंग से चहक रहे थे।

विमान के ऊपरी भाग में बैठे हुए भ्राता श्रीराम पर दृष्टि पड़ते ही भरत भैया ने नीचे से उन्हें प्रणाम निवेदित किया। प्रभु ने भी आशीर्वाद की मुद्रा में अपना दायाँ हाथ हिलाया था। अब प्रभु ने पुष्पक को नीचे उतरने का आदेश दिया। जैसे ही विमान नीचे उतरा। भरत भैया भागते हुए प्रभु के पास आये। प्रभु ने भरत भैया को अपनी ओर खींचते हुए विमान पर चढ़ा लिया। भरत भैया ने प्रभु के चरणों में साष्टांग प्रणाम किया। प्रभु ने बड़े हर्ष के साथ उन्हें हृदय से लगा लिया।

"कैसे हो भरत...?" राम ने उन्हें गले लगाते हुए पूछा।

"आपके सानिध्य के बिना कैसा हो सकता हूँ? मैं तो निर्जीव था, सजीव हो गया हूँ आपके दर्शन पाकर। भ्राताश्री, अब आपके दर्शन हो गए हैं, सब ठीक हो जाएगा।" भरत भैया रूँधे हुए कंठ से बोले।

चौदह वर्षों के वनवास के उपरान्त विमान से उतरते ही प्रभु श्रीराम ने अयोध्या को स्नेहपूर्वक निहारा। ऐसा प्रतीत हो रहा था कि जैसे वह अपनी आँखों में अयोध्या के सौन्दर्य को भर लेना चाहते थे। इसी बीच गुरू वशिष्ठ आते दिखे। अपना धनुष बाण छोड़कर, उन्होंने गुरू वशिष्ठ के चरणों में आदरपूर्वक प्रणाम किया।

भाईयों का यह भावुक मिलन देखकर उपस्थित जनों की आँखों में आँसू आ गए। प्रभु अभी भी प्रजा का अभिवादन स्वीकार कर रहे थे। इसी बीच भरत ने प्रभु श्रीराम की पादुकाएँ उठाईं जिनका आश्रय लेकर उन्होंने चौदह वर्ष शासन किया था। उन्होंने धीरे से उन पादुकाओं को प्रभु श्रीराम के पवित्र चरणों में पहना दिया।

"भ्राता श्री, मैं आपका राज्य आपको लौटाता हूँ। मुझे इस राज्य की देखभाल करने का दायित्व दिया गया था। यह मेरे ऊपर भारी बोझ था किंतु मैंने इसकी सावधानीपूर्वक रक्षा की है। आज मेरी माता के नाम पर लगा कलंक भी धुल गया है और मैंने उनके पापों का प्रायश्चित पूरा कर लिया है। अब आप कृपया हमें उस अति प्रतीक्षित राज्याभिषेक की तैयारी करने दें जो कि चौदह वर्ष पूर्व हो जाना चाहिए था।" चरण पादुकाएँ पहनाते हुए भरत भैया ने प्रभु से कहा।

"तथास्तु...।"प्रभु ने भरत के निवेदन को प्रेमपूर्वक स्वीकार करते हुए अत्यन्त विनीत भाव से कहा।

प्रभु ने प्रसन्न होकर शत्रुघ्न जी को और भरत जी ने लक्ष्मण जी को अपने वक्षों में समेट लिया। भाइयों का मिलन एवं भ्रातृ स्नेह देखकर सुग्रीव और विभीषण भावुक हो गए। उन्हें अपने भाईयों, बालि तथा रावण के दुर्व्यवहार के बारे में सोचकर बहुत कष्ट का अनुभव हो रहा था।

इसके पश्चात् प्रभु श्रीराम ने पुष्पक विमान को अपने स्वामी कुबेर के पास वापस लौट जाने की आज्ञा दी। पुष्पों से सुसज्जित वह रथ धीरे से हवा में उठा और फिर अयोध्या नगरी की परिक्रमा करने के बाद उत्तर दिशा की ओर चला गया। इसके पश्चात् प्रभु श्रीराम ने नगर के प्रत्येक व्यक्ति से

भेंट की। वे सब अत्यन्त प्रफुल्लित दिखाई दिये। तदन्तर उन्होंने राजमहल के अन्दर प्रवेश किया, जहाँ उनकी माताएँ उनकी प्रतीक्षा कर रही थीं। माताओं ने अपने ज्येष्ठ पुत्र राम, पुत्रवधू वैदेही व लक्ष्मण को अश्रुपूरित नेत्रों से गले लगा लिया। यह दृश्य भावुकता से ओत-प्रोत था। सुख-दु:ख, पश्चाताप, मातृ-पुत्र प्रेम, ग्लानि और राज्याभिषेक की प्रतीक्षित प्रसन्नता आदि का अनोखा संगम अत्यन्त सुखद प्रतीत हो रहा था।

पारिवारिक मिलन के पश्चात् गुरू वशिष्ठ ने रामचन्द्र जी का राज्याभिषेक समारोह सम्पन्न कराया। राज्याभिषेक की समस्त तैयारियाँ पहले से ही कर ली गयी थीं। महाराज के रूप में प्रभु श्रीराम और महारानी के रूप में माता सीता प्रतिष्ठित हुईं।

इस प्रकार प्रभु श्रीराम का राज्याभिषेक सम्पन्न हुआ। राजा रामचन्द्र जी को महारानी सीता के साथ इक्ष्वाकु कुल के रत्नजड़ित सिंहासन पर बैठाया गया। सभी महान ऋषियों ने धरती के समस्त पावन समुद्रों व नदियों से लाए गए पवित्र जल को राजा रामचन्द्र जी के ऊपर डाला और साथ ही वैदिक ऋचाएँ भी पढ़ीं। भैया शत्रुघ्न ने राजा रामचन्द्र जी के ऊपर का श्वेत छत्र थामा हुआ था। भैया लक्ष्मण और भरत भैया उनके दोनों ओर खड़े थे। सुग्रीव तथा विभीषण राजसी चँवर डुला रहे थे। मैं उनके चरणों में बैठा था। मैंने अपना पैर प्रभु श्रीराम के पायदान की तरह किया हुआ था। गुरू वशिष्ठ ने प्रभु श्रीराम को मूल्यवान रत्नों से जड़ा कोसल साम्राज्य का आधिकारिक मुकुट पहनाया।

राज्य की महारानी जनकसुता सीता और रघुकुल के राजा श्रीरामचन्द्रजी राजसिंहासन पर विराजे तो वह शोभा निराली थी। सर्वत्र हर्ष व्याप्त हो गया। राज्याभिषेक के पश्चात् राजा राम ने पधारे हुए समस्त ऋषियों, मुनियों, अतिथियों, सहयोगियों को ससम्मान विदा किया।

राज्याभिषेक के उपरान्त प्रभु श्रीराम ने सुग्रीव को मणियों से युक्त सोने की एक माला भेंट की। युवराज अंगद को नीलम जड़ित दो बाजूबन्द भेंट किए। लंकाधिपति विभीषण, जाम्बवान, नल, नील आदि सहयोगियों को बहुमूल्य अलंकार, वस्त्रादि भेंट किए। राजा राम ने महारानी सीता को भी अनेक वस्त्र एवं आभूषण भेंट किए। प्रभु श्रीराम ने एक अतीव सुन्दर मुक्ताहार महारानी सीता के गले में डाल दिया।

महारानी सीता ने देखा कि राजा राम ने सबको बहुमूल्य उपहार अत्यन्त प्रेमपूर्वक प्रदान किए किन्तु मुझे कुछ नहीं दिया। महारानी सीता को सम्भवतः ऐसा लगा कि कहीं मैं स्वयं को उपेक्षित न समझूँ। ऐसा विचार कर उन्होंने वह मुक्ताहार अपनी ग्रीवा से निकालकर मेरे हाथों में रख दिया।

दरबार में मेरे सौभाग्य की प्रशंसा हो रही थी। समस्त उपस्थित जनों में मुझे दिये गए बहुमूल्य मुक्ताहार की चर्चा हो रही थी। यद्यपि मुझे अब तक यह समझ नहीं आ रहा था कि मेरे सौभाग्य को इस बहुमूल्य मुक्ताहार से जोड़कर क्यों देखा जा रहा था? मुझे तो इसमें किसी भी प्रकार की प्रसन्नता का भी अनुभव नहीं हो रहा था। उस बहुमूल्य मुक्ताहार को मैंने हाथों में उलट-पलट कर देखा। मुझे उस हार में ऐसा कुछ नहीं लगा था कि मैं उसे बहुमूल्य मानता। मैंने उस हार के मोती निकाले और अपने वज्र तुल्य दाँतों से तोड़कर देखा। श्वेत मोतियों के अन्दर भी ऐसा कुछ भी दिखाई नहीं पड़ा कि जिससे मेरा मन मुदित होता।

एक-एक करके कई मोती मैंने तोड़-तोड़ कर देखे और फेंक दिए। मैंने देखा कि मेरे इस कृत्य पर महारानी सीता के साथ-साथ तीनों रामानुज, विभीषण, सुग्रीव, अंगद, जाम्बवान, सभासदगण इत्यादि चकित थे। महाराजा राम मन्द-मन्द मधुर स्मित बिखेर रहे थे। सभासदों में बहुत देर से मेरे इस कृत्य पर मन्द-मन्द चर्चा चल रही थी।

"हनुमान जी आप इस बहुमूल्य हार के मोतियों को इस प्रकार तोड़-फोड़ कर क्यों नष्ट कर रहे हैं।" विभीषण अन्ततः पूछ ही बैठे।

"लंकेश्वर! मैं यह ज्ञात करने का प्रयास कर रहा हूँ कि इस मुक्ताहार को अत्यन्त मूल्यवान बताया जा रहा है जबकि इसके किसी भी मोती में मुझे प्रभु की छवि दिखाई नहीं पड़ी। जिस वस्तु में मेरे प्रभु की मूरत न हो वह तोड़ने-फेंकने योग्य ही है। मेरे लिए ऐसी वस्तु का क्या प्रयोग...।" मैंने सहज भाव से उत्तर दिया।

तब तो पर्वताकार आपकी काया में भी प्रभु की झाँकी होनी चाहिए...।" विभीषण ने ठिठोली भरे स्वर में कहा।

"निश्चय ही...।" यह कहते हुए मैंने अपने दोनों हाथों को अपने वक्ष पर रखा, अपने नख से वक्ष को दायें और बायें ओर दो भागों में विभक्त कर दिया।

मैं तनिक निश्चेतन अवस्था में आ गया था। दरबारीगण हर्षातिरेक भाव से प्रभु श्रीराम और माता जानकी की जय जयकार कर उठे। सबने देखा कि मेरे वक्षस्थल में सीताराम की पावनतम मूर्ति विद्यमान थी। प्रभु श्रीराम सिंहासन से उठे और मुझे अपने हृदय से लगा लिया। प्रभु के स्पर्श मात्र से मेरी काया पूर्ववत हो गयी। वानर वीरों ने अगले छह महीनों तक अयोध्या में जी भर कर सम्मान, सेवा, स्वादिष्ट व्यंजनों इत्यादि का भरपूर आनन्द लिया। फिर एक-एक करके सभी वापस होने लगे।

प्रभु श्रीराम की आज्ञा से वानरराज सुग्रीव जब किष्किन्धा के लिए प्रस्थित हुए तो उन्होंने मुझसे कहा, "आंजनेय, आप वास्तव में राम दास हैं, आप अयोध्या में ही अवस्थित हो प्रभु की सेवा करें।"

सभी वानर वीर अपने-अपने राज्य वापस हो गए थे। मुझे एक भय सता रहा था कि कहीं प्रभु मुझसे भी जाने के लिए न कह दें। मैंने एक दिन प्रभु को अकेला पाकर उनसे भरे गले से निवेदन किया, "प्रभु मैं आपसे दूर कहीं नहीं जाना चाहता हूँ। आपके चरणों में ही रहना चाहता हूँ।"

"क्यों?" प्रभु ने किंचित रहस्यमयी मुस्कान के साथ मेरी आँखों में अपनी आँखें डालकर पूछा।

"प्रभु मैं तो आपके सेवार्थ ही बना हूँ। मैं कहाँ और क्यों जाऊँगा? मेरा तो कोई और दूसरा ठिकाना भी नहीं है।" मैंने विनीत भाव से कहा और रो पड़ा।

"हनुमान, ठीक है, तुम हमेशा मेरे साथ रहोगे, तुम कहीं नहीं जाओगे। जब तक संसार में मेरा नाम लिया जाएगा तब तक जीवित रहोगे। जाओ काल से परे जाकर विचरण करते रहो।" प्रभु ने मुझे अपने वक्षस्थल में समेट लिया।

स्नेह की उस उष्णता के बीच मेरे अश्रु लगातार बहते रहे। उन्होंने मेरी हनु को अपनी तर्जनी से उठाते हुए पूरे प्रेम भाव के साथ मृदुल स्वर में आशीर्वाद दिया। मैं धन्य हो चुका था। मेरी प्रतिबद्धता तो प्रभु श्रीराम के चरणों तक ही थी। माता सीता और प्रभु श्रीराम का युगल रूप देखकर मेरी आँखों को तृप्ति मिलती थी।

एक घटना का उल्लेख और करना चाहूँगा मैं। ऐसे ही अकारण मैं एक दिन माता सीता से पूछ बैठा, "माते, आपके सीमान्त भाग में यह सिन्दूरी रेखा क्यों पड़ी रहती है?"

माता सीता मेरे भोलेपन पर, मेरे बाल सुलभ प्रश्न पर मुस्कराई थीं। बस इतना ही कहा था किन्चित लज्जा के साथ, "यही सिन्दूर मुझे अधिकार देता है श्रीराम के साहचर्य का।" मुझे लगा कि फिर तो सिंदूर मुझे भी प्रयोग करना चाहिए। मुझे अपने ललाट पर एक सिंदूरी रेखा लगा ही लेनी चाहिए। मैं माता सीता के श्रंगार कक्ष में चला गया। आज तो सूत्र मिल गया था मुझे प्रभु के सतत् साहचर्य की प्राप्ति का। आज मैं कहाँ ध्यान देने वाला था किसी मर्यादा अथवा किसी अनुशासन पर। मेरे जीवन की एक ही मर्यादा, एक ही लक्ष्य, एक ही अनुशासन, एक ही साधना थी-प्रभु श्रीराम का अधिकतम साहचर्य, उनकी सेवा और भक्ति की उपलब्धि।

मैं सीधा गया माता सीता के सौन्दर्य प्रसाधन कक्ष में। माता सीता उस समय अपने कक्ष में नहीं थीं, उनकी अनुपस्थिति में ही मैंने उनका सिन्दूर पात्र निकाला और स्वर्ण शलाका से अपने मस्तक पर सिन्दूरी रेखा बनाने का प्रयास करने लगा। मैं प्रयास कर रहा था अपने ललाट प्रदेश में वह चमत्कारी चिन्ह बनाने का, जो मेरे सौभाग्य को उद्घाटित करने का एक-मात्र साधन सिद्ध हो सकता था। कितना मूढ़ था मैं, कैसे बनती वह सिन्दूरी रेखा मुझ कपि के कपाल पर? कहाँ ठहर पाता था सिन्दूर, मेरे सघन रोमयुक्त ललाट पर? प्रयास करते-करते मैं थक गया परन्तु नहीं बन सकी मेरे ललाट पर वह सिन्दूरी रेखा। मैं उदास हो चला। मुझे लगा कुछ न हो पायेगा मुझसे। अब मैं क्या करता? कोई उपाय सूझता न देखकर मैंने सिंदूर का पात्र उठाया और फैला लिया ललाट पर। सिर से पाँव तक सिंदूरी हो गयी थी मेरी देह। हाथ लगाकर स्वयं को और भी सिन्दूरी कर लिया मैंने।

"यह क्या हनुमान?" मुझे देखकर खिलखिला पड़े थे प्रभु। न जाने वे कब आ गए थे उस सौन्दर्य प्रसाधन कक्ष में जहाँ मैं सिन्दूरी रेखा बनाने का प्रयास कर रहा था।

उनकी हँसी इतनी निश्छल थी कि समूचे परिवेश का कण-कण, अणु-अणु आनन्दविभोर हो गया था। मैं संकोच से गड़ा जा रहा था। संकोच से मेरी काया और भी रक्तिम हो रही थी। वे समझ गए थे मेरे मन्तव्य को। सिन्दूरी शरीर पर संकोच का यह रक्तिम वर्ण भक्ति का एक नया रंग उत्पन्न कर रहा था।

प्रभु के साहचर्य का माध्यम था सिंदूर और वह मैंने पा लिया था।

17.

अब मैं अयोध्या में ही रहता। माता सीता एवं प्रभु श्रीराम की सेवा करता और प्रसन्न रहता। आनन्द के दिन थे। अभिलाषाओं की सिद्धि हो चुकी थी... मुझे इससे अधिक और क्या चाहिए था।

राम दरबार व्यवस्थित हो रहा था। नवीन व्यवस्था में समस्त दरबारियों को और सभासदों को कार्यावंटित किया गया। प्रत्येक व्यक्ति को उसकी क्षमतानुसार कार्य आवंटित किया गया था। इस कार्य आवण्टन आदेश को देखकर मुझे रोना आ गया। ऐसा विद्वेषवश हुआ था जान-बूझकर, यह तो मैं नहीं कह सकता किन्तु कार्य आवण्टन में मेरा नाम ही नहीं था। मुझे कोई भी सेवा अथवा कार्य आवण्टित नहीं किया गया था। मैं चकित था कि मुझे राजदरबार में कोई कार्य क्यों नहीं दिया गया। मैंने राजदरबार में उपस्थित एक-दो सहयोगियों से यह ज्ञात करने का प्रयास भी किया, किन्तु कोई क्या बता सकता था। मुझे कुछ भी नहीं सूझ रहा था कि मैं क्या करूँ। अन्ततः मैं राजदरबार के उस कोने में जाकर खड़ा हो गया जो न्यायार्थियों के लिए आरक्षित था। सभी आश्चर्यचकित मेरी ओर देखने लगे। हनुमान के साथ कौन सा अन्याय हुआ कि न्याय के लिए खड़े हो गये। प्रभु श्रीराम की आँखें भी आश्चर्य से मेरी ओर उठ गईं।

"हनुमान, तुम न्यायार्थियों के लिए आरक्षित स्थान पर क्यों खड़े हुए हो? तुम्हें न्याय की याचना को क्यों बाध्य होना पड़ा?"

मैं कुछ बोल नहीं सका। मेरी आँखों से अश्रुधारा बह निकली।

"हनुमान, यहाँ सामने आओ मेरे समक्ष।" मैं कुछ बोल नहीं पाया तो प्रभु श्रीराम ने ही आदेश दिया।

मैं सिंहासन के समीप आ गया।

"हनुमान, बताओ किसने अन्याय किया तुम्हारे साथ?" प्रभु श्रीराम ने मुझसे पूछा।

"प्रभु, आपने।" मैंने नतमस्तक होकर उत्तर दिया। मेरा उत्तर सुनकर पूरी सभा सन्न रह गई थी।

"मैंने? यह कैसे हो सकता है हनुमान?" प्रभु श्रीराम आश्चर्य से मुझे देखते हुए चकित होकर बोले।

"प्रभु, हुआ तो यही है। मैं आपके अन्याय का शिकार हुआ हूँ।" मैं अपनी बात पर दृढ़ था।

सभी उपस्थित जनों की आँखों में उत्सुकता भर आई थी। सभी सोच रहे थे कि आज ऐसा क्या हुआ कि भक्त अपने आराध्य से ही परिवाद कर रहा है।

"स्पष्ट करो हनुमान, मैं समझ नहीं पा रहा हूँ कि तुम क्या कहना चाहते हो। त्रुटि होना तो किसी से भी संभव है। मुझसे भी त्रुटि हो सकती है। मैं यह सहन नहीं कर सकता कि हनुमान के प्रति मुझसे कोई त्रुटि अथवा अन्याय हो जाए। यदि ऐसा कुछ हुआ है तो स्पष्ट करो हनुमान।" प्रभु ने कहा।

"प्रभु, दरबार में सेवादारों और कार्यावंटन की जो सूची आपके हस्ताक्षर से निर्गत की गयी है उसमें मेरा नाम नहीं है।" मैंने कहा।

श्रीराम ने कार्यावंटन की सूची प्रस्तुत करने हेतु सौमित्र को संकेत दिया। सौमित्र ने कार्यावंटन का आदेश प्रभु को प्रस्तुत किया। प्रभु ने उस सूची को ध्यान से देखा। आगे-पीछे पढ़कर भी देखा। वे हतप्रभ थे। सूची में मेरा नाम नहीं था। थोड़ी देर के लिए सभा में सन्नाटा छाया रहा। प्रभु श्रीराम भी थोड़ी देर शान्त रहे। उनके हाथों में अभी भी वही सूची थी। वे विचारमग्न थे कि क्या करें? हस्ताक्षरित और मुद्रांकित आदेश को निरस्त कर वे कोई गलत परम्परा भी स्थापित नहीं करना चाहते थे।

"अब क्या हो सकता है? कोई उपाय शेष है?" सभी चुप रहे तो फिर प्रभु ही बोले।

मैं अभी भी संज्ञा शून्य उनके समक्ष धरती की ओर दृष्टि किए हुए खड़ा था।

"निराश न हो हनुमान, जो कार्य इस विवरणी से बाहर रह गया उसका अधिकार तुम्हें प्रदान किया जाता है। यत्किंचित् कर्मं अनुल्लिखितं अस्यां विवरण्यां तत् हनुमता करणीयम्, मया हस्ताक्षररिता, मुद्रांकिता इयम् विवरणिका तात्कालिकप्रभावेण प्रयोजनीया, अर्थात् जो भी कार्य इस विवरणी से बाहर रह गया है वह हनुमान द्वारा सम्पादित किया जायेगा।" प्रभु श्रीराम ने कहा और आदेश में अंकित कर दिया।

"बोलो कौन सी सेवा तुम्हें सौंप दी जाए हनुमान?" प्रभु श्रीराम ने पूछा।

"चुटकी बजाने की सेवा...।"

"अर्थात्...?"

"जृम्भण सेवा... अर्थात् जब अयोध्याधीश को जम्हाई आए तो चुटकी बजाने की सेवा।" मैंने कहा और प्रभु श्रीराम और जानकी के चरणों के समीप बैठ गया।

"पवनपुत्र, वहाँ क्यों बैठते हैं? सिंहासनारूढ़ युगल सरकार पर ध्यान रखने का दायित्व तो शत्रुहन्ता शत्रुघ्न को है?" मेरे बैठते ही सौमित्र ने प्रहसन के साथ प्रतिवाद किया।

"मैं चुटकी बजाने बैठा हूँ, भ्राता श्री।"

"पर चुटकी तो जृम्भण के समय बजानी है।"

"क्या आप पहले से ही बता सकते हैं कि सरकार को जृम्भण कब आयगी? यदि उस समय चुटकी नहीं बजा पाया तो कर्तव्य में च्युति नहीं आ जायेगी?" मैंने अपने आराध्य के मुख से दृष्टि हटाये बिना ही कहा।

इस प्रकार मुझे प्रभु के पाद प्रदेश में बैठने का सर्वाधिकार मिल गया।

18.

समय सदैव एक सा नहीं रहता। जीवन है तो उतार-चढ़ाव आयेंगे ही। इससे घबराना क्या? जब सब कुछ सुचारू रूप से चल रहा था तो ऐसे में एक दिन मुझे माता सीता को अरण्यवास दिये जाने की सूचना तब मिली जब सौमित्र माता सीता को अरण्य में छोड़कर वापस लौटे। मैं हतप्रभ था कि ये सूचना इतनी गुप्त क्यों रखी गयी थी। मध्यान्ह का समय था। प्रभु श्रीराम अपने कक्ष में अनमने भाव से विचरण कर रहे थे। उनके दोनों नेत्र रक्तिम हो रहे थे। ऐसा प्रतीत हो रहा था कि विगत रात्रि से उन्होंने एक झपकी भी नहीं ली है। लक्ष्मण भैया सीधे उनके कक्ष में प्रविष्ट हुए।

"महाराज, आपके आदेशानुसार माता वैदेही को भागीरथी के तट पर वाल्मीकि आश्रम के समीप निर्दिष्ट स्थान पर छोड़ आया हूँ।" दुःखी मन से लक्ष्मण ने उन्हें प्रणाम करके कातर स्वर में कहा था।

"आभार लक्ष्मण, अब मैं दुःख से निवृत हो गया। संताप को मैंने हृदय से निकाल दिया है, तुम्हारे वचनों से मुझे अत्यन्त शान्ति मिली है।" प्रभु ने अपना मुख दूसरी दिशा में घुमाते हुए कहा था।

मैं हतप्रभ था कि क्या घटित हुआ था, अचानक इतनी शीघ्रता से। ऐसी तो कोई बात भी नहीं सुनी थी मैंने। प्रभु के मस्तिष्क में ऐसी कोई योजना भी नहीं थी। माता सीता को अरण्यवास भेजने की क्या आवश्यकता पड़ी थी? मेरा साहस न हुआ उस समय, अपने आराध्य के समक्ष कि उनसे पूछ सकूँ कि प्रभु यह क्या घटित हो रहा है?

यह तो मुझे बाद में ज्ञात हुआ कि प्रजावत्सल अयोध्या के राजा रामचन्द्र सामान्य अयोध्यावासी बनकर जनता का समाचार लेने के लिए गुप्त भ्रमण पर यदा-कदा निकल जाते थे। किसी रात महाराज वेश बदल कर अयोध्या में भ्रमणशील थे। इसी भ्रमण के समय वे नगर की एक गली में एक रजक के घर के पास से गुजरे तो उन्हें घर के अन्दर से किसी पुरुष के क्रोधित होने का स्वर सुनाई पड़ा। वे द्वार के निकट गए और बाहर खड़े होकर बातें सुनने लगे। पुरुष अपनी पत्नी को फटकार रहा था।

"मैंने तुम्हारे अनुचित व्यवहार की बातें सुनी हैं। मुझे ज्ञात हुआ है कि तुम मेरी अनुपस्थिति में किसी परपुरुष के घर में रुकी थीं। मैं यह सहन नहीं कर सकता। तुम तत्काल मेरा घर छोड़कर यहाँ से निकल जाओ। मैं अब तुम्हें यहाँ नहीं रख सकता। मैं किसी चरित्रहीन स्त्री को अपनी पत्नी बनाकर नहीं रख सकता। तुम जहाँ जाना चाहो, जा सकती हो।" वह पुरुष अहम् और भ्रम का शिकार होकर तेज ध्वनि में बोले जा रहा था।

स्त्री याचना कर रही थी कि वह निर्दोष है, जिस व्यक्ति के साथ उसका संबंध जोड़ा जा रहा है वह मिथ्या है। पुरुष ने उस स्त्री के उत्तर में अत्यन्त कठोर स्वर में कहा था, "क्या तुम्हें ऐसा लगता है कि मैं अयोध्यापति राम हूँ, जो अपनी पत्नी का ऐसा व्यवहार सहन करूँगा? वे राजा हैं, वे जो चाहे कर सकते हैं। जहाँ तक मेरा प्रश्न है, मैं ऐसी स्त्री को अपनी पत्नी बनाना नहीं स्वीकार कर सकता जो किसी अन्य पुरुष के यहाँ रहकर आयी हो।"

यह सुनकर श्रीराम कुछ क्षण के लिए मानो जड़ हो गए थे। वज्रपात हो गया था उन पर। उन्होंने यह स्वप्न में भी नहीं सोचा था कि उनके अपने राज्य में कोई इस प्रकार का लाँछन उन पर लगाएगा। इस प्रकार का उलाहना

उन्हें सुनने को मिलेगा। जिस समय उन्होंने उस पुरुष की बातें सुनीं तो उन्हें लगा कि यदि वे यह वार्तालाप तनिक देर और सुनते रहे तो उनका तन जल कर राख हो जाएगा। उनका मन पीड़ा से भर उठा था। अत्यन्त अप्रत्याशित वार्तालाप सुनकर वे किसी तरह लड़खड़ाते हुए महल को लौट आए थे। महल में आकर अयोध्यापति निढाल होकर विश्राम की मुद्रा में लेट गए थे।

न जाने उनके मस्तिष्क में क्या चल रहा था? अत्यन्त अव्यवस्थित सा अनुभव कर रहे थे, वे स्वयं को। कुछ न कुछ तो निर्णय लेना ही था। बहुत समय तक वे स्वयं को अनिर्णय की स्थिति में नहीं रखना चाहते थे। कुछ पल विचार करने के उपरांत स्वयं को व्यवस्थित करते हुए उन्होंने अर्धांगिनी सीता को पुकारा।

"प्रिये, मैं तुम्हारी रुचि के अनुरूप तुम्हें भ्रमण कराना चाहता हूँ। मैं जानता हूँ कि आगामी समय में हमारी संतति फलने-फूलने वाली है। बताओ तुम्हारी रुचि क्या है, सीते?" श्रीराम ने भारी स्वर में माता सीता से पूछा था।

"आभारी हूँ आपकी। यदि आपने यह पूछा ही है तो मैं बताना चाहती हूँ कि मैं वन का जीवन देखना चाहती हूँ। न जाने क्यों मेरे मन में वन में जाकर वहाँ की स्त्रियों और बालकों सहित तपस्वियों को पूजन-अर्चन करते हुए देखने की इच्छा बलवती हो रही है।" माता सीता ने अपने मन की बात कही थी।

प्रभु श्रीराम ने वैदेही की बात को सुनकर कोई उत्तर नहीं दिया। वैदेही का उत्तर सुनने के पश्चात् वे अपने कक्ष में अधिक समय तक रुके भी नहीं थे। वे सीधे अपने निजी कक्ष के गोपनीय भाग में पहुँचे जहाँ पर वे शासकीय गोपनीय वार्तालाप करते थे अथवा किसी रणनीति के विषय में अपने विश्वसनीयों के साथ गोपनीय मंत्रणा करते थे। इस कक्ष में पहुँच कर उन्होंने अपने तीनों अनुजों को तुरन्त उपस्थित होने का सन्देश भिजवाया। शीघ्र ही तीनों भाई उनके सम्मुख उपस्थित थे। अयोध्यापति श्रीराम बाहर की ओर खुलने वाली खिड़की की ओर मुँह किए हुए खड़े हुए थे। तीनों भाइयों के आगमन के उपरान्त उन्होंने अपने मुख को भाइयों की ओर मोड़ा। उन्होंने तीनों को एक-एक करके निहारा। उस समय श्रीरामचन्द्र का चेहरा पीला और आँखें भावशून्य थीं। उनके हाथों में तनिक कंपन सा प्रतीत हो रहा था। तीनों भाइयों ने अपने अग्रज और महाराजा राम को ध्यान से

देखा, रामानुजों ने यह अनुभव कर लिया कि उनके अग्रज के मुख के भाव अप्रत्याशित थे। ऐसा प्रतीत हो रहा था कि कोई बात उनके अन्तस को गहरे से चोट कर गई है। वे मर्माहत थे। उनके मुख पर पीड़ायुक्त कठोरता के चिन्ह स्पष्ट दिखाई पड़ रहे थे। प्रभु श्रीराम की इस मुद्रा से उनके भ्रातागण कदाचित् प्रथम बार परिचित हो रहे थे।

लक्ष्मण भैया ने यह समझने में अधिक विलम्ब नहीं किया। सतत् वनवास की अवधि में उनके साथ रहने से लक्ष्मण भैया यह भली-भाँति समझ चुके थे कि उनके अग्रज का यह व्यवहार सामान्य प्रकृति का तो कदापि नहीं है। लक्ष्मण भैया अपने अग्रज के समक्ष घुटने टिकाकर बैठ गए।

"भैया क्या बात है, आप इतने व्यग्र क्यों हैं? आपकी मुखाकृति भी मुझे संतोषजनक नही लग रही है। खिन्नता आपके मुख पर स्पष्ट दृष्टिगोचर हो रही है। किसने संताप दिया है आपको? कौन है आपका शत्रु? आपका शत्रु कहाँ है? मुझे बताइए। आप तो मात्र आदेश दीजिए शेष कार्य तो मेरा है।" लक्ष्मण भैया ने आक्रामक होते हुए सीधा प्रश्न किया था।

"क्या तुम लोगों को यह पता है कि नगरवासी, मेरे और सीता के विषय में क्या बोल रहे हैं?" श्रीराम ने प्रश्न का उत्तर प्रति प्रश्न से दिया था।

सभी ने अपने सिर झुका लिए।

"मुझे लग रहा है कि तुम सबको इस बात का पता था किन्तु तुमने इतने समय तक यह सत्य मुझसे छिपाया। लक्ष्मण, तुम तो इस बात के साक्षी हो कि मैंने लंकायुद्ध के पश्चात् अग्निपरीक्षा द्वारा सीता की शुचिता सिद्ध हो जाने तक उन्हें स्वीकार करने से मना कर दिया था। अग्निपरीक्षा द्वारा सीता की शुचिता सिद्ध हो जाने के पश्चात् ही मैंने उन्हें स्वीकार किया था। न जाने कितने ही लोगों ने मेरे इस निर्णय पर उस समय प्रश्नचिन्ह उठाया था, किन्तु मुझे इस बात का अनुमान था कि उच्च पदों पर प्रतिष्ठित व्यक्तियों को सदैव लोक मर्यादा का ध्यान रखना चाहिए। मैंने अपनी ओर से प्रत्येक मर्यादा को अक्षुण्ण बनाये रखने का प्रयास किया है। मुझे तनिक भी अनुमान नहीं था कि मेरे अपने राज्य में मेरे और मेरी भार्या के प्रति मेरी प्रजा के विचार इतने कलुषित होंगे। प्रजा की प्रतिक्रिया सुनकर तो ऐसा प्रतीत हो रहा है कि मैंने सीता को अपनाकर कोई बहुत बड़ा अपराध कर दिया है। यह सम्भव है कि ऐसा सोचने वाले संख्या में अत्यल्प हों, किन्तु एक राजा

होने के नाते मेरा यह दायित्व है कि यदि एक व्यक्ति भी ऐसा सोचता है तो मैं उसकी भावनाओं का आदर करूँ अन्यथा मुझे राजा बने रहने का कोई अधिकार नहीं। आज उस एक व्यक्ति की भावनाओं को जानकर मेरा हृदय दुःखी और आहत है। मैं संताप के समुद्र में डूबा जा रहा हूँ। राजा होने के नाते मुझे अपने कर्तव्य और उत्तरदायित्व का अच्छे से अनुमान है। मैं जानता हूँ कि नीतिशास्त्र का यह उद्घोष है कि राजा का सबसे पहला दायित्व अपने लिए नहीं अपितु अपनी प्रजा के लिए होता है। सीता मुझे अपने प्राणों से भी अधिक प्रिय है, किन्तु मैं सोच-विचार करने के उपरान्त इस निर्णय पर पहुँचा हूँ कि अपनी प्रजा के लिए मुझे सीता का त्याग करना होगा।" श्रीराम ने गहरी श्वाँस छोड़ते हुए कहा था।

तीनों भाई अभी भी अपने मस्तक को झुकाये हुए मौन साधे हुए अपने अग्रज को सुन रहे थे। वे तीनों कुछ कहना भी चाहते तो संभवतः राजा राम के मुख की तमतमाहट को देखकर उनमें यह साहस नहीं हुआ कि वे अपने अग्रज का प्रतिवाद कर सके।

"लक्ष्मण, तुम कल प्रातः ही राजमन्त्री सुमन्त्र के साथ सीता को रथ में बैठाकर यहाँ से निकल जाओ। सीता को गंगा पार करके तमसा नदी के निकट छोड़ कर आओ। यह मार्ग तुम्हें ज्ञात भी है। तुम्हें यह भी ज्ञात है कि उस क्षेत्र में बड़ी संख्या में तपस्वी अपने परिवार सहित रहते हैं। स्वयं सीता भी यही चाहती है कि उन्हें तपस्वियों के बीच में रहने का अवसर मिले। अतएव कल प्रातः ही तुम उन्हें लेकर निकल जाओ और तमसा के निकट किसी तपस्वी के आश्रम के समीप उन्हें छोड़ आओ। इससे उनकी इच्छा भी पूरी हो जाएगी और उन्हें किसी प्रकार का सन्देह भी नहीं होगा।" श्रीराम ने तीनों भाइयों की ओर अपनी पीठ करते हुए अपनी दृष्टि खिड़की के उस पार स्थिर कर ली थी।

लक्ष्मण भैया अवाक् रह गये थे। वे आश्चर्य से मूर्तिवत खड़े रह गए थे।

"भैया, आप उनके साथ ऐसा नहीं कर सकते। किसी राज्य के राजा होने के अतिरिक्त आप उनके पति भी हैं। अग्निपरीक्षा के उपरान्त वे कंचन की भाँति शुद्ध प्रमाणित हो चुकी हैं। मैं यह नहीं कर सकूँगा। पाप है यह। आप जानते हैं कि वे शीघ्र ही मातृत्व सुख भी प्राप्त करने वाली हैं। ऐसी

परिस्थिति में कृपया मुझे ऐसा करने के लिए मत कहिए। मुझे मत विवश कीजिए कि मैं आपके आदेश का अनादर करूँ। आप कुछ और कहेंगे तो मैं करने को तैयार हूँ किन्तु यह पाप मुझसे नहीं होगा। यह कठोर निर्णय आप कैसे ले सकते हैं? क्या आप अपनी संतान के जन्म की प्रतीक्षा नहीं कर सकते?" लक्ष्मण ने रूष्ट होते हुए पूछा था।

लक्ष्मण भैया के प्रतिवाद को सुनने के उपरान्त भी प्रभु श्रीराम का चेहरा पूर्ववत कठोर और पत्थर सा भावशून्य बना रहा।

"लक्ष्मण, मुझे सुझाव मत दो। अभी तुम संतान के जन्म की बात कर रहे हो। इसके बाद तुम कहोगे कि उसे बच्चे के स्तनपान की अवधि तक प्रतीक्षा कीजिए। कुछ समय पश्चात् तुम कहोगे बच्चे को पाँच वर्ष का हो जाने दीजिए। लक्ष्मण यह कालक्रम तो अनिश्चित रूप से चलता ही रहेगा और अन्त में राम अपने आनन्द के लिए अपनी प्रजा के साथ विश्वासघात का दोषी बन जाएगा। मैं अब कोई वाद-प्रतिवाद नहीं सुनना चाहता। मुझे किसी का सुझाव नहीं चाहिए। मैं तुम्हारा राजा हूँ और निर्विवाद आज्ञापालन की अपेक्षा रखता हूँ।" उन्होंने कठोर स्वर में कहा।

कुछ पल की स्तब्धता के बाद, मौन छा गया। तीनों भाई याचित मुद्रा में खड़े हुए थे। राजा राम अपने राजत्व को निभाने के लिए प्रतिबद्ध थे। अपने निर्णय पर पुनर्विचार करने के लिए वे बिल्कुल तैयार न थे। उस कक्ष में इस समय बिल्कुल मौन छा चुका था। ध्वनि के नाम पर राजा राम की श्वांस का भारी स्वर ही सुनाई पड़ रहा था।

वार्तालाप अब अपने अन्तिम पड़ाव पर था। राजा राम ने अन्तिम निर्णय सुनाते हुए कहा, "लक्ष्मण, सीता को गंगा पार कराने के उपरान्त तमसा नदी के तट पर एकान्त स्थान पर किसी आश्रम के समीप छोड़कर, वहाँ से तुरन्त लौट आना। तुम्हें उनसे बात करने के लिए रुकना नहीं है। उन्हें कुछ समझाना भी नहीं है। वह मेरे बारे में जो सोचें, उन्हें सोचने देना। अब तुम मेरी ओर इस तरह आक्षेप भरी दृष्टि से देखना बंद करो। जो निर्णय मैंने ले लिया है अब उसके बारे में मैं कोई पुनर्विचार नहीं करना चाहता। यदि तुम मेरे निर्णय पर आपत्ति करोगे तो तुम मेरे लिए शत्रुतुल्य हो जाओगे। लक्ष्मण, तुम प्रातः प्रस्थान की तैयारी करो। अब मेरे लिए सीता को एक बार भी देख लेना अपराध है। यदि मैंने सीता को देख लिया तो संभवतः

मैं अपने ही आदेश का पालन करने में विफल हो जाऊँगा। मैं जानता हूँ कि वह कंचन की तरह शुद्ध हैं। मैं यह भी जानता हूँ कि यह निर्णय एक पतिव्रता नारी के लिए उसका वध करने के समान है। मैं यह भली-भाँति जानता हूँ कि यदि मैंने उनकी निश्छल आँखों में विनती का भाव देख लिया तो मैं उसमें खो जाऊँगा और अपने राजत्व का पालन नही कर पाऊँगा। बहुत सम्भव है कि यदि मैंने सीता के नेत्रों के अश्रु देख लिए तो मैं राजपद त्याग दूँ। इससे पहले कि मैं अपने निर्णय से परिवर्तित हो जाऊँ, मेरा हृदय मुझे धोखा दे जाए और मैं भावुक होकर अपना प्रण तोड़ दूँ, तुम उन्हें लेकर चले जाओ। मैं तुम्हें ऐसा करने की आज्ञा देता हूँ, लक्ष्मण।" कहकर राजा राम ने अपना मुँह फेर लिया था।

किसी प्रकार रात्रि व्यतीत हुई। प्रातःकाल ही सौमित्र ने उत्तम घोड़ों वाला एक रथ तैयार कराया। सुमन्त्र ने इस कार्य में भैया लक्ष्मण का सहयोग किया। रथ तैयार हो चुका था। माता सीता के लिए रथ के अन्दर आसन बिछा दिया गया था। भैया लक्ष्मण तदोपरान्त राजमहल में सीता जी के पास जाकर बोले, "देवि, आपने महाराजा राम से मुनियों के आश्रम पर समय व्यतीत करने की इच्छा व्यक्त की थी, उस इच्छा की पूर्ति के लिए रथ तैयार है।" सम्भवतः माता सीता को विगत रात्रि ही सूचना दी जा चुकी थी कि महाराजा श्रीराम उनकी इच्छा की पूर्ति करने वाले हैं। वे चलने को सहर्ष तैयार हो गयी थीं। उन्होंने बहुत सी तैयारियाँ कर रखी थीं। उन्हें यह क्या पता था कि विधि ने उनके लिए कुछ और ही विधान रच दिया था। उन्हें तो यह भी अनुमान नहीं था कि वे इस राजमहल से सदैव के लिए विदा हो रही थीं। यह भी आश्चर्यजनक परिस्थिति थी कि निरपराध वैदेही का त्याग तो राजा राम कर रहे थे, किन्तु माध्यम सौमित्र बन रहे थे।

"देवर जी, ये कुछ वस्त्र, आभूषण और रत्न भी रथ में रखवा दो। मैं यह धन-धान्य मुनि पत्नियों में वितरित करूँगी।" सीता ने लक्ष्मण से आग्रह किया था।

"अति उत्तम..., जैसी आज्ञा।" लक्ष्मण भैया ने अति संक्षिप्त सा उत्तर दिया और माता सीता के वचनानुसार कार्य किया था।

माता सीता रथ में सवार हो लीं। रथ चल दिया। अयोध्या से प्रस्थानोपरान्त रथ गोमती के तट की ओर चल पड़ा। गोमती के तट पर

पहुँचकर एक आश्रम में रात्रि विश्राम करने के उपरान्त अगले दिन प्रातःकाल ही सौमित्र ने सारथी को रथ लाने को कहा। रथ पर सौमित्र और माता सीता तमसा की ओर प्रस्थान कर गए। मध्यान्ह तक रथ भागीरथी की जलधारा तक पहुँचा था। लक्ष्मण रथ में माता सीता के साथ बैठे अवश्य थे किन्तु मौन थे, नेत्र रक्तिम थे, श्वांस भारी थी, बोलने में भारीपन का अनुभव हो रहा था। माता सीता को भी यह समझ नहीं आ रहा था कि लक्ष्मण इतने अन्यमनस्क क्यों हैं? भागीरथी के तट पर पहुँचकर सौमित्र ने रथ को तट पर छोड़ दिया। भागीरथी को पार करने के लिए उन्हें नौका की सहायता लेनी पड़ी। सुसज्जित नाव पर सीता माता को बैठाकर लक्ष्मण जी भी उसमें बैठे। अत्यन्त सावधानी के साथ लक्ष्मण जी माता सीता को भागीरथी पार ले गए।

जैसे-जैसे समय व्यतीत हो रहा था लक्ष्मण भैया के मुख के भाव कठोर होते जा रहे थे। लक्ष्मण जी के नेत्र भर आये थे। वह माता सीता की ओर देखने का साहस तक नहीं जुटा पा रहे थे। वनवास की अवधि से लेकर अब तक माता सीता और लक्ष्मण जी के सम्बन्धों में परिपक्वता आ चुकी थी। लक्ष्मण जी का व्यवहार माता सीता के प्रति सदैव ही मर्यादानुकूल रहा था।

"देवर जी, मुझे कुछ अच्छा प्रतीत नहीं हो रहा। आपके मुख के भाव अत्यन्त कठोर प्रतीत हो रहे हैं। ऐसा लग रहा है कि कोई चिंता घेरे हुए है आपको। भैया लक्ष्मण, बात क्या है? तुम्हें मेरी सौगन्ध है, मुझे सत्य बताओ।" सीता ने उद्विग्न होकर कहा।

"माते, कैसे बताऊँ? आपने सौगन्ध दी है तो बताता हूँ कि नगर में आपके विषय में अपवाद फैला हुआ है। प्रजा में आपके और भैया के विषय में नाना प्रकार की भ्रान्तियाँ फैली हुयी हैं। भैया का हृदय यह सब सुनकर अत्यधिक व्यथित और द्रवित है। राज्य में फैले लोकोपवाद के भय से व प्रजा को इस फैले हुए कलंक का सटीक उत्तर देने हेतु मर्यादा पुरुषोत्तम श्रीराम ने मुझे यह आदेश दिया कि मैं आपको तपस्वियों के आश्रम के निकट ले जाकर छोड़ दूँ।" कहते-कहते लक्ष्मण की आँखों से आँसू झरने लगे थे।

लक्ष्मण भैया के ये कठोर वचन सुनकर वैदेही मूर्छित हो गिर पड़ीं। कुछ समय पश्चात् चेतना में आने पर उन्होंने बस यही कहा, "मामिकेयं तनुर्नूनं सृष्टा दुःखाय, लक्ष्मण, अब मुझे पूर्ण विश्वास हो चला है कि विधाता ने मुझे मात्र दुःख भोगने के लिए ही रचा है। मैंने अपने पूर्वजन्म में ऐसा

कौन सा पाप किया था जो शुद्ध आचरण होने पर भी महाराज ने मुझे त्याग दिया? मैंने अपने पति श्रीराम का अनुसरण करते हुए वनवास के दुःखों को सहकर भी उनके साथ रहना पसन्द किया था किन्तु आज वही श्रीराम मुझे अकारण ही वनवास दे रहे हैं। मुझे अब अपने जीवन से कोई रुचि नहीं रह गयी है। अपने पति के इस आचरण के पश्चात् अब मैं और जीना नहीं चाहती। मैं चाहती हूँ कि मेरे जीवन का यहीं अंत हो जाये किन्तु मैं तो इतनी दुर्भाग्यशाली हूँ कि अपना प्राणान्त भी नहीं कर सकती। मैं ऐसी स्थिति में हूँ कि यदि मैंने प्राणान्त कर लिया तो मेरे भीतर पल रहा मेरे पति का वंश नष्ट हो जाएगा। लक्ष्मण, राजा राम से तुम जाकर मेरा यह वचन अवश्य कहना कि मैं उनके सामने अग्नि में शुद्ध हुई थी, एक शुद्ध और शुचि नारी को लोकनिन्दा सुनकर उन्होंने त्याग दिया, क्या यह उनके प्रसिद्ध कुल के लिए उचित है?"

माता सीता के इन वचनों को सुनकर लक्ष्मण भैया प्रतिवाद भी क्या करते?

लक्ष्मण भैया अभी भी मौन थे, वे अपने आपको पाप का भागी मान कर बारम्बार कोस रहे थे। लक्ष्मण भैया माता सीता को तमसा के किनारे एक सुरक्षित आश्रम के समीप छोड़ आये थे। अन्ततः वैदेही ने लक्ष्मण भैया को विदा किया। लक्ष्मण भैया ने चलते समय माता सीता के चरणों को स्पर्श किया तो उनके नेत्रों से कुछ मोती टपक गये थे। चलते समय माता सीता ने लक्ष्मण भैया के माध्यम से राजा राम को यही सन्देश भेजा कि वे अपनी प्रजा के साथ वैसा ही बर्ताव करें जैसा अपने भाइयों के साथ करते हैं। इस सुरक्षित आश्रम के समीप ही ब्रह्मर्षि वाल्मीकि का आश्रम था। ब्रह्मर्षि वाल्मीकि राजा दशरथ के घनिष्ट मित्र थे।

वापस आते समय लक्ष्मण जी माता सीता की ओर देखने का साहस नहीं जुटा सके। वे नाव की ओर बढ़ते जा रहे थे। माता सीता अपने स्थान पर बैठ गयी थीं। रेत पर लक्ष्मण भैया के पैरों के चिन्ह बनते हुए वे देख रही थीं, और यह भी देख रही थीं कि जैसे-जैसे लक्ष्मण आगे बढ़ते जा रहे थे उनके छोड़े हुए पावों के चिन्हों पर हवा धूल उड़ाती हुयी नष्ट करती जा रही थी। नदी के किनारे पहुँचकर दूर से लक्ष्मण भैया ने माता सीता को पुनः प्रणाम निवेदित किया। सिसकियों के बीच धुँधले से दिखायी पड़ रहे लक्ष्मण

भैया को उन्होंने दूर से ही हाथ हिलाकर आशीर्वाद देते हुए विदा किया। लक्ष्मण भैया अब नाव पर चढ़ गये थे। धीरे-धीरे लक्ष्मण भैया माता सीता से दूर होते गए और कुछ समय पश्चात् वे ओझल हो गये।

आरम्भ में तो मैं कई दिनों तक विक्षिप्त और अन्यमनस्क ही रहा। नेत्रों की प्रवृत्ति हो गयी थी प्रभु श्रीराम और माता सीता को एक साथ देखने की। अब मेरा मन राजदरबार में नहीं लगता। ऐसा लगता था कि मैं निरुद्देश्य जी रहा हूँ। जीवन से सारे रंग उड़ गये थे। खिन्न मन से मैं कभी अयोध्या की गलियों में घूमता तो कभी सरयू के किनारे दीर्घावधि तक निःशब्द बैठा रहता। वापस महल जाने की इच्छा ही नहीं होती थी। उपवनों में अलक्षित भाव से डोलता रहता, कोई भी फल-फूल मुझे आकृष्ट नहीं करता था। संसार जैसे रंगहीन हो चला था, कुछ भी अच्छा न लगता। अयोध्या उजड़ी-उजड़ी सी वैभवहीन लगती थी। ऐसा प्रतीत होता था कि जैसे अयोध्या का सौन्दर्य अचानक उजड़ गया हो। यह नगरी मुझे अभिशप्त सी प्रतीत होने लगी थी। दरबार में अब राजा राम एकाकी बैठते थे। सिंहासन की शोभा अचानक मद्धम हो गयी थी। मैं राजसभा में अब कम ही जाता था। मुझे राजसभा अब निर्जीव प्रतीत होती थी। पता नहीं क्यों अब मुझे प्रभु श्रीराम से अधिक माता सीता की याद आती थी। बुझा-बुझा सा रहने लगा था मैं, बुझी-बुझी सी लगती थी अयोध्या। माँ सीता के विछोह ने विरक्ति का भाव सा भर दिया था मेरे अन्तस में। कहीं, कुछ अच्छा नहीं लगता था। श्रद्धा, प्रेम, ठिठोली आदि भावों के स्रोत जैसे सूख गए थे। समय के साथ-साथ घाव भरने लगे। मैं राजसभा जाने लगा किन्तु मन उदास रहता था। मैं ठहरा राम भक्त सो प्रभु श्रीराम की सेवा में अपनी ओर से पूर्णतया तत्पर रहता था। सेवा में कहीं कोई त्रुटि न रह जाए, इसका पूरा ध्यान रखता था।

माता सीता के जाने के पश्चात् प्रभु श्रीराम की सहजता भी समाप्त हो गयी थी। वे राजदरबार में बैठते थे और अपने कर्तव्यों और उत्तरदायित्वों का पालन भी करते थे किन्तु सामान्य से दिखने वाले इस वातावरण में वे अन्दर से अत्यन्त असहज और असामान्य से प्रतीत होते थे। मैं उन्हें देखता था। उन्हें देखकर यह अनुभव होता था कि वह सदैव एक अपराध भाव से ग्रस्त रहते हैं। आत्मग्लानि का भाव हमेशा उनके चेहरे को घेरे रहता है। अवसादी तो वे नहीं दिखते थे लेकिन उनके अनुपम तेज में ह्रास अवश्य हुआ था।

कभी-कभी मैं विचार करता कि एक राजा को अपना राजधर्म निभाते हुए किस सीमा तक कठोर होना चाहिए। क्या किसी राजा की निजता का कोई मूल्य नहीं? मुझे प्रतीत होता था कि सार्वजनिक जीवन में उच्च प्रतिष्ठित व्यक्तियों को निश्चित रूप से व्यक्तिगत सम्बन्धों से ऊपर उठकर व्यक्तिगत लाभ-हानि सोंचे बिना जन भावनाओं का सम्मान करना चाहिए। एक राजा के लिए उसकी प्रजा के विश्वास से बढ़कर उसके लिए और कुछ भी मूल्यवान नहीं हो सकता किन्तु प्रजा के किसी एक व्यक्ति के मत को क्या इतना महत्व दिया जाना चाहिए कि राजा स्वयं अपने व्यक्तिगत जीवन को संकट में डाल ले? किसी एक व्यक्ति की बात के आधार पर राजा राम का माता सीता जैसी निरपराधिनी स्त्री को दण्डित करने का निर्णय क्या उचित था? मैं यह कहता भी तो किससे कहता, पूछना भी चाहता तो किससे पूछता? कई ऐसे प्रश्न मेरे मन मस्तिष्क में घूमते और अनुत्तरित रह जाते।

राजकाज सामान्य गति से चल रहा था। राजा रामचन्द्र जी राजत्व के पद का निर्वाह किये जा रहे थे। वे मर्यादाओं से बँधे थे, पद से नहीं। मैं यह अच्छी तरह समझता था। मैं ही क्या, सौमित्र, भरत, शत्रुघ्न सभी भ्रातागण इस तथ्य को अच्छी तरह समझ रहे थे परन्तु कोई भी कुछ कह सकने में समर्थ नहीं था। संबंधों की मर्यादा से बँधे थे सभी। अग्रज और महाराज के निर्णय पर प्रश्न-चिन्ह लगाने का प्रश्न ही नहीं उठता था। अयोध्या की प्रजा की भी यही स्थिति थी। प्रजा का एक बड़ा वर्ग श्रीराम के त्याग की प्रशंसा करते नहीं थकता था। राज्य की अधिकांश प्रजा माता सीता के इस प्रकार के निर्वासन से दुःखी थी। लंकायुद्ध के पश्चात माता सीता की अग्नि-परीक्षा की बात सबको ज्ञात थी। उनके सतीत्व और पतिव्रत्य को लेकर किसी के मन में कहीं कोई संशय नहीं था, परन्तु श्रीराम तो मर्यादा पुरुषोत्तम थे। एक राजा के रूप में जन भावनाओं का किसी भी सीमा तक सम्मान रखने वाले। प्रजा की एक-एक बात का मोल था उनके लिए। आदर्श शासक के लिए वैसे भी प्रजा का एक भी व्यक्ति यदि असन्तुष्ट हो तो उसे सन्तोष कहाँ? और यहाँ तो वैसे भी प्रजावत्सल शासक श्रीराम थे। उनके लिए तो प्रजा का मत ही उनकी अमूल्य निधि था। प्रजा से बढ़कर उनके लिए कुछ नहीं था। उनकी न्यायप्रियता और उनके निर्णय में सबको अगाध विश्वास था।

राजदरबार तो मेरे लिए वैभवहीन हो ही चुका था, अयोध्यानगरी में भी मेरा मन नहीं लगता था। सत्य तो यह था कि मेरे लिए मेरे आराध्य

और माता सीता ही समूची सृष्टि थे। उन दोनों में से किसी एक का न होना मेरे लिए सृष्टि के अधूरेपन का द्योतक था। इसी अधूरेपन में जी रहा था मैं। माता सीता क्या गयीं, अयोध्या की पूरा सौन्दर्य ही बटोर ले गयीं अपने साथ। सर्वत्र पतझड़ सदृश वातावरण दिखायी पड़ता था मुझे। न जाने कहाँ ओझल हो गयी थी अयोध्या की वह हरीतिमा, वह उत्सवधर्मिता। ऐसा प्रतीत होता था कि हम सब बस किसी प्रकार अपने दिन काट रहे थे। हम सब अपनी ओर से यह प्रयास करते कि राजा राम सहज रहें, उन्हें एकाकीपन का अनुभव न हो। उन्हें माता सीता की अनुपस्थिति का भान न होने पाए। निराश, उदास हम सभी थे किन्तु यह प्रयास रहता कि राजा राम को उदासी आच्छादित न करने पाये। एक संविदा गठित कर ली थी हम सबने अपने मध्य। कोई भी माता सीता का नाम नहीं ले सकता था, जबकि सभी को हर पल उनका स्मरण रहता था। उनकी स्मृति को ताजा करके राजा राम का कोई भी दिल दुखाना नहीं चाहता था। सभी को अनुमान था कि माता सीता का क्या मूल्य है श्रीराम के जीवन में किन्तु सभी एक अभिनय में लीन थे। सहज जीवन प्रणाली को एक कृत्रिमता, एक असहजता ने आच्छादित कर लिया था। अनुज, सेवक, मंत्री, मित्रगण आदि क्या कुछ नहीं था अयोध्या में, सब कुछ पूर्ववत था, बस एक वैदेही ही तो नहीं थीं। उनकी अनुपस्थिति में उदासी की ऋतु छा गयी थी अयोध्या में सर्वत्र। माता सीता की अनुपस्थिति और कुछ नहीं थी बल्कि दुर्भाग्य था हमारा। दुर्भाग्य था अयोध्या का और सबसे ऊपर राजा श्रीराम का।

19.

सिंहासन की दैनिक गतिविधियाँ चल रही थीं। एक दिन अचानक समाचार मिला कि महामुनि अगस्त्य पधार रहे हैं। अयोध्यापति राजा राम महामुनि अगस्त्य की आगवानी के लिए स्वयं दौड़ पड़े। राजकीय शिष्टाचार को छोड़कर अयोध्यापति राजा राम स्वयं मुनि अगस्त्य के स्वागत के लिए राजमहल के मुख्य द्वार तक पहुँच गये। द्वारपालों ने अयोध्यापति को इस प्रकार आते देखा और आश्चर्यचकित रह गए। थोड़ी ही देर में वे वस्तुस्थिति समझ गए, सभी को महामुनि अगस्त्य अपने शिष्यों सहित आते दिखायी पड़े।

हम सब प्रभु के पीछे खड़े हुए थे। महामुनि अगस्त्य के प्रति उनकी श्रद्धा के विषय में हम सब भली-भाँति परिचित थे।

अयोध्यापति ने राजमहल के बाहरी द्वार पर ही महामुनि अगस्त्य के चरणों में प्रणिपात किया। ताजे पुष्पों की माला पहनाकर ऋषि का स्वागत किया। उनके चरणों को धुलवाकर अपने साथ लेकर अयोध्यापति श्रीराम उन्हें सिंहासन तक लाए। अयोध्यापति ने महामुनि अगस्त्य को राजसिंहासन के दाहिने पार्श्व में आसन प्रदान किया। महामुनि अगस्त्य को आसीन कराने के उपरान्त अयोध्यापति श्रीराम सिंहासन पर आरूढ़ हुए।

अगस्त्य मुनि को लेकर अयोध्यापति श्रीराम पूर्ण आस्थावान थे। मुझे इस बात का भान था कि जिस समुद्र से मार्ग लेने हेतु स्वयं अयोध्यापति श्रीराम को अभ्यर्थना करनी पड़ी थी और अन्ततः जिस पर सेतु निर्माण में वानर और भालुओं के साथ प्रभु श्रीराम को भी अत्यन्त श्रम करना पड़ा था, उस विशाल समुद्र की समग्र जलराशि को अगस्त्य मुनि आचमन में पी गए थे, अपनी सिद्धि के बल पर।

महर्षि अगस्त्य ने अयोध्यापति श्रीराम का स्वागत स्वीकार किया। राज्य संचालन के विषय में सामान्य वार्तालाप किया। उन्होंने धर्म और राजनीति पर भी चर्चा की। महर्षि अगस्त्य ने अयोध्यापति श्रीराम से लंका विजय और उससे जुड़े प्रसंगों पर भी नीतिपरक चर्चा की।

महर्षि अगस्त्य के साथ प्रभु का सम्बन्ध सर्वथा अद्भुत था। महर्षि अगस्त्य प्रभु के गुरू भी थे, मार्गदर्शक भी थे, शुभचिन्तक तथा बौद्धिक मित्र भी थे। महर्षि अगस्त्य ऋषि होने के साथ-साथ योद्धा भी थे। वे शस्त्रधारी ऋषि थे। विन्ध्य को लाँघना उन दिनों असम्भव माना जाता था। विन्ध्य उन दिनों उत्तर और दक्षिण की सीमा थी। वे विन्ध्य को लाँघ कर चले गए थे। दक्षिण के उस पार राक्षसों का राज्य था। उन्होने राक्षसों और राक्षसत्व के विरुद्ध सतत् संघर्ष किया था। उन्होंने राक्षसों से सशस्त्र संघर्ष किया था। योद्धा होने के अतिरिक्त कई विशिष्टियाँ उनके व्यक्तित्व में थीं। महर्षि तमिल व्याकरण के पुरोधा थे ही। राक्षसों से संघर्ष की अवधि में ही उन्होंने तमिल के व्याकरण की रचना की थी। उन्हें खगोल विज्ञान का भी अच्छा ज्ञान था। वे तारों और नक्षत्रों की गति आदि के विशेषज्ञ थे। अच्छे रसायनशास्त्री भी थे वे। इस प्रकार वे भाषा, दर्शन, भूगोल आदि के विशेषज्ञ थे। विदुषी लोपामुद्रा उनकी पत्नी थीं।

महर्षि अगस्त्य से प्रभु का पहला साक्षात्कार तब हुआ था जब श्रीराम वनवास की अवधि में दक्षिण दिशा की ओर चले थे। महर्षि अगस्त्य ने ही सबसे पहले राम को पंचवटी का मार्ग दिखाया था और उनके साथ यह किवदंती जुड़ी हुई थी कि उन्होंने समस्त समुद्र का जल पी लिया था। अगस्त्य मुनि का आश्रम साहचर्य का अप्रतिम उदाहरण था। उनके आश्रम का तेज अत्यन्त भव्य था। अगस्त्य मुनि के आश्रम में बाघ जैसे हिंसक पशु भी बकरियों और भेड़ों आदि के साथ बहुधा क्रीड़ारत रहते थे। यद्यपि वनवासकाल में ही महर्षि अगस्त्य ने प्रभु को राक्षसों के विषय में बताया था किन्तु तब सम्भवतः उनके विषय में जानने की बहुत अभिलाषा नहीं थी। लंका में राक्षसों से युद्ध करने के पश्चात् उनकी रूचि राक्षसों की उत्पत्ति और विकास के विषय में बढ़ी। प्रभु राक्षसों के विषय में ज्ञान प्राप्त करना चाहते थे। इस अभीप्सा को महर्षि अगस्त्य से अच्छा और कौन बता सकता था

आज महर्षि अगस्त्य की उपस्थिति का लाभ उठाकर महाराजा राम ने राक्षसों के विषय में विस्तृत जानकारी देने के लिए उनसे अनुरोध किया। महाराजा की अपेक्षा के क्रम में महर्षि ने विस्तार से बताया था कि "अयोध्यापति, यदि राक्षसों के विषय में जानने की इच्छा है तो सुनो। राक्षसों की तीन प्रमुख शाखाएँ हैं। पहली है विराध शाखा। यह शाखा दण्डकारण्य के उत्तरी भाग में रहती है। यदि आपको स्मरण हो तो इस शाखा के प्रधान जिसका नाम विराध था, उसे आपने मार दिया था। राक्षसों की दूसरी शाखा 'दनु' की संतति थी। इसी आधार पर इनका नाम दानव पड़ गया था। आपको स्मरण ही होगा कि 'कबंध' नामक एक राक्षस का वध आपने किया था वह इसी शाखा से सम्बन्धित था। तीसरी शाखा राक्षस के नाम से ही जानी गयी। यह शाखा सर्वाधिक शक्तिशाली वर्ग की थी। लंका के राक्षस इसी शाखा की संतति थे। राक्षस की नर मांस भक्षण की प्रवृत्ति ने उन्हें और भी वीभत्स बना दिया।"

"लंका के राक्षसों के विषय में तनिक और प्रकाश डालिए मुनिवर।" प्रभु ने उत्सुकता से कहा था।

"अयोध्यापति राम, आपको स्मरण ही होगा कि प्रजापति ब्रह्मा जी ने जल की सृष्टि करके उसके रक्षार्थ कुछ प्राणियों की उत्पत्ति की। ये प्राणी दो वर्गों में विभक्त हो गए। एक वर्ग वह था जो जल के रक्षार्थ आगे आए,

एक वर्ग वह था जो यज्ञ के लिए आगे आए। ब्रह्मा जी ने इन दोनों वर्गों को क्रमशः राक्षस और यक्ष का नाम दिया। राक्षस राजनीतिक सत्ता हथियाने का प्रयास करते थे क्योंकि ऐसा करके वे आर्थिक लूट के लिए स्वतन्त्र हो जाते थे। समाज के सभी वर्गों का शोषण करते हुए सम्पत्ति पर एकाधिकार कर लेना उनकी प्रवृत्ति थी। संसाधनों पर नियन्त्रण करके उनका दुरुपयोग करना उनकी नीति थी। पर स्त्री गमन और नर मांस भक्षण उनके चरित्र में सम्मिलित था। लंका के राक्षस इसी कुल के थे।" महर्षि अगस्त्य ने रहस्य की परतें खोलीं।

"रावण के विषय में जानने की मेरी प्रबल जिज्ञासा है।" प्रभु महर्षि अगस्त्य से बहुत कुछ जानना चाहते थे।

"अयोध्यापति राम, आपकी जिज्ञासा के क्रम में बताना चाहता हूँ कि राक्षसों की उत्पत्ति की कहानी ब्रह्मा जी के पुत्र पुलस्त्य से आरम्भ होती है। पुलस्त्य एक ऋषि थे। पुलस्त्य एक बार आम्रालय के राजा तृणबिन्दु के अतिथि बने। कालान्तर में पुलस्त्य को तृणबिन्दु की पुत्री

इलविला से प्रेम हो गया। तृणबिन्दु ने अपनी पुत्री का विवाह पुलस्त्य से कर दिया। पुलस्त्य और इलविला के संयोग से उनके एक पुत्र हुआ जिसका नाम विश्रवा रखा गया। इन्हीं विश्रवा का विवाह महर्षि भारद्वाज की पुत्री से हुआ। दोनों के संयोग से एक पुत्र हुआ जिसका नाम वैश्रवण रखा गया। वैश्रवण ज्ञानी और महात्मा थे। वे पहले व्यक्ति थे जो विश्वकर्मा द्वारा निर्मित लंकापुरी गए। वैश्रवण को धनेश कुबेर का पद देकर उन्हें पुष्पक विमान भी दिया गया। पिता के परामर्श पर वह लंका में जाकर बस गए और इस नगरी को उन्होंने प्रत्येक ढंग से विकसित किया। अब तक राक्षसों की उत्पत्ति हो चुकी थी। लंका में उन दिनों इन्हीं राक्षसों का एक मुखिया था जिसका नाम था हेति। हेति का पुत्र हुआ विद्युत्केश। विद्युत्केश अत्यन्त प्रतापी राजा था। सालकंटा उसकी पत्नी थी। दोनों के संयोग से सुकेश नामक पुत्र उत्पन्न हुआ। सुकेश के पैदा होते ही उसकी माँ उसको छोड़ गयी थी। कालान्तर में सुकेश का विवाह गंधर्व पुत्री वेदवती से हुआ। इन दोनों के तीन पुत्र हुए - माल्यवान, सुमाली और माली। ये तीनों अत्यन्त बलशाली थे। इन तीनों का विवाह नर्मदा नाम की गन्धर्वी की तीन पुत्रियों से हुआ। माल्यवान को सात पुत्र और एक पुत्री हुई। सुमाली को ग्यारह पुत्र और चार पुत्रियाँ हुईं। माली

के चार पुत्र हुए। इस प्रकार यह राक्षस परिवार अत्यन्त विस्तृत हो गया। परिणाम यह हुआ कि तीनों भाइयों ने अपने पुत्रों, पौत्रों और परिजनों के सहयोग से समीपवर्ती भू-भागों पर अधिपत्य स्थापित कर लिया। इन सबने मिलकर बहुत उत्पात मचाया। इनके उत्पात से पीड़ित प्रजा ने विष्णु से सहायता की याचना की। देवताओं और राक्षसों के मध्य संग्राम छिड़ गया। इस विकट संग्राम में देवताओं ने इन राक्षसों को पलायन करने पर विवश कर दिया। इस युद्ध में माली और उसके परिजन मारे गए। पलायन करने के पश्चात् ये राक्षसगण लंका छोड़कर जल रसातल भाग गए।

कुछ समय पश्चात् सुमाली रसातल से निकल आया। सुमाली अब वृद्ध हो चला था। उसे अपने निर्वासन के दिनों में भी लंका का स्मरण होता रहता था। सुमाली अपने वंश को लंका में पुनर्स्थापित करना चाहता था। सुमाली की एक पुत्री थी जिसका नाम था कैकसी, उसने विश्रवा मुनि के संयोग से रावण, कुम्भकर्ण, शूर्पणखा और विभीषण को जन्म दिया। ये बच्चे अपने नाना सुमाली की देख-रेख में बड़े हुए। इस प्रकार इन बालकों पर अपने नाना, मामा और माँ का प्रभाव हुआ। इन बालकों पर अपने मातृकुल का प्रभाव अपने पितृकुल की अपेक्षा बहुत अधिक प्रभावी रहा। विश्रवा वैसे भी मुनि परम्परा के थे, उन्हें इस बात से कोई प्रभाव नहीं पड़ा। ये बालक बड़े हो रहे थे। ज्येष्ठ पुत्र रावण ने दीर्घ तपस्या कर अजेय होने का वरदान प्राप्त कर लिया। अपने नाना सुमाली के उकसाने पर उसने लंका पर आक्रमण कर इस राज्य पर अधिकार कर लिया। लंका पर इस समय कुबेर का राज्य था। रावण ने कुबेर को लंका छोड़ने पर विवश कर दिया और पुष्पक जैसा विमान भी उससे छीन लिया। लंका विजय के पश्चात् रावण त्रैलोक्य के विजय हेतु अभियान पर निकल पड़ा। इस क्रम में उसने इन्द्र से भी युद्ध किया। युद्ध में सुमाली मारा गया। रावण के पुत्र मेघनाद ने इस युद्ध में इन्द्र को पकड़ लिया। ब्रह्मा जी के हस्तक्षेप से इन्द्र मुक्त हो सके। अयोध्यापति राम मैं आपको यह भी बताना चाहता हूँ कि रावण शूरवीर तो था ही, वह शास्त्रों का ज्ञानी भी था। स्वर सहित वेद पाठ करने की प्रणाली उसी ने आरम्भ की थी। तभी तो उसे अहिताग्नि अर्थात अग्नि पूजा करने वाला, महातपा अर्थात् कर्मठ तपस्या करने वाला तथा वेदान्तज्ञ अर्थात वैदिक शिक्षा का सर्वश्रेष्ठ ज्ञाता कहा गया। आपको स्मरण होगा कि रावण की मृत्यु पर विभीषण ने विलाप करते हुए उसके प्रति यही शब्द बोले थे। रावण के शासनकाल में लंका

ही नहीं, राक्षस साम्राज्य भी अपने शिखर पर था। वह स्वयं तो श्रेष्ठ योद्धा था ही, अच्छा सैन्य संचालक और कूटनीतिज्ञ भी था। रावण ने अपने सामर्थ्य के बल पर लंका साम्राज्य को सुदृढ़ किया। उसने मय की पुत्री मंदोदरी से विवाह किया। उसने अपनी शक्ति के विस्तार करने के क्रम में दैत्यपति विरोचन की दौहित्री वज्रज्वाला से अपने भाई कुम्भकर्ण का तथा गन्धर्व राज शैलूष की पुत्री सरमा से विभीषण का विवाह कराया। रावण ने अपने नाना सुमाली को अपना प्रधान सलाहकार बनाया तथा अपने मामाओं और अन्य परिजनों को अपना मंत्री, सेनापति, राजस्व संग्राहक, नगरपाल आदि पदों पर नियुक्त किया। प्रहस्त, अकम्पन, विकट, कालिकामुख, धूम्राक्ष, दण्ड, सुपार्श्व, महाबल, संह्रादि, भासकर्ण उसके मामागण थे जो उसके सहयोगी बने और युद्ध के समय आपके सम्मुख उपस्थित भी हुए थे।" महर्षि अगस्त्य ने बताया।

"किन्तु क्या रावण ने लंका के अतिरिक्त आर्यावर्त पर भी कोई सैनिक अभियान किया?" श्रीराम अभी भी अधीरता से अनजान की भाँति पूछ रहे थे।

"हाँ अयोध्यापति, रावण के परिजन उसकी बहुत बड़ी पूँजी थे। मंदोदरी के संयोग से उसे एक पुत्र मिला, मेघनाद। वह भी अपने पिता की तरह शौर्ययुक्त, आकर्षक, बलशाली था। उसके शौर्य से तो आप स्वयं परिचित हैं। रावण को अपनी दूसरी पत्नियों से त्रिशिरा, देवान्तक, नरान्तक, अतिकाय, महोदर, महापार्श्व आदि अनेक पुत्र हुए जो महायोद्धा थे। उसने अपने पुत्र मेघनाद का विवाह दानव कन्या सुलोचना से किया था। इस प्रकार रावण ने अपने बल पर तो राज्य किया ही अपने परिजनों का विश्वास प्राप्त कर इस राज्य को और भी सशक्त बनाया। अब रावण ने अपने सहयोगियों और उप सेनापतियों को विंध्य के उत्तर दिशा में अर्थात आर्यावर्त भेजना आरम्भ किया। दण्डकारण्य का राज्य उसने अपनी बहन शूर्पणखा को दिया और अपनी मौसी के पुत्र खर और सेनानायक दूषण को चौदह हजार सैनिकों के साथ पंचवटी के समीप अपनी सैन्य चौकी स्थापित की। रावण ने अपनी बहन शूर्पणखा को दण्डकारण्य की स्वामिनी घोषित किया था। यहाँ खर और दूषण के नेतृत्व में स्थापित सेना की टुकड़ी गंगा और यमुना के मध्य उर्वर कृषि क्षेत्र में आकर निरन्तर लूट-पाट करती रहती थी। रावण ने अपनी एक सैन्य चौकी नैमिषारण्य में भी स्थापित की थी। यहाँ उसने मारीच को रक्षपाल बनाया था। सुबाहु और ताड़का भी इसी स्थान पर रहते थे, जिन्हें आपने महर्षि विश्वामित्र के सानिध्य में रहकर समाप्त किया था। मारीच तो

बच गया था किन्तु सुबाहु और ताड़का मारे गए थे। आपको स्मरण होगा कि जब आपका विवाह वैदेही से हुआ था तो उस स्वयंवर में रावण भी वहाँ उपस्थित था। रावण का भतीजा लवणासुर तो अभी भी मधुपुरी का शासक है। आपके पिता श्री दशरथ ने यह स्वीकार भी किया था कि वे रावण का सामना करने में अक्षम हैं।

"तो क्या रावण और इन रक्षकों का सामना करने में कोई भी सक्षम नहीं था?" श्रीराम ने पूछा।

"नहीं ऐसा नहीं है। हैहय वंशी कार्तवीर्य अर्जुन से भी रावण को पराजित होना पड़ा था। वानरराज बालि ने भी रावण का सफलतापूर्वक सामना किया था और मात्र सामना ही नहीं किया था बल्कि रावण को अपनी काँख में दबाकर तीर्थाटन भी किया था। यह बालि ही था जिसके कारण रावण नियन्त्रित रह सका। आगे तो आपको ज्ञात है ही कि मैंने दक्षिणी पठार स्थित विन्ध्य पर्वतमाला को पार करके कुछ मानव बस्तियाँ स्थापित की थीं। वहाँ के निवासियों को सशस्त्र प्रशिक्षण देकर उन्हें इन राक्षसों के विरुद्ध संघर्ष के लिए तैयार किया था। इसी क्रम में मैंने गोदावरी के तट पर कतिपय आश्रम स्थापित किये थे जिससे इन राक्षसों की गतिविधियों पर अंकुश लग सका। अन्त में आपने अपने बल और पराक्रम से उन राक्षसों का अन्त कर दिया।" महर्षि अगस्त्य बोले थे।

"क्या रावण के अतिरिक्त अन्य राक्षस भी उसी के समान थे।"

"रावण के समकक्ष तो उनका ज्ञान कुछ नहीं था किन्तु कुछ राक्षसों की प्रशंसा उनके व्यक्तित्व के आधार पर करूँगा। रावण का कनिष्ठ पुत्र अतिकाय अत्यन्त ज्ञानी, वेदों में पारंगत, शास्त्र ज्ञाता तथा वृद्धों की सेवा करने वाला था। विभीषण को तो आप परख ही चुके हैं। कुम्भकर्ण राजनीति का ज्ञाता था। उसने अपने भाई को युद्ध में प्रवृत्त होने से रोकना चाहा था। प्रहस्त, सुपार्श्व, महोदर भी बुद्धिमान राक्षस थे। दूल्वल और वातापि श्रेष्ठ भाषाविद् थे। अधिकांश राक्षस मल्लयुद्ध, गदायुद्ध, मुष्टियुद्ध, द्वन्दयुद्ध धनुर्विद्या, गदा संचालन आदि में प्रवीण थे ही।"

"अब क्या भविष्य है इन राक्षसों का...?"

"अब तो कोई भविष्य नहीं है इनका। धर्म, कर्म में पारंगत और शिक्षित होने पर भी राक्षस अनीति, अधर्म, हिंसा अत्याचार, भोग विलास व्यभिचारी

थे। विवेक की कमी होने के कारण उन्होंने अत्यन्त पाशविक कार्य किए जिससे उनका विनाश हो गया। मुझे प्रसन्नता है कि जो कार्य मैंने आरम्भ किया था उसे आप जैसे सर्वकालिक सर्वश्रेष्ठ योद्धा ने सफलतापूर्वक उसके उच्चतम शिखर पर पहुँचा दिया है।"

महर्षि अगस्त्य की लम्बी वार्ता सुनकर हम सब प्रभावित थे। स्वयं प्रभु श्रीराम ने अपनी जिज्ञासाओं को शान्त करने के लिए मुनिवर को प्रणाम कर आभार व्यक्त किया।

विदा होने से पूर्व महर्षि ने अयोध्यापति राजा श्रीराम को 'अश्वमेध यज्ञ' संपादित किए जाने का अनुरोध किया। उनके अनुरोध में भी आदेशात्मक ध्वनि स्पष्ट सुनाई पड़ रही थी। मैंने ही क्या उपस्थित मंत्रियों, सचिवों और तीनों भ्राताओं ने इस आदेश मिश्रित अनुरोध को अनुभव कर लिया था। तीनों भ्रातागण तो पहले ही इस विषय में अयोध्यापति श्रीराम से अनुरोध कर चुके थे। भरत भैया और सौमित्र ने तो प्रभु श्रीराम से पूर्व में ही निवेदन किया था कि राजसूय यज्ञ अथवा अश्वमेध यज्ञ करना चाहिए।

"राष्ट्र की एकता, अखण्डता, सुशासन के लिए यह आवश्यक है कि आप अश्वमेध यज्ञ करें, अयोध्यापति राजा राम...।" महर्षि अपनी वाणी में अयोध्यापति राजा राम को अनुरोध मिश्रित आदेश दे रहे थे।

अश्वमेध यज्ञ करने के इस अनुरोध से अयोध्यापति राजा राम पूर्ण मन से सहमत नहीं दिख रहे थे। ऐसा प्रतीत हो रहा था कि लंका युद्ध के पश्चात् हिंसा से उनका मन भर चुका है। अब पुनः उसी स्थिति को उत्पन्न करने के लिए महर्षि इस यज्ञ को करने का आदेश क्यों दे रहे हैं? क्या महर्षि को यह ज्ञात नहीं है कि यदि यज्ञ आयोजित किया जाएगा तो हिंसा की सम्भावना बनेगी ही। सब कुछ जानने के बाद भी महर्षि यज्ञ आयोजित कराने के लिए क्यों दबाव डाल रहे हैं, यह महाराजा राम के लिए अबूझ था। उन्हें यह स्वीकार्य नहीं था कि एक 'अश्व' छोड़कर अपनी सत्ता की व्यापक स्वीकार्यता अधीनस्थ राज्यों पर बलपूर्वक थोपी जाए। महाराजा राम को यह आशंका थी कि यदि किसी राज्य ने यज्ञ के अश्व को थाम लिया तो युद्ध की स्थिति बनेगी ही।

"महर्षि, क्या वास्तव में आपको अश्वमेध यज्ञ की आवश्यकता प्रतीत हो रही है?" अयोध्यापति राजा राम ने महर्षि से यह प्रश्न इसलिए किया था कि जिससे महर्षि अपने अनुरोध पर पुनर्विचार कर लें।

"अयोध्यापति श्रीराम, राष्ट्र की एकता एवं अखण्डता को सुनिश्चित करने के लिए आप अश्वमेध यज्ञ करें। आप इस आशय से 'अश्व' छोड़ें। मुझे पूरी आशा है कि आपके 'अश्व' को कोई भी स्थानीय सत्ता हाथ नहीं लगाएगी और यदि कोई राजा फिर भी ऐसा दुस्साहस करता ही है तो युद्ध करने में हानि ही क्या है? राष्ट्र में एक सार्वभौमिक सत्ता की स्थापना के लिए यह सब नहीं सोचना चाहिए।" महर्षि ने एक झटके में महाराजा श्रीराम की शंकाओं को एक ओर ढकेलते हुए अपने सुझाव को दोहराया।

अश्वमेध यज्ञ के आयोजन की शंका अब समाप्त हो चुकी थी।

महर्षि अगस्त्य आश्रम के लिए विदा हो रहे थे। महर्षि के प्रस्थान करने से पूर्व अयोध्यापति श्रीराम ने समस्त अधीनस्थों और अनुजों को महर्षि से आशीर्वाद प्राप्त करने का अवसर दिया। मुझे स्मरण है कि आशीर्वाद प्रदत्त कराते समय प्रभु श्रीराम ने सभी के लिए कुछ न कुछ परिचयात्मक प्रशंसा की। आशीर्वाद ग्रहण करने के लिए मैं भी उपस्थित हुआ।

"महर्षि, ये हनुमान हैं। बल, बुद्धि, विद्या, शूरवीरता, दक्षता, धैर्य, नीति ज्ञान आदि गुणों को हनुमान ने अपने अन्दर समाहित कर लिया है। ये किष्किन्धा से मेरे साथ हैं। यद्यपि बालि और रावण में अतुल बल था, किन्तु मेरा विचार है कि कोई व्यक्ति सिर्फ बल के आधार पर ही अतुलनीय नहीं हो सकता। वे दोनों प्रज्ञाहीन थे। प्रज्ञाशीलता और बल का अद्भुत संयोग हैं हनुमान। इसीलिए मेरे विचार में बालि और रावण दोनों ही हनुमान के समकक्ष कहीं नहीं ठहरते। विशाल समुद्र को देखकर भी भयभीत न होने वाले हनुमान की शक्तियाँ अपरिमित हैं। हनुमान ने सौ योजन विशाल समुद्र को बिना विश्राम किये लाँघ कर सीता का पता लगाया था। लंकापुरी पहुँचने के प्रयास में इन्होंने कई अधिष्ठात्री राक्षसियों को परास्त किया था। आवश्यकतानुसार अपना आकार और अपना वेश बदलकर इन्होंने लंका नगरी का सूक्ष्म अन्वेषण किया था। शत्रु के क्षेत्र में जाकर भी अपना धीरज बनाये रखना और अपनी शक्ति का मर्यादित प्रदर्शन करना हनुमान के ही वश की बात है। सीता की खोज में वीर हनुमान ने अकेले ही अशोक वाटिका उजाड़कर रावण के सेनापतियों, मंत्रियों, पुत्रों, किंकरों तथा रावणपुत्र अक्षयकुमार का वध किया था। जब बात आई ब्रह्मास्त्र की तो हनुमान मर्यादा का पालन करते हुए स्वयं ही ब्रह्मास्त्र में बँध गये थे। राजदूत के रूप में उन्होंने हठधर्मी लंकेश रावण से वार्तालाप करते हुए उसे समझाने की चेष्टा

की थी। जब वह नहीं माना तो हनुमान ने लंकापुरी को जलाकर श्रीहीन कर दिया था। सत्य तो यह है कि हनुमान के बाहुबल से मैंने लंकाधिपति को परास्त किया है। यदि हनुमान न होते तो मेरे लिए सीता प्राप्ति और लंका विजय असम्भव होते। यदि ये समय रहते संजीवनी बूटी न लाए होते तो मूर्च्छित लक्ष्मण का जीवन रक्षण कर पाना भी मेरे लिए असम्भव हो जाता। हनुमान हैं तो मेरे लिए सर्वस्व है। इन्हीं के बल पर मैंने सीता, राज्य, मित्र और बान्धवों को प्राप्त किया है। अधिक क्या कहूँ बस इतना ही कह सकता हूँ कि यदि हनुमान मेरे सहयोगी न होते तो मेरे लिए जैसा वर्तमान है वैसा होना संभव न होता।" मेरे आराध्य महर्षि के समक्ष मुझ अकिंचन की प्रशंसा किये जा रहे थे।

मैं प्रभु के सामने अत्यन्त लज्जित सा अनुभव करते हुए महर्षि का आशीर्वाद लेने के लिए आगे बढ़ा।

20.

महर्षि अगस्त्य के प्रस्थान करने के उपरान्त अयोध्यापति राजा राम ने अश्वमेध यज्ञ की तैयारियाँ आरम्भ कर दी थीं। उत्तरदायित्व वितरण हो चुका था। प्रत्येक व्यक्ति को उसकी सामर्थ्य और रुचि के अनुसार कार्य आवंटित किया गया था। प्रभु के साथ रहते हुए मैंने यह अनुभव किया कि नेतृत्व क्या है। मैंने यह समझा कि नेतृत्व करना आसान कार्य नहीं होता। किस व्यक्ति को कहाँ प्रयोग किया जाए यह जानना किसी सफल नायक के लिए अनिवार्य गुण है और यह तभी सम्भव है कि जब नायक को अपने दल के प्रत्येक सदस्य के विषय में उसकी क्षमताओं के विषय में पूर्ण जानकारी हो। उपलब्ध संसाधनों के परिमाण तथा उनकी क्षमताओं के विषय में जाने बिना कोई भी नेतृत्व सफलतापूर्वक कार्य नहीं कर सकता। प्रभु श्रीराम के नेतृत्व का सबसे महत्वपूर्ण पहलू यही है कि वे उपलब्ध संसाधनों के परिमाण तथा उनकी क्षमताओं के विषय में पूर्ण जानकारी रखते हैं। चाहे वे संसाधन मानवीय हों अथवा भौतिक।

अश्वमेध यज्ञ की तैयारियाँ निर्धारित करते हुए उन्होंने भ्राता लक्ष्मण को महत्वपूर्ण व्यक्तियों को आमन्त्रण देने का कार्य सौंपा। वानरराज सुग्रीव को ये

सन्देश प्रेषित किया गया कि वे विशालकाय सेना के साथ यज्ञ महोत्सव का आनन्द लेने आयें। लंकाधिपति विभीषण को भी आमन्त्रण भेजा गया कि वे अपने सहयोगियों सहित यज्ञभूमि पर पधारें। इसी प्रकार समस्त मित्र राज्यों के अधिपतियों को आमन्त्रण पत्र भेज दिये गए। बड़ी संख्या में ऋषियों, मुनियों और तपस्वियों को भी यज्ञभूमि पर पधारने हेतु आमन्त्रण भेजे गए।

यज्ञ स्थल के रूप में गोमती तट पर स्थित नैमिषारण्य का चयन किया गया। इस स्थल पर विशाल यज्ञ मण्डप बनाने का कार्य आरम्भ हो गया। सेवादारों की विशाल संख्या पर विचार करते हुए खाद्य, पूजन सामग्री इत्यादि का व्यापक प्रबन्ध किया जाना आरम्भ हो गया। आगन्तुकों के ठहरने हेतु निवास स्थान बनाने तथा उनके खान-पान की व्यापक व्यवस्था की जाने लगी। बड़े राजाओं के लिए शिविर स्थापित करने का कार्य आरम्भ हो गया। तपस्वियों के लिए मनोहारी कुटिया इत्यादि बनायी जाने लगी। यह कार्य भरत भैया को सौंपा गया। भरत भैया सेना सहित परिजनों, दासों को लेकर यज्ञस्थल पर रहकर तैयारियाँ कराने लगे।

अश्वमेध यज्ञ में राजा का अपनी पत्नी के साथ प्रतिभाग करना अनिवार्य होता है। अयोध्यापति इस संस्कार से पूरी तरह परिचित थे। उन्होंने भरत भैया को माता सीता की एक स्वर्ण प्रतिमा बनवाने का आदेश भी दिया जिससे प्रभु उस यज्ञ में स्वर्ण प्रतिमा के साथ प्रतीकात्मक रूप में सीता माता के साथ विराजमान हो पायें।

आवश्यक तैयारियाँ हो जाने के उपरान्त अयोध्यापति अब नैमिषारण्य में आ गये थे। निर्धारित दिवस को अयोध्यापति ने उत्तम लक्षणों से युक्त कृष्ण रंग का एक 'अश्व' यज्ञस्थल से अभियान स्वरूप छोड़ा। इस अश्व की पीठ के पीछे विशाल सेना भी चल पड़ी। इस सेना का नेतृत्व शत्रुघ्न भैया को सौंपा गया। इस दल के उप नायक थे भरत पुत्र पुष्कल। मैं भी इसी विशाल सेना के साथ चल पड़ा। अयोध्यापति श्रीराम ने इस सेना के साथ कालजित, सुग्रीव, जाम्बवान, अंगद, गवय, मैन्द, दधिमुख, शतबलि, अक्षिक, नील, नल, मनोवेग तथा अधिमन्ता आदि वानरवीरों को भी अश्व के पीछे चलने के लिए आदेशित किया।

अश्व निकल पड़ा अपनी विजय यात्रा पर। अश्व अपनी इच्छा से आगे चलता जाता, हमारा सैन्य दल उसके पीछे-पीछे चलता जाता। अश्व की रक्षा

में चल रहे प्रत्येक योद्धा के मन में असीम ऊर्जा एवं उत्साह था। सभी हर्ष मग्न होकर चल रहे थे। रथ, गज, पैदल का संगम बनकर चल रही इस वाहिनी का सौन्दर्य अद्भुत था। अश्व के पार्श्व में स्वयं भैया शत्रुघ्न चल रहे थे। यह अश्व एक वर्ष तक पूरे राष्ट्र में भ्रमणशील रहा। जहाँ-जहाँ से अश्व भ्रमण करते हुए निर्विघ्न रूप से निकल जाता, अयोध्या के महाराजा राम का प्रभुत्व स्थापित होता जाता। जहाँ कहीं भी अश्व को रोका जाता, वहाँ युद्ध की स्थिति उत्पन्न हो जाती।

महाराजा राम की सत्ता के प्रति अपनी प्रतिबद्धता प्रकट करने के लिए कितने ही राजा 'अश्व' की अगवानी करने स्वयं ही पहुँचते थे। अयोध्यापति के प्रति अपनी प्रतिबद्धता प्रकट करने को ही वे अपना सौभाग्य समझते थे। सम्पूर्ण मार्ग में जहाँ-कहीं भी ऋषियों और मुनियों के आश्रम मिलते, हम वहाँ ठहरते, तनिक विश्राम करते। महात्मनों से आशीर्वाद लेते हुए आगे बढ़ते। इसी क्रम में हम च्यवन ऋषि के आश्रम में पहुँचे। महर्षि च्यवन से आशीर्वाद प्राप्त करने के पश्चात् हमारा दल आगे के लिए प्रस्थित हुआ। हम कामरूप पहुँचे। कामरूप के शासक सुमद ने स्वयं आगे आकर अश्व की अगवानी की। भैया शत्रुघ्न के समक्ष उन्होंने अपनी निष्ठा कोसल साम्राज्य और अयोध्यापति श्रीराम के प्रति व्यक्त की।

अश्व सतत् गतिशील था। जहाँ-जहाँ से अश्व निकल रहा था, वहाँ इस अश्व का सेना सहित सादर अभिनन्दन हो रहा था। अयोध्यापति का साम्राज्य विस्तारित होता जा रहा था। कामरूप के पश्चात् अश्व दक्षिण की ओर चल दिया। अश्व के पीछे-पीछे हम भी उसी दिशा में चल दिये। कुछ दिनों बाद हम उत्कल राज्य की राजधानी पुरी पहुँचे। जगन्नाथ जी की इस नगरी की छटा अत्यन्त निराली थी। पुरी नगरी समुद्र तट के किनारे अवस्थित थी। समुद्र देखकर मुझे लंका अभियान के दिन स्मरण हो आये। उत्कल का समुद्र तट दक्षिण के उस समुद्र तट से भिन्न था। पुरी में कुछ समय ठहरने के बाद हमारा अश्व आगे चला ही जा रहा था। रास्ते में पड़ने वाले सभी स्थानीय राजा और प्रजा अश्व को देखकर हर्षित होते।

सतत् भ्रमणशील रहते हुए हम अश्व के साथ चक्रांका नगरी पहुँचे। इस नगरी का राजा सुबाहु था। चक्रांका नगरी के राजकुमार दमन ने 'अश्व' को पकड़ने की धृष्टता कर डाली। दमन कम आयु का किशोर था। भरत ने उस किशोर से लड़ने के लिए पुष्कल को अधिकृत किया।

राजकुमार पुष्कल ने कुछ ही देर में उस किशोर युवराज दमन को पराजित कर दिया। युद्धभूमि में दमन निश्चेष्ट हो कर गिर पड़ा। दमन के निश्चेष्ट होते ही उसका सारथी उसे लेकर नगर की ओर भागा। दमन के निश्चेत होने का समाचार सुनकर उसके पिता राजा सुबाहु युद्ध स्थल पर पहुँचे और हमारी सेना पर आक्रमण कर दिया। राजा सुबाहु के साथ उसका भाई सुकेतु उसका दूसरा पुत्र चित्रांग भी थे। राजा सुबाहु गदा युद्ध में महाप्रवीण थे। राजा सुबाहु को युद्ध की रणनीति के विषय में भी अच्छा ज्ञान था। मैंने देखा कि सुबाहु ने हमारे दल के सम्मुख अपनी सेना क्रौंच व्यूह में खड़ी कर दी। मुझे लगा कि यह युद्ध बहुत आवश्यक नहीं है। इसे रोका भी जा सकता है। मैंने सुबाहु से निवेदन किया, "राजन, आप इस युद्ध से बचने का प्रयास कीजिए। यदि सम्भव हो तो इस व्यर्थ के रक्तपात को रोकिए। अयोध्यापति श्रीराम की सार्वभौम सत्ता को स्वीकार कीजिए और अजेय अश्व को आगे जाने दीजिए।"

"जिस राजा की सेना ने मेरे पुत्र को आहत किया हो उसकी सार्वभौमिकता स्वीकार करने के विषय में तो मैं सोच भी नहीं सकता। वैसे भी योद्धाओं को पीठ दिखाना शोभा नहीं देता। पीठ दिखाने से कहीं अच्छा है कि युद्धरत रहते हुए मृत्यु हो जाये।" सुबाहु ने इतना कहकर हमारी सेना पर भीषण बाण वर्षा आरम्भ कर दी।

युद्ध आरम्भ हो चुका था। पुष्कल ने अपने एक बाण से चित्रांग का सिर काट दिया। चक्रांका नरेश सुबाहु चिन्तित हो उठे। कुछ क्षणों के लिए युद्ध रुका किन्तु उसके पश्चात् सुबाहु ने अपने पुत्र दमन तथा उसके भाई विचित्र के साथ मिल कर हमारी सेना पर फिर घोर आक्रमण कर दिया। शत्रुघ्न और उनके सहायकों ने भी सामना करने में बहादुरी दिखाई। मुझे यह सब व्यर्थ लग रहा था। अश्वमेधीय अश्व को अभी दूर तक जाना था। इसी तरह यदि स्थान-स्थान पर विलम्ब होता रहा तो यज्ञ का मुहूर्त भी निकल जायेगा और असंख्य लोगों को प्राणों से हाथ धोना पड़ेगा। यह अश्वमेध, नरमेध बनकर रह जायेगा।

मैंने सुबाहु को सुमार्ग पर लाने का पुनः निश्चय किया। मैंने उनके रथ को अपनी पूँछ में लपेट लिया और चक्राकार घुमाने लगा। एक क्षण को सुबाहु विचलित अवश्य हुए। उन्होंने अपनी सारी शक्ति मुझ पर ही केन्द्रित

कर मुझ पर आक्रमण बोल दिया। मेरी पूँछ तथा मेरी काया पर तीक्ष्ण शस्त्रों से प्रहार आरम्भ कर दिये। मुझे भी क्रोध आ गया। मैंने उनके रथ को जोर से भूमि पर पटका। भूमि पर पटकने के कारण वह सुंदर सा रथ चूर-चूर हो गया। अब मैंने सुबाहु के वक्षस्थल पर अपने दाहिने पैर से करारा प्रहार किया। सुबाहु इस आक्रमण को झेल नहीं सके और तत्काल अचेत होकर भूमि पर गिर पड़े। उनकी सेना में भगदड़ मच गई। तनिक देर बाद सुबाहु की संज्ञा लौटी तो वे करबद्ध होकर मेरे समक्ष खड़े हो गए।

"हे हनुमान, मैं आपके और अयोध्यापति राजा राम के प्रताप को जान गया हूँ। मुझे क्षमा करें।" सुबाहु बोले।

"राजन, मेरे नहीं अयोध्यापति श्रीराम के प्रताप की जय जयकार करें।" मैंने कहा।

सुबाहु ने हाथ जोड़े हुए कहा, "हनुमान, मेरा अहंकार मुझे अन्धा कर रहा था। मैं श्रीराम की शक्ति को कम आँक कर उनकी उपेक्षा करने की धृष्टता कर रहा था। मुझे अब उनकी शक्ति का अनुमान हो गया है। आपके पद प्रहार ने मेरी आँखें खोल दीं। जिसके दूत में ही इतनी शक्ति हो वह स्वयं कितना शक्तिशाली होगा? मुझे आप लोगों से युद्ध की कोई आकांक्षा नहीं रही। आप अयोध्यापति श्रीराम को मेरी निष्ठा निवेदित करें। मैं यज्ञ में स्वयं उपस्थित होकर यथा योग्य सेवा द्वारा अपने को धन्य करूँगा।"

राजा सुबाहु के इस संवाद को सुनकर रामानुज शत्रुघ्न ने मुक्त हृदय से उनको बाँहों में भर लिया। राजा सुबाहु ने अयोध्यापति के चरणों में सर्वस्व समर्पित करने की कामना व्यक्त की।

अब हमारा अश्व नर्मदा नदी के तट की ओर गतिमान हुआ। हम अमरकंटक पहुँच चुके थे। नर्मदा और स्वर्णभद्र नदियों की संगम स्थली थी यह नगरी। नर्मदा की छटा अनुपम थी। अमरकंटक में महर्षि आरण्यक का आश्रम था। यहाँ आकर हमने महर्षि आरण्यक के दर्शन किए। महर्षि आरण्यक की पर्णशाला पलाश के पत्तों से बनी हुई थी। चारों ओर रंग-बिरंगे पुष्प लगे हुए थे। पूरी जलवायु में मधुर गंध बिखरी हुयी थी। शुद्ध वायु और हरीतिमा युक्त इस पर्णशाला के सौन्दर्य को शब्दों में व्यक्त कर पाना संभव नहीं था। महर्षि आरण्यक से मिलकर राजकुमार शत्रुघ्न ने अयोध्यापति श्रीराम द्वारा किये जा रहे अश्वमेघ यज्ञ के विषय में उन्हें सूचना

दी। राजकुमार शत्रुघ्न ने उनसे आशीर्वाद ग्रहण किया। महर्षि आरण्यक ने राजकुमार शत्रुघ्न से अपेक्षा की कि यदि कोई प्रबन्ध हो सके तो उन्हें श्रीराम के दर्शन हेतु भिजवा दीजिए। महर्षि आरण्यक श्रीराम के दर्शन के लिए आतुर थे। राजकुमार शत्रुघ्न ने उनकी आतुरता का सम्मान करते हुए सेना की एक टुकड़ी को आदेशित किया कि महर्षि आरण्यक को शिविका में बैठाकर यज्ञस्थल ले जाया जाए।

अश्वमेधीय अश्व अभी भी गतिमान था। अश्व अब देवपुर की ओर चल पड़ा। देवपुर में वीरमणि का शासन था। वीरमणि महादेव के अनन्य भक्त थे। वीरमणि के पुत्र रुक्मांगद ने अश्व की गति को बाधित कर दिया। अश्व की गति बाधित होने से युद्ध अनिवार्य हो गया। युद्ध करने के लिए वीरमणि समरांगन में पहुँचे। वीरमणि का सामना शत्रुघ्न से हुआ। दोनों पहले सामान्य अस्त्र-शस्त्रों का प्रयोग करते रहे जब कोई भी परिणाम नहीं निकला तो दोनों ओर से दिव्यास्त्रों का प्रयोग आरम्भ हो गया। वीरमणि बहुत देर तक राजकुमार शत्रुघ्न के साथ नहीं टिक सके। राजकुमार शत्रुघ्न ने उन्हें शीघ्र ही आहत कर दिया। वीरमणि का सारथी उन्हें लेकर समरांगन से भाग गया। रुक्मांगद भी युद्ध करते-करते निश्चेत हो गया। जब उसकी संज्ञा लौटी तो वह पुनः युद्धरत हो गया। रुक्मांगद के समक्ष पुष्कल युद्धरत थे। दोनों में घोर युद्ध हुआ। रुक्मांगद ने अपने बाण से पुष्कल के रथ को बहुत दूर फेंक दिया। क्रोध में भरकर पुष्कल ने रुक्मांगद के रथ को हवा में उछाल दिया। उछाल खाने के पश्चात जब रथ भूमि पर गिरा तो गिरते ही रथ विदीर्ण हो गया। रथ इतने वेग से नीचे गिरा कि रुक्मांगद सँभल भी न सका और उसके प्राण पखेरू उड़ गये।

अपने भक्त को मूर्च्छित और उसके पुत्र को काल कलवित देख सदाशिव अपने को रोक नहीं सके और युद्ध क्षेत्र में प्रकट हो गए। सदाशिव से अब राजकुमार शत्रुघ्न का सामना होना था। सदाशिव के समक्ष राजकुमार शत्रुघ्न के पाँव शीघ्र उखड़ गए। राजकुमार शत्रुघ्न की यह स्थिति देखकर पुष्कल उनसे युद्ध के लिए आगे बढ़ा तो पलक झपकते ही सदाशिव ने उन्हें भी धराशायी कर दिया। मैं सदाशिव से भला कैसे लड़ सकता था? वे तो मेरे आराध्य के भी आराध्य थे, किन्तु जिस प्रकार हमारी सेना का विध्वंस सदाशिव ने किया था, मुझे भगवान पशुपति से युद्ध हेतु आगे आना पड़ा। इसे भी मैं प्रभु श्रीराम की ही इच्छा समझ रहा था। सदाशिव से युद्ध करना

कोई आसान कार्य नहीं था। सदाशिव के साथ मेरा भीषण युद्ध हुआ। मैं वृक्षों को उखाड़-उखाड़ कर उन पर फेंक रहा था। शिव जी अपने 'पिनाक' से मेरे प्रत्येक वार को निष्फल सिद्ध कर रहे थे। अचानक सदाशिव ने मेरे ऊपर शूल से आक्रमण किया। शूल मेरे वक्ष से टकराया, मुझे गहन पीड़ा का अनुभव हुआ। ऐसा लगा कि कुछ नुकीला सा तीर मेरे वक्ष को वेध गया हो, लेकिन मेरे सशक्त वक्षस्थल से टकराकर वह शूल तिरछा होकर गिर पड़ा। युद्ध पूरे उन्माद पर था। सदाशिव अपने भक्त वीरमणि का बदला लेने के लिए प्रलयांकर के रूप में प्रतीत हो रहे थे।

सदाशिव के सामने हमारी वाहिनी के असंख्य सैनिक काल कलवित हो गए। मैंने श्रीराम का स्मरण कर अपने लांगूल को फैलाया। इस लांगूल में मैंने नन्दी के साथ सदाशिव को भी समेट लिया और लांगूल को आकाश में घुमाने लगा। सदाशिव का तो कुछ नहीं बिगड़ना था किन्तु नन्दी पीड़ा से चिल्लाने लगे। उनको कष्ट में देख मैं शांत हुआ। थोड़ी देर बाद मैंने उन्हें और उन पर सवार उनके स्वामी को भूमि पर रखा। शिव ने युद्ध समाप्त करने की घोषणा की।

"हनुमान, मैं तुम्हारे पराक्रम से प्रसन्न हूँ वत्स। बोलो क्या चाहते हो?"

"भगवन्, आभारी हूँ आपका। आप तो मेरे आराध्य के भी आराध्य हैं। मैंने कुछ अप्रिय किया हो तो कृपया मुझे क्षमा करें। भगवन् यदि आप मुझ पर सचमुच प्रसन्न हैं तो एक उपकार करें। राजकुमार शुत्रघ्न और पुष्कल मृतवत पड़े हैं। हमारी सेना के अनेक योद्धा समरांगन में निश्चेत पड़े हैं। आप इन्हें स्वस्थ कर दें।" मैंने अपने हाथ जोड़कर घुटनों के बल बैठकर आशुतोष को प्रणाम निवेदित किया।

"एवमस्तु!" सदाशिव ने कहा।

राजकुमार शत्रुघ्न, पुष्कल, वीरमणि, रुक्मांगद और उसके अनुज चित्रांगद इत्यादि सभी वीर स्वस्थ हो गये। वीरमणि ने हमें कुछ दिनों तक अपने आतिथ्य का लाभ देना चाहा किन्तु यज्ञीय अश्व अब विश्राम नहीं करना चाहता था। अश्व पुनः गतिमान हो गया। हम उसका अनुसरण करते हुए उसके पीछे-पीछे चल पड़े।

हमारा अश्व गतिमान था। चलते-चलते अचानक पूरे वातावरण में अन्धकार छा गया। कुछ पल बाद जब अन्धकार हटा तो हमने देखा कि

हमारा अश्व कहीं भी दिखायी नहीं पड़ रहा था। ऐसा प्रतीत हो रहा था कि किसी मायावी ने हमारे अश्व को छुपा दिया था।

"हनुमान जी, हमारा अश्व कहाँ है? सर्वप्रथम अश्व का संधान आवश्यक है।" शत्रुघ्न ने घबराए स्वर में कहा।

"राजकुमार शत्रुघ्न, मैं अपने अनुभव के आधार पर कह सकता हूँ कि यह सब किसी मायावी राक्षस का कृत्य है।" मैंने राजकुमार को आश्वस्त किया।

"राक्षसी माया?" उन्हें आश्चर्य हुआ।

"हाँ। लंकायुद्ध में इस तरह की घटनायें सामान्य रूप से घटित होती थीं।" मैंने राजकुमार शत्रुघ्न से कहा।

"कौन हो सकता है यह राक्षस?" शत्रुघ्न ने धनुष टंकार करते हुए कहा।

"मेरा अनुमान है कि कोई रावण का मित्र ही होगा। उसे यह रुचिकर नहीं लग रहा होगा कि रावण के प्राण हरने वाले श्रीराम अश्वमेघ यज्ञ कर सकें।"

ठीक उसी समय आकाश में अकस्मात विद्युत चमकी। विद्युत के साथ ही एक मायावी अट्टहास भी गूँजा। यह अट्टहास अत्यन्त विकराल था। विद्युत प्रकाश के साथ ही एक भयंकर राक्षसाकृति प्रकट हुई। विशालकाय था वह राक्षस। भयंकर मुखाकृति थी उसकी। बड़ी-बड़ी मूँछें, ऊबड़-खाबड़ दाँत, अग्नि सी दग्ध आँखें।

"कौन हो तुम?" मैंने ललकार कर पूछा।

"मैं विद्युन्माली हूँ। रावण का मित्र। मेरे मित्र का वध कर राम यज्ञ रचाएँ, यह मुझे स्वीकार्य नहीं। यज्ञ का अश्व अब मेरे पास ही रहेगा। मैंने उसे आकाश की ऊँचाइयों में छिपा दिया है। हा हा हा हा...।" वह मायावी राक्षस बोला। बोलते-बोलते वह राक्षस अदृश्य हो गया था। अंधकार छा गया था पुनः चहुँओर।

"मैं ही देखता हूँ इस विद्युन्माली को।" शत्रुघ्न ने यह कहकर अपने धनुष से मंत्राभिषिक्त बाण छोड़ा। इस बाण से विद्युन्माली की माया कट गई। आसमान में फैला अंधकार छँट गया, परन्तु अश्व अब भी अदृश्य था। राक्षसों की विशाल सेना हमारे सामने खड़ी थी।

दोनों सेनाओं के मध्य युद्ध आरम्भ हो गया। हमारी सेना ने राक्षसी सेना का संहार करना आरम्भ कर दिया। लेकिन विद्युन्माली अभी भी कहीं दिखाई नहीं पड़ रहा था।

"हनुमान जी, अब आपको इसकी काट ढूँढ़ना होगा।" शत्रुघ्न ने मुझे सम्बोधित किया।

"परन्तु कैसे?" मैंने विस्मित होकर उनसे पूछा।

"शाप वश आपकी शक्ति विस्मृत रहती है। अन्यथा क्या कठिन है यह आपके लिए? आकाश में उड़ान तो भर ही सकते हैं।"

"जैसी आज्ञा, मैं प्रयास करता हूँ।" मैंने कहा।

इसके बाद मैंने पवन वेग से अन्तरिक्ष में प्रवेश किया। मैंने देखा कि अन्तरिक्ष के एक कोने में विद्युन्माली खड़ा हुआ था। मैंने विद्युन्माली के हाथों से एक झटके में अश्व को मुक्त कराया और धरती की ओर प्रस्थान किया। विद्युन्माली भी मेरे पीछे-पीछे चल पड़ा। मैं सीधे अपने शिविर में आ गया। मेरा पीछा करते-करते विद्युन्माली भी वहाँ आ गया। राजकुमार शत्रुघ्न वहाँ पर पहले से ही खड़े हुए थे। अब दोनों में घोर युद्ध आरंभ हो गया था।

उन दोनों के मध्य पहले तो अस्त्र-शस्त्र वाला युद्ध हुआ। जब दोनों के अस्त्र-शस्त्र समाप्त हो गए तो दोनों योद्धा मात्र हाथों से एक-दूसरे पर मुष्टिका प्रहार करने लगे।

अन्ततः शत्रुघ्न ने अपने युद्ध-कौशल के बल पर उसके सारे प्रहारों को व्यर्थ कर दिया। शत्रुघ्न ने अवसर पाकर विद्युन्माली को कमर से पकड़कर हवा में उछाल दिया। विद्युन्माली धरती पर आ गिरा। उसके मुख से रक्त की धारा बह चली। वीर शत्रुघ्न ने अपने बायें पैर को उसके वक्षस्थल पर रखकर उसे मृत्युलोक में पहुँचा दिया। हमारी सारी सेना में प्रसन्नता व्याप्त हो गई।

अब हमारा अश्व हमारे पास था। अश्व को उन्मुक्त छोड़ दिया। हम उसके पीछे-पीछे चल पड़े। यज्ञ का अश्व भ्रमण करता हुआ अब कुण्डलपुर पहुँचा। यहाँ के राजा सुरथ ने अपने दस पुत्रों के साथ हमसे युद्ध किया। सुरथ श्रीराम भक्त था उसे यह वरदान प्राप्त था कि बिना श्रीराम के दर्शन किये उसे नहीं मारा जा सकेगा। सुरथ ने यज्ञ के अश्व को यह कहकर बन्धक बना लिया कि जब तक प्रभु श्रीराम उसे दर्शन नहीं देंगे तब तक वह

अश्व को मुक्त नहीं करेगा। अन्ततः उसके ध्यान करने पर प्रभु श्रीराम ने उसे प्रतीकात्मक दर्शन दिये। दर्शन से अभिभूत होने के पश्चात् यज्ञ का अश्व मुक्त कर दिया। सुरथ ने अयोध्यापति का आधिपत्य स्वीकार कर लिया था।

21.

अश्व अभी भी गतिमान था। अश्व निर्बाध रूप से चलता ही चला जा रहा था, अयोध्या के राजा राम की सत्ता की स्वीकार्यता और उसका भौगोलिक क्षेत्रफल सतत् विस्तृत होता जा रहा था। हम सब बड़े प्रसन्न थे। रामवाहिनी लगातार गतिमान थी। नेतृत्व कर रहे शत्रुघ्न तथा उपनायक पुष्कल के साथ मैं बहुत सन्तोष अनुभव कर रहा था कि राजा राम के प्रभाव का विस्तार करने में हम भी कुछ भूमिका निभा पा रहे थे।

यज्ञीय अश्व अब एक अरण्य की तरफ मुड़ गया। इस अरण्य की शोभा अन्य अरण्यों से अलग थी। पंक्तिबद्ध सजे हुए वृक्ष, क्यारियों में पुष्प, पल्लव इत्यादि इस बात के प्रमाण थे कि अरण्य की आन्तरिक साज-सज्जा अत्यन्त सुरुचिपूर्ण थी। ज्ञात हुआ कि यह महर्षि वाल्मीकि का आश्रम था। जैसे ही अश्व ने इस आश्रम में प्रवेश किया तो एक बारह-तेरह वर्षीय सुकुमार न उसे पकड़ लिया। अश्व को पकड़कर उस आकर्षक सुकुमार ने अश्व के मस्तक पर बँधे स्वर्ण पत्र को पढ़ा। स्वर्ण पत्र पर अंकित शब्दों को पढ़कर वह सुकुमार यह समझ गया कि यह अश्वमेघ का अश्व है। उस सुकुमार ने स्वर्ण पत्र से यह भी ज्ञात कर लिया कि यह अश्व अयोध्या के राजा रामचन्द्र जी द्वारा कराये जा रहे अश्वमेघ यज्ञ में छोड़ा गया है।

"कौन है इस अश्व के साथ...?" उस सुकुमार ने कंधे उचका कर पूछा। एक निश्छल सी हठ दिखाते हुए नितान्त बाल सुलभ ढंग से उसने अश्व को पकड़ कर एक वृक्ष से बाँध दिया था।

"अश्व को मुक्त कर दो बालक...।" शत्रुघ्न भैया ने उसे समझाना चाहा।

"अश्व को मुक्त कराने के निवेदन करने से पूर्व अपना परिचय तो दें वीरवर...।" उस सुकुमार ने प्रतिप्रश्न किया।

"मैं अयोध्यापति प्रतापी राजा श्रीराम का अनुज शत्रुघ्न हूँ। अयोध्यापति द्वारा एक अश्वमेध यज्ञ आयोजित किया जा रहा है। उसी के उपलक्ष्य में यह अश्व छोड़ा गया है। इस अश्व को वही पकड़ सकता है जिसे राजा राम की सत्ता स्वीकार्य नहीं हो। अभी तो तुम अबोध हो तुम्हें सम्भवतः इसकी जानकारी नहीं है, इसलिए तुमने इस अश्व को पकड़ा है। अब मैंने तुम्हें परिस्थिति से अवगत करा दिया है, अतएव उचित होगा कि तुम अपनी त्रुटि सुधार कर लो और क्षमा माँगते हुए अश्व को ससम्मान मुक्त कर दो।" शत्रुघ्न ने किंचित समझाने के उद्देश्य से यह बात कही।

"तो राजा राम की यह हिम्मत, कि अपने अश्व को महर्षि वाल्मीकि आश्रम भेजें। मेरा नाम लव है। श्रीमान शत्रुघ्न जी यदि आप चाहते हैं कि मैं अश्व को मुक्त कर दूँ तो आपको मुझसे युद्ध करना होगा।" उस सुकुमार ने अपना परिचय देते हुए शत्रुघ्न को ललकारा।

उस सुकुमार की हठधर्मिता देखकर भ्राता शत्रुघ्न कुपित हो उठे। भ्राता शत्रुघ्न ने सेनापति कालजित के नेतृत्व में सेना की एक टुकड़ी को पर्याप्त समझते हुए सुकुमार लव को युद्ध करने के लिए भेजा। आश्चर्य, वह सुकुमार अपेक्षा से अधिक निपुण योद्धा निकला। कालजित लव द्वारा मारा गया। उस सुकुमार का सामना करने के लिए उपनायक पुष्कल आगे बढ़े ही थे कि लव ने एक ही बार में असंख्य बाण छोड़ दिये। लव के उन बाणों से कुछ सैनिक वहीं ढेर हो गए और कुछ पीठ दिखाकर भाग खड़े हुए। लव के समक्ष हमारी सेना का दुर्बल स्वरूप सामने आ गया। यह स्वीकार कर पाना संभव नहीं लग रहा था कि यह वही सेना है जो राम की अपराजेय सेना के रूप में मानी जाती है।

सैनिकों की दुर्दशा को देखकर शत्रुघ्न भैया ने क्रोधित होकर धनुष उठाया और लव पर अपने बाणों से आक्रमण किया। मैं देख रहा था कि लव ने उन बाणों को बीच में ही काट दिया। शत्रुघ्न भैया का प्रत्येक वार निष्फल हो रहा था। शत्रुघ्न भैया का कोई भी अस्त्र उस सुकुमार के आस-पास भी नहीं पहुँच पा रहा था। अब लव ने तीखे बाण शत्रुघ्न भैया के वक्षस्थल को लक्ष्य करके छोड़े। ये बाण सीधे शत्रुघ्न भैया के वक्षस्थल पर लगे। शत्रुघ्न भैया उस प्रहार को संभवतः सहन नहीं कर सके और संज्ञा शून्य हो गिर पड़े। लव के साथ उन्हीं की आयु का एक और सुकुमार भी अब आ चुका था। ऐसा प्रतीत हो रहा था कि वे दोनों सहोदर हैं और सम्भवतः जुड़वाँ

भी। जब लव ने उस सुकुमार को कुश के नाम से सम्बोधित किया तो हमें ज्ञात हुआ कि उस दूसरे सुकुमार का नाम कुश है। कुश ने अपने बाणों से हमारी सेना के एक वीर सुरथ को मूर्छित कर दिया।

दोनों सुकुमारों के शौर्य से शीघ्र ही राम वाहिनी में अबतक भय छा गया। किसी सैनिक का साहस नहीं हो पा रहा था कि भूमि पर पड़े संज्ञा शून्य शत्रुघ्न भैया को उठा भी सके। मुझसे यह स्थिति नहीं देखी गई। मैं शत्रुघ्न को जैसे ही उठाने चला, कुश ने मुझे ललकारा।

"तुम इसे हाथ नहीं लगा सकते कपिराज। हम इसे आश्रम ले जाकर ऋषियों को दिखायेंगे कि इसी वीर के बल पर अयोध्या के अंहकारी राम ने दिग्विजय का स्वप्न संजोया है।" कुश ने मुझे पास जाने से रोकते हुए कहा।

"श्रीराम के प्रति अपशब्द का प्रयोग न करें सुकुमार। आप अवश्य ही किसी राज परिवार के लगते हैं।" मैंने शत्रुघ्न भैया की ओर बढ़ने का प्रयास करते हुए कहा।

"तो आप पहचान गए हमें? आपके वीर सेनानायकों को तो इतनी बुद्धि भी नहीं है। वे तो लगातार हमें सुकोमल ऋषिपुत्र ही समझते रहे।" लव ने यह कह कर बाणों की ऐसी झड़ी मुझ पर लगा दी कि मेरा शत्रुघ्न भैया के पास पहुँच पाना असम्भव हो गया।

मेरे अन्तर्मन में अकस्मात् ये कौंधा कि दोनों सुकुमार अवश्य ही वैदेही पुत्र हैं अन्यथा श्रीराम अथवा उनके आत्मज के अलावा और किसके बाणों में यह शक्ति है कि वह मेरी गति को बाधित कर दे? मेरे वज्रांग होने के कारण लव के बाणों ने मुझे कोई क्षति तो नहीं की किन्तु मेरे और शत्रुघ्न भैया के मध्य एक ऐसी अभेद्य दीवार अवश्य खड़ी कर दी कि जिसे तोड़कर जाना मेरे वश की भी बात नहीं थी।

"मैं आपको पहचान गया लव-कुश। आप अवश्य ही श्रीराम और वैदेही की सन्तान हैं। आपको बताना चाहता हूँ कि जिस वीर को आपने आहत कर भूशायी कर दिया है वे आपके पूज्य पिता के अनुज शत्रुघ्न हैं। इनके प्राण संकट में हैं, मुझे इन्हें ले जाने दें।" उन दोनों सुकुमारों के अद्भुत पराक्रम से मैं अभिभूत था।

"संकट में हैं तो रहें। वीरों के प्राण तो संकट में पड़ते ही रहते हैं। क्या सोचकर अयोध्या के अहंकारी राजा राम के इस अनुज ने धनुष उठाया

था? जिन श्रीराम का नाम आप ले रहे हैं वे तो वैसे भी दूसरों को संकट में डालने में सिद्धहस्त हैं। अयोध्या के इस सेनानायक के संकट की मैं चिन्ता क्यों करूँ? अयोध्या के राजा राम वही तो हैं जिन्होंने अपनी साध्वी पत्नी को प्रसवकाल में राज्य से निष्कासित कर दिया था। आज वही अयोध्या के राजा राम अश्वमेघ का ढोंग रचें, यह हमें स्वीकार्य नहीं।"

"आप मर्यादा पुरुषोत्तम के विरुद्ध मिथ्या और अपशब्दों का प्रयोग कर रहे हैं।" मैंने क्रोध में आकर कहा।

"मर्यादा..., आप किस भ्रम में हैं कपिराज। बहाना बनाना छोड़िए, युद्ध करिए।" लव ने उन्मुक्त हँसी के साथ मुझे चिढ़ाते हुए कहा।

"मुझे आप क्रोधित होने के लिए विवश कर रहे हैं राम पुत्र...।" मैंने कहा।

"समय क्यों अपव्यय कर रहे हैं कपिराज..., मैंने सुना है कि आपको बल स्मरण कराना पड़ता है, अद्भुत पराक्रमी हैं आप..., तो लीजिए आपको स्मरण कराता हूँ आपका बल, आपकी सामर्थ्य, आपकी शक्ति जिससे कि पूरी सामर्थ्य के साथ आप मुझसे युद्ध कर सकें।" लव ने कहा।

मुझे अब उन दोनों सुकुमारों पर सचमुच क्रोध आ रहा था। मुझे लगा कि उन्होंने सारी मर्यादाएँ तोड़ दी हैं। क्रोध में आकर मैंने उन दोनों किशोरों पर वृक्ष, चट्टान, शिलाएँ इत्यादि फेंकना शुरू किया। लेकिन यह क्या... मेरे प्रत्येक वार को उन दोनों सुकुमारों ने अपने तीक्ष्ण बाणों से छिन्न-भिन्न कर दिए।

इसके बाद कुश ने भयानक संहारास्त्र से मुझ पर प्रहार किया। मैं उस अस्त्र को सह नहीं सका और मूर्च्छित हो गिर पड़ा। मेरे मूर्च्छित होते ही राम सेना का आत्मविश्वास जाता रहा। अर्द्धचेतना में मुझे यही पता चल सका कि उन दोनों सुकुमारों ने वानरराज सुग्रीव, पुष्कल, अंगद, प्रतापाग्रय और वीरमणि जैसे वीरों को पराजित कर दिया।

उन दोनों राम पुत्रों ने मेरी कमर पकड़ कर रस्सी से बाँध दिया। रस्सी से बाँधकर वे मुझे लगभग खींचते हुए से चल दिए। लव ने मेरी रस्सी सँभाली। कुश ने मूर्छित शत्रुघ्न को हाथों में उठा लिया और महर्षि वाल्मीकि की कुटी की ओर चल दिए।

"माँ... माँ कहाँ हो? बाहर निकलकर आओ देखो हम किसे पकड़ कर लाए हैं।" लव-कुश ने समवेत स्वरों में कहा।

"अरे यह तो हनुमान हैं। क्या किया तुम लोगों ने? जिसने मुझे लंका-रूपी कारागार से मुक्त कराया उसे ही तुम लोगों ने बन्धनयुक्त किया हुआ है।" कहती हुई माता दौड़ी थी मेरी ओर।

माता वैदेही ने अपने हाथों से मुझे बन्धनमुक्त कराया।

"बुरा न मानना हनुमान। बहुत उद्दण्डता का प्रदर्शन किया है इन दोनों ने। परन्तु तुम कैसे बन्धन में आ गये इनके? मैं जानती हूँ मेघनाद द्वारा ब्रह्मपाश में भी तुम स्वेच्छा से ही बँध पाये थे।"

मैं कैसे बताता कि स्वेच्छा से नहीं विवशता में ही बँधा था उनके पुत्रों के बन्धन में। रावणसुत मेघनाद में और श्रीराम पुत्रों में बहुत अन्तर था। यह अन्तर मुझे पूरी तरह समझ आ रहा था। बन्धन मुक्त होते मैं माता सीता के चरणों में गिर पड़ा। पराजय और बन्धन का दुःख बहुत छोटा था, माता सीता को देखकर मन की तृप्ति का भाव नेत्रों के मार्ग से तरल होकर बाहर निकल रहा था। मैं माता सीता के चरणों में पड़ा हुआ था। वे मुझे अपने हाथों से उठाना चाह रही थीं किन्तु मैं उनके चरण कैसे छोड़ता? बहुत दिनों के पश्चात माता सीता के श्री दर्शन सम्भव हुए थे। अब मैंने माता सीता को बताया कि शत्रुघ्न भैया भी बाहर निश्चेत अवस्था में पड़े हुए हैं। माता सीता घबराकर आंगन की ओर भागीं।

शत्रुघ्न भैया को देखते ही माता सीता ठिठक गयीं।

"अरे ये तो देवर शत्रुघ्न हैं। ये कैसे संज्ञा शून्य पड़े हैं। कैसी कठोरता का प्रदर्शन किया इन किशोरों ने?" कहकर वे शत्रुघ्न भैया के चेहरे पर आँचल से हवा करने लगीं। जल पात्र मँगाकर उनके मुख पर छींटे दिए और थोड़ी देर में शत्रुघ्न भैया चेतना में आ गए। उन्हें पूरी परिस्थितियाँ समझने में अधिक समय नहीं लगा। उन्होंने जगदम्बा के चरणों में प्रणिपात किया और लव-कुश की वीरता की भूरि-भूरि प्रशंसा की।

शत्रुघ्न भैया से माता सीता ने अयोध्या की कुशल क्षेम की जानकारी ली। माताओं के विषय में पूछा, सौमित्र और भरत भैया के विषय में पूछा। परिवार के विषय में पूछा और सकुचाते हुए पूछा अपने आराध्य के विषय में...।

माता सीता की आज्ञा लेकर उस अश्व के साथ हम सब वापस चल पड़े। अश्व के पीछे-पीछे हम सब प्रस्थित हुए अश्वमेघ यज्ञ के आयोजन स्थल नैमिषारण्य की ओर। अब तो अश्वमेघ यज्ञ ही होना शेष था।

अश्वमेध यज्ञ एक वर्ष से भी अधिक काल तक चलता रहा। नैमिषारण्य में निवास करते समय राजा राम के पास भूमण्डल के अनेकानेक नरेश भाँति-भाँति के उपहार लाये थे। अयोध्या नरेश ने समस्त अतिथि राजाओं का यथोचित सम्मान किया। यज्ञ में सम्मिलित होने के लिए तपस्वियों की बड़ी संख्या उपस्थित रही। लक्ष्मण भैया के संरक्षण में अश्वमेघ यज्ञ का कार्य भली-भाँति चल रहा था।

वानर एवं राक्षस मिलकर अतिथियों, भिक्षुओं, साधकों, तपस्वियों, मुनियों, ऋषियों, राजाओं, महाराजाओं का दीर्घावधि तक स्वागत, सत्कार और अतिथि सेवा करते रहे।

अत्यन्त आनन्दपूर्ण वातावरण था यज्ञस्थल का। सभी आनन्दित थे इस यज्ञ के साक्षी बनकर। यदि कोई इस अश्वमेघ यज्ञ का आनन्द नहीं ले सका, तो वह था मैं। यज्ञ चलता रहा और श्रीराम के पार्श्व में विराजती स्वर्ण सीता को देख-देख मैं जलता रहा, आहत होता रहा। आज जिसे यहाँ विराजित होना था, वह अरण्यवास में हैं। कैसी घोर विडम्बना है यह नियति की? अग्नि परीक्षा से निकल कर कंचन की भाँति शुद्ध होकर निकलीं माता सीता दो आहुतियाँ भी नहीं डाल सकीं इस अश्वमेघ यज्ञ में।

इस अश्वमेध यज्ञ में महर्षि वाल्मीकि भी पधारे थे अपने शिष्यों के साथ। यज्ञ में वाल्मीकि के साथ वे दोनों सुकुमार शिष्य भी थे। महर्षि वाल्मीकि ने उन शिष्यों को आदेश दिया कि यज्ञ स्थल पर भ्रमण करते हुए आनन्द लें और रामायण काव्य का गायन करें।

"तुम दोनों भाई, यज्ञ स्थल का आनन्द लेना और प्रतिदिन बीस-बीस सर्गों का मधुर स्वर से गायन करना।" महर्षि ने अपने उन दोनों शिष्यों को आदेशित किया था।

महर्षि के वे दोनों सुकोमल शिष्य प्रतिदिन संगीतमय रामकथा सुनाते थे। उनके गायन को सुनकर समस्त उपस्थित जन आनन्दित और मंत्रमुग्ध हो रहे थे। स्वयं अयोध्यापति श्रीराम भी कौतूहल में थे।

"यदि इनके सिर पर जटा न होती और ये ऋषिकुमार न होते तो राजा राम के ही सदृश प्रतीत होते थे।" कई स्वर इस तरह भी उठे।

कई दिनों तक यह कथा गान चलता रहा। इस कथा से ही अयोध्यापति श्रीराम को ज्ञात हुआ कि लव और कुश दोनों कुमार सीता के सुपुत्र हैं। वैदेही की स्मृतियाँ अब प्रभु को... व्यथित करने लगी थीं।

"महर्षि वाल्मीकि से कहना कि यदि सीता का चरित्र शुद्ध है और यदि उनमें किसी तरह का पाप नहीं है तो वे अपनी शुद्धता जनसमुदाय के मध्य आकर प्रमाणित करें। तदोपरान्त मैं उन्हें स्वीकार कर लूँगा।" श्रीराम ने अपने दूत द्वारा यह सन्देश महर्षि को भेजा।

अयोध्यापति के दूत ने यह सन्देश महर्षि वाल्मीकि को दिया।

"दूत, अयोध्यापति श्रीराम से कहना कि सीता पवित्रतम स्त्री हैं। यदि महाराज की इच्छा जनसमुदाय अथवा सभा में सीता की शुद्धता प्रमाणित करने की है तो ऐसा ही होगा।" महर्षि ने उसी दूत के माध्यम से अपना सन्देश भिजवाया।

अगले ही दिन सीता के शपथ ग्रहण और शुद्धता प्रकट करने की इस अद्भुत घटना के साक्षी बनने के लिए बड़ी संख्या में ऋषि, मुनि, प्रजा, राक्षस, वानर, राजा, महाराजा आदि उपस्थित थे। सीताजी का शपथ ग्रहण देखने के लिए ज्ञाननिष्ठ, कर्मनिष्ठ और योगनिष्ठ सभी प्रकार के लोग पधारे थे।

कुछ समय के अन्तराल पर महर्षि उपस्थित जन समुदाय के मध्य प्रकट हुए। महर्षि के पीछे-पीछे सीता थीं। उनके दोनों हाथ जुड़े हुए थे और नेत्रों से आँसू निकल रहे थे। जनसमुदाय में असीम उत्साह था। प्रजा और उपस्थित जन समुदाय की अभिलाषा थी कि अब प्रभु श्रीराम और माता सीता का मिलन हो ही जाना चाहिए। मैंने भी कितनी बार प्रजा को भावुक होते हुए सुना था... देखा था इस विषय पर। प्रजा एकमत दृढ़ थी कि माता सीता के प्रति घोर अन्याय हुआ है।

"अयोध्यापति श्रीराम, आज आपके सम्मुख धर्मपरायण और पतिव्रता सीता उपस्थित हैं। आपने लोकोपवाद के भय से सीता का त्याग किया था। सीता उसके पश्चात् मेरे आश्रम में ही रही हैं। ये दोनों कुमार लव और कुश सीता के गर्भ से ही उत्पन्न हुए हैं, मैं यह घोषणा करता हूँ कि ये

दोनों आपके ही पुत्र हैं। मैंने अपने जीवन में जो भी कठोर तपस्या की है, वह निष्फल हो जाए यदि सीता में तनिक भी दोष हो। सीता का आचरण सर्वथा शुद्ध एवं पवित्र है। पाप इन्हें स्पर्श भी नहीं कर सकता। इनके भाव और विचार दोनों परम दिव्य हैं, सत्य तो यह है कि सीता अपनी पवित्रता के कारण ही मेरे आश्रम में प्रवेश प्राप्त कर सकीं। यह आप भी जानते हैं कि सीता सर्वदा पवित्र हैं तथापि लोकोपवाद से कलुषित होकर आपने सीता का त्याग कर दिया था।" महर्षि ने उद्घोषणा की।

"आप धर्मज्ञ हैं महर्षि। आपने जो भी कहा उचित कहा। आपके वचनों से मुझे सीता की पवित्रता एवं शुद्धता पर पूर्ण विश्वास हो गया है। मैं एक बार पूर्व में भी सीता की अग्नि परीक्षा ले चुका था किन्तु लोकोपवाद के भय से तथा प्रजा के विचारों को सम्मान देने हेतु मुझे सीता का त्याग करना पड़ा। यह जानते हुए भी कि सीता सवर्था निष्पाप हैं, मैंने अपना राजधर्म निभाते हुए समाज के भय से इन्हें छोड़ दिया। आप मेरे अपराध को क्षमा करें। मैं यह भी जानता हूँ कि लव और कुश मेरे ही पुत्र हैं, किन्तु उपस्थित जनसमुदाय के मध्य यदि सीता अपनी शुद्धता प्रमाणित करती हैं तो मुझे अत्यधिक प्रसन्नता होगी।" श्रीराम ने अति गम्भीर शब्दों में भरी आवाज में यह घोषणा की।

मैंने देखा कि माता सीता अभी भी तपस्विनी की भाँति गेरुआ वस्त्र धारण किए हुए थीं।

"ऐ जननी भूमि, अगर मैंने मन, वचन और कर्म से केवल श्रीराम को जाना हो, मात्र उन्हीं को चाहा हो तो ले लें वापस मुझे अपने गर्भ में।" सबको उपस्थित जानकर वे हाथ जोड़े, दृष्टि नीचे किये बोलीं।

माता सीता के यह कहते ही भयानक गर्जना हुई। वे जहाँ खड़ी थीं वहीं भूमि दो भागों में विभक्त हो गयी। उन दोनों भागों के मध्य में प्रवेश कर गईं माता सीता सबके देखते-देखते। भूमिजा थीं, माता सीता। भूमि से ही उत्पन्न हुई थीं, माता सीता और समा गयी थीं, उसी में। अग्नि ने तो वापस कर दिया था वैदेही को अपनी लपटों से सुरक्षित बचाकर, परन्तु पृथ्वी ने नहीं वापस की थी अपनी पुत्री। कृतघ्न संसार देखता ही रह गया था, भूमिजा को भूमि में समाते हुए। श्रीराम, उनके परिजन, अतिथि और उपस्थित प्रजा देखते रह गए थे माता सीता को रसातल में समाते हुए।

"सीते....!" प्रभु श्रीराम कातरता से चीखे थे।

जब तक वे अपनी प्राणप्रिया सीता को पकड़ने का प्रयास करते वे समा चुकी थीं भूमि में। प्रभु अत्यन्त दुःखी थे। उनका मन उदास हो गया। उनमें खड़े रहने तक का सामर्थ्य नहीं बचा था। उनका मन उदास हो चुका था, वे गूलर के दण्ड का सहारा लेकर किसी ढंग से खड़े हो पाये थे, सिर झुकाए। उनके नेत्रों से अविरल अश्रुधारा बह रही थी।

"सीते, आज मेरा मन शोक में डूब गया है। मेरी आँखों के सामने मेरी प्राणप्रिया सीता भूमि में समा गयी हैं। वसुधा, आप मुझे मेरी सीता को वापस कर दें... पाताल हो या स्वर्ग मैं मात्र और मात्र सीते के साथ ही रहना चाहता हूँ...। सीते! आह, तुम वापस आ जाओ।" प्रभु किसी अबोध बालक की तरह बोले जा रहे थे।

किन्तु अब हो भी क्या सकता था? वैदेही तो भूमि में समा चुकी थीं।

वैदेही के भूमिगत हो जाने के उपरान्त प्रभु श्रीराम को समस्त संसार सूना प्रतीत हो रहा था। उनका मन अत्यन्त व्यथित था।

यज्ञ समाप्त हो चुका था। इस अश्वमेध यज्ञ की परिणिति ऐसी होगी, ऐसा किसी को अनुमान न था। प्रभु श्रीराम ने सभी आगन्तुकों को ससम्मान विदा किया। नैमिषारण्य से वे वापस अयोध्या आ गए। अयोध्या उनके साथ उनके दोनों पुत्र लव-कुश भी साथ आये। प्रभु ने अयोध्यापति के रूप में पुनः कार्य करना आरम्भ कर दिया था।

श्रीराम के राज्य में मेघ समय पर वर्षा करते थे। उनका राज्य धन और धान्य से परिपूर्ण था। उनके राज्यकाल में अकाल और विपदाओं का कोई स्थान नहीं था। अकाल मृत्यु और शोक का भी कोई समाचार नहीं था। श्रीराम और अनुजों के पुत्र वयस्क हो रहे थे। उचित परम्परा यही थी कि यथा समय उनका भी राज्याभिषेक कर दिया जाए। प्रभु श्रीराम तो वैसे भी मर्यादा पुरुषोत्तम थे। सिन्धु नदी के तट पर उन दिनों गन्धर्वों का शासन था। ब्रह्मर्षि गार्ग्य के सुझाव पर प्रभु श्रीराम ने भरत भैया के नेतृत्व में सेना भेजकर उन गन्धर्वों को समाप्त किया और वहाँ दो नगरों तक्षशिला तथा पुष्पकलावत नगर की स्थापना की। भरत पुत्र तक्ष को तक्षशिला नगरी तथा गान्धार देश में पुष्पकलावत नगर की स्थापना कर भरत पुत्र पुष्कल को वहाँ का राजा बनाया। भरत भैया पाँच वर्षों तक उन दोनों राजकुमारों का

तब तक मार्गदर्शन करते रहे जब तक कि वे परिपक्व नहीं हो गए। इसके उपरान्त भरत भैया अयोध्या वापस आ गए।

कारुपथ नामक प्रदेश में अंगदीया नामक नगरी की स्थापना करके लक्ष्मण भैया के पुत्र अंगद को वहाँ का राजा बना दिया गया। लक्ष्मण भैया के दूसरे पुत्र चन्द्रकेतु को मल्ल देश में चन्द्रकान्ता नामक नगरी की स्थापना करके चन्द्रकेतु को वहाँ का शासक बना दिया गया। भरत भैया चन्द्रकान्ता नगरी में एक वर्ष तक चन्द्रकेतु के मार्गदर्शक के रूप में रहे। इसी प्रकार लक्ष्मण भैया अंगदीया नगरी में रहकर अंगद का एक वर्ष तक मार्गदर्शन करते रहे। एक वर्ष की अवधि के उपरान्त भरत भैया और लक्ष्मण जी अयोध्या वापस आ गए।

प्रभु श्रीराम अभी भी अयोध्या के राजा के रूप में दायित्वों का पालन कर रहे थे। एक दिन काल का आगमन हुआ। काल ने प्रभु श्रीराम से एकान्त में वार्तालाप करने का अनुरोध किया। प्रभु श्रीराम ने काल के अनुरोध को सहर्ष स्वीकार कर लिया। काल ने प्रभु से यह कहा कि जब तक मेरी आपकी वार्ता समाप्त न हो जाए तब तक कोई भी व्यक्ति हमें वार्तालाप करते हुए न देखे और न सुने। यदि कोई इस बीच आ जाएगा तो वह मेरे द्वारा मारा जाएगा। प्रभु ने लक्ष्मण भैया को द्वार पर पहरेदारी करने हेतु आदेशित करते हुए कहा कि जब तक काल और मेरी वार्तालाप समाप्त न हो जाए तब तक कोई भी मेरे कक्ष में प्रवेश नहीं करेगा। यदि किसी ने प्रवेश किया तो उसे मृत्यु का भागी होना पड़ेगा। वार्तालाप जब चल ही रही थी तभी महर्षि दुर्वासा राजद्वार पर आ पहुँचे और उन्होंने प्रभु श्रीराम से तत्काल मिलने की इच्छा प्रकट की। लक्ष्मण भैया ने महर्षि से प्रतीक्षा करने के लिए निवेदन किया। महर्षि इस पर क्रोधित हो गए। उन्होंने लक्ष्मण भैया को चेतावनी दी कि यदि उन्हें अयोध्यापति से तत्काल नहीं मिलने दिया गया तो वे राज्य, नगर और कोसल परिवार को नष्ट होने का श्राप दे देंगे। महर्षि के कठोर वचन सुनकर लक्ष्मण भैया ने विचार किया कि सर्वनाश होने की अपेक्षा यह अधिक उचित होगा कि जो भी हानि हो वो उन्हीं को हो। यह सोचकर वे कक्ष में चले गये जहाँ प्रभु श्रीराम और काल वार्तारत थे। लक्ष्मण जी के आने से प्रभु अवाक् थे। काल के साथ हुई प्रतिज्ञा टूटने से प्रभु को अत्यन्त कष्ट हुआ। लक्ष्मण भैया ने पूरी बात प्रभु को कह सुनाई। प्रभु अपने अनुज के श्रद्धा और समर्पण को लेकर हतप्रभ थे। स्वजनों को संकट में डालने के स्थान पर उन्होंने स्वयं की मृत्यु को वरण कर लिया था। काल के वचन के

कारण लक्ष्मण भैया का महाप्रयाण सुनिश्चित हो चुका था। लक्ष्मण भैया ने सरयू के किनारे जाकर जल का आचमन कर अपनी श्वाँस रोक ली।

लक्ष्मण जी के बिना प्रभु शोकमग्न हो गए। उन्होंने विचार किया कि अयोध्या का राज्य अब वे भरत को सौंपकर वन में चले जायेंगे और लक्ष्मण की भाँति अपना जीवन समाप्त कर लेंगे। प्रभु के इस विचार को सुनकर स्वयं भरत भैया ने यह प्रस्ताव किया कि अब उन्हें राज्य से कोई मोह नहीं है। उचित यह होगा कि अब लव और कुश का भी राज्याभिषेक कर दिया जाए। भरत भैया के सुझाव को मानते हुए दक्षिण कोसल में कुश को और उत्तर कोसल में लव को शासक के रूप में अभिषिक्त कर दिया गया। लव के लिए श्रावस्ती नामक नगरी का निर्माण किया गया जबकि कुश के लिए विन्ध्य पर्वत के किनारे कुशावती नामक नगर की स्थापना की गई। शत्रुघ्न भैया ने भी अपने दोनों पुत्रों सुबाहु और शत्रुघाती का राज्याभिषेक कर दिया। सुबाहु को मथुरा तथा शत्रुघाती को विदिशा का राज्य प्रदान किया गया।

प्रभु श्रीराम यह अनुभव कर रहे थे कि अब देह छोड़ने का सही समय आ चुका है। प्रभु की इच्छा का पालन करने के लिए उनके दोनों अनुज उनके साथ थे। लंका से विभीषण भी आ चुके थे। किष्किन्धा नरेश सुग्रीव भी अंगद को अपना उत्तराधिकारी घोषित कर अयोध्या आ चुके थे। प्रभु ने विभीषण को अपने पास बुलाकर अत्यन्त स्नेहपूर्वक कहा, "विभीषण जब तक संसार की प्रजा जीवन धारण करती रहेगी तब तक तुम भी जीवित रहोगे।" इसके पश्चात् प्रभु ने जाम्बवान, मैन्द और द्विविद को अपने पास बुलाकर कहा, "जब तक प्रलय नहीं आ जाती तब तक तुम तीनों व्यक्ति जीवित रहोगे।" अब प्रभु ने मुझे आगे आने के लिए संकेत किया।

"हनुमान, जब तक संसार में मेरी चर्चा होती रहेगी तब तक तुम जीवित रहोगे।" प्रभु श्रीराम बोले थे।

"किन्तु मैं ऐसे जीवन का क्या करूँगा...।" मैंने पूछा।

"नहीं हनुमान, यही मेरी आज्ञा है।" प्रभु ने दृढ़ता के साथ कहा था।

"जैसी आपकी आज्ञा...।" मैंने सदैव की भाँति प्रभु के समक्ष हुंकृति भरी थी। मुझे इसके अतिरिक्त और आता भी क्या था। मैं मूक हो गया था उनके समक्ष। प्रभु ने मेरी हनु को अपने कोमल हाथों से ऊपर उठा कर वक्षस्थल से लिपटा लिया था।

रात्रि व्यतीत होने के पश्चात् प्रातः हो चुका था। महर्षि वशिष्ठ से आज्ञा लेकर प्रभु श्रीराम सरयू तट की ओर महाप्रयाण के पथ पर चल दिये थे। प्रभु के पीछे बड़ी संख्या में अयोध्या के बालक, वृद्ध, दास-दासियाँ, मंत्री, अनुचर, पशु-पक्षी, वानर-रीछ, महात्मा, ऋषि, राक्षस, स्त्री-पुरुष सभी चले आ रहे थे।

अयोध्या से डेढ़ योजन दूर जाकर प्रभु श्रीराम ने पश्चिमाभिमुख होकर पुण्यसलिला सरयू के दर्शन किये। सरयू में भँवरें उठ रही थीं। सरयू का जल अपनी अंजलि में लेकर प्रभु ने आचमन किया और अपने भाइयों और अभिन्नों के साथ सरयू के जल में प्रवेश कर गए।

मैं अवाक् सा खड़ा देखता रह गया। मेरे समक्ष क्या-क्या घटित होता जा रहा था? मैं अपने स्वामी प्रभु श्रीराम के आदेश के आज्ञा पालन में वहीं खड़ा रहा और देखता रहा इस महाप्रयाण को। वांछित, अवांछित क्या-क्या न घटते हुए। तब से अब तक, आज तक... वरन् यह कहिए कि अभी तक, इस पल तक सबकुछ देख ही तो रहा हूँ घटते हुए हर घटना को... एक प्रत्यक्षदर्शी बनकर, एक साक्षी के रूप में...।

यत्र-तत्र रघुनाथकीर्तनं
तत्र-तत्र कृतमस्तकांजलिम्।
वाष्पवारिपरिपूर्णलोचनं
मारुतिं नमतराक्षसान्तकम्।।

“जय श्रीराम... जय जय श्रीराम... जय श्रीराम... जय जय श्रीराम।”

22.

प्रभु के महाप्रयाण के पश्चात् अब अयोध्या में रहना मेरे लिए कठिन हो गया था। मैं इस हृदय विदारक पीड़ा को लेकर कहाँ-कहाँ लेकर फिरता। मैंने अब हिमालय पर्वत की कन्दराओं में अपना आवास बना लिया था। समय के साथ मुझे अपने कई मित्रों और परिजनों की मृत्यु के समाचार मिलते रहे। माता अन्जना, अंगद, विभीषण, लव-कुश और भी कई प्रियजनों के बारे में भी ज्ञात

हुआ। मैं अपने चिरंजीवी होने का मूल्य चुका रहा था। अपनों के जन्म-मृत्यु, सुख-दुःख, आशा-निराशा-प्रत्याशा, मिलन-विक्षोह का साक्षी बन रहा था मैं।

नितान्त अकेला रह गया था मैं। इस सूनेपन को भरने के लिए मैंने निर्णय लिया कि अपने स्वामी की गौरव गाथा मुझे लिपिबद्ध कर लेनी चाहिए। मैंने विचार किया और हिमालय क्षेत्र में उपलब्ध स्फटिक शिलाओं पर उस कथा को लिखने का निर्णय लिया। मैंने अपने तेज नाखूनों से उन शिलाओं पर क्रमबद्ध ढंग से प्रभु की घटनाओं को लिखना आरम्भ कर दिया। मैं पूर्ण मनोयोग से इन स्फटिक शिलाओं पर प्रभु की गाथा लिखता जा रहा था। लम्बी अवधि व्यतीत हो गयी। मुझे यह गाथा लिखना इतना सुहा रहा था कि मैं चाहता था कि अनन्त काल तक यह लेखन कार्य करता रहूँ। लम्बे अन्तराल में यह कथा लिख गयी।

एक दिन महर्षि वाल्मीकि हिमालय पधारे। उनका यह आगमन सायास या अनायास था, यह मैं नहीं जानता किन्तु उन्हें यह ज्ञान था कि मैंने स्फटिक शिलाओं पर प्रभु गाथा लिखी है। महर्षि वाल्मीकि तो स्वयं ही संस्कृत भाषा के प्रकाण्ड विद्वान थे। वे भी प्रभु की गाथाओं के साक्षी थे। लव-कुश जन्म के समय उन्होंने भी रामायण पर कार्य किया था। जब किसी स्रोत से उन्हें पता चला कि मैंने भी राम कथा लिखी है तो वे चले आए हिमालय पर। उनके मन में एक भाव यह भी था कि हनुमान ने जो राम गाथा लिखी है उसका भाषा-सौंदर्य इत्यादि कैसा है?

"हनुमान जी, सुना है आपने राम गाथा लिखी है।" महर्षि ने मुझसे पूछा।

"हाँ महर्षि, एकान्त में और क्या करता? कुछ न सूझा तो श्रीराम गाथा लिखने बैठ गया। इन्ही शिलाओं पर जहाँ भी स्थान मिला मैंने अपने नखों से खुरच कर श्रीराम गाथा उत्कीर्ण कर दी।"

"मैं पढ़ना चाहूँगा।" महर्षि ने अपनी उत्सुकता से कहा।

"अवश्य। अहो भाग्य।" यह कहकर मैं एक शिला से दूसरी शिला तक महर्षि को भ्रमण कराता रहा। कभी वे अति प्रसन्न होते तो कभी दुःखी हो जाते। कभी हर्षविभोर हो जाते तो कभी विषाद के भाव उनके चेहरे पर उतर जाते।

पूरी राम गाथा पढ़ने के बाद वे उदास भाव से बोले "हनुमान, आपकी रचना मेरी रचना से कहीं अधिक प्रामाणिक और सुन्दर है। आपकी रचना

में एक-एक शब्द जीवंत है, निष्ठा से परिपूर्ण है। मुझे प्रतीत हो रहा है कि मेरी कृति तो आपकी कृति के समक्ष कहीं नहीं ठहरती। मैंने बारह वर्षों में जो कृति तैयार की वह इस कृति के सम्मुख निम्न स्तरीय समझी जाएगी।"

"चिन्तामुक्त रहिए मुनिवर। मलिन भाव कदापि न लाइए ब्रह्मर्षि। आपकी रचना ही भविष्य में पढ़ी जाएगी, मेरी नहीं। मैंने तो बस समय व्यतीत करने के लिए यह सब लिखा था।" यह कहकर मैंने वे समस्त शिलाएँ तत्काल तोड़ दीं जिन पर मैंने रामकथा लिखी थी। ब्रह्मर्षि चकित थे, ग्लानि उनके मुख पर छा गई, वे अवाक् थे। मैंने महर्षि को प्रणाम किया।

"महर्षि चले गए। मैं पुनः चिन्तन में लीन हो गया। इन्हीं शिलाओं को पढ़कर कालान्तर में कुछ विद्वानों ने कुछ लिपिबद्ध कर लिया कुछ क्षेपक जोड़ लिए जो हनुमत रामायण के नाम से प्रसिद्ध हुए। मैं हिमालय में एकान्त में था। इस नीरवता को तोड़ने के लिए मैं राम कथा तेज स्वर में गाता। कभी-कभी नृत्य कर उठता, रामगाथा गाते हुए। कतिपय विद्वानों ने मेरे इस स्वरूप को संगीतज्ञ के रूप में मान लिया। मुझे स्मरण है कि कृष्ण युग में नारद मुनि तथा ऋषि तुंबरू मेरे गायन को सुनने हिमालय आये थे।

द्वापर युग में भगवान श्रीकृष्ण के आदेश पर मैं द्वारका आया था। भीम के साथ मेरा साक्षात्कार हुआ था। मैं अर्जुन के रथ पर भी सवार हुआ। मैं इन घटनाओं के विस्तार में नहीं जा रहा हूँ। मैं इनके पश्चात् घटित किसी घटना का भी उल्लेख नहीं कर रहा हूँ।

ये अल्पकालिक घटनाएँ थीं। मैं तो तब भी था और आज भी हूँ, निरन्तर राम चिन्तन और राम कथा अबाधित और अविरल लीन।

बहुधा कई ऋषियों, ज्ञानियों ने मुझसे श्रीराम के व्यक्तित्व के विषय में जानना चाहा। सम्भवतः उनका यह अनुमान था कि मैं प्रभु के साथ घटित हुई अधिकांश घटनाओं का साक्षी रहा था। उनकी सोच उनके स्थान पर किन्तु मैं बड़ी विनम्रता से कहना चाहूँगा कि मुझ अल्प बुद्धि में इतनी समझ कहाँ कि मैं प्रभु के बारे में विश्लेषण कर सकूँ। बस इतना ही कह सकता हूँ कि संसार के श्रेष्ठतम चरित्र के स्वामी श्रीराम ही हैं। वे सामान्य जीवन में भी एक योगी के रूप में दिखते हैं। वे अत्यन्त वरेण्य हैं। वे समाज में रहते हुए भी एक योगी हैं, दिव्य योगी। कौन सा गुण ऐसा है जो उनमें न था? वे गुणवान, धर्मज्ञ, सत्चरित्र, कृतज्ञ, सत्यवक्ता, साहसी, मृदुभाषी, दृढ़प्रतिज्ञ,

सदाचारी, विद्वान, पौरुषयुक्त, कान्तिमय, धैर्यवान, जितेन्द्रिय, सुदर्शन और न जाने कितने ही गुणों से युक्त रहे। स्थिति प्रज्ञता और गम्भीरता श्रीराम की स्थायी पहचान रहे। उनका चरित्र एक आदर्श राजा, मर्यादा पुरुषोत्तम, अवतारी पुरुष और परब्रह्म के साक्षात् अस्तित्व का उदाहरण है। वे लौकिक होते हुए भी अलौकिक रहे। वे निष्काम चिंतक रहे। वे मात्र शब्दों को सुनकर शब्दों के अर्थों तक ही सीमित नहीं रहे। जो घटित हो रहा है उसके भूत और भविष्य को वे बहुत गहनता से देखते रहे। मर्यादाओं पर उसका क्या प्रभाव पड़ेगा, समाज को उससे क्या प्राप्त होगा, यह उनका प्राथमिक लक्ष्य रहा। उनसे बढ़कर अनासक्त बुद्धिवादी कौन हो सकता है? उनके व्यवहार में भी कोई पूर्वाग्रह अथवा दुराग्रह नहीं दिखता है। वे समाज का बौद्धिक नेतृत्व कर सर्वजन के हित में समस्याओं का समाधान करते हैं। सहयोग और सम्बंधों को समझने का जो गुण उनके पास है वह अतुलनीय है, अवर्णनीय भी।

ऋषियों के साथ बैठकर वे महर्षि प्रतीत होते हैं। महर्षि विश्वामित्र के साथ उनके सौहार्दपूर्ण सम्बन्धों की विवेचना करना मैं यहाँ आवश्यक मानता हूँ। महर्षि विश्वामित्र के साथ जब वे राक्षसों से युद्ध करते हैं तो वह गुरू-शिष्य के सम्बन्धों को एक नवीन दिशा देते हैं। विश्वामित्र अपनी सीमाओं का अतिक्रमण करने वाले पहले ऋषि थे। कर्मयोगी ऋषि। वे एक राजा से सन्यासी बने और उसके पश्चात् ब्रह्मर्षि। वे विकास के अनुयायी थे। जड़ता को स्वीकार करना उनके चरित्र में न था। वे भी राक्षसों को बल्कि यह कहिए कि राक्षसत्व को समाप्त करना चाहते थे। वे राक्षसत्व से युद्ध करने के लिए योग्य और अपेक्षया युवा नेतृत्व तैयार करना चाहते थे। वे जानते थे कि एक ऋषि राक्षसत्व से युद्ध करेगा भी तो कितना सफल होगा। उनके दूरगामी संकल्प की सिद्धि के लिए एक सैन्य संगठन चाहिए था, ऋषि का कार्य संगठन बनाना हो नहीं सकता। राक्षसत्व से लड़ने के लिए श्रीराम से बेहतर विकल्प कौन हो सकता था? अतएव ऋषिवर स्वयं दशरथ के पास चलकर गए। अपने अभीष्ट को लेकर दस दिनों के लिए श्रीराम को माँग कर ले गए। ऋषिवर का सानिध्य श्रीराम के जीवन का महत्वपूर्ण परिवर्तन बिन्दु सिद्ध हुआ। यहीं से श्रीराम के बचपन का अन्त हुआ और वे एक परिपक्व मनुष्य के रूप में उभरने लगे। यहीं से उनके जीवन के दो महत्वपूर्ण अध्याय आरंभ होते हैं, पहला-आसुरी शक्तियों से उनका सीधा साक्षात्कार और दूसरा उनका सीता के साथ परिणय संबंध। महर्षि विश्वामित्र

के सिद्धाश्रम के आस-पास राक्षस आदि आते ही रहते थे। उन राक्षसों का रावण से सम्बन्ध सर्वविदित था। कई राज्य और उनके राजागण इन राक्षसों के समक्ष पहले ही आत्मसमर्पण कर चुके थे। महर्षि विश्वामित्र ने श्रीराम के साथ राक्षसों के विरुद्ध एक जनांदोलन खड़ा कर दिया। जिस अरण्य में महर्षि विश्वामित्र यज्ञ करना चाहते थे वहाँ ताड़का नाम की राक्षसी का वर्चस्व था। ताड़का उस क्षेत्र में रहने वाले समस्त ऋषियों को भयाक्रान्त रखती थी। जब वह श्रीराम के समक्ष आई तो महर्षि ने उसका वध करने के लिए श्रीराम से कहा किन्तु उनके लिए उस समय तक स्त्री अवध्य थी। वे स्त्री वध के घोर विरोधी थे। महर्षि विश्वामित्र ने श्रीराम को समझाया कि किसी प्राणी का राक्षस होना ही उसके लिए वध करने का कारण पर्याप्त है, वह स्त्री हो या पुरूष। इसके पश्चात गुरू की मर्यादा का पालन करते हुए श्रीराम ने अपना धनुष उठाया और ताड़का का वध किया। महर्षि विश्वामित्र ने श्रीराम के पौरुष से प्रसन्न होकर उन्हें ऐसे शक्तिशाली मन्त्र बताए जो बाणों को अमोघ अस्त्रों में परिवर्तित कर सकते थे। श्रीराम की निष्ठा से प्रसन्न होकर महर्षि विश्वामित्र ने उन्हें अनेक प्रकार के अस्त्र, शस्त्र, प्रक्षेपास्त्र दिए। वस्तुतः विश्वामित्र राक्षसत्व के विरुद्ध जो आन्दोलन खड़ा कर रहे थे उसके नायक के रूप में उन्होंने श्रीराम को चुन लिया था।

श्रीराम के विवाह की पहल महर्षि विश्वामित्र ने की थी। यह आश्चर्य ही तो है कि महर्षि विश्वामित्र जनकपुरी जाते समय श्रीराम को अहिल्या और गौतम के परित्यक्त आश्रम ले गए थे। संभवतः महर्षि अपने नायक को समझाना चाहते थे कि स्त्रियों को लेकर समाज में जो असदाशयता व्याप्त है वह सभ्य समाज के लिए कदापि उचित नहीं। समाज में आई जड़ताओं, कुरीतियों, कुण्ठाओं को ऋषिवर समाप्त करना चाहते थे। श्रीराम सीता के विवाह के पश्चात् महर्षि विश्वामित्र की शिक्षा समाप्त हो गयी।

श्रीराम के प्रत्येक कर्म के पीछे उनका चिन्तन स्पष्ट झलकता है। श्रीराम राक्षसों का विरोध करने के लिए उनसे लड़ने में अपना बल प्रयोग ही नहीं करते बल्कि उसमें भी उनका चिन्तन स्पष्ट होता है। एक महत्वपूर्ण बात यह भी है कि वे चिन्तन को कर्म में परिवर्तित करते हैं। ऋषि मात्र चिन्तन करते हैं और सामान्य प्राणी मात्र कर्म तक सीमित रह जाते हैं। श्रीराम का चिन्तन भी कैसा चिन्तन है... जिसमें मर्यादा है, मूल्य है और विवेक है। संकल्प, साहस, साधन और बल अपरिमित होते हुए भी वे विनम्र हैं, विवेकी

हैं, यही उनकी महानता को सिद्ध करता है। यहाँ मैं एक बात और बता दूँ कि लंका युद्ध में वे किसी राक्षस से नहीं लड़ रहे थे। वे रावण के भी शत्रु नहीं थे। वे तो राक्षसत्व से लड़ रहे थे अर्थात् एक कुव्यवस्था का समूल नाश करने के लिए वे उद्यत थे।

स्त्रियों के विषय में श्रीराम की धारणा प्रणम्य है। ताड़का, अहिल्या, तारा, सुग्रीव की पत्नी रूमा, मंदोदरी के साथ वे यथोचित व्यवहार करते हैं। मुझे यह भी स्मरण आता है कि प्रभु श्रीराम ने अपने पिता की भावनाओं का सम्मान रखते हुए वनवास स्वीकार किया था। वे चाहते तो इससे स्वीकार करने से मना भी कर सकते थे किन्तु बात तो मर्यादाओं की थी। श्रीराम को यह पता था कि राजा दशरथ व रानी कैकेयी के सम्बन्ध मधुर नहीं हैं, फिर भी वे उन दोनों की भावनाओं का आदर करते हैं। वस्तुतः राज्याभिषेक और वनगमन के दो विकल्प श्रीराम के समक्ष थे। जिन्हें हम स्वार्थ और परमार्थ की संज्ञा दे सकते हैं। श्रीराम ने इनमें से परमार्थ को चुना।

माता कौसल्या के प्रति राम का भाव अत्यन्त स्नेहिल था। जिन परिस्थितियों में श्रीराम ने अयोध्या छोड़ी, उनकी माता अत्यन्त आशंकित थीं। यह आशंका उन्हें स्वयं को लेकर भी थी और श्रीराम को लेकर भी। कौसल्या के मन में यह भय था कि उनके पुत्र के वनगमन के पश्चात् उन्हें कौन देखेगा। वे तो पहले से ही परितक्यता का जीवन जी रही हैं।

अयोध्या से वनगमन के पश्चात् केवट और निषादराज गुह से उनकी मित्रता इस तथ्य का प्रतीक है कि श्रीराम इस तथाकथित अभिजात्य और निम्न के भेद को त्यागना चाहते हैं। यह भेद समाज में अनावश्यक ही उत्पन्न हो गया था। वनवासी जातियों से मित्रता करके उन्होंने सामान्य जन और वनवासियों के बीच की दूरी को समाप्त करने का प्रयास किया। इन वनवासियों को मुख्यधारा में लाने का आरम्भ उनके वनगमन के साथ ही दृष्ट्व्य होने लगता है। निषादराज ने प्रभु से वनवास की अवधि उसके ग्राम में व्यतीत करने का प्रस्ताव दिया था किन्तु प्रभु ने ऐसा करने से मना कर दिया। प्रभु का नियमों में अकाट्य विश्वास रहा। उन्होंने गुह से यही कहा कि वनवास का अर्थ किसी एक स्थान पर स्थिर हो जाना नहीं है वरन् सतत् भ्रमणशील रहना है। गुह ने तब स्वयं उनके साथ चलने का आग्रह किया तो प्रभु ने उन्हें विनम्रतापूर्वक मना कर दिया। इसके पश्चात् प्रभु वहाँ से चल

दिए। गुह ने उनकी सहायतार्थ एक नाव की व्यवस्था कर दी। श्रीराम, माता सीता और लक्ष्मण भैया को नदी पार कराने में योगदान दिया। निषादराज के इस सहयोग को वे जीवन भर नहीं भूले। वे चित्रकूट आकर नौ माह तक रुके। यहीं भरत भैया प्रभु को वापस अयोध्या चलने के लिए मनाने हेतु आए थे। यहीं प्रभु को ज्ञात हुआ कि अब उनके पिता दशरथ नहीं रहे। यहीं भरत भैया ने प्रभु की चरण पादुकाएँ लेकर अयोध्या का राज संचालन करने का प्रस्ताव किया था। भरत भैया के साथ जाबालि नामक एक ऋषि भी आए थे, उन्होंने भी प्रभु को वापस लौट चलने का आग्रह किया किन्तु प्रभु ने मूल्यों का उदाहरण देकर वापस लौटने का प्रस्ताव ठुकरा दिया।

चित्रकूट से आगे बढ़कर श्रीराम ने यह निर्णय लिया कि दक्षिण में दण्डकारण्य के घने जंगलों की ओर प्रस्थान किया जाए। इन जंगलों में उनका सामना अत्यन्त दुर्लभ राक्षसों से हुआ। इस प्रकार श्रीराम के तेरह वर्ष जंगलों में व्यतीत हो गए। इसी अरण्य में वे अत्रि मुनि और उनकी पत्नी, माता अनुसूइया से मिले। यहाँ माता अनुसूइया ने माता सीता को एक साड़ी और अन्य वस्त्र आभूषण आदि पहनाकर विदा किया जो कभी जीर्ण-शीर्ण नहीं हो सकते थे।

आगे बढ़कर श्रीराम वयोवृद्ध ऋषि शरभंग, ऋषि सुतीक्ष्ण से मिले। यह सुतीक्ष्ण ऋषि ही थे जिन्होंने प्रभु को सबसे पहले दक्षिण की ओर शासन करने वाले राक्षसों और उस प्रदेश में व्याप्त संकटों के विषय में अवगत कराया था। इसके बाद श्रीराम जटायु के सम्पर्क में आए। जटायु गिद्ध थे। जटायु, राजा दशरथ के मित्र थे। श्रीराम ने जटायु को वही सम्मान दिया जो पिता के मित्र को दिया जाता है। जटायु ने भी श्रीराम को पुत्रवत स्नेह किया। जटायु वही पक्षी था जो माता सीता को राक्षसराज रावण के चंगुल से मुक्त कराने के प्रयास में उससे लड़ पड़ा था। उस वृद्ध गिद्ध ने रावण से युद्ध किया किन्तु रावण बहुत शक्तिशाली था उसने जटायु को अपनी तलवार के एक ही वार से पंखविहीन कर दिया। जटायु लड़खड़ाता हुआ धरती पर आ गिरा। श्रीराम माता सीता द्वारा गिराए गए आभूषणों आदि के चिन्हों के आधार पर जटायु तक पहुँचे थे। जटायु ने श्रीराम को वह दिशा दिखाई जिधर राक्षसराज उनकी पत्नी का अपहरण कर ले गया था। इन दोनों का मिलन भी दो सभ्यताओं और दो संस्कारों को एक हो जाने की कथा है।

वनवास के अन्तिम वर्षों में श्रीराम का साक्षात्कार ऋषि अगस्त्य से हुआ। उन्होंने श्रीराम को कई अस्त्र दिए और ऋषि ने श्रीराम की इस बात की प्रशंसा की कि उन्होंने राक्षसों का वध करके अरण्यों को सुरक्षित बनाने का कार्य किया है। कभी-कभी मैं सोचता कि प्रभु का किष्किन्धा आगमन अनायास था या सायास। वैसे तो मुझे एक बार स्वयं प्रभु ने बताया था कि जब वे माता सीता की खोज में दक्षिण की ओर निकले थे तो रास्ते में उन्हें एक राक्षस मिला था, कबंध। कबंध का आकार आश्चर्यजनक था। उसका न सिर था, न गर्दन न पैर। बस दो लम्बे हाथ थे और बड़ा शरीर। इस शरीर पर आँखें और मुँह था। कबंध ने ही स्वर्ग गमन करते समय श्रीराम को सुझाव दिया था कि वे सीता अन्वेषण में सुग्रीव की सहायता लें जो किष्किन्धा अरण्य में आवासित है।

प्रभु सम्भवतः इसीलिए किष्किन्धा पहुँचे थे। वैसे भी किष्किन्धा अयोध्या और लंका के मध्य पड़ता था। किष्किन्धा के उत्तर में मानवीय संस्कृति का प्रभाव था जबकि दक्षिणी ओर राक्षसी संस्कृति का। यह सन्धि बिन्दु था दो भिन्न संस्कृतियों के बीच। देखा जाए तो वानर संस्कृति का सहयोग लेकर प्रभु ने बहुमत का सन्तुलन तो अपनी ओर कर लिया था।

माता सीता को ढूँढ़ते हुए श्रीराम को अरण्य संस्कृति से जुड़ने का अवसर मिला। वे अरण्य वासियों से बड़े स्नेह से मिले। शबरी इसी अरण्य संस्कृति की उदाहरण थी। एक जनजातीय स्त्री द्वारा जूठे बेर दिए जाने पर भी प्रेमपूर्वक ग्रहण करना श्रीराम जैसे विशिष्ट व्यक्तित्व द्वारा ही सम्भव था। उस समय की जाति-वर्ण व्यवस्था को तोड़ने की दिशा में भी यह एक महत्वपूर्ण प्रयास था। श्रीराम वस्तुतः विद्रोही प्रकृति के थे जो जड़वत नियमों को तोड़ने में विश्वास रखते थे। यह घटना श्रीराम की संवेदनशीलता और करुणामयी हृदय प्रमाणित करती है। शबरी के बेर खाना प्रभु श्रीराम द्वारा ही सम्भव था। वस्तुतः वह तथाकथित निम्न वर्ण की स्त्री थी। वर्ण व्यवस्था के इस क्रम को तोड़ने के लिए श्रीराम ने जो सूत्रपात किया था वह प्रतीकात्मक ही सही किन्तु अत्यन्त महत्वपूर्ण था।

अरण्यवास में एक दिन विराध नामक एक राक्षस आ गया था। विराध ने वैदेही को चोरी करने का प्रयास किया। श्रीराम ने उस दुष्ट को अपने बाणों से भेद दिया। श्रीराम ने वैदेही को किसी तरह उस दुष्ट से मुक्त

कराया। उस राक्षस को मारा नहीं जा सकता था। स्वयं विराध ने प्रभु श्रीराम से निवेदन किया था कि वह किसी अस्त्र-शस्त्र से मारा नहीं जा सकता। उस राक्षस ने प्रभु से यह भी निवेदन किया था कि वे उसे भूमि के नीचे दबा दें जिससे वह किसी हिंसक पशु अथवा गिद्ध आदि का भोज्य न बन सके। यह दाह संस्कार की एक अलोकप्रिय प्रथा थी। उसने प्रभु को यह सुझाव दिया था कि वे दाह संस्कार करने के पश्चात् शरभंग ऋषि के आश्रम में प्रस्थान करें। प्रभु शरभंग ऋषि के आश्रम में गए। इसी वन में एक और तेजस्वी ऋषि सुतीक्ष्ण रहते थे। उनका आश्रम अत्यन्त रमणीक था जो मन्दाकिनी आश्रम के तट पर था। वे प्रभु को वैदेही और लक्ष्मण के साथ अपने आश्रम ले गए। सुतीक्ष्ण ने भी श्रीराम को शस्त्र दिए और दण्डकारण्य से राक्षसों के उन्मूलन की योजना बनाई।

मैं प्रभु श्रीराम की अलौकिक वीरता का उल्लेख किये बिना उनके व्यक्तित्व के विश्लेषण को अधूरा ही मानता हूँ। शूर्पणखा अपने साथ में हुए दुर्व्यवहार की घटना के पश्चात् खर और दूषण को अपमान का बदला लेने के लिए प्रेरित करती है, तो वे दोनों दल बल सहित श्रीराम से युद्ध के लिए आ जाते हैं। यहाँ श्रीराम अकेले ही युद्ध में लड़ते हैं और उनका संहार करते हैं। यह प्रसंग उनकी अलौकिक वीरता को सिद्ध करने के लिए पर्याप्त है। यही अलौकिक वीरता श्रीराम के चरित्र में सदैव बनी रही।

हमने लंका प्रयाण किया। लंका में रावण को परास्त किया। असंख्य वानर उनके साथ थे किन्तु मेरा मत है कि सेना का सहयोग लेना प्रभु की भक्त वत्सलता से अधिक कुछ नहीं था। वे अकेले ही रावण का विनाश करने में सक्षम थे। वैसे भी प्रभु ने कभी राजसी सहयोग का मोह नहीं पाला। उन्होंने न भरत भैया से अयोध्या की सेना का सहयोग माँगा, न मिथिला से और न किसी अन्य शासक से। उनका आत्मबल ही उनका सबसे बड़ा बल था। बालि का सहयोग न लेकर उसे पराजित करना, उसका वध करना उनके इसी आत्मबल का विस्तार था। वे जानते थे कि सुग्रीव की अपेक्षा बालि कहीं अधिक बलशाली और समर्थ है किन्तु स्वार्थ श्रीराम की दुर्बलता नहीं है।

मैं बड़ी विनम्रता के साथ एक रहस्य से आपको अवगत कराना चाहता हूँ कि अनावश्यक रूप से किये जाने वाले बल प्रदर्शन से प्रभु को कदापि प्रसन्नता नहीं होती थी। यद्यपि वे अपनी खिन्नता सार्वजनिक रूप से प्रकट नहीं करते थे। संभवतः इसका मुख्य कारण यह था कि किसी व्यक्ति की

गरिमा में न तो न्यूनता आए और न ही उसके अहम् को चोट पहुँचे। जब मैं लंका दहन और वैदेही अन्वेषण के पश्चात् अपने दल के साथ किष्किन्धा पहुँचा तो रीछ प्रवर जाम्बवान जी ने माता सीता के अन्वेषण की एक-एक घटना के विषय में प्रभु श्रीराम को अवगत कराया। प्रभु यह जानकर अत्यन्त प्रसन्न थे कि इस पूरे कार्य में मेरी भूमिका अत्यन्त महत्वपूर्ण रही थी किन्तु लंका दहन की घटना को सुनकर प्रभु प्रसन्न नहीं हुए। उन्हें लगा था कि मुझे लंकानगरी में इतनी क्षति नहीं पहुँचानी चाहिए थी। उन्होंने मुझे एकान्त में इसके लिए झिड़की भी दी थी, "हनुमान, लंका से हमारी क्या शत्रुता है? लंकावासियों से तो हमारा कोई द्वेष नहीं। लंका दहन से निश्चित ही निरपराध लंकावासियों को बहुत असुविधा हुई होगी। लंका दहन के लिए तो तुम्हें आदेशित भी नहीं किया गया था।" मैं सोचकर विस्मित था कि संक्रान्तिकाल में भी प्रभु ऐसा कोई कार्य नहीं करना चाहते थे जो उनके व्यक्तित्व के अनुकूल न हो, अमर्यादित हो और सबसे महत्वपूर्ण यह कि वह कल्याणकारी न हो। मैंने इसके पश्चात् यह निर्णय लिया कि भविष्य में अब कोई कार्य स्वामी की इच्छा के बिना नहीं करूँगा, प्रभु की आज्ञा पालन तक ही सीमित रहूँगा।

एक ऐसे ही प्रसंग का उल्लेख करना चाहता हूँ कि युद्ध में आने से पूर्व मेघनाद निकुंभिला देवी का अनुष्ठान कर रहा था तो विभीषण ने प्रभु को सचेत किया कि इस यज्ञ के पश्चात् मेघनाद अजेय हो जाएगा अतएव उसका यज्ञ खण्डित करना ही पड़ेगा। विभीषण की बात सुनकर प्रभु की आज्ञा सुने बिना लक्ष्मण भैया इस यज्ञ को खण्डित करने के लिए उद्यत हो गए थे। प्रभु ने तब लक्ष्मण भैया से सीधा प्रश्न किया था, कि जब ताड़का ने ऋषि विश्वामित्र के यज्ञ को भंग किया तो हमने उसे दुष्टात्मा कहा था, वही कृत्य तो हम भी करने जा रहे हैं, क्या हम भी दुष्टात्मा कहे जाएँगे। यह तो अच्छा हुआ कि क्रोधित लक्ष्मण भैया ने प्रभु से कहा कि "दुष्टों के साथ इसी तरह निपटा जाना उचित होगा" और वे मेघनाद के यज्ञ को खण्डित करने के लिए चल दिए थे। विभीषण भी सौमित्र से सहमत थे। प्रभु उस समय भी बहुत संतुष्ट नहीं दिखे थे मुझे।

मुझे बहुधा प्रतीत हुआ कि विभीषण को लेकर श्रीराम के मन में अत्यधिक मित्रता का भाव था, किन्तु अन्य जन उन्हें अपेक्षया कम सम्मान देते थे। अधिकांश जन यही सोचते थे कि उन्होंने अपने कुल से विश्वासघात

किया। मैं यह सोचता हूँ कि क्या विभीषण वास्तव में लंका के पतन का कारण बने? मुझे लगता है, नहीं। विभीषण यदि हमारे साथ न भी आते तो भी लंका का भविष्य यही होना था। श्रीराम की विजय सुनिश्चित थी। रावण का पराभव होना ही था। श्रीराम धर्म के प्रतीक हैं जबकि रावण अधर्म का। श्रीराम विवेकी हैं और रावण अस्थिर चित्त का। श्रीराम मर्यादित हैं रावण निरंकुश। श्रीराम आत्मा हैं रावण अंहकार है। श्रीराम प्रेम को महत्व देते हैं रावण वासना को। श्रीराम परमार्थी हैं रावण स्वार्थी। श्रीराम श्रेष्ठतम हैं रावण निकृष्टतम। यह संयोग मात्र ही था कि विभीषण ने उचित समय पर धर्म का साथ दिया। लंका के विजय के पश्चात् भी श्रीराम ने लंका में प्रवेश नहीं किया। नेतृत्व परिवर्तन हुआ और लंका में निश्चित रूप से एक धार्मिक और नैतिक शासन स्थापित हो गया। राक्षसों पर श्रीराम की विजय कामुक, हिंसक और अविवेकी कृत्यों पर मानवता के मूल्यों की विजय का दूसरा नाम है।

लंका विजय के पश्चात् वैदेही के प्रति उनका शुष्क व्यवहार भी मुझे अनपेक्षित प्रतीत हुआ। हम सब इस बात के पक्ष में नहीं थे कि साध्वी, निष्पाप और पतिव्रता माता सीता के साथ अग्निपरीक्षा जैसा कठोर व्यवहार किया जाए। सम्भव है कि प्रभु ने सामाजिक मर्यादाओं के चलते यह कार्य किया हो। प्रभु किसी भी परिस्थिति में समाज को, सामाजिक मूल्यों को स्थापित नियमों को, अपनी प्रजा को, सहयोगियों को छोड़ते नहीं हैं अपितु वे उन्हें साथ लेकर चलते हैं। सम्भव है कि प्रभु किसी दूरदर्शी की भाँति यह सोच चुके हों कि सत्य को मात्र सत्य होना ही नहीं चाहिए अपितु प्रदर्शित भी होना चाहिए। संभव है कि वे यह विचार कर रहे हों कि जन सामान्य की इच्छा की अवहेलना एक योग्य राजा को नहीं करना चाहिए। सम्भवतः इसी को दृष्टिगत रखते हुए प्रभु ने तत्समय अग्निपरीक्षा का कठोर व अप्रिय निर्णय लिया था।

अधिकांश लोगों को यह आशंका थी कि वैदेही के अरण्यगमन के पश्चात् श्रीराम पुनर्विवाह कर लेंगे। बहुपत्नी प्रधान उस युग में यदि वे ऐसा करते भी तो कोई आश्चर्यजनक घटना न होती किन्तु श्रीराम ने एक पत्नीव्रत का पालन कर ऐसा उदाहरण प्रस्तुत किया जो उनके व्यक्तित्व को उच्चतम शिखर पर ले जाता है। उन्होंने दाम्पत्य संस्कार को उसी आदर्श रूप में समझा और स्वीकार किया, जैसा होना चाहिए। उनके लिए स्त्रियाँ रमण और व्यभिचार के लिए नहीं बनी थीं। वैदेही के वन गमन के पश्चात् भी प्रभु ने

दूसरे विवाह के विषय में विचार तक नहीं किया जबकि वे ऐसा सहजता से कर सकते थे। अश्वमेध यज्ञ में राजा की पत्नी की उपस्थिति अनिवार्य थी। इस अनिवार्यता के चलते उन्होंने अपनी पत्नी की धातु की एक प्रतिमा को निर्मित कराकर अपने वाम में स्थापित करना कहीं अधिक श्रेयस्कर समझा। मुझे ज्ञात है कि कोसल में श्रीराम से पहले के कई सम्राटों ने एक पत्नीव्रत में आस्था नहीं रखी। स्वयं महाराज दशरथ के तीन रानियाँ थीं। बहुपत्नी प्रथा का प्रयोग नारी को भोग्या समझे जाने के लिए तो होता ही था, राजनीतिक समीकरणों को ध्यान में रखकर, सत्ता-शक्ति संतुलन के लिए भी किया जाता था। श्रीराम ने इस परम्परा पर कड़ा प्रहार किया और वे स्वयं उदाहरण बने।

कैसी विडम्बना थी उस समाज में कि पत्नी का पतिव्रता होना तो गौरव की बात थी किन्तु पुरुषों पर यह नियम लागू नहीं होता था। प्रभु ने स्वयं पर यह नियम लागू कर आदर्श परिस्थितियाँ उत्पन्न कीं। श्रीराम ने वैदेही को लोकोपवाद की दृष्टि से अरण्यवास दिया किन्तु मुझे पता है कि मेरे स्वामी इस कृत्य को करने के पश्चात् कितने अवसाद में रहे। उन्होंने कभी वैभव और विलासिता का जीवन नहीं जिया। वैदेही के अरण्यवास के उपरान्त वे एकान्त में कितना विलाप करते थे... यह मुझे पता है। एक कंचन की प्रतिमा बनाकर उन्होंने अपने शयन कक्ष में स्थापित करवा ली थी जिसे वे निहारते रहते थे, ऐसा प्रतीत होता था कि वे उस प्रतिमा से वार्तालाप करना चाहते हों। उनके लिए कई वैवाहिक प्रस्ताव आए किन्तु उन्हें वैदेही के अतिरिक्त किसी नारी में आकर्षण नहीं था।

उन्होंने कभी दार्शनिक सिद्धान्तों, तत्वचिन्तनों, यज्ञों आदि के कर्मकाण्ड को महत्वपूर्ण नहीं माना। वे सदैव शिष्टाचार और मर्यादोचित व्यवहार पर बल देते रहे। दूसरों को समझाने अथवा शिक्षा देने के स्थान पर उन्होंने स्वयं का आचरण ऐसा रखा कि कोई उन पर प्रश्न न उठने पाए।

मैं तो यही कह सकता हूँ कि श्रीराम किसी एक व्यक्ति, एक शासक, एक पुत्र, एक भ्राता, एक स्वामी, एक पति तक सीमित करके नहीं देखे जा सकते, नहीं समझे जा सकते। श्रीराम तो एक विचार हैं, यही उनका वैराट्य है, उनकी दिव्यता है, उनकी भव्यता है और यही उनकी प्रभुता भी।

"श्रीराम प्रभु नहीं थे, मानव रूप में उनका अंश मात्र थे। इसी कारण उन्हें पुरुषोत्तम अर्थात् पुरुषों में उत्तम कहा गया और वे पुरुष थे प्रभु नहीं

इसी कारण मर्यादित थे। मर्यादा का अर्थ यह भी है कि वह शक्ति सम्पन्न तो थे परन्तु पुरुष रूप होने के कारण सीमा में ही रहे। अपनी प्रभुता का उपयोग, प्रदर्शन न करना ही उनकी मर्यादा थी। अवतार होने पर भी मानव रूप में अपनी सीमाओं (मर्यादा) में रहने के नाते ही वह मर्यादा पुरुषोत्तम कहे गये। राम को छोड़कर अन्य सभी देव अवतारों ने कभी न कभी अपने दैवीय रूप का प्रदर्शन अवश्य किया था।"

।। इति ।।

आभार

- श्रीमद्वाल्मीकीय रामायण (गीताप्रेस, गोरखपुर)
- श्रीहनुमान अंक कल्याण (गीताप्रेस, गोरखपुर)
- श्रीराम चरित मानस
- आंजनेय जयते - गिरिराज किशोर (राजकमल प्रकाशन, नई दिल्ली)
- हनुमान गाथा - अशोक नारायण (प्रभात प्रकाशन, नई दिल्ली)
- सीता - देवदत्त पटनायक (पेंगुइन, मंजुल पब्लिशिंग हाउस, नई दिल्ली)
- श्री हनुमान लीला - वनमाली (मंजुल पब्लिशिंग हाउस, नई दिल्ली)
- रामकथा - नरेन्द्र कोहली (हिन्द पाकेट बुक्स, नई दिल्ली)
- हनुमान चरित - सुदर्शन सिंह 'चक्र' (निरोगी दुनिया प्रकाशन, जयपुर)
- पवनपुत्र - डॉ. भगवतीशरण मिश्र (राजपाल एण्ड सन्ज़, नई दिल्ली)
- मारूति महिमा - राम देव प्रसाद सोनी (आदित्य प्रकाशन, इलाहाबाद)
- रामकथा नवनीत - डॉ. पाण्डुरंग राव (भारतीय ज्ञानपीठ, नई दिल्ली)
- हिन्दी काल में हनुमत चरित - डॉ. मीना कुमारी गुप्ता (विश्वविद्यालय प्रकाशन, वाराणसी)
- वाल्मीकि कथा - डॉ. शोभा निगम (भारतीय ज्ञानपीठ, नई दिल्ली)
- रामकथा - फ़ादर कामिल बुल्के (लोकभारती, हिन्दी परिषद् प्रकाशन, इलाहाबाद)
- राम इतिहास के अपरिचित अध्याय - श्रीराम मेहरोत्रा (लोकभारती प्रकाशन, प्रयागराज)
- रामायण का आचार दर्शन - अम्बा प्रसाद श्रीवास्तव (भारतीय ज्ञानपीठ, नई दिल्ली)
- मेरे राम, मेरी रामकथा - नरेन्द्र कोहली (वाणी प्रकाशन, नई दिल्ली)
- रामायण कालीन समाज - शांति कुमार नानू राम व्यास (स.सा.म.प्रका., नई दिल्ली)

लेखक के बारे में

पवन कुमार, भारतीय प्रशासनिक सेवा के वरिष्ठ अधिकारी हैं। वे अपने प्रशासकीय दायित्वों के सफलतापूर्वक निर्वहन के साथ ही साथ साहित्य के साथ भी अपना संवाद बनाये रखते हैं। उर्दू शायरी में प्रतिष्ठित मुकाम हासिल करने के उपरांत वे हिंदी उपन्यास लिखने की तरफ मुड़े हैं। इस मोड़ का पहला पत्थर है यह उपन्यास, जिसमें उन्होंने श्री रामभक्त चिरंजीवी हनुमान के विषय में विस्तृत, शोधपरक और वैचारिक लेखन किया है।

विभिन्न जनपदों में जिलाधिकारी जैसे महत्त्वपूर्ण दायित्व निर्वहन करने के अतिरिक्त वे उ.प्र. शासन में विभिन्न विभागों यथा - कृषि, खाद्य रसद, सिंचाई, सूक्ष्म लघु एवं मध्यम उद्योग, आवास विभाग में विशेष सचिव, प्रबंध निदेशक पश्चिमांचल विद्युत वितरण निगम के पद पर कार्य कर चुके हैं। प्रशासनिक कार्यकुशलता व चुनाव प्रबंधन के लिए वे सम्मानित किए जा चुके हैं। सरकारी सेवा में रहते हुए भी बेहतर तरीके से साहित्य के साथ संतुलन बनाये रखे हुए हैं। लेखन के लिए उन्हें कन्हैया लाल प्रभाकर सम्मान, उप्र सरकार के मैथिली शरण गुप्त, ज़ीशान मक़बूल अवार्ड, तुराज सम्मान, उप्र सरकार के सुमित्रा नंदन पंत अवार्ड आदि से सम्मानित किया जा चुका है।

ग़ज़ल पर उनके दो संग्रह 'वाबस्ता' (2012) और 'आहटें' (2017) प्रकाशित हो चुके हैं। उन्होंने 'दस्तक' और 'चराग़ पलकों पर' का संकलन और संपादन भी किया है। उनकी ग़ज़लियात के बारे में मशहूर शायर शीन काफ़ निज़ाम और शम्सुर्रहमान फ़ारूक़ी ने लिखा है कि पवन कुमार अपने कलाम के वसीले से फ़र्द से फ़र्दन बात करना चाहते हैं। उनके दो गीत 'पानी तेरा रंग' और 'सुन ले ओ साथिया' बहुत लोकप्रिय रहे हैं। कई म्यूजिक एलबम में उनके गीत ग़ज़ल रिलीज हो चुके हैं। उनकी ग़ज़लों को हरिहरन, साधना सरगम, रूपकुमार राठोड़, मो. वकील आदि आवाज़ दे चुके हैं।

सम्प्रति प्रशासनिक उत्तरदायित्वों के साथ-साथ रचनाकर्म में व्यस्त हैं।

संपर्क : singhsdm@gmail.com